“十三五”国家重点图书
出版规划项目

周洪宇／总主编

中国教育活动史研究系列

中国书院活动史

邓洪波　宗　尧／著

山东教育出版社
·济南·

图书在版编目（CIP）数据

中国书院活动史 / 邓洪波，宗尧著 . — 济南 ：山东教育出版社，2020.12

（中国教育活动史研究系列 / 周洪宇总主编）

ISBN 978-7-5701-1482-5

Ⅰ. ①中… Ⅱ. ①邓… ②宗… Ⅲ. ①书院－教育史－中国 Ⅳ. ①G649.299

中国版本图书馆CIP数据核字（2020）第250759号

ZHONGGUO JIAOYU HUODONG SHI YANJIU XILIE
ZHONGGUO SHUYUAN HUODONG SHI

中国教育活动史研究系列

中国书院活动史 邓洪波 宗 尧/著

主管单位：山东出版传媒股份有限公司

出版发行：山东教育出版社

地址：济南市市中区二环南路2066号4区1号 邮编：250003

电话：（0531）82092660 网址：www.sjs.com.cn

印 刷：山东临沂新华印刷物流集团有限责任公司

版 次：2020年12月第1版

印 次：2020年12月第1次印刷

开 本：787毫米×1092毫米 1/16

印 张：23.75

字 数：336千

定 价：93.00元

总序

周洪宇
于华中师范大学
二〇二〇年十月

从20世纪80年代末开始，中国教育史学界先后出版了《中国教育通史》《中国教育思想通史》《中国教育制度通史》《中国教育活动通史》等几部大部头通史，从教育思想史、教育制度史、教育活动史等研究领域，通过大量第一手史料勾画不同历史时期中国教育发展的历史轮廓，使中国教育史研究进一步走向系统化、规范化。我们在编撰《中国教育活动通史》之后，深知尚有不少教育活动史研究领域亟待进一步深化与拓展。为此，我们启动此套《中国教育活动史研究系列》的编撰工作，力求深入考察各类教育活动的历史脉络，总结不同时期不同类型教育活动的特点与规律，立体构筑教育活动历史的全景图谱，为丰富中国教育史研究内容做出力所能及的贡献，并为新时代中国教育改革与发展提供历史借鉴与启示。

一

《中国教育活动史研究系列》，包括《中国教育活动史纲》《中国官学活动史》《中国私学活动史》《中国书院活动史》《中国科举活动史》《中国教学活动史》

《中国留学教育活动史》《中国儿童教育活动史》《中国女子教育活动史》《中国特殊教育活动史》《中国家庭家族教育活动史》《中国社会教育活动史》《中外教育交流活动史》13 部教育活动史专题研究著作，分别从不同领域、不同专题、不同角度对历史上教育者和受教育者的日常的、微观的、具体的教育活动进行深入挖掘与考察，重点研究人类历史上各种直接以促进人的有价值发展为目的的具体活动，以及教育者与受教育者以各种方式参与教育过程并进行互动的历史。教育是培养人的活动，人是教育的出发点，也是教育最直接、最基本的着眼点。① 从书探索与分析官学、私学、书院师生的日常教育与学习活动，探寻教育内外部活动的表征与特色，探索这些活动发生、发展的规律及作用；探索与分析历代学校日常教学活动、科考应试活动、留学教育活动、中外教育交流活动的内容、特点及规律；探索与分析历代儿童教育、女子教育、特殊教育师生的日常生活、教学活动、学习活动及课余活动等，总结不同类型教育活动的内在特质及外在表征；探索与分析历史上家庭家族教育活动、社会教育教化活动的不同特质与风格，提炼各自的教育活动规律及历史经验。

从书将继续秉持教育活动史的研究范式，坚持联系的、视野下移的整体史观，凸显微观的、日常的、具体的、民间的、基层的教育活动，力求做到“三个回归”“四个结合”和“六个多与少”。具体而言，“三个回归”即回归活动、回归主体和回归过程。回归活动即遵循教育活动史研究的编写体例，并不排除教育思想史和教育制度史的内容，而是通过教育活动史研究展示教育思想和教育制度的生成过程，因为教育活动是其源头、前提和基础；回归主体即回归教育活动中的人，通过对教育历史中人物的日常生活、人际关系等具体活动的研究，力求将一部教育史还原为一部关于人的教育活动史；回归过程即教育活动史研究的对象是动态的，主要应该描写事件的发生发展过程，比如对教育政策的撰写就不再只停留在政策的介绍上，而是要对教育政策制定的背景、制定的过程、实施的过程以及最后如何停止等做完整详细的描写。“四个结合”即历史与逻辑结合、史料与分析结合、宏观与微观结合、叙事与论述结合。“六个多与少”即“多研究活动，少研究制度与思想”“多关注下层，少关注上层”“多考

---

① 扈中平：《人是教育的出发点》，载《教育研究》1989 年第 8 期。

察过程，少分析结果”“多探究细节，少罗列大概”“多进行阐述，少堆砌史料”“多注重图文并茂，少追求单纯表述”。

二

中华文明亘古绵延，中国教育活动源远流长。“自有人生，便有教育”①，教育活动源于人类社会的生产劳动和日常生活实践，自有人类诞生，便有教育活动伴随。可以说，一部中华民族发展史，亦是一部中国教育活动发展史。在中华民族五千年的文明史中，教育活动有其滥觞、发展和演变，在继承与发展中呈现出中国教育命脉的历史延续与生生不息。中国教育活动史是一个不断发展、前后相连的连贯体，经过历代的承继与调适，内容逐渐丰富，形式逐渐多元，活动逐渐纷呈，影响了中国传统社会的变革和现代社会的发展，是中华文明史和中国教育史的思想瑰宝。

教育活动是人的有目的、有组织的活动，凸显的是“以人为中心”，彰显的是人的主体性价值，探究的是人的个性与自由的活动。因此，教育活动史研究主要展示人的活动，是对马克思实践唯物主义的探索与落实。马克思指出：“全部人类历史的第一个前提无疑是有生命的个人的存在。因此，第一个需要确认的事实就是这些个人的肉体组织及由此产生的个人对其他自然的关系。”② 马克思坚持要从活生生的人、他们的活动本身、活动的物质条件及由此产生的关系出发考察历史，③ 将活生生的、有生命的个体及其活动作为历史的出发点。教育活动史研究正是对教育参与者活动的具体研究，转变传统中国教育史学研究的“思想—制度”范式，探讨教育活动参与者的实践体验和活动境况，拓展中国教育史学研究视域，激发教育史学研究活力。因此，教育活动史研究具有强烈的、

① 中央教育科学研究所、厦门大学合编：《杨贤江教育文集》，教育科学出版社 1982 年版，第 414 页。

② 中共中央马克思恩格斯列宁斯大林著作编译局编：《马克思恩格斯选集》（第 1 卷），人民出版社 1995 年版，第 67 页。

③ 郭广平，刘靓：《马克思社会发展道路思想研究》，河南人民出版社 2018 年版，第 24 页。

明显的人本性和活动性，凸显了主体性、生命性、目的性和互动性等基本特征，而这些特性和特征的彰显，则渗透和体现在教育历史中基层的、民间的、日常的、微观的教育活动之中。

教育活动的重要贡献在于，将官方的、精英的、主流的教育历史逐渐转向民间的、大众的、边缘化的教育历史。法国史学家布洛赫和费弗尔均强调历史研究对象的独特性，即处于时代中的人和人的行为。① 因此，历史是“属于人的、依赖人的、为人服务的、表现人的，以及意味人的存在、活动、欲望、存在方式的一切”②。教育活动的历史，就是这样一种属于人、彰显人和表现人的历史，是为人民群众的教育活动而书写的历史，是追求人的个性自由、全面发展的历史表达和活动呈现。

中国教育活动的发展演变，与整个中国社会的发展一样，既始终与人民的日常生活和生产实践紧密相连，又依赖于社会发展的历史阶段，在承继与发展、调适与补充、共性与个性的基础上展示了教育活动的异彩纷呈。从其内容范围来说，教育活动涵盖了教育的方方面面，包含了学校教育活动、家庭家族教育活动、社会教育活动等基本形态，同时囊括了儿童教育活动、女子教育活动、特殊教育活动、留学教育活动、中外教育交流活动等各个层面，具有宏大广博的研究视野。从其历史阶段来说，教育活动是社会发展和教育发展的组成部分，依赖于社会历史发展，呈现了教育活动的历史共性，凸显了教育活动的社会个性，正如本丛书的各个专题研究，在专题教育活动的历史研究中，体现教育活动的继承性和创新性，每个历史阶段均具有鲜明的时代特征。在这个发展过程中，教育活动并不是简单的“周而复始”，而是中华民族教育智慧的结晶和教育传统的变革，曲折中有发展，发展中有创新，显示了中国教育活动史发展的丰富内涵。

《中国教育活动史研究系列》的编写，是笔者及团队近年来开展教育活动史研究的深入推进，是对中国学术传统的承继和世界史学研究趋势的回应。就中

---

① [法] 克里斯蒂昂・德拉克鲁瓦等：《19—20世纪法国史学思潮》，顾杭等译，商务印书馆2016年版，第212页。

② [法] 克里斯蒂昂・德拉克鲁瓦等：《19—20世纪法国史学思潮》，顾杭等译，商务印书馆2016年版，第226页。

国学术传统承继来说，“不仅是回顾马克思实践唯物主义本源、顺应视野下移取向、构筑教育史学完整要件以及学科反思的重要尝试，也是回顾和反思我国教育史思维脉络后，走延续优良学术传统，构建具有本土特色教育史学的必然之路”①。中国老一辈教育史学家，如王凤喈、陈青之、雷通群、杨贤江等早已认识到研究教育活动史的重要意义。王凤喈在其被南京国民政府教育部列为部定大学用书的《中国教育史》“绪论”中明确指出，“教育史为记载教育活动之历史”②，研究教育史不能孤立地研究历史上的教育活动，而是应与政治制度、社会思想乃至社会之全部相联系、比照来进行，应将教育史放到广阔的社会背景中去研究。早期马克思主义教育理论家杨贤江在其以笔名李浩吾发表的《教育史 ABC》中指出：“教育史便是以叙述教育的事实及思想（即所谓实际及理论）之变迁发达为目的者。故凡称为详尽的教育史书，必要对于教育事实之变迁发达分为教育的事实、教育者的活动与教育制度法规等等详为记载。”③ 就此来看，王凤喈、杨贤江等教育史学家指出了教育活动是教育史学研究之要义，不仅包括教育制度，而且包括教育实施状况与教育活动，即“教育者的活动”。就世界史学研究趋势来说，20 世纪 40 年代以来，法国年鉴学派的创始人布洛赫和费弗尔就提出应将研究视野转向群体，下移至民间。国际史学界自 20 世纪 70 年代末起，在研究对象和研究方式上已经发生了变化，尤其是“新史学”的发展，促进了史学的研究对象由注重研究精英的思想和国家的教育制度转向研究普通百姓的日常生活，由包罗万象的宏大叙事转向具体而微的微观叙事，并促进了德国“日常史”、法国“日常生活史”、英国“个案史”等研究热潮的兴起。“国际学术界的发展趋势，给了人们一个重要的启示，那就是目前国内教育活动史的兴起，不仅是教育史研究的题中之义和内在需要，也顺应了社会发展和学术发展的大趋势，是时代的必然产物，而非少数人凭空臆造的结果。从这个角度来说，学者们更应具有一种学科建设的历史自觉意识。只有站在时代和世界的高度，才能看清学术的前沿所在，才能自觉地为学术的发展贡献个人的力量。”④

---

① 周洪宇、李艳莉：《论教育活动史研究的多维视野》，载《江汉论坛》2013 年第 7 期。

② 王凤喈：《中国教育史》，国立编译馆 1945 年版，绪论。

③ 李浩吾：《教育史 ABC》，ABC 丛书社 1929 年版，第 1 页。

④ 周洪宇：《加强教育活动史研究 构筑教育史学新框架》，载《湖北大学学报（哲学社会科学版）》2012 年第 3 期。

三

《中国教育活动史研究系列》的编写，在《中国教育活动通史》的基础上，以专题史研究范式，持续秉持和彰显了中国教育活动史研究的“通”“特”“活”特色。具体阐释如下：

首先，“通”。所谓“通”，即是纵通、横通和理通。纵通是指从时间上，追求从古至今的前后连贯，脉络清晰，一以贯之。《中国教育活动史研究系列》的各个专题，对某一项具体教育活动进行专门研究，既体现不同历史阶段的承接性和延续性，又体现各阶段教育活动的特殊性、差异性以及发展之处，彰显教育活动纵向的发展变化。先秦时期的滥觞与奠基、古代社会的调适与发展、近代社会的转型与革新、现代社会的拓展与完善等，各个专题需要根据教育活动发展实际而梳理研究思路，呈现中国教育活动的发展脉络、动态变化和历史特色。横通是指从结构上，秉持整体史观，对各个时期的教育活动进行宏观而具体、整体而细微的研究，将政策的制定与实施、教育的主体与内容、教育的过程与形式、教育的效果与缺憾等进行横向的联通，强调不同时期各类教育活动的特色。例如教学活动史，应将同一历史时期的学校管理活动、教师教学活动、学生学习活动、社会服务活动、教育考核活动等联系起来进行整体研究，凸显教育活动的历史特质。理通是指从理念上，讲求中国教育活动史研究应遵循的历史观，即人本观、总体观和全球观。人本观，就是坚持以人为本的历史观，重点对以人的活动为核心的各种教育行为进行研究。这是中国教育活动史研究要努力体现的基本观点，就是要着力体现人的各种有价值的教育活动、教育行为、教育追求，尽可能让读者看到人在教育活动中的价值追求。“教育是人类特有的培养人的活动，教育活动史是各个历史教育管理者、教育者和受教育者相互作用的活动……从各个历史时期的教育活动中发掘、寻觅对人影响的方式方法"①，促成和加强教育史学研究的"人本"转向，真正发现和凸显教育活动中的教育参与者，关注其教育体验。总体观，又称整体观，教育活动史研究应跳出仅仅就教育史而教育史、就教育活动而教育活动的窠臼，强调教育活动与社会活动之间的关系，包括教育与政治、经济、文化等各个方面的联系，体现教育与社会的双向互动与影响，彰显教育的本体价值和社会价值。例如，在中国官学教育活动史研究中，既要系统呈现官学产生的背景与动因，又要具体呈现官学教育活动的各个方面，体现出其教育价值、政治功能等。同时，还要注意上层和下层之间的关系，将民间教育活动与官方教育活动联系起来，避免走向传统的精英式、官方式研究，将研究视野下移至普通民众、教育实施过程等，采取全景式研究视角。例如，中国社会教育活动史研究，既要深刻体现国家教育方针政策对社会教育活动的影响，又要凸显这些方针政策的落地实施，关注其如何影响社会民众日常生产生活和内心世界。全球观，即是应注意研究视野的拓展，在研究过程中注重采用全球比较的方法和视野，坚持中国立场和全球视野的有效结合，写某一时期教育活动时一定要注重和同一时期国外教育活动进行比较，把中国教育活动放在全球视野下审视，进而体现中国教育活动史的独有特色，彰显富有中国特色的教育传统。

其次，"特"。所谓"特"，就是特点、特色。在研究和编撰过程中，应通过转变研究理念，更新研究方法，挖掘一手史料，转换研究视角，展现中国教育活动史研究的风格与特色。"特"主要体现在三个方面：一是凸显和展示教育活动史与教育思想史、教育制度史相区别的固有特色。在教育史学研究中，传统的"思想—制度—思想"研究模式"主要集中于教育人物思想与教育制度变迁，教育人物思想研究也仅仅是就教育史上的精英人物进行研究，很少涉及对基层人物的生活、学习和活动的具体问题与情景的研究，对教育制度变迁的研究也缺乏对决策的生成过程、在基层的实施情况及其对学校教育的影响等问题的研究"②，相对忽略了社会民众这一群体及其教育活动，难以凸显"以人为本"的

① 熊贤君：《别开生面 独辟蹊径——评周洪宇主编〈中国教育活动通史〉》，载《教育研究》2018 年第 2 期。

② 周洪宇：《学术新域与范式转换——教育活动史研究引论》，华中科技大学出版社 2011 年版，第 5—6 页。

理念；教育活动史研究主张“将研究视野逐步向下移动和对外扩散，使教育史学研究从精英向民众、从高层向基层、从经典向世俗、从中心向边缘转移，从而实现对教育活动的原生态研究”①，是教育思想史和教育制度史存在的前提和基础。因此，《中国教育活动史研究系列》应秉持、深化《中国教育活动通史》的研究特色，着眼于研究教育者与受教育者在学校教育、家庭家族教育与社会教育中日常的、微观的、具体的活动，以来源丰富、形式多样的史料，大量采取叙事的表述方式，将教育活动进行细微描述，力求给读者以生动鲜活的感觉。二是深化和拓展教育活动史的研究特色。教育活动史研究成果的不断出现，特别是《中国教育活动通史》的编写和出版，彰显了研究特色，形成了有效的研究范式。如果说，《中国教育活动通史》是教育活动史研究的发端与奠基，那么《中国教育活动史研究系列》则是教育活动史研究的深化与拓展，应在保持和继承固有特色的基础上，进一步彰显特色。《中国教育活动史研究系列》是在《中国教育活动通史》基础上的专题史研究，以各类教育活动为主题，重在探究各类教育活动的发展概况和历史脉络，以专题研究的形式立体多维呈现教育发展动态，呈现中国教育活动的丰富样态和多元特色，凸显教育活动中各类人群的教育追求与价值。三是彰显和丰富中国教育活动的独有特色。《中国教育活动史研究系列》以十余个主题研究的形式，全面系统、立体多维地呈现中国历史中各类教育活动的发展史，纵向、系统地呈现其活动概况和实施过程，凸显各类教育活动的独有特色。每一个主题研究立足教育活动，从纵向上探究各类教育活动的产生、发展和逐步完善的历史脉络，梳理每一个时期的历史特色，使读者能够清晰地了解各类教育活动的发展演变；从横向上则全面系统地呈现各个历史时期各类教育活动的具体实施过程，微观把握细节描述和活动呈现，为读者生动具体形象地呈现教育活动，彰显中国教育智慧。

最后，“活”。所谓“活”，就是力争将主体及其活动写活，将教育者与受教育者的实践活动、心理活动及互动活动表述得活灵活现，将其日常生活细节尽可能地描述出来，进而使人的活动得以立体呈现和全方位展现。“活”主要体现在三个方面：首先要把主体“人”写“活”。在研究和编撰过程中，应凸显

① 周洪宇、申国昌：《教育活动史：视野下移的学术实践》，载《教育研究》2010 年第 10 期。

“人”及其教育活动，尤其是应加强对教育活动的生动描述，在活动中凸显“人”及其心理、性格、情感等。《中国教育活动史研究系列》中，每一个专题研究都注重挖掘史料背后的人及其教育活动，在活动描述中呈现教育百态、人的交往、心理变化和性格特征等，探究人与教育活动的多元互动、交互影响关系。其次要注重研究范式的“活”。在研究资料上，主要秉持地上与地下、史学与文学、书面与口述三结合的大史料观。在研究方法上，要在研究方法的理论基础、一般研究方法和具体研究方法三个大的方面及其相关层次构成研究系统。① 在表述方式上，应承继和发扬中国传统历史叙事的优点，采取“善叙事理”的叙事方式，在叙事中注意写具体过程、日常细节。在研究视野上，应注重加强教育活动史研究与日常史学、身体史学、心理史学、图像史学、口述史学、形象史学、计量史学等研究视域的联系：通过日常史学、历史人类学把握教育活动主体的日常教育活动；通过身体史学、心理史学、口述史学再现教育活动主体的内心和声音；通过大众史学实现为民众写教育活动史的宗旨，促成教育活动史研究的人民性；通过图像史学、形象史学、影视史学把握生动的感官符号，促成教育活动史研究的形象性；通过计量史学的量化数据和精密统计，实现教育活动史研究的科学性；通过比较史学落实教育活动史研究的全球性、整体性；等等。最后要注重研究视域的“活”。在对中国教育活动史研究的探索过程中，进一步拓展教育生活史、教育身体史、教育情感史、教育记忆史等领域，完成对教育活动史研究的拓展与深化。在《中国教育活动史研究系列》的编撰过程中，这些领域的融合应成为趋势和引领，注重教育与生活、教育与身体、教育与情感、教育与记忆等方面的关系，在呈现具体的教育活动的同时，凸显教育活动与人的生活、身体、情感和记忆等各个方面的动态关系，进而凸显教育活动对人的全面发展所具有的价值与意义。

① 周洪宇：《对教育史学若干基本问题的看法》，载《河北师范大学学报（教育科学版）》2009年第1期。

四

教育活动史研究旨在通过考察教育历史参与者的具体、微观活动，生动呈现其活动概况，使史料“活”起来，将“过程”和“细节”呈现在历史面前，并解读活动背后的教育意义与人文价值，彰显中华民族的教育智慧与教育传统，塑造中华民族的教育自信和文化自信。在中国教育活动史的研究过程中，我们发现，随着理论体系的不断完善、研究范式的不断建构、相关著作的不断涌现，依然有诸多领域需要持续挖掘，这既是对中国教育活动史研究的拓展与深化，亦是对新时代教育发展需求的回应与探索。之所以要开展教育活动史系列研究，主要基于以下思考：

首先，加强教育史学科建设，持续深化教育活动史研究。随着教育活动史研究的成熟化和常态化，如何在《中国教育活动通史》的基础上持续深入推进教育活动史研究，不断拓展教育活动史的研究内容、视域以及完善教育活动史研究体系，成为我们常常思考的问题。因此，在通史基础上继续进行专题史研究，分门别类地进行专题研究，成为教育活动史研究的突破和创新之处。在《中国教育活动通史》的编撰过程中，以历史分期为主轴进行研究，侧重于通史，对于某一主题、某一类别的教育活动，难以呈现其历史发展脉络，难以有效彰显其历史特征与历史连贯性。《中国教育活动史研究系列》以专题的教育活动为研究对象，以具体教育活动主题为经，以历史发展脉络和活动演变为纬，纵向、长时段地呈现人的教育活动，持续凸显既见人又见物的教育活动史研究取向，还原历史中生动、鲜活的教育活动场景，进而深化中国教育活动史研究，拓展教育史学科的研究视域，助力教育史学科建设。

其次，立足人的主体性价值，践行马克思主义人学思想。“教育历史离不开人的活动，或者说，没有人的活动就无所谓教育历史。”① 教育活动史研究始终

① 丁钢：《叙事范式与历史感知：教育史研究的一种方法维度》，载《教育研究》2009 年第 5 期。

秉持以人为中心，回归马克思实践唯物主义的本源，践行马克思主义人学思想，立足和凸显人的主体性价值。《中国教育活动史研究系列》凸显“人”的教育活动及其重要性，多维度全面深入呈现教育活动，关注人的活动参与和体验，并以此为基点透视教育活动连接的历史意蕴、人文底蕴和社会价值。同时，持续将研究视野下移，推进研究取向由精英的、主流的转向群体的、民间的。“实际上，‘古代’精神崇尚的是英雄、丰功与伟绩，而‘现代’精神则基于日常琐屑、大众和普及，这才是根本。”① “现代”精神指引下的教育活动史研究，更关注具体的、微观的、日常的、感性的、实在的研究内容，着重探究基层民众的具体学习活动场景，更大程度地满足人们对于历史中普通民众教育活动的了解和感知需求。

最后，加强历史的现实关照，服务于当今教育改革与发展。“史学应该不仅仅是回顾过去，还应立足现实，面向未来……史学应该在对过去的研究和现实的需要之间适当地寻求一种契合点。”② 在源远流长的教育历史长河中，中华民族积淀了丰厚的教育智慧，形成了优秀的教育传统。这些教育智慧与传统，能够为当今教育改革的深入推进提供历史镜鉴和现实参考。可以说，教育活动史研究的拓展深化，能够为当今教育提供丰富多彩的历史素材和实践样态，尤其是在构建服务全民终身学习教育体系的时代背景下，中国教育在历史中从官学与私学、家庭教育与社会教育等方面开展的内涵丰富、形式多元的教育活动，可以为当今教育改革发展提供生动、丰富的历史资料，给予路径启示。

《中国教育活动史研究系列》对于加强教育史学科建设和深化教育活动史研究具有重要价值和意义。教育活动史立足于人民群众的日常教育活动，以人为中心，通过对各类教育活动的详细叙述与书写，使教育参与者的主观感知和情感走进历史的情境，还原教育历史的“原生态”。教育活动的深入研究和专题拓展能够进一步提升教育史学的学术境界，形成独特的学术气象。

---

①［法］雅克·勒高夫：《历史与记忆》，方仁杰、倪复生译，中国人民大学出版社 2010 年版，第 41 页。

②《章开沅文集》（第 10 卷），华中师范大学出版社 2015 年版，第 313 页。

五

教育活动史研究是一项开拓性、系统性的研究工作，具有一定的挑战性，需要遵循一定的研究范式。在十余年的研究过程中，笔者及团队总结提炼了教育活动史研究的基本范式，即坚持全景式总体史观的研究宗旨，遵循注重微观、日常、实证的研究原则，坚持以问题意识为导向的研究取向，秉持大历史观，运用“视情而定”、善加选取的研究方法，采取“善叙事理”的叙事方式，以民众的教育生活为研究重点，改变以往教育史学研究重上层、轻下层，重精英、轻民众，重经典、轻世俗，重中心、轻边缘的传统做法，凸显人的教育生活与活动，注重过程和细节的展示。与此同时，教育活动史研究要注重多维视野，坚持跨学科研究，从历史学、社会学、心理学等学科汲取营养，“借鉴并吸纳其他学科，尤其是母体学科历史学的理论与方法进行分析和解释，并走向融合广度和深度为一体的‘整体教育活动史’的思维模式”①，跳出自身的学科范围，以全面、开放的视野开展研究，进而形成对问题与现象的深层次理解。因此，教育活动史研究应注重借鉴日常史学、历史人类学、身体史学、心理史学、口述史学、图像史学、形象史学、影视史学、计量史学、比较史学等领域的研究范式，以此凸显教育活动史研究的主体性、人民性、形象性、科学性和整体性等特点，促使教育活动史研究可以进行全方位、多元化、动态、细微的探索，彰显中国教育活动的独特性、人本性、开放性、包容性和稳定性，走一条体现微言大义、形象生动、鲜活有力的具有中国特色的学术发展道路，不断推进教育活动史研究和教育史学研究新境界的步伐，彰显中国教育智慧，提升中国教育自信，塑造中国教育认同。

《中国教育活动史研究系列》共收入 13 本专著，是笔者及团队教育活动史研究理论与实践的初步成果，既有教育活动史的基本理论研究，又有教育活动

---

① 周洪宇、李艳莉：《论教育活动史多维视野的实现途径》，载《湖北大学学报（哲学社会科学版）》2014 年第 2 期。

史的专题研究，其内容涉及教育活动史研究的重要主题与范围。基本理论研究重在探究中国教育活动史的研究范式和体系，专题研究则以某一主题为切入点，自先秦至当下，在宏观历史研究中纵向呈现教育活动的历史演变与发展。

华中师范大学教育学院周洪宇教授所著的《中国教育活动史纲》，是关于教育活动史的基本理论研究，旨在介绍何为中国教育活动史、如何开展教育活动史研究，全面探究教育活动史研究的理论基础和概念范畴、如何构建和完善教育活动史的研究体系。在此基础上，按照历史朝代的更迭，以先秦、汉魏、唐宋、明清、民国和新中国为分期分章，总结提炼各个历史阶段中国教育活动的典型特征，并以学校教育、社会教育和家庭教育三种教育形态的具体活动，详细阐述不同历史时期的发展演变，描绘出历史演变中三种教育活动的纵向流变。作者通过理论研究与活动呈现相结合而论述教育活动史的研究范式和叙述体系，力求实现理论与实际的结合、整体与局部的结合、人物与活动的结合、论述与叙事的结合，深入推动教育活动史研究的开展，促进教育史学的学科建设和发展。

信阳学院赵国权教授的《中国官学活动史》，以中国官学教育活动为主题，探究中国官学教育活动的历史变迁，呈现各个历史时期中国官学教育活动的历史特征，并详细介绍各个历史时期中官学的设置、师资的选聘、教学的设计、教学的管理、教师的教学活动、学生的学习与考试活动、师生的日常生活等，分级分类、主题鲜明、微观具体地呈现了官学教育活动的情境与样态。全书以人的活动和教育历史场景再现为中心，描述与叙事相结合、微观与宏观相结合，于历史情境中凸显师生的日常生活与活动，凸显人的主体性，在纵向的历史发展和横向的活动呈现中还原官学师生教育活动的生动形象。同时，该书通过对官学师生教育活动的全面描述，知古鉴今，为当今教育教学改革提供历史借鉴。

曲阜师范大学教育学院广少奎教授、河北师范大学教育学院刘京京副教授合著的《中国私学活动史》，研究视野和角度与前述赵国权教授正好相反，重点研究中国私学活动，以春秋战国时期诸子百家私学活动为起始，至新中国时期的民办教育活动，全面梳理了各级各类私学中的教育活动，既全面呈现了私学的教育活动特色，又探究了私学在中国教育历史长河中的重要贡献。同时，该书与官学教育活动史恰好形成互补之势，共同彰显了中国官学、私学中所积累形成的教育传统，以及教育活动特点的共性与个性，有助于读者对中国官学、私学的教育活动形成整体认知，为当今民办教育的办学活动提供一定启迪。

湖南大学岳麓书院邓洪波教授的《中国书院活动史》，以书院的教育活动为研究对象，从书院的发展演变、管理活动、师生生活、教学活动、学习活动、科举活动、学术活动等方面，深度描述和呈现了书院的教育活动生态。同时，将书院置于中国社会历史背景之下，探究书院及其教育活动在历史发展中的规律与特点，呈现历史变局中书院的调适与转型发展，展示了书院在中国历史上的曲折发展轨迹，并对新时期书院式教育进行了详细探索，为当今书院及其教育活动的改革发展提供了重要参考。

浙江大学教育学院李木洲研究员的《中国科举活动史》，注重主题式研究，改变了历史分期式写作方式，转变了传统史学研究以政治史为脉络的研究风格，尝试从科举活动的不同层面、维度切入，将历史叙事与深度描述相结合，探究了科举的起源与变革。同时，从科场生态、科举家族（庭）、舞弊与防弊、科举法制、科举习俗等角度，全面呈现了科举考试的具体活动与历史情境，生动形象地展示了中国科举的人生样态和考试生态，展现了科举考试的教育管理活动和习俗活动，以通俗、鲜活的表达方式使读者了解先民们对待科举的心理活动。

华中师范大学教育学院申国昌教授的《中国教学活动史》，立足整体史观，以中国历史上各级各类学校（包括书院）教育教学活动的全景概览为主题，重点研究了不同历史时期学校教育的教学活动。全书旨在挖掘官学、私学、书院、私塾、新式学堂、教会学校等各级各类学校教育中的教学管理活动、日常教学活动、师生日常生活、教育实习活动、师生互动活动、学业考核活动等，探索这些活动发生、发展的历史轨迹，真正将研究的触角伸向师生和基层，对中国教育一线的生动活动和景象进行了系统研究。同时，通过对中国教学活动的全方位、“原生态”研究，真实反映出不同历史时期的教育教学活动实况，展现了师生在历史发展、社会变革和教育改革中所扮演的社会角色和所发挥的社会价值，揭示了学校师生教学活动的历史轨迹与规律，能够为当今教育教学改革和立德树人提供历史启示。

河南大学教育学部张建东副教授的《中国女子教育活动史》，将研究视野转向鲜有涉及的女子教育活动，以中国历代女子教育活动和场景的构建为中心，在微观叙事和历史描述中全面呈现了中国女子教育活动的发展演变。全书注重挖掘不同历史时期女子教育活动主要内容、形式的演变历史，重点研究女子宫廷教育活动、家庭教育活动、社会教育活动，以及艺术教育活动、宗族教育活动、职业教育活动、留学教育活动等，力求真实生动地展示女子教育活动情景，呈现女子教育活动的中国特色与发展演变。

河南师范大学教育学部郭景川博士的《中国儿童教育活动史》，将研究视野聚焦儿童，凸显儿童中心、活动中心，以古代、近现代儿童教育活动的呈现，彰显不同历史时期儿童教育活动的时代特征。全书分为上编和下编两大部分。上编以“蒙以养正”为主轴，以活动类别为主线，展示了中国古代的童蒙教育活动，分别论述了古代的胎教活动、不同场域的蒙养教育活动、神童教育活动和童蒙游戏活动，全面呈现中国古代儿童教育活动的传统特色。下编以“公民养成”为主轴，展示了中国近现代的儿童教育活动，对近现代儿童教育活动的转型、革命根据地的儿童教育活动以及儿童权益保护活动等进行了详细描述，并以教育家群体为研究对象，系统探究了教育家群体的儿童教育实践活动，通过理论与实践的结合，生动展示了近现代中国儿童教育活动的有益探索与尝试。

南京晓庄学院陶行知研究院程功群博士、盐城师范学院教育科学学院牛蒙刚副教授合著的《中国社会教育活动史》，主要以时间为纬、以教育活动内容为经，探究自古至今发生在社会民众各种生活情境和教育场景中的具体、微观、日常的教育活动，重在梳理和呈现与社会民众日常生活生产实践相结合的具体教育活动。全书主要研究不同历史时期的社会教化活动、民间教育活动的演变历程，总结不同时期的表现形式与特征，彰显各个历史时期的调适与发展举措，探究社会教育活动的影响及规律。重点挖掘乡规民约教育活动、民风民俗教育活动、宗教礼仪教育活动、传艺授徒教育活动、民间教育交流活动等，全面呈现中国社会教育的活动概况，能够为当下弘扬中华优秀传统文化、构建服务全民的终身学习教育体系提供一定的历史参考。

江南大学人文学院蒋明宏教授的《中国家庭家族教育活动史》，综合了传统史学的政治史脉络和家庭家族教育活动的形式与内容，将整体研究与个案研究相结合。开篇详述了不同历史时期家庭家族教育活动内容、形式的历史演变，进而以主题式推进，重点研究了家庭家族教育活动基本形式、运作机制、师生关系、教学活动等，系统有序地探究了中国家庭家族教育活动的具象，力求展示真实生动的家庭家族教育历史情景。同时，全书加强了个案研究和比较研究，探究了各个历史时期不同类型家庭家族教育活动的个案以及家族类型异同与区域异同等，易于具体而微地了解中国家庭家族教育活动的总体概况，揭示、总结出家庭家族教育活动的规律，从而为当今家庭教育的推进实施提供历史借鉴和启示。

江苏师范大学留学生与近代中国研究中心周棉教授的《中国留学教育活动史》，以近代以来到1949年间的中国留学教育活动为主要研究对象，概述了在晚清—民国社会巨变中留学教育活动的演变过程，折射出在现代化的宏伟背景和救亡图存的历史氛围中，中国的留学教育活动与政治变革、政权更迭和文化交流等方面全方位的互动图景。全书从现代化史、社会史、政治史、教育史等角度切入，系统探讨了近代中国留学教育的兴起与发展，研究了不同时期留美、留欧、留日和留苏（俄）等留学运动，对各个时期留学政策的制定、留学生的派出和管理等做了多方面的简明论述。与以往一般的留学史著作不同，本书通过对留学生国外学习和日常生活活动的着力书写，客观再现了他们在国外学习、生活和社会活动的情景，多角度地呈现了不同时期留学生的思想变化与价值取向，探索了留学活动的个人价值与国家使命的关系。

陕西师范大学教育学院李忠教授的《中外教育交流活动史》，重点探究了中外教育的双边互动交流情况，既体现了中华文化与教育对周边国家的辐射力与影响力，也体现了外国文化教育与中国文化教育的交流融合。全书探究了古代时期、晚清时期、民国时期和新中国成立后的中外教育交流活动概况，呈现出中外教育交流活动主体的多元化、内容的丰富化和形式的多样化，既包括留学教育活动，又描述了官方与民间不同群体和组织的教育交流活动，“输出”与“输入”相结合，展示出东西方教育与文明交流融合的发展轨迹。同时，该书通过对中外教育交流活动内容、形式等方面的具体梳理，展现了中外教育交流活动的历史经验，能够服务于当今的“一带一路”建设，促进中外教育交流活动的深入推进。

南京特殊教育师范学院马建强教授的《中国特殊教育活动史》，是教育活动史研究中鲜有人涉及的领域。全书关注特殊群体，在教育叙事中详细梳理了中国特殊教育活动的历史演变，探究了特殊教育活动的发展轨迹。全书围绕特殊教育活动，旨在挖掘各个时期特殊教育过程中师生的教学活动、学习活动、日常生活、课外活动、师生关系、教育管理活动、学业考核活动等，生动呈现这些活动的特色与轨迹，对当今特殊教育的改革发展和特殊儿童的育人实践具有一定的现实启迪。

总之，本丛书力求不断深化教育活动史研究，持续开拓教育史学研究的新视野，以教育活动史的研究范式，宏观与微观相结合，叙述教育历史中的人及其教育活动，在教育活动中使教育历史参与者发声，凸显“以人民为中心”的研究主旨，助力教育史学学科话语体系建设，推进教育史学学科建设，进而服务于中国特色哲学社会科学话语体系和学术体系建设，彰显中国特色的教育智慧，弘扬中华民族的教育传统。

参与本丛书的各位作者，既有笔者及团队指导的博士生或博士后，也有长期合作的教育界同仁，且大多数参与了《中国教育活动通史》的编写，见证了教育活动史的研究历程，激发了教育活动史的研究兴趣，掌握了教育活动史的研究范式。本丛书也是我们开展教育活动史研究的再度合作的成果。大家对深化教育活动史研究、推动教育史学学科建设具有强烈的共识、配合的默契，我们在相互交流、共同研究中体验着教育活动的愉悦。在本丛书的写作和出版过程中，得到了山东教育出版社领导和编辑的大力支持，值此丛书出版之际，谨此表达笔者及研究团队全体成员诚挚的谢意！

目录

第一章 唐、五代书院的活动

书院是新生于唐代的中国士人的文化教育组织，它源自民间和官府，是书籍大量流通于社会之后，数量不断增长的读书人围绕着书，开展读书、藏书、修书、校书、教书、著书、刻书等活动，进行文化积累、研究、创造、传播的必然结果。唐代书院最早出现在民间，民间书院建立不久，就将其服务范围从个人扩展至众人，负起向社会传播文化知识的责任，开始了传道授业的教学活动，以唐中宗景龙年间（707—710）陈珦于福建漳州创建的松洲书院为代表。当书院在民间出现、发展近一个世纪以后，中央官府也开始注意到这种新生的文化组织，并依汉魏以来故事，因袭“聚藏群书”“校理经籍”的秘书省之责，于唐玄宗开元年间在京城长安和东都洛阳分别创建作为官府学术文化机构的丽正、集贤书院，进行修书、校书活动。所谓“上有所好，下必行焉”，经官府提倡后，“书院”这一得到官府承认的新生文化组织遂为更多的士人所接受。他们根据各自的文化素质、需要及当时当地的条件，不断赋予书院以新的文化内涵，其职能也由教授生徒、整理典籍拓展到读书自修、品茶会友、吟诗作文、讨论时局等一系列文化学术活动。唐之后的五代十国时期，虽然天下混乱达半个多世纪，但置身其中的士人并没有沉沦，他们或读书林下养性潜修，或结庐山中藏书聚徒，历史的机缘，使新生于唐代的书院成为进行上述活动的主要场所。此一时期，民间先后创建书院 12 所，兴复唐代书院 1 所。在这 13 所书院中，明确记载有教学活动的有 8 所，占总数的 61.54%，比例已经相当大，说明教学已成为书院活动的主流。

第一节　从唐诗看书院活动

唐代民间书院最可靠也最生动具体的记录，见于当年文人骚客的诗作之中。唐诗中与书院相关的诗作除标明为丽正、集贤书院之外，其他至少有 14 首①，其中李益的《书院无历日以诗代书问路侍御六月大小》，笔者考为集贤书院诗，故唐诗中提到民间书院的共有 13 首。在这 13 首唐诗中，有 11 首记载了当时书院所进行的活动，主要涉及园林建设、读书、诗文创作与交流三个方面。

一、园林建设

唐代士人本着儒家“天人合一，崇尚自然”的精神追求，出于陶冶性情、激发诗意、安心读书的需要，十分重视所居书院的园林建设活动。他们移竹栽松，运石叠山，通过优化环境为自身的学术文化活动创造良好的氛围。

中晚唐时期，唐代宗大历十年（775 年）进士、诗人王建在所作《杜中丞书院新移小竹》中写道：“此地本无竹，远从山寺移。经年求养法，隔日记浇时。嫩绿卷新叶，残黄收故枝。色经寒不动，声与静相宜。爱护出常数，稀稠看自知。贫来缘（一作原）未有，客散独行迟。”② 从中可以看到，杜中丞因欣赏竹子“色经寒不动，声与静相宜”的品格，从远处的山寺移来青竹植于院中。此后数年中，定期浇水，收理枯枝，对绿竹的养护与欣赏活动俨然成为杜中丞日

① 一般认为唐诗中有 11 首书院诗，此予匡正。
② 彭定求等编：《全唐诗》卷 299《杜中丞书院新移小竹》。

常文化生活中的一项重要乐趣。因经寒不动、静处养性正乃儒家本色，是一般士大夫追求的目标，此点透视出唐代士人对人性修养与自然环境密切关系的认知与理解。而从书院移竹于山寺一事中，可看出当时儒佛两家的关系较为密切，书院、山寺之间有着交相影响。

与绿竹同为“岁寒三友”之一的苍松，除与竹子同有经寒不动的品格外，还有着坚毅挺拔的文化意味与象征。因孔子曾言：“岁寒，然后知松柏之后凋也。”① 故一直为历代的士大夫所推崇，唐代士人亦将其栽植于书院之中，以作陶冶性情之用。

与王建几在同一时期，唐德宗贞元五年（789 年）进士、诗人杨巨源在《题五老峰下费君书院》中便提到了书院中的植松活动：“解向花间栽碧松，门前不负老人峰。已将心事随身隐，认得溪云第几重。”② 诗的前一句，花间、碧松、老人峰，讲的是书院幽深的环境。后一句说明费君对于安史之乱后的现实世界已极为失望，只得归隐山林，寄情花木，体认行云流水，以寻求身心平衡。“已将心事随身隐，认得溪云第几重”，这是一个失魄儒士心态的真实写照。从小所受的教育，使这些儒士具有强烈的社会责任感，而严酷的现实又将他们对理想的追求予以重击。这矛盾和痛苦，一方面使他们暂离现实世界的红尘，转到山水林石的“桃源”，但又不致坠入天堂与神仙之境；另一方面，使他们返归经典原作，重新探讨修齐治平的方法和路径，进行新的理论思考和创造。这就是书院出现的深层的文化背景。

晚唐时期，诗人曹唐在诗中亦记载了书院栽植松树之事，诗题为《题子侄书院双松》：“自种双松费几钱，顿令院落似秋天。能藏此地新晴雨，却惹空山旧烧烟。枝压细风过枕上，影笼残月到窗前。莫教取次成闲梦，使汝悠悠十八年。”③ 从诗文来看，大概书院所在地的风景不是很好，于是主人自种双松，使其能藏晴雨、惹烧烟，枝压细风，影笼残月，“顿令院落似秋天”。以人工弥补天生缺憾，说明创造一个宜人的学习环境已成为自觉的行为，这是士大夫们追求“天人合一”心态的反映。

---

①《论语·子罕》。
② 彭定求等编：《全唐诗》卷 333《题五老峰下费君书院》。
③ 彭定求等编：《全唐诗》卷 640《题子侄书院双松》。

唐代书院的园林建设活动除植木外，还包括种花、叠石为山等。这在著名诗人贾岛的《田将军书院》一诗中有所反映："满庭花木半新栽，石自平湖远岸来。笋迸邻家还长竹，地经山雨几层苔。井当深夜泉微上，阁入高秋户尽开。行背曲江谁到此，琴书锁著未朝回。"① 从中可知，田将军书院的建设者不但在书院中遍植花木，还从远处岸边运来湖石，营造山水，使院中花木、笋竹、泉石、楼阁应有尽有，成为一个操琴读书、修身养性的好地方。

上述栽花、植木、移竹、运湖石以改善环境的园林建设的活动说明，唐代书院的建设者们已经充分体认自然对人的陶冶之力，特别注重人与周围环境的协调。其中既有丛林、精舍、宫观的影响，更有儒家"天人合一"的追求。

二、读书

作为唐代士人寄居山林以肄业的场所，读书自然是书院最普遍的活动之一，在自然与人为的幽静环境中，足不出户，在院中品读诗书亦成为寻常之事。

生活在唐代宗大历至德宗贞元年间（766—805）的诗人于鹄，在其诗《题宇文裔山寺读书院》中，就记载了一位名叫宇文裔（一作褧）的儒者在书院中的读书活动："读书林下寺，不出动经年。草（一作书）阁连（一作通）僧院，山厨共石泉。云（一作雪）庭（一作亭）无履迹，龛壁有灯烟。年少今头白，删诗到几篇。"② 此诗中描述宇文氏的读书活动有两个特点：一方面是持续时间长，埋首经年，从年少到白头；另一方面是专心致志，孜孜不倦，虽然读书院在山寺中，儒佛连阁共泉，两家有着较密的交往，但作为一名读书的儒者，除了龛壁灯烟，对僧院的事情又很少顾问。此外，同为读书之所，此处不称"书院"，而直呼"读书院"，说明此时书院作为一种制度，仍处在接受社会检验的阶段，还没有得到公众的普遍认可，因而其名称尚未达到约定俗成并固定下来的程度。而"年少今头白，删诗到几篇"，表明宇文氏在书院除了读书，还从事研究、著述活动。

---

① 彭定求等编：《全唐诗》卷 574《田将军书院》。

② 彭定求等编：《全唐诗》卷 310《题宇文裔山寺读书院》。

约在唐懿宗咸通年间（860—874），诗人李群玉在《书院二小松》中记录的自身书院读书生活却不似宇文裔那般单调。其在读书之时，时常倾听风吹松枝所发出的如琴声般悠扬的松韵，饶有一番乐趣：“一双幽色出凡尘，数粒秋烟二尺鳞。从此静窗闻细韵，琴声长伴读书人。”①

通过宇文裔和李群玉读书活动的对比，我们可以看出，唐代诗人在书院中的读书活动有苦也有乐，而这一切又与读书者的心境有很大关联。

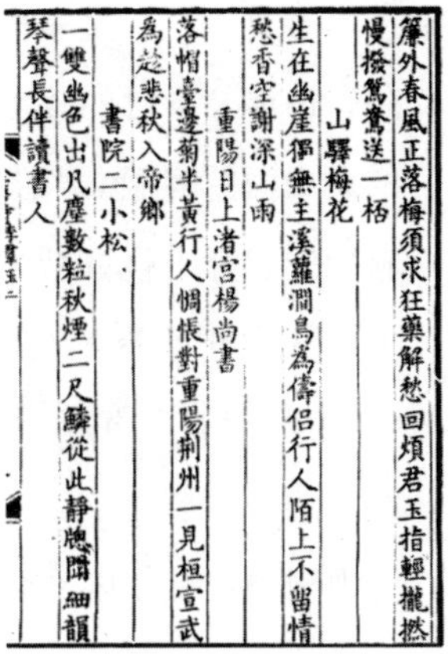
簾外春風正落梅須求狂藥解愁回煩君玉指輕攏撚
慢撥鴛鴦送一桮
山驛梅花
生在幽崖獨無主溪蘿澗鳥為儔侶行人陌上不留情
愁香空謝深山雨
重陽日上渚宮楊尚書
落帽臺邊菊半黃行人惆悵對重陽荊州一見桓宣武
為趁悲秋入帝鄉
書院二小松
一雙幽色出凡塵數粒秋煙二尺鱗從此靜牕聞細韻
琴聲長伴讀書人

清康熙本《全唐诗》卷 570
《书院二小松》

三、诗文创作与交流

古人有言：“学而不思则罔。”故文人在读书之余，将个人的所思所想付诸文字，并在一起品评、切磋，既是正务，也是一件乐事、雅事。有唐一朝，诗歌最盛，所以吟诗、会文也成为书院中比较频繁的活动。

唐宪宗元和年间（806—820），诗人吕温在《同恭夏日题寻真观李宽中秀才书院》一诗中，就提到了一位名叫李宽中的秀才在书院中的吟诗、作文活动：“闭（一作闲）院开轩笑语阑，江山并入一壶宽。微风但觉杉香满，烈日方知竹气寒。披卷最宜生白室，吟诗好就步虚坛。愿君此地攻文字，如炼仙家九转丹。”② 在此诗中，李宽中秀才在江山并入轩廊，满是杉香、竹气的书院中披卷、吟诗、攻文字，甚是高雅、惬意。而这些活动又在虚坛、丹炉间进行，说明李秀才对神仙家的道气、丹术也有一定程度的感知或体认。

唐代士人在书院中的吟诗作文活动没有局限在个人的世界里，文坛密友之间也不时相访，在书院中交流新作，品评切磋。晚唐诗僧齐己在《宿沈彬进士书院》中就记录了他与诗人沈彬的诗文交流活动：“相期只为话篇章，踏雪曾来宿此房。喧滑尽消城漏滴，窗扉初掩岳茶香。旧山春暖生薇蕨，大国尘昏惧杀伤。应有太平时节在，寒宵未卧共思量。”③ 诗歌透露出齐、沈二人在书院中的

① 彭定求等编：《全唐诗》卷 570《书院二小松》。
② 彭定求等编：《全唐诗》卷 370《同恭夏日题寻真观李宽中秀才书院》。
③ 彭定求等编：《全唐诗》卷 844《宿沈彬进士书院》。

活动内容有二：一是事先约定，按时在书院中品茶论文。二是讨论的内容除诗文外，还涉及当时的政治，“大国尘昏”，到处“杀伤”，正是唐末政治腐败、战火横燃局面的写照。“应有太平时节在，寒宵未卧共思量”，反映了富有社会责任感的知识分子忧国忧民，并希图化战争为和平的良苦之心。这说明，书院的读书人从一开始就不死抱书本，他们对社会政治也极为关注，明末东林书院“风声雨声读书声声声入耳，家事国事天下事事事关心”的忧时精神与此正是一脉相承的。

中国自古有“以文会友，以友辅仁”① 的传统，通过文字来结交朋友一直是文人间的幸事。所以书院中的诗文交流活动也不局限于一二密友之间，一群文人在书院中饮酒赋诗、游宴会文也成为其拓展社交，彼此畅叙友情的一项重要活动。这在韩翃、卢纶等人的诗作中均有涉及。中唐时期，诗人韩翃在《题玉真观李秘书院》里描述了他所亲历的在李秘书院中的诗文创作活动：“白云斜日影深松，玉宇瑶坛知几重。把酒题诗人散后，华阳洞里有疏钟。”② 诗中述说了在白云、斜日、松影的秀美风景中，文人儒士把酒题诗、游宴会文的欢快场面。另外，瑶坛、疏钟这些满是神仙道气的字眼，也透露出书院与道观的紧密关系。

唐代宗大历年间（766—779），诗人卢纶在《宴赵氏昆季书院因与会文并率尔投赠》一诗中呈现的书院诗文交流活动颇为生动：“诗礼挹馀波，相欢在琢磨。琴尊方会集，珠玉忽骈罗。谢族风流盛，于门福庆多。花攒骐骥枥，锦绚凤凰窠。咏雪因饶妹，书经为爱鹅。仍闻广练被，更有远儒过。”③ 诗歌描述的一帮文人在赵氏昆季书院中的活动分别有游宴、论学、会文、品诗等。这些志趣相投的文朋诗友，以“琢磨”诗体文风“相欢”，并能使“远儒”过而往之，可见书院既充满文学气息，又相当自由，不乏乐趣。同一时期，卢纶的《同耿拾遗春中题第四郎新修书院》则提到了一所新修书院的文会盛况：“得接西园会，多因野性同。引藤连树影，移石（一作柏）间花丛。学就晨昏外，欢生礼乐中。春游随墨客，夜宿伴潜公。散帙灯惊燕，开帘月带风。朝朝在门下，自与五侯通。”④ “得接西园会，多因野性同”，学于书院的文人，以其性情志趣相

①《论语·颜渊第十二》。

② 彭定求等编：《全唐诗》卷 245《题玉真观李秘书院》。

③ 彭定求等编：《全唐诗》卷 279《宴赵氏昆季书院因与会文并率尔投赠》。

④ 彭定求等编：《全唐诗》卷 278《同耿拾遗春中题第四郎新修书院》，此诗又名《同钱员外春中题薛载少府新书院》。

同，齐集一起，在月下灯前论诗讲文，这分明又是一种交流，抑或可视为后世书院会讲、讲会活动的流觞。而朝朝门下，学就晨昏，游随墨客，欢生礼乐，这些都说明书院已开展了教学活动。

从上述唐人的诗歌中，我们能够了解到，唐代书院已经从私人治学的书斋逐渐扩展为公众文化活动的场所。作为一种社会文化机构，唐代书院的活动包括园林建设、藏书读书、游宴会友、吟诗作文、学术交流、教学授受、讨论政治、研究著述等，后世书院几乎所有的活动都能在这里找到源头。

第二节　丽正、集贤书院的文化学术活动

当民间社会围绕着书院，广泛开展读书、诗文创作、会文等一系列文化学术活动之时，官府也于唐代中期，依循汉魏以来"聚藏群书""校理经籍"的秘书省之责，在中书省设置了丽正、集贤书院这一类全新的学术文化机构。作为官府机构的丽正、集贤书院，其组织比较严密。据文献记载，院中先后设有院使、检校官、学士、直学士、侍读学士、侍讲学士、大学士、文学直、修撰官、校理官、刊正官、校勘官、修书学士、知院事、副知院事、判院事、押院中使、待制官、留院官、知检官、书直、写御书手、画直、拓书手、装书直、造笔直、直院、校书、正字、孔目官、专知御书检讨、专知御书典、知书官、编录官、典入院、修书、修书使、刊校、校书郎等 39 种职事①，名目可谓繁多。每种职事既责任分明，各司其事，又相互配合，共同协作，维持书院的正常运作。丽正、集贤书院虽为官府下设机构，但它毕竟不同于治世牧民的衙门，刊辑古今经籍的任务，顾问应对的性质，都使它远离赋税兵农的实际政务，而致力于文化学术事业的追求。综约而论，其活动大致可以概括为出书、藏书、讲学、赋诗、顾问五个方面。

① 刘昫等撰：《旧唐书》卷 43《职官二》。

一、征集图书，校正刊辑

征求天下图书之遗逸，刊辑古今之经籍，是书院的首要任务。丽正书院的成立即缘于广泛“借民间异本传录”的一次图书征集活动。其后，搜访天下遗书，并将其校正刊辑，就成了院中最主要的日常工作。这从职事所设以书直、写御书手、拓书手、画直、装书直、造笔直等员额百数十人，占院中人员的绝大多数中可以得到反映。而老臣褚无量在75岁临终时，“以丽正写书未毕为恨，上为举哀，废朝二日”①，更昭示出刊辑经籍在君臣心目中的重要地位。

书院出书数量，史有明文记载者凡二见。一是《唐六典》，称“集贤所写，皆御本也。书有四部：一曰甲，为经；二曰乙，为史；三曰丙，为子；四曰丁，为集。故分为四库”，“四库之书，两京各二本，共二万五千九百六十卷，皆以益州麻纸写”。② 二是《唐会要》，称：“天宝三载六月，四库更造，见在库书籍，经库七千七百六卷，史库一万四千八百五十九卷，子库一万六千二百八十七卷，集库一万五千七百二十二卷。从天宝三载至十四载，四库续写书又一万六千八百三十二卷。”③ 由此可以计算出，到天宝十四载（755年），书院在38年中，累计出书达71405卷。

原材料的消耗，也可反映当年出书的盛况。据《新唐书》记载，集贤书院所用纸、笔、墨等，都由太府供应，“月给蜀郡麻纸五千番，季给上谷墨三百三十六丸，岁给河间、景城、清河、博平四郡兔千五百皮为笔材”④。《唐会要》卷35记有历年蜀纸消耗情况，其中“大中四年（850年）二月”一条称：“集贤院奏，大中三年正月一日以后至，年终，写完贮库及填缺书籍三百六十五卷，计用小麻纸一万一千七百七张。”由此可知，集贤书院每年出书的材料耗费分别为：纸11700余张或60000番不等，墨1344丸，兔皮1500张。

整体出书趋势。自开元六年（718年）建院至天宝三年（744年）更造四库时的27年间，共成书54573卷，年平均约2021卷。天宝四年至十四年（745—

---

① 刘昫等撰：《旧唐书》卷102《褚无量传》。
② 李林甫等撰：《唐六典》卷9《集贤殿书院》。
③ 王溥：《唐会要》卷64《史馆下·集贤院》。
④ 欧阳修、宋祁：《新唐书》卷57《艺文志》。

755)，11 年间写书 16832 卷，年平均约 1403 卷。开元六年至天宝十四年(718—755)，38 年时间，累计出书 71405 卷，年平均约 1879 卷。由此可见，集贤书院的年出书数量呈下降趋势。此后，随着刊辑工作的深入进行，一方面待刊书籍越来越少，另一方面因仍成弊、久而散漫也不免成为常态。加之天宝十四载开始的"安史之乱"所带来的政治动荡和经济损失对文化学术事业的冲击，至唐宣宗大中三载（849 年)，已跌至每年 365 卷，不及建院初期的五分之一。

然而，无论怎样式微，都掩盖不了至天宝末年，书院累计出书达 71405 卷的辉煌业绩。此前朝廷于开元九年（721 年）完成的国家总书目《群书四部录》，集中官府所有藏书，只著录图书 2655 部，48169 卷，比它少 23236 卷。而此后宋人欧阳修在《新唐书·艺文志》中，著录有唐一代之书，计为 52094 卷，比它少 19311 卷，即使加上其知而未录之书 27127 卷，合为 79221 卷①，也只比它多 7816 卷。这一多一少的差额，正可标示在以书为主要载体的年代，集贤书院在唐代文化学术事业中所处的不可替代的崇隆地位，更可反映书院对于文化传播和文化积累所作的巨大贡献。

此外，在雕版印刷技术还没有普及推广的唐代，集贤书院手写纸书达到 71405 卷，所耗材料，以《新唐书》所记折算，自建院到天宝十四载（755 年）这 38 年间，累计用纸 2280000 番，墨 51072 丸，兔皮 57000 张；若以大中三年之数折算，用纸量则为 2290242 张。这组数据所反映的生产规模，在当年来讲也是巨大的，远远超过同期仍在出书的秘书省、门下省的弘文馆，以及同属中书省的史馆，集贤书院成为官府最主要的生产图书的部门。此所谓后来居上，集贤书院的确可称唐代中期以降国家图书经籍生产的主流，奠定了其作为国家"出版中心"的地位。

二、收藏典籍，类分甲乙

对所藏图书进行整理编录，在集贤书院中是与出书同等重要的活动。院中图书包括旧底本和新写本两部分，总数约在数万卷，必须使其处于有序状态，

① 79221 卷之数乃笔者据中华书局点校本四部小序统计所得，与《艺文志序》所称"藏书之盛，莫盛于开元，其著录者，五万三千九百一十五卷，而唐之学者自为之书者，又二万八千四百六十九卷"之记有别，少 3163 卷。

集贤书院才能有效地开展工作。因此，院中平时设有知书官等职，按甲乙丙丁区别经史子集四库之书。各库之书，“轴带帙签皆异色以别之”①，以便于检讨查取。具体做法是，“经库书钿白牙轴、黄带、红牙签，史库书钿青牙轴、缥带、绿牙签，子库书雕紫檀轴、紫带、碧牙签，集库书绿牙轴、朱带、白牙签”②。这种“异色以别”四库之书的方法，在千余年后的清代乾隆年间纂修《四库全书》这项巨大文化工程时仍被沿用，可见其影响之深远。

使众多图书处于一种有序状态的工作，是在类分经史子集四库的原则指导下完成的，其结果是按照名目、次序对所有图书进行登载而形成的大量记录，此即所谓的院藏图书目录。当年的院藏书目虽不留传于世，但院中确实开展过这项工作，院目本身的存在也是不容置疑的。在新旧《唐书》中，都记有唐德宗建中年间（780—783），集贤书院学士蒋将明以安史之乱后，院中图籍混杂，请求携其子蒋乂入院编次整理，入院后用一年时间，“各以部分，得善书二万卷”③ 的事迹。前述院中出书数量，之所以能言之凿凿，亦缘于这些完备的记录。凡此皆可以说明，集贤书院的藏书活动已不局限于为藏而藏，而已进一步上升至分类编目的高级阶段。

书院的藏书数量，丽正书院时期的开元九载（721 年）冬统计为 81990 卷，其中经库 13753 卷，史库 26820 卷，子库 21548 卷，集库 19869 卷，若加前述集贤书院时期天宝三载（744 年）六月四库更造时“见在库书籍”54574 卷，及天宝三年至十四年“续写本”16832 卷，计有 153396 卷。这 15 万余卷典籍，虽与隋代嘉则殿的 37 万卷称不得多，但比之唐初武德年间府库的 8 万卷藏书，又不可称少。至于它在当年国家藏书中所占的份额，南宋王应麟在其所撰《玉海》中有所论及：“秘书，御府也。天子犹以为外且远，不得朝夕视，始更聚书集贤殿……集贤之书盛积，尽秘书所有不能处其半。”④ 秘书省在集贤书院创设之前本是典掌国家图书的官衙，既称“尽其所有而不能处其半”，则集贤书院作为“国家藏书中心”的地位此时得以确立，也就成为不争的事实。

①《新唐书·艺文志一》。

②《唐六典·中书省集贤院史馆匦使卷第九》，中华书局 1992 年版，第 280 页。

③ 刘昫等撰：《旧唐书》卷 149《蒋乂传》。

④ 王应麟：《玉海》卷 167《宫室·院上》。

三、讲论儒道，申表学术

相较出书、藏书，讲学无疑是丽正、集贤书院中更具学术性的活动。其讲学活动，可以分为三种类型。

第一种类型是皇帝的“躬自讲论”。这在《旧唐书》所记张说反驳徐坚罢废丽正书院之事中有所记载，其称：“时中书舍人徐坚，自负文学，常以集贤院学士多非其人，所司供膳太厚，尝谓朝列曰：‘此辈于国家何益？如此虚费。’将建议罢之。说曰：‘自古帝王功成，则有奢纵之失，或兴池台，或玩声色。今圣上崇儒重道，亲自讲论，刊正图书，详延学者。今丽正书院，天子礼乐之司，永代规模，不易之道也。所费者细，所益者大。徐子之言，何其隘哉！’”① 可知唐玄宗曾在书院与学士们讲论儒道，此正唐明皇所谓“广学开书院（一作殿），崇儒引席珍”② 的讲学活动。

第二种类型是学士为皇帝讲论文史而备顾问，并因此在历史上第一次专为皇帝讲学设置了侍读侍讲之职。如开元十一年（723 年）夏天，“诏学士侯行果等侍讲《周易》《老庄》，频赐酒馔”③。对此类依托丰富藏书，延引院中的饱学之士为皇帝讲学，皇帝以礼待之的场景，张说在诗中曾有过生动的描述：“东壁图书府，西园（一作垣）翰墨林。诵诗闻国政，讲易见天心。位窃和羹重，恩叨醉酒深。缓（一作载）歌春兴曲，情竭为知音。”④ 君臣间的学问探讨飘溢书香，引人入胜，以至千余年后晚清重臣张之洞在创建广州广雅书院时，还要引前两句诗来为其东西斋二十间号房命名。

第三种类型是院中学士对写御书手、书直等人进行的教学活动。为数百余的书直须“亲经御简”方可入院写书，他们入院之后要经过月课岁考，并“各有年限，依资甄叙”。⑤ 这种简选、课考、甄叙的制度是集贤书院围绕着日常整理校刊图书工作以及学士们的研究著述而进行的一种辅助性质的教学活动。⑥ 张

① 刘昫等撰：《旧唐书》卷 97《张说传》。
② 彭定求等编：《全唐诗》卷 3《集贤书院成送张说上集贤学士赐宴得珍字》。
③ 王应麟：《玉海》卷 167《宫室・院上》。
④ 彭定求等编：《全唐诗》卷 87《恩制赐食于丽正殿书院宴赋得林字》。
⑤ 李林甫等撰：《唐六典》卷 9《集贤殿书院》。
⑥ 刘海峰先生认为集贤书院有以学士为教师、御书手为学生的教学活动，详见其《唐代集贤书院有教学活动》一文，载《上海高教研究》1991 年第 2 期。

说所言“位（一作任）将贤士设，书共学徒归”①，指的就是这种以书为中心联系贤士、培养学徒的活动。

在以上三种类型的讲学活动中，前两者具有较浓的学术色彩，无论是皇帝的“亲自讲论”，还是学士们的诵诗讲易，其申表学术的目的甚明，意在提倡“崇儒向道”的社会风尚。至于第三种类型中所显示的教学授受倾向，则反映出官府书院所具有的适应并满足较低层次的士人追求文化知识的教育功能。

但需要指出的是，以上这些讲学、教学活动在很长一段时间内并没有引起足够的重视，人们往往依据清代诗人袁枚（1716—1797）“丽正书院、集贤书院皆建于朝省，为修书之地，非士子肄业之所”② 这样一句“随笔”，否定其业已存在的教育功能，并进而将丽正、集贤列为书院另类，抛置一边，甚至极言此书院非真正意义上的书院，可以忽略不论，这无疑是有违历史事实的。

四、燕饮诗酒，撰集文章

燕饮诗酒既是盛唐时期流行的文人风雅，撰集文章又是学士们的拿手之事，这样，在满是贤能文学之士的集贤书院，把酒载歌、燕饮诗赋便自然是其日常活动之一。开元十一年（723 年）丽正书院落成时，学士“燕饮为乐，前后赋诗奏上百首，上每嘉赏”③。开元十三年（725 年）改丽正书院为集贤书院时，“群臣赋诗，上制诗序”，其时“樱花新熟，遍赐坐上，饮以酴醾清酤之酒，帘内出彩笺，令群臣赋诗焉”。④ 玄宗君臣参与的这些诗酒活动中透出一派和乐的氛围。这种载酒载歌的活动不但屡见于诗赋，还形成了像《集贤院壁记诗》这样的诗集。诗集中不但收录了唐玄宗的《春晚宴两相及礼官丽正殿学士探得风字》《集贤书院成送张说上集贤学士赐宴得珍字》，还收有张说的《恩制赐食于丽正殿书院宴赋得林字》《赴集贤院学士上赐宴应制得辉字》等，其中张说的《赴集贤院学士上赐宴应制得辉字》则详细描述了院中宴饮的盛况：“侍帝金华讲，千龄道固稀。位（一作任）将贤士设，书共学徒归。首命深燕隗，通经浅汉韦。列筵

---

① 彭定求等编：《全唐诗》卷 88《赴集贤院学士上赐宴应制得辉字》。

② 袁枚：《随园随笔》卷 14《书院》。

③ 王应麟：《玉海》卷 167《宫室・院上》。

④ 王应麟：《玉海》卷 167《宫室・院上》。

荣赐食，送客愧儒衣。贺燕窥檐下，迁莺入殿飞。欲知朝野庆，文教日光辉。”①

集贤书院奉旨撰集文章的活动，见于《新唐书》卷132《吴兢传》：“兢不得志，私撰《唐书》《唐春秋》，未就。至是，丐官笔札，冀得成书。诏兢就集贤院论次。”查《新唐书·艺文志二》有吴氏《唐春秋》30卷，《唐书》130卷则与韦述、柳芳、令孤峘、于休烈同署名，可见其书终成于书院。吴兢（670—749）是唐代著名的史学家，家富藏书，曾自撰《吴氏西斋书目》一卷，著录图书13468卷，一生撰有《高宗实录》《武后实录》《中宗实录》《睿宗实录》《太宗勋史》《齐史》等，著作甚丰，尤以撰著《贞观政要》著称后世。但即便如此，他的《唐书》《唐春秋》仍是在承旨后于书院中与同人合作后始成，可见集贤书院在其中所起的至关重要的作用。

五、招贤论典，顾问应对

集贤书院招揽隐滞贤才的活动，可考证于《新唐书》卷204张果、姜抚两人的传记。张果是著名方士，武则天时隐居中条山，往来于当时山西地区的汾州与晋州之间山西汾阳、临汾之间，自称已数百岁，著有《阴符经玄解》一书。时人盛传其有长生不老之术，武则天遣使征召，以诈死拒征。唐玄宗时，人举其仙异之能，召至东都洛阳集贤书院，令其居住院中，封银青光禄大夫，号通玄先生，并下诏为其画像存真，后其坚请回归北岳恒山，不知所终。张果因仙逸贤能，在宋元之世经过演绎，最终成为“八仙”之一的张果老，至今流传而不衰。姜抚也是开元末年以方技异能而被召至集贤书院的，兹不赘述。

至于辨明邦国大典，以备皇帝顾问应对的活动，集贤书院编录蒋乂的事例则是一个极好的证明。贞元十八年（802年），唐德宗问及禁卫部队神策军设置之由，“相府讨求，不知所出”，乃召已升为集贤学士的蒋乂应对。乂称玄宗天宝十三载（754年）始设神策军，次年“安史之乱”爆发，神策军镇守陕西，广德元年（763年）代宗避难入陕，宦臣鱼朝恩率在陕之兵马与神策军一同护驾，由此神策军入屯禁中。及至代宗永泰元年（765年），神策军势力坐大，分左右两厢，成为天子禁军。大历年间，又领京兆、凤翔两府诸军，势力扩张，到德

① 彭定求等编：《全唐诗》卷88《赴集贤院学士上赐宴应制得辉字》。

宗贞元初年（785 年）终于形成宦官执掌之制，其权凌驾于诸禁军之上。蒋乂在介绍情况时，“征引根源，事皆详悉”，对此，宰相郑珣瑜盛赞“集贤有人矣”，翌日即升蒋乂为判集贤院事。① 此即书院发挥辨明国家军政大典而备皇帝顾问职能的明证，其负责顾问而不参与具体事务的处理，正可显示它作为学术机关有别于行政部门的特征。

第三节 《三字经》与窦氏书院的活动

公元 907 年，权臣朱温废黜唐哀帝，建立后梁政权，中国历史进入痛苦黑暗的五代十国时期。时局虽然纷纷扰扰，但是离乱中的士人却并没有泯没沉沦，他们或读书林下以养性潜修，或结庐山中以藏书聚徒。或出仕经世以维礼义风俗于干戈之中，承担起了救斯文于不坠的社会责任，而新生于唐代的书院尤其为当时的士人们所钟爱，成为他们开展上述活动的重要场所。

五代十国时期的书院继承唐制，仍然循着官府和民间两条路径发展。多数政权的中枢机构依然立有集贤（书）院，设有学士诸职，负责掌管刊印古今经籍，辨明邦国大典，应对顾问等事务。但因当时政权更替频繁，官府书院恐已无力开展实质工作，加之时代久远，史料湮没，其事已难叙。与官府书院相比，这个时期民间书院的发展情况比较清晰明了。据文献资料统计，五代十国的半个多世纪（907—960）中，民间书院共有 13 所，其中新建 12 所，兴复唐代书院 1 所，分布在北及幽燕，南达珠江流域，包括今江西、福建、广东、河南、北京等省市的广大地区。在连年战乱，官学难以为继的情况下，

《窦禹钧教子图》

① 刘昫等撰：《旧唐书》卷 149《蒋乂传》。

民间书院主要承担起了为国育才的功能，其中尤以事迹曾载入《三字经》的窦氏书院最为著名。

窦氏书院在北京昌平，由后周（951—960）谏议大夫窦禹钧建。窦禹钧，范阳（今北京昌平区）人，唐天祐年间（904—907），官幽州掾。唐亡，历仕各代，后周时官至太常太卿，谏议大夫。史称其人精于词学，义行高笃，家法为一时表式。尝于“宅南构一书院，四十间，聚书数千卷，礼文行之儒，延置师席。凡四方孤寒之士，贫无供须者，公咸为出之，无问识不识，有志于学者，听其自至”①。因此，远近贤明之士赖以举于世者甚众，而其在书院就学的五个儿子仪、俨、侃、偁、僖也见闻益博，相继登科，时称“燕山窦氏五龙”。据此可知，窦氏书院规模较大，不但藏书丰富，而且礼延师儒，经费充足，窦氏子弟及远近志学之士皆得研习、肄业其中，是一所藏书、讲学兼备的书院。从四方孤寒因以获益，窦家五子得以博闻的事迹中，我们也能看到书院骄人的教学成绩。而窦氏书院一门五进士，久为传颂，南宋学者王应麟在撰著《三字经》更是将其作为典范收入书中，盛称：“窦燕山，有义方，教五子，名俱扬。”由于《三字经》在宋代以后，为历代士子开蒙的必读之作，窦氏书院的教学活动也因此彪炳史册，而窦禹钧出色的家教，也与孟母三迁相媲美。

同一时期，与窦氏书院同样开展教学活动的书院还有 7 所，分别是后梁（907—923）时期，张玉在江西宜丰创办的留张书院；后唐长兴年间（930—933），罗韬在江西泰和创办的匡山书院以及佚名者在河南洛阳创办的龙门书院；南唐时期，罗靖、罗简在江西奉新创办的梧桐书院以及胡珰在江西奉新创办的华林书院；还有具体时间不明，陈氏族人在江西德安创办的东佳书院和黄捐在广东连县创办的天衢书院等。

由此可见，五代十国时期，虽然天下混乱达半个多世纪，但广大读书人并没有停止从教、授学的步伐，在民间建复的 13 所书院中，百分之六十以上都有教学活动存在，这说明学校性质的书院已经逐渐成为主流。但五代时期的书院毕竟太少，影响范围也太小，而规范化、普遍性书院教学活动的开展还要留待宋代读书人来完成。

---

① 范仲淹：《范文正公文集》卷 3《窦谏议录》。

第二章 宋代书院的活动

两宋时期，从门阀制度中解放出来的读书人，在经济极大繁荣、科举制度日臻完善和印刷技术快速发展的社会条件下，潜心治学，刊辑著述，将我国古代学术文化事业推进到一个颇为兴盛发达的阶段。其间，书院在社会各界的重视下，数量迅速增长，达到 720 所①，较唐五代时期，增长了 10 倍以上。

北宋时期，由于朝廷在很长一段时间内，无力构建完整的官方教育系统，于是书院便作为学校的一种，在官府的鼓励、扶植下，逐渐为社会所认同，教育教学功能得到强化。南宋时期，胡宏、胡安国、朱熹、张栻、吕祖谦、陆九渊等理学大师以书院为基地的讲学活动，推动了宋代学术的繁荣昌盛，使理学与书院的一体化得以完成。随着

① 这一统计数字，见陈谷嘉、邓洪波主编《中国书院制度研究》（上册）第 355 页，并做了补订（浙江教育出版社 1997 年版）。20 世纪 30 年代初，曹松叶《宋元明清书院概况》统计为 397 所。1995 年，白新良《中国古代书院发展史》统计为 515 所。另外，1963 年宋彦民在台湾出版《宋代书院制度之研究》，该书第 15—16 页统计宋代书院为 379 所。台湾地区吴万居《宋代书院与宋代学术之关系》，列表统计为 467 所。本书取最高数 720 所叙述。按：随着新材料的发现，统计数字将扩大。事实上，当年书院的实际数要大于统计数。

书院教育、学术活动的制度化与常态化，出于编辑、整理自身教育、学术成果与记录自身历史的需要，刻书亦成为南宋书院的一项重要事业，其中朱熹的《白鹿洞书院揭示》闻名天下，成为指导后世书院进行文教活动的典范。从此，书院与教育、学术相结合，形成魅力无限的文化特征，对后世中国读书人产生了深远而持久的影响。

第一节　宋代书院的教学活动

宋初久乱初平，长期被战祸压抑的教育诉求开始喷发，而此时的政府却无力兴复唐代旧有的官学系统。北宋建国后的 80 余年间，官学没有任何新的发展，中央已无二馆六学之盛，只勉强维持国子监与太学，而地方以州县乡党之学为主的地方学校系统始终没有恢复，基本处于瘫痪状态。此一时期，士病无所于学，趋之书院；官病无所于养，取之书院，殊途而同归，经过官民双方的共同努力，书院得以蔚然而兴，其教育功能也得以强化。随着宋代科举制度的进一步完善和取士名额的扩大，与科举相结合的教学活动开始成为书院的主流。这一特定的历史环境，造就了一批以教学活动称名于世的著名书院，在北宋时期有岳麓书院、应天府书院、嵩阳书院、白鹿洞书院、石鼓书院等，南宋时期，在应天、嵩阳毁于宋金战乱，久废不兴的情况下，建康明道书院又加入这一行列，与岳麓、白鹿洞等书院一道，承担起了兴学育才的任务。

一、“天下四大书院”的教学活动

（一）岳麓书院

岳麓书院在潭州（今湖南长沙）岳麓山抱黄洞下，原名岳麓山书院，大中祥符八年（1015 年）真宗赐额后，始称岳麓书院，其前身是佛家僧人为儒家士人设置的读书场所。据南宋岳麓书院副山长欧阳守道所作《赠了敬序》记载，僧人智璇等“念唐末五季湖南偏僻，风化陵夷，习俗暴恶，思见儒者之道，乃割地建屋，以居士类……时经籍缺少，又遣其徒市之京师，而负以归”，使得

“士人得屋以居，得书以读”，形成了一个略具规模的教育场所，岳麓书院就是在这个基础上“因袭增拓”而成的。① 僧人崇尚儒者之道而办学，说明儒学对其有着深刻影响，而书院创建于僧人办学的基础上，也势必吸取其禅林经验，这段历史恰是晚唐以来中国文化儒释道三家大融合的反映。

太祖开宝九年（976 年），知州朱洞和通理郡事孙逢吉接受彭城人刘鳌的建议，接管智璇设立的办学设施，扩充规模，增置图书，创立书院，计有“讲堂五间，斋序五十二间”②，广延生徒肄业其中。“五六十载之间，教化大洽，学者皆振振雅驯，行宜修好，庶几于古。”③ 但朱、孙二人离任后，“累政不嗣”，书院曾一度出现了“诸生逃解，六籍散亡，弦歌绝音，俎豆无睹”的冷落局面。至真宗咸平二年（999 年），李允则继任潭州知州，他“询问黄发，尽获故书；诱导青衿，肯构旧址；外敞门屋，中开讲堂；揭以书楼，序以客次；塑先师十哲之像，画七十二贤……请辟水田，供春秋之释奠；奏颁文疏，备生徒之肄业”④，使书院得到了恢复和发展。出于书院开展教学活动的需要，李允则于咸平四年（1001 年）三月二十二日奏请朝廷为书院赐书，其称：“岳麓山书院修广舍宇，有书生六十余人听诵，乞下国子监降释音文疏、《史记》《（玉）篇》《（唐）韵》，庶兴学校，以厚民风。”⑤ 奏疏上达朝廷后，真宗下诏从之。经过李允则的努力，不仅岳麓书院的教育教学功能得到强化，还使“里人有必葺之志，学者无将落之心”⑥，促成了湖湘坚持兴学、发展文化事业的社会风气和与礼乐之邦洙泗、邹鲁比高的自豪感。

大中祥符五年（1012 年），周式任岳麓书院山长，史称其学行兼善，尤“以行义著”，因此他主院期间士望归之，负笈从游者达数百人之多。⑦ 为适应众多学生的就学需要，他还请示潭州知州刘师道“广其居”，再度扩建书院。周式在岳麓书院聚集数百名生徒相授受的事迹，逐渐引起最高当局的重视，大中祥符八年（1015 年），真宗于皇宫便殿召见周式，拜其为国子监主簿，以示褒扬。但

① 欧阳守道：《巽斋文集》卷 7《赠了敬序》。
② 王应麟：《玉海》卷 167《宫室·院上》。
③ 陈傅良：《止斋集》卷 39《潭州重修岳麓书院记》。
④ 王禹偁：《小畜集》卷 17《潭州岳麓山书院记》。
⑤《宋会要·崇儒二》。
⑥ 王禹偁：《小畜集》卷 17《潭州岳麓山书院记》。
⑦ 朱熹：《朱子文集》卷 97《南岳处士吴君行状》。

周式心系书院，执意还山，真宗乃赐给对衣鞍马、内府秘籍及御书“岳麓书院”匾额使归教授，此后岳麓之名称闻天下，鼓笥登堂者不绝，在全国声名大著。仁宗天圣八年（1030 年），漕臣黄总还奏请授予山长孙胄官职，以表彰其办学贡献。北宋后期，朝廷大兴官学，应天、嵩阳、白鹿洞等著名书院或停废，或改为州县官学，唯“岳麓”以“潭州三学”形式独存，并高居湘西书院、潭州州学之上，成为地方最高学府。此后岳麓书院一直兴学不断，教学活动始终在其中占有重要地位。

岳麓书院山长周式

宋真宗接见周式并御赐岳麓书院院额

南宋绍兴元年（1131 年），岳麓书院毁于兵火，湖南安抚使刘珙于孝宗乾道元年（1165 年）重建书院后，即聘请张栻为主讲。张栻居院以阐扬衡山胡宏之学为己任，力矫仅为科举利禄、言语文辞之工的士习，提出了“造就人才，以传道而济斯民”① 的办学宗旨，以及体察求仁、辨别义利、经世致用的为学之道，深得士人之心，一时学者云集，使岳麓书院声名远扬，迅速成为湖湘学派的中心基地。乾道三年（1167 年），朱熹因钦慕张栻的学识，不远千里自闽来湘与之相会。二人以岳麓书院为中心，并往来于善化（今湖南长沙）城南、衡山南轩二书院，以“中和”为主题进行会讲，涉及太极、乾坤、心性、察识持善之序等理学普遍关注的问题，讲论两月有余，其时“学徒千余，舆马之众，至饮池水立竭，一时有潇湘洙泗之目焉”②。此次岳麓朱张会讲，在教学方面的意义重大，它是书院首次利用会讲这种教学形式开展学术交流活动。自此以后，会讲成为书院重要的教育、学术活动，既丰富了书院的内涵，又促进了书院制度的成熟。

① 张栻：《南轩先生文集》卷 10《潭州重修岳麓书院记》。
② 赵宁：《岳麓书院志》卷 3《书院》。

《朱张会讲图》(陈白一、陈明大绘)

南宋时期的岳麓书院不仅是湖湘学派的基地,形成了自己的学统,而且规制更加完备,有讲堂、藏经阁、宣圣殿等进行讲学、藏书、祭祀活动的专门场地。张栻亲定办学宗旨及以朱熹《白鹿洞书院揭示》为"教条",标志着岳麓书院已经有了明确的教育方针。至于招生人数,乾道初建四斋居,20 人,淳熙十五年(1188 年)扩建二斋,增加 10 人,绍熙间朱熹又设置额外生 10 员,常年居院人数达到 40 人,实际情况还不止此数。朱张会讲、朱熹绍熙五年(1194 年)再次讲学岳麓时,慕名云集的生徒都超过千人,所以时谚有"道林(寺)三百众,岳麓(书院)一千徒"的说法。此外,书院的教学管理制度也日趋完善,设置了山长、副山长、堂长、讲书、讲书执事、司录等具体分管书院的各项教学事务,比之北宋时期仅有山长一人,场面大为壮观。南宋中期,随着湘西书院的重建,书院又恢复其作为"潭州三学"之一的体制,并保持到南宋末年。

(二)应天府书院

应天府书院在应天府(今河南商丘)城西北隅,是北宋时期北方地区规制较为完备,有着重大影响的书院。其前身为"睢阳学舍",乃五代后晋(936—947)时戚同文讲学之所,宋太平兴国元年(976 年)戚同文逝世后,停废不兴。大中祥符二年(1009 年),郡人曹诚就学舍旧址建屋聚书,献给朝廷,于是诏立为应天府书院。因时人称戚同文为睢阳先生,且应天府后来改称南京,故应天府书院又名睢阳书院、南京书院。其历史沿革,南宋学者王应麟记之甚详:

祥符二年二月二十四日庚戌,诏应天府新建书院,以曹诚为助教。国初,有戚同文者,通五经业,聚徒百余人,许骧、宗度、郭承范、董循、陈象舆、王砺、滕涉皆其门人。于是诚即同文旧居,建学舍百五十间,聚

书千五百余卷，愿以学舍入官，令同文孙舜宾主之。故有是命，并赐院额。天圣三年，应天府增解额三人。六年九月，晏殊言："请以王洙充书院说书。"从之。明道二年十月乙未，置讲授官一员。景祐二年十一月辛巳朔，以书院为府学，给田十顷。①

应天府书院自仁宗景祐二年（1035 年）改为应天府府学之后，又于庆历三年（1043 年）改为南京国子监，其地位更高于一般地方官学，与当时东京（今河南开封）、西京（今河南洛阳）国子监鼎足而三，交相辉映，成为北宋官学运动中的一个亮点。

详观应天府书院 27 年（1009—1035）的办学活动，有几个特点值得注意。

第一，应天府书院是一所典型的官办书院。虽然院舍、藏书由乡人曹诚出资置备，但一经捐出，即为官产，院中教学管理皆由官府接管，皇帝亲令学士、侍郎等高官"文其记"，"题其榜"，赐碑赐额，可谓备受殊荣。仁宗天圣六年（1028 年）十二月，又"诏免应天府书院地基税钱"②。即使是后来拨给学田，改为府学，也由官府一手操办。这说明，应天府书院的命运全然掌控在政府手中，当初的建院者作为院中助教，也得接受朝廷诏命。

第二，院中组织较为完备。主讲、助教、说书、讲授官皆由朝廷任命，各司其事。根据奉常博士王渎"时举贤良，始掌其教"，职方员外郎张吉甫"时以管记领事纲"，以及范仲淹《南京书院题名记》中的记载，可知其组织管理体系实有可圈可点之处。

第三，应天府书院和科举关系密切。其前，有知府李及于天圣三年（1025 年）以"本府书院甚有学徒"为由，奏请在发解进士额之外增解额三人的记载。其后，则有主讲范仲淹仿雁塔题名故事，作《南京书院题名记》，以纪"相继登科"的"魁甲英雄"，并以"不负国家之乐育，不孤师门之礼教，不忘朋簪之善导，孜孜仁义，惟日不足，庶几乎列金石而无愧也"，期望于"他日门人"。③ 书院与科举关系如此之深，虽不得谓其已沦为科举的附庸，但书院替代官学培养人才的作用，于焉不言自明。不久后改为府学，不再借用书院之名。

---

① 王应麟：《玉海》卷 167《宫室・院上》。
②《宋会要・崇儒二》。
③ 范仲淹：《范文正集》卷 7《南京书院题名记》。

第四，教学有方，培养了大批人才。应天府地近京师开封，后又改名南京，地位颇重，院中设教者多为博学之士。如说书王洙，“素有文行，其明经术”①。掌教范仲淹“督学者皆有法度，勤劳恭谨以身先之，由是四方从学者辐凑，其后以文学有声名于场屋者，多其所教也”②。在列位名师的教导下，书院造就人才甚众，生徒如向敏中、戚伦、孙何、刘师道、杨大雅、陈越、张师德、尹洙、富弼、李诚、江休复、韩绛、蔡挺、韩维等，皆中州俊彦，北宋名臣。③ 书院的教学活动之所以能取得这样大的成效，与执教者的悉心教育不无关系，而范仲淹在院中培养孙复的事迹就颇能说明问题：

公在睢阳掌学，有孙秀才者，索游上谒。公赠一千。明年孙生复谒公，又赠一千。因问何为汲汲于道路。孙生戚然动色曰：“母老无以养，若日得百钱，则甘旨足矣！”公曰：“吾观子辞气非乞客，二年仆仆所得几何？而废学多矣。吾今补子为学职，月可得三千以供养，子能安于学乎？”孙生大喜。于是授以《春秋》。而孙生笃学不舍昼夜，行复修谨，公甚爱之。明年公去睢阳，孙亦辞归。后十年，泰山下有孙明复以《春秋》教授学者，道德高迈。朝廷召至，乃昔日索游孙秀才也。④

孙复后来以学术名世，与胡瑗、石介齐名，并称“宋初三先生”，在宋代理学发展史上占有重要地位。值得一提的是，在孙复以学生兼学职从学于范仲淹后，石介也曾于景祐年间讲学于应天府书院，并亲历书院改为府学之事。孙、石二人后来讲学泰山，使山东兖州徂徕书院亦称名一时，应天府书院教学活动影响之大，于此可见一斑。

（三）嵩阳书院

嵩阳书院原名太乙书院，五代后周时建。宋太宗至道二年（996 年）七月，赐“太室书院”额及印本九经书疏。真宗大中祥符三年（1010 年）四月，增赐九经。仁宗景祐二年（1035 年），敕西京重建，改赐“嵩阳书院”额，王曾奏置

---

①《宋会要·崇儒二》。

② 范仲淹：《范文正公年谱》，转引自李国钧主编《中国书院史》，湖南教育出版社 1994 年版，第 63 页。

③ 刘卫东、高尚刚编著：《河南书院教育史》，中州古籍出版社 1991 年版，第 10—13 页。

④ 转引自李国钧主编：《中国书院史》，湖南教育出版社 1994 年版，第 63 页。

院长、给田一顷供膳食。宝元元年（1038年），赐田十顷。庆历年间官学兴起后，渐至废弃。王安石改革时，司马光、程颢、程颐等以政见不同，先后提举嵩山崇福宫，讲学于此，范仲淹亦曾开讲院中，其时院中学生常至“数十百人”，一时名流会聚，形成书院与学术相结合的传统。① 对嵩阳书院的上述历史，王应麟在《玉海》中亦有所记载：

> 至道二年七月甲辰，赐院额及印本九经书疏。祥符三年四月癸亥，赐太室书院九经。景祐二年九月十五日己丑，西京（河南府）重修太室嵩阳书院，诏以嵩阳书院为额。又至道三年五月戊辰，河南府言甘露降书院讲堂。②

这段材料所记皆官府赐书、赐额、赐田之事。据此可知，政府在此置院长讲学，将其作为西京教育机构来建设，其替代官学的作用明显可见。关于嵩阳书院的教学活动和兴废状况，宋人李廌在所作《嵩阳书院诗》中有所描述：

> 束发从政事，佩绶曳长裾。守令有民社，裂地皆分符。问之尔何由，必曰因业儒。
>
> 自致或世赏，因儒升仕途。一朝希斗禄，辄与故步殊。佞夫专媚灶，要路事驰驱。
>
> 俗夫抗尘容，勾校迷墨朱。自谓尚市道，不若效贾区。何必念故业，易地有蘧庐。
>
> 嵩阳敞儒宫，远自唐之庐。章圣旌隐君，此地构宏居。崇堂讲遗文，宝楼藏赐书。
>
> 赏田逾千亩，负笈昔云趋。劝农桑使者，利心巧阿谀。飞书檄大农，鬻此奉时须。
>
> 垣墙聚蓬蒿，观殿巢鸢乌。二纪无人迹，荒榛谁扫除。桑羊固可烹，县令亦安乎？
>
> 今主尚仁政，美利四海敷。仁贤任阿衡，天地一朝苏。已责复蠲敛，

① 许梦瀛、孙顺霖：《嵩阳书院理学教育窥探》，载《河南师范大学学报》1997年第4期；安国楼：《嵩阳书院与二程理学》，载《郑州大学学报》2000年第5期。

② 王应麟：《玉海》卷167《宫室·院上》。

肉骨生膏腴。

疲民悉按堵，此地尚荒芜。淮西高夫子，为政多美誉。百里政肃雍，民不困追胥。

愤彼释老子，遗宫遍山隅。吾儒一何衰，废迹可嗟吁。连笺叩洛尹，移文讽使车。

义有子衿耻，功将泮水俱。兴衰虽在天，此意良可书。却思鬻此者，于儒以何诛。

又思昔县令，亦昔儒之徒。兴儒有美意，无忘高大夫。①

从李廌的诗中，我们能够了解到，当时的嵩阳书院宽敞宏阔，是士人讲学读书的“儒宫”，鼎盛之时，“崇堂讲遗文，宝楼藏赐书。赏田逾千亩，负笈昔云趋”，一派兴旺景象。大约在王安石变法时期，书院被劝农桑使者变卖，以致“垣墙聚蓬蒿，观殿巢鸢乌”，20余年间“无人迹”。直到宋哲宗元祐年间(1086—1093)，淮西人高姓知县哀儒者之“废迹”，在不断向上级报告后，毅然修复书院，最终实现“兴儒”美意。此外，从诗意的褒贬、与释老争志的态度等，我们还可以了解当时社会崇儒重教的风尚，能够推断出在第二、第三次官学运动之间的元祐时期，似乎存在一个属于书院的发展空间。

(四) 白鹿洞书院

白鹿洞书院在江州（后改南康，今属江西）庐山白鹿洞，又称白鹿书院、朱晦翁书院。原为唐代贞元年间（785—805）李渤、李涉兄弟在五老峰下的读书、讲学之地。南唐升元四年（940年）在此建庐山国学，亦称庐山国子监、白鹿国庠，设官师，置田，生徒常至数十百人。北宋开宝九年（976年），吏民于国学旧基改建书院。太平兴国二年（977年），宋太宗应知州周述之请，赐书院国子监印本九经。七年（982年），其学渐废。真宗咸平五年（1002年），院中塑孔子及其弟子像，后废。仁宗皇祐五年（1053年），比部郎中孙成建屋10余间，以教家族子弟读书，并接待来学士子，供给膳食，知军郭祥正为之记。皇祐末毁于兵火。

北宋时期，白鹿洞书院三起三落，连续办学时间前后相加仅有9个年头，

① 李廌：《济南集》卷2《嵩阳书院诗》。

生徒也只有数十百人，规模不大，师长声望不高，社会影响不彰，其名尚不得与鼎峙江南东西路的东佳、华林、雷塘三所著名书院相提并论。① 白鹿洞真正成为海内著名书院，是南宋淳熙年间朱熹重建书院，订立学规，讲学其中，并请朋友吕祖谦作记以后的事。

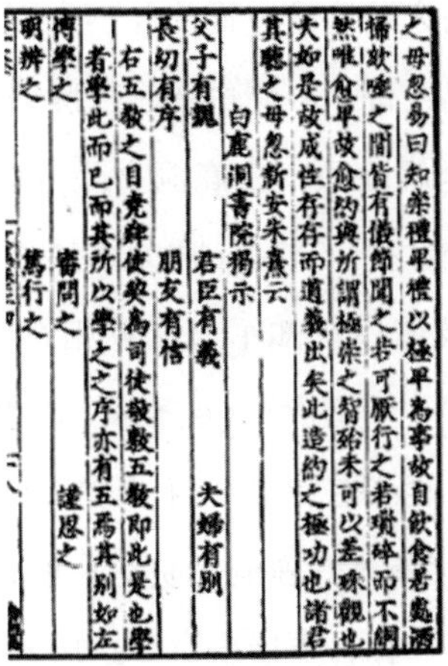
之毋忽易曰知崇禮卑禮以極卑為事故自飲食居處灑
掃欬唾之間皆有儀節聞之若可厭行之若瑣碎而不綱
然唯愈卑故愈約與所謂極崇之智殆未可以差殊觀也
夫如是故成性存存而道義出矣此造約之極功也諸君
其聽之毋忽新安朱熹云
白鹿洞書院揭示
父子有親　君臣有義　夫婦有別
長幼有序　朋友有信
右五教之目堯舜使契為司徒敬敷五教即此是也學
者學此而已而其所以學之之序亦有五焉其別如左
博學之　審問之　謹思之
明辨之　篤行之

朱熹《朱文公文集》卷 74《白鹿洞书院揭示》

南宋淳熙六年（1179 年），白鹿洞书院在荒废 125 年后，被南康军知军朱熹兴复。此次兴复，朱熹虽然吸收了岳麓书院的办学经验，但因受阻于朝廷并受客观条件的限制，成效不甚理想。除修建房舍 20 余间、置办《史记》等少量藏书、招收一二十个学生讲学外，其他如聘请教师、筹措田产、扩大规模等愿望都未能实现。尽管如此，朱熹兴复白鹿洞书院对南宋书院发展仍具有重大意义。其在建复书院过程中，为指导院中教学活动所制订的《白鹿洞书院揭示》，确定五教之目为“父子有亲，君臣有义，夫妇有别，长幼有序，朋友有信”；为学之序为“博学之、审问之、慎思之、明辨之、笃行之”；修身之要为“言忠信，行笃敬，惩忿窒欲，迁善改过”；处事之要为“正其谊不谋其利，明其道不计其功”；接物之要为“己所不欲，勿施于人，行有不得，反求诸己”。强调为学的重心在“讲明义理以修其身，然后推以及人”，而非驰骛于词章记诵以钓取声名利禄。由于文极简要，多集经典成语，便于学者读诵。光宗绍熙年间，《揭示》

① 李才栋编著：《白鹿洞书院史略》，教育科学出版社 1989 年版，第 28—41 页；李才栋：《北宋时期白鹿洞书院能称是北宋四大书院之一吗？——北宋时期白鹿洞书院规模征实》，载《江西教育学院学刊》1984 年第 1 期；李才栋：《北宋时期白鹿洞书院历史问题刍议》，载《江西教育学院学报》1998 年第 1 期。

被移植到湖南岳麓书院，淳祐元年（1241 年），更是由理宗皇帝亲书颁行太学①。此后，又广泛被摹写、抄写、印刻，遍及全国书院，成为天下书院共同遵守的教育方针，影响着南宋及其后世书院的发展，成为元、明、清各类教育机构共同尊奉的指导性教学规章，在中国书院乃至教育发展史上占有重要地位。

朱熹之后，其同道、门人及追随者钱闻礼、朱端章、郭元任、周耜、梁翊、杜升之、陈文蔚等，或兴建或讲学，使白鹿“气脉赖以不绝”。待到宁宗嘉定年间，朝廷对理学的禁令完全解除后，白鹿洞书院方获得真正的发展。首先，经过嘉定十年（1217 年）朱熹之子朱在（时为南康军知军）与绍定六年（1233 年）江东提举兼提刑袁甫及南康军知军宋文卿相继主持下的两次大规模兴建，院中会文堂（后改名文会堂、君子堂）、礼圣殿、前贤祠、寓宾馆、斋舍、庖湢等一应俱全，置有贡士庄、西源庄等田产千余亩，藏书也有所增加，并曾“印造书传”，正如黄榦《南康军新修白鹿洞书院记》所说，其“规模宏壮，皆它郡学所不及，于康庐绝特之观甚称，于诸生讲肄之所甚宜”。其次，朱熹一大批高足弟子在洞中讲学、聚会，发扬师说，光大门户，使白鹿洞成为闽中以外朱子学派的一个学术重镇。以嘉定年间为例，先是李燔、黄义勇等先后为白鹿洞堂长，阐扬师说，史称当时“学者之盛，它郡无比”②。九年，李燔、胡泳、周模、蔡念成等又联讲会于庐山，每季集会一次，轮流主讲。十一年，胡泳为堂长，陈宓、张琚、姚鹿卿、张绍燕、潘炳、李燔、缪维一等会讲洞中，并请朱熹的女婿黄榦入洞讲“乾坤二卦”，以致庐山“山南山北士子群集”③。十四年，胡泳又集洞中士友“七十有八人”会讲。其间陈文蔚也“屡主讲席白鹿洞，义利之语本陆子意而更畅之”，所作《白鹿洞讲义》收入其《陈克斋集》中。嘉定以后，林夔孙、张洽、汤巾、方岳、饶鲁、陈皓等当时名流，先后讲学洞中，说明白鹿洞已经发展成为可以容纳不同学术派别和观点的完全成熟的教育与学术中心。

南宋末年，受宋元战争的影响，大量书院毁于战火，白鹿洞则以僻处山中，免受其殃，一直兴学不断。理宗景定元年（1260 年），知军陈淳祖、洞正陶一桂集数百人会讲洞中，为生徒最盛之时。元世祖至元二十四年（1287 年），书院毁

---

① 文渊阁四库全书本《咸淳临安志》卷 11 御书朱熹白鹿洞学规之后，有国子监祭酒张磻跋语，将书写学规时间记作淳祐七年（1247）三月。此又一说，存此待考。

②《宋史·李燔传》。

③《宋史·黄榦传》。

于火灾。

二、石鼓书院的《论语》讲授活动

南宋时期，学者在提出“四大书院”概念的同时，还提出“三书院”的说法。后者除前文中提到的岳麓、白鹿洞书院外，还有石鼓书院。能与岳麓、白鹿洞并提，足可见石鼓书院在宋代书院中显赫的地位。

石鼓书院在湖南衡州（今衡阳市）城北石鼓山下，原名李宽中秀才书院。地当湘江与蒸水合流之处，岸上茂林修竹，相映成荫；江中湘清蒸浊，交界分明，风帆上下，渔歌互唱；登山瞰江，其情其景，令人赏心悦目，有“湖南第一胜地”之称。三国时，诸葛亮驻此调节军饷。唐代辟有东岩、西溪，建有寻真观、合江亭，文人骚客时有登临。元和年间（806—820），李宽中（一作李宽）建书院于寻真观，刺史吕温曾访之，并作《同恭夏日题寻真观李宽中秀才书院》以纪其事。

宋至道三年（997年），宽中族人士真据其故事，复修书院，“会儒士讲学”其中。景祐二年（1035年），知州刘沅（一作刘沆）奏请仁宗皇帝赐学田及“石鼓书院”额。其后稍徙而东，改为州学。淳熙十二年（1185年），部使者潘畤就原址建屋数间，未竟而去。后提刑宋若水奉先圣先师之像，集国子监及本道诸州印书藏其中。又请朱熹作记，诫诸生勿为科举功名所乱，而要辨明义利，有志“为己之学”。时戴溪为山长，与诸生讲搜《论语》，有《石鼓论语答问》三卷传世。

戴溪（？—约1215），字肖望，世称岷隐先生。南宋永嘉（今浙江温州）人，少有文名。淳熙五年（1178年）省试第一，监守潭州南岳庙兼石鼓书院山长。光宗绍熙初，主管吏部架阁文字，任太学录兼实录院检讨官。后升太学博士、礼部郎中。宁宗开禧间，召为资善堂说书，转太子詹事兼秘书监。曾受命整理《易》《诗》《书》《春秋》《论语》《孟子》《资治通鉴》，著有《续吕氏家塾读诗记》《春秋讲演》《石鼓论语答问》等。戴溪所著《石鼓论语答问》，为其在石鼓书院为诸生讲授《论语》心得的总结，既反映了戴溪本人对《论语》及教育含义的理解，也展现了宋代书院《论语》教学的实态。其中尤以对学习态度、学与思的关系及君子与小人品格辨析的阐述最具特色。

石鼓論語答問卷上

學而第一　　戴溪肖望

子曰學而時習之不亦說乎有朋自遠方來不亦樂乎人不知而不慍不亦君子乎

人之學問內外相爲消長故無所得於中者必有求於外求而得則喜不得則怒此相應之理也若隱然自得既說且樂宜乎其不慍也蓋玩味義理愈久愈出自是一般好意思來解謂常其可之謂時非也此時只是常常玩習令意思不間斷有朋自遠方來來解以爲人見吾學力之至皆不憚遠而歸之所以樂却非也如此是要人知己若要人知己便樂則人不知己如何不慍兼人知己如何會樂樂自是胸次中事

石鼓論語答問　卷上　一　敬鄉樓叢書

民国刊本《石鼓论语答问》书影

《论语》一书中记载了许多孔子关于学习态度的论述，在为诸生讲授“学而时习之，不亦说乎！有朋自远方来，不亦乐乎！人不知而不愠，不亦君子乎!”一句时，戴溪的解读是：“人之学问，内外相为消长，故无所得于中者，必有求于外。”即学问的增长，靠内在的“悟”与外在的“修”相结合，内悟不得其理，则必须通过向外请教或实践的方式来获得。如果靠自悟便有所获，必定“既悦且乐”，而这种“隐然自得”所产生的快乐，是油然生于心中的，是真正的快乐，不会因为别人的不知晓或不懂得而恼怒。所以对学问和知识，唯有时时玩味，方能“愈久愈出”，才能不断地从学习中获得快乐。若自悟难有所获，恰有机会“得天下之贤者相与共学，彼此相发明”，那么在思维的碰撞下，必会使人有所进益，这难道不也使人快乐吗？① 在讲解曾子“吾日三省吾身。为人谋而不忠乎？与朋友交而不信乎？传不习乎？”一句时，戴溪认为人若对自己的学问进行反省，“不到一日之间，多损少益”，而“不忠不信，则于己有损，不习则于己无益”。所以学者要时时从不好处检点自身，凡是反省不深入的，都没有做到忠和信。②“温故而知新，可以为师矣。”是在讲复习之于学习的重要性，戴溪借此句告诫院生：“记问有限，义理无穷。记问虽多，而义理不明，虽万卷而无益。”指出单凭死记硬背，却不时时去体悟所记内容中所蕴含的道理，那么下再多的功夫也是徒劳无功。他强调对于先前记忆的知识，要时时去回想思悟，

① 戴溪：《石鼓论语答问》卷上《学而第一》，清文渊阁四库全书本。
② 戴溪：《石鼓论语答问》卷上《学而第一》。

若果能“温故而知新”，则“虽一言而有补矣”①。正确的学习态度，重在勤奋，而若要勤奋，则对学习必须要有一种求真务实、实事求是的态度。孔子曾言：“知之为知之，不知为不知，是知也。”对此，戴溪对学生强调，“若自以为不知，求所以知之，则有时而知之矣。”② 唯有承认自己在知识上始终处于不足的状态，才能督促自己在学习上不断提高。如果真能如此去做，日计之虽不足，岁计之必有余。③

学与思的关系，是在教育中是一个时常被提及的问题。孔子在《论语》中有两句名言，一是“学而不思则罔，思而不学则殆”，二是“吾尝终日不食，终夜不寝，以思，无益，不如学也”。对前一句，戴溪向学生指明学和思在日常求学中缺一不可，学是记忆知识，思是体悟、分析知识中的道理，若只学却不思，“则学自是学，我自是我，并无交陟”④，这样学问因融不到自身，故也不能为己所用，所以要重视两者的结合。至于怎样安排学和思的关系，戴溪在对后一句的解读中提出：“先学后思，思方有益。”⑤ 思若不建立在学的基础上，便是无源之水、无本之木，唯有建立在学基础上的思，才能开花结果。

儒家实施教育的目的，在于使士人成为品格高尚的君子，所以让学生明晰君子与小人的区别则尤为重要。孔子认为君子与小人的区别，主要在于“君子和而不同，小人同而不和”，“君子周而不比，小人比而不周”，“君子泰而不骄，小人骄而不泰”，“君子求诸己，小人求诸人”。对第一、二点，戴溪在开讲时认为，君子行事，本于公心，故“平居议事，不为苟同”；小人相交，本于私意，故“他日有利害便相背”。⑥ 君子在议事时，出于公心，往往据理力争，各自不同，而小人为了共同的利益，往往沆瀣一气，狼狈为奸。君子之“和”是团结，小人之“和”是勾结。因为没有私心，故君子之间的和睦较之小人要更为稳固和长久。对第三、四点，戴溪的分析是：“泰则处己，闲暇不汲汲于奉人；骄则对人，傲慢自己却不闲暇。”⑦ 君子因对人、对事没有太多功利之心，平时不必

① 戴溪：《石鼓论语答问》卷上《为政第二》。
② 戴溪：《石鼓论语答问》卷上《为政第二》。
③ 戴溪：《石鼓论语答问》卷下《子张第十九》。
④ 戴溪：《石鼓论语答问》卷上《为政第二》。
⑤ 戴溪：《石鼓论语答问》卷下《卫灵公第十五》。
⑥ 戴溪：《石鼓论语答问》卷下《子路第十三》。
⑦ 戴溪：《石鼓论语答问》卷下《子路第十三》。

费尽心机地去投机、奉迎，故能泰然自处而不傲慢。小人因时时以利益来打量自己与他人的关系，所以对上谄媚，对下骄矜。正因为君子没有功利之心，故“每事求己，惟见己之未至”，凡事往往从自身找原因，而小人总是希望从别人身上有所获取，所以“惟见人之莫我与也，故常多怨”。而“求己者常见己之过，求人者常见人之过”①，就二者的行为来看，前者有利于自身的发展与进步，后者则必定对个人有害。

三、明道书院的讲学、祭祀活动

明道书院在建康府城（今江苏南京），理宗淳祐元年（1241 年）正式创建，因奉祀北宋理学家明道先生程颢，故名。淳熙二年（1175 年），建康府知府刘珙以程颢曾任上元县主簿摄理县政，始建祠奉祀于学宫。嘉定八年（1215 年），改筑新祠，置堂长及职事生员，延致学者，时称明道先生书堂，是为书院前身。淳祐九年（1249 年），知府吴渊重建院舍，聘名儒主讲，招志士共学，仿白鹿洞规，以程讲课，从游者甚众。宝祐元年（1253 年），理宗皇帝赐“明道书院”额，开庆元年（1259 年），知府马光祖率僚属会讲，听讲之士数百，规制大备。景定四年（1263 年），知府姚希得重修，费钱 11120 余缗，米 30 石，门楼院舍“粲然一新”。其间山长周应合奉命撰修府志，史称景定《建康府志》，其中卷 29 专记书院之事，凡与教学活动相关之规程条例、系列讲义等皆备录其中。

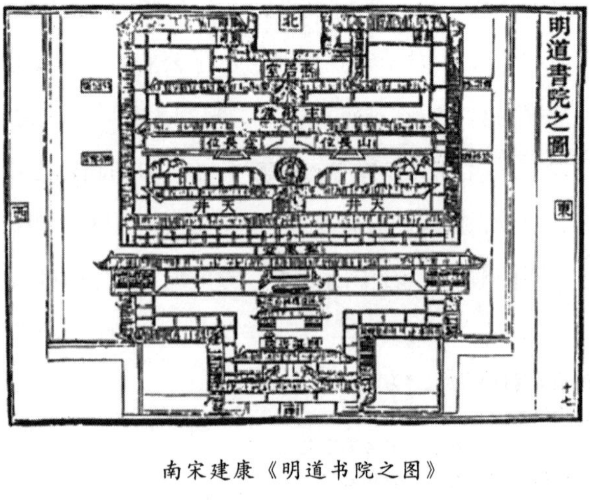

南宋建康《明道书院之图》

① 戴溪：《石鼓论语答问》卷下《卫灵公第十五》。

明道书院的教学活动按计划进行，纲领性文件是《明道书院规程》，规定了书院在招生、教学、祭祀、考试、考勤、惩罚、言行举止等各方面的内容：

> 一、春秋释菜，朔望谒祠，礼仪皆仿白鹿书院。
>
> 一、士之有志于学者，不拘远近，诣山长入状帘，引疑义一篇，文理通明者，请入书院，以杜其泛。
>
> 一、每旬山长入堂，会集职事生员授讲、签讲、覆讲如规。三八讲经，一六讲史，并书于讲簿。
>
> 一、每月三课，上旬经疑，中旬史疑，下旬举业。文理优者，传斋书德业簿。
>
> 一、诸生德业修否，置簿书之，掌于直学，参考黜陟。
>
> 一、职事生员出入，并用深衣。
>
> 一、请假有簿，出不书簿者罚。
>
> 一、应书院士友，不许出外请谒投献，违者议罚。有讼在官者给假，事毕日参。
>
> 一、请假逾三月者，职事差替，生员不复再参。
>
> 一、凡谒祠、听讲、供课，若无故而不至者，书于簿，及三，罢职住供。
>
> 一、凡职事生员犯规矩而出者，不许再参。①

从中我们可以看到明道书院教学活动的几个特点：一是独具一格的入学考试及录取标准；二是授讲、签讲、覆讲连环相配的教学方法；三是讲经、讲史分开进行，而且一、三、六、八日交叉轮讲，涉及课程设计与讲授；四是经、史、举业并重的考试科目，说明书院的务实学风；五是以德业簿、请假簿、讲簿为核心的簿书登记，使教学、考核皆有据可查，有凭可证。这些和前述的宿斋簿、食簿一起构成书院完整的簿书登记制度，而且设有专职掌管，使书院所订制度可以落到实处而不致虚悬。

正是书院的簿书登记制度，为我们留下了南宋时 9 位书院山长及掌仪的十分珍贵的讲学情况记录，使我们能够一窥 700 余年前书院教学活动的真实、鲜

---

①《明道书院规程》，见邓洪波编著《中国书院章程》，湖南大学出版社 2000 年版，第 57—58 页。

活场景：

胡崇，淳祐十一年（1251 年）六月，以江东抚干兼充山长，开堂讲“《大学》之道”一章。

吴坚，淳祐十二年（1252 年）二月，以江东抚干兼充山长，开堂讲《论语》“吾十有五”一章。

宋貔孙，宝祐二年（1254 年）某月，以江东抚干充任山长，开堂讲《周礼》“大司徒以乡三物教万民”一节。

赵汝酬，宝祐三年（1255 年）某月，以建康节推充任山长，开堂讲《大学》“经一章”。

潘骥，宝祐四年（1256 年）某月，以江东帅参充任山长，开堂讲《周易》“复卦彖辞”。

周应合，开庆元年（1259 年）四月，以江东抚干充任山长，开堂讲《论语》“学而时习之”一章，“有子曰至鲜矣仁”一章。

张显，开庆元年（1259 年）闰十一月，以添差江州教授权充山长，开堂讲《中庸》第二十章“博学之”五句。

胡立本，景定元年（1260 年）四月，吏部差正任迪功郎充山长，开堂讲“《大学》之道”一章。

翁泳，以上元县尉暂权山长，时间约在景定年间，开堂讲“《大学》之道”一章。

程必贵，景定三年（1262 年）任掌仪，开堂讲“《大学》之道”一章，《中庸》“天命之谓性”三句。①

明道书院除讲学之外，其他活动皆有可圈可点之处。御书阁之“环列经籍”，设掌书以司借阅，是藏书建设的成绩。开庆元年（1259 年）萃“二程”先生言行，以《大学》8 条定为篇目，刊印为《程子》一书。是书以山长周应合不受月俸钱五千贯充刻梓费，共有书版 167 片，藏于御书阁，司书掌之。这是书院刻书活动的成就。至于祭祀则更有特色，衍生出为贤哲立后的社会功能。祭祀

① 以上各人讲义，见陈谷嘉、邓洪波主编《中国书院史资料》（上册），浙江教育出版社 1998 年版，第 231—258 页。

以尊奉程颢为主，河南伯纯公之祠居书院中心，掌祠、掌仪皆因此而设。先是，书院以明道先生无后，选其弟程颐五世孙程偃孙立为后裔，“迎就教育”，其母曾氏一并“馆之官宇，月给有差”。可惜不到两年，偃孙亡，“曾母无依，先贤弗嗣，委为可念”。景定三年（1262 年），又选十岁幼童程子材立为偃孙之子，命名幼学，“俾职掌祠”，就学于叔父程掌仪必贵，“旬有课程，讲学不废”。其祖母曾氏，一同奉养。为了这样一项“先贤无或废祀”的事业，除礼币费用外，明道书院每月供掌祠程幼学日食钱 45 贯 17 界、米 7 斗 5 升，供掌仪程必贵月馈束脯钱 50 贯 17 界、米 5 斗；建康府每月支掌祠祖母曾氏供给被服费用钱 300 贯、米 2 石。合计仅常年开资就约等于山长的 4 倍，可见书院对教养先贤后嗣之事相当重视。

第二节　理学家的书院建设活动

如果说教育教学功能的增强是北宋书院最大特点的话，那么书院和理学的一体化，则是南宋书院最显著的特点。南宋的理学家们以其强烈的社会责任感，承担着“讲道”“传道”的历史使命，他们通过投身书院建设活动的方式，使理学和书院从形式到内容相互渗透交融，形成一种互为依托、互为表里的结构形态，在南宋一代书院的发展历程中留下深深的理学烙印。

南宋初年理学家开展的书院建设活动，是从兴复北宋原有著名书院开始的。最初的努力，来自理学前辈胡安国、胡宏父子。将其推向高潮的，则是张栻、吕祖谦、朱熹、陆九渊等南宋理学大师。张栻有过在碧泉书院学习的经历及创建城南书院讲学的经验，后又应邀主讲天下著名的岳麓书院，涉足书院建设较早且阅历比较丰富。吕祖谦除自创书院讲学外，还曾协助朱熹经营白鹿洞书院，安排著名的鹅湖之会，协调与永康、永嘉各派学者的讲学等，对书院建设贡献良多。陆九渊一生除应邀到白鹿洞讲学之外，还钟情于精舍。精舍浓缩了儒、佛、道三家数百上千年的讲学经验，对精舍的厘定、区分并汲取其养分，正是陆九渊对宋代书院建设所做的贡献。

一、胡安国、胡宏的书院建设活动

在南宋，最先将理学和书院结合到一起的是湖湘学者，而始开风气者为胡安国、胡宏父子。在理学发展史上，胡安国与杨时并负南传洛学之功。真德秀曾说：

二程之学，龟山（杨时）得之而南，传之豫章罗氏（罗从彦），罗氏传之延平李氏（李侗），李氏传之考亭朱氏（朱熹），此一派也。上蔡（谢良佐）传之武夷胡氏（胡安国），胡氏传其子五峰（胡宏），五峰传之南轩张氏（张栻），此又一派也。①

可见胡氏在理学传播中的重要地位。建炎四年（1130年），胡安国从湖北荆门避居湖南，于衡山之麓（今属湖南湘潭）买山结庐，建碧泉精舍（也有作讲舍、书堂者）以讲学授徒，后又建文定书堂于南岳，并在此过程中完成了代表作《胡氏春秋传》。此后，安国亦著亦教，直至绍兴八年（1138年）逝世于碧泉精舍。

胡安国去世后，其子胡宏“有继述其先人之志”，因安国与宰相秦桧为故交，胡宏遂上书秦桧，请其念故旧之情，令潭州太守修复岳麓书院，并特命自己为山长，给以廪禄，“于以表朝廷崇儒广教之美”②。但没有得到秦的响应。

在借助官方力量兴复岳麓书院的计划受挫后，胡宏开始了自创书院讲学的实践。他首先扩建碧泉精舍为碧泉书院，以为会文讲习之所，以便和朋友一起“寻绎五典之精微，决绝三乘之流遁”。碧泉书院“南连衡岳，北望洞庭。居当湘、楚之中，独占溪山之胜。震风凌雨，人知扬子之帡幪。寒士欢颜，心壮杜陵之突兀。帷下不窥于董圃，车喧宁接于陶庐。期圣奥以翻经，立壮图而观史。由源逢委，自叶穷根。明治乱之所由，岂荣华之或慕。贫者肯甘于藜藿，来共箪瓢，至而未断其贤愚。惟应诚笃，无行小慧以乱大猷。各敬尔仪，相观而善。

① 真德秀：《真文忠公读书记》卷31。

② 胡宏：《与秦桧之书》，见陈谷嘉、邓洪波主编《中国书院史资料》（上册），浙江教育出版社1998年版，第107页。

庶几伊、洛之业可振于无穷，洙泗之风一回于万古”①。其时，张栻、彪居正、胡大原等一大批学者云集门下，切磋学术，“卒开湖湘之学统”②。

在自创书院讲学的同时，胡宏又发表《碧泉书院上梁文》，在文中分析了“斯文扫地，邪说滔天”的学术形势，对“干禄仕以盈庭，鬻词章而塞路”现象予以批评，并发出了“伏愿上梁以后，远邦朋至，近地风从，袭稷下以纷芳，继杏坛而跄跻……驱除陋习，纲纪圣传，斯不忝于儒流，因永垂于士式”的倡议。③ 倡议发出后，三湘学者闻风而动，于是“葺学校，访儒雅，思有以振起，湘人士合辞以书院请”④，纷纷创建书院以响应。据记载，仅绍兴、隆兴之际的十余年内，全省就创建和兴复了 9 所书院，包括善化县的城南书院、湘西书院，宁乡的道山（又名灵峰，一作“云峰”）书院，衡山县的南轩书院，衡阳县的胡忠简书院，安仁县的玉峰书院，靖州的侍郎书院，辰州的张氏书院，泸溪县的东洲书院。它们散布于湘东湘西，相互呼应。乾道元年（1165 年），湖南安抚使刘珙又重建绍兴元年（1131 年）毁于战火的岳麓书院，聘请胡氏高足张栻主讲其间⑤。其时胡宏已经去世，岳麓书院遂取代碧泉书院成为湖湘学派的中心，“从游之士，请业问难者至千余人，弦诵之声洋溢于衡峰湘水之间”⑥，以书院为依托与基地的湖湘学派，终成盛大之势。

二、“东南三贤”的书院建设活动

南宋时期，张栻、吕祖谦、朱熹三位理学大师因学术观点较为接近，且均声名赫赫，时人并称为“东南三贤”，他们都把建设书院作为阐扬自身教育思想与学术旨趣的重要途径。

对抗科举利诱，反对场屋俗学，是南宋理学家的长期任务，也一直是书院

---

① 胡宏：《碧泉书院上梁文》，见陈谷嘉、邓洪波主编《中国书院史资料》（上册），浙江教育出版社 1998 年版，第 106—107 页。

② 黄宗羲：《宋元学案》卷 42《五峰学案》。

③ 胡宏：《碧泉书院上梁文》，见陈谷嘉、邓洪波主编《中国书院史资料》（上册），浙江教育出版社 1998 年版，第 106—107 页。

④ 赵宁：《岳麓书院志》卷 8《岳麓书院记》。

⑤ 岳麓书院的修复与张栻的主教，曾被日本学者看作新儒学书院运动的开端，见寺田刚《宋代教育史概说》，博文社 1965 年版，第 265—271 页。

⑥ 杨锡绂：《城南书院志·改建书院叙》。

自别于官学的努力所在。乾道二年（1166 年），张栻在长沙岳麓书院提出了矫正仅为科举利禄而习言语文词之工的问题，并想以“成就人才，以传斯道而济斯民”的理学教育来解决。但到了景定四年（1263 年），长沙人杨允恭以道州知州身份为理学开山祖师周敦颐的濂溪书院建御书阁时，还在强调：“国家之建书院，宸笔之表道州，岂徒为观美乎？岂使之专习文词为决科利禄计乎？盖欲成就人才，将以传斯道而济斯民也。”① 时隔 98 年，杨允恭之用词与宗旨一如当年的张栻，此既可见湖湘学者的执着与坚持，也说明了场屋俗学妨害书院教育问题的长期性与顽固性。正因为这样，防止科举俗学之害，就成了历代理学家们讲学传道的出发点和着力点。

张栻像

张栻在岳麓书院的讲道、传道，以期化解科举之害，是理学家比较早也比较成功的尝试。他的办法是率性立命，从体察求仁、辨别义利入手，认为“天理人欲，同行异情，毫厘之差，天壤之缪，此所以求仁之难，必贵于学以明之”②。强调应以事亲从兄，应物处事为开端，识而存之，充而达之，以得仁之大体，最终实现“与天地合德，鬼神同用”。对于这一点，事功学派的陈傅良在其《潭州重修岳麓书院记》中曾总结为“治心修身之要”，并予以重申。朱熹作《衡州石鼓书院记》时也给予肯定，并做了一些补充，称“若诸生之所以学”者，“则昔者吾友张子敬夫所以记岳麓者语之详矣”。只是“治心修身”的方法没有交代，学者不知从事之方，难以操作。因此他将“养其全于未发之前，察其几于将发之际，善则扩而充之，恶则克而去之”作为“下学之功”而予以补充。③ 如此这般，理学家们从反对“但为决科利禄”入手，在书院讲其道传其学，将科举功名，置换成了天理人欲、义理之辨、治心修身、养于未发、察于将发等理学概念与理论，希望将危害士人的利禄之心，化融消解于

① 杨允恭：《濂溪书院御书阁记》，见陈谷嘉、邓洪波主编《中国书院史资料》（上册），浙江教育出版社 1998 年版，第 112 页。

② 张栻：《潭州重修岳麓书院记》，见陈谷嘉、邓洪波主编《中国书院史资料》（上册），浙江教育出版社 1998 年版，第 108 页。

③ 朱熹：《衡州石鼓书院记》，见陈谷嘉、邓洪波主编《中国书院史资料》（上册），浙江教育出版社 1998 年版，第 111 页。

理学精神之中。

继湖南理学家开创书院运动之后，各地学者也开始了创建书院以讲授其学说的活动。在浙江，吕祖谦不但于乾道二年（1166 年）讲学丽泽书院，还亲为书院制定学规。学规规定："凡预此集者，以孝弟忠信为本。其不顺于父母，不友于兄弟，不睦于宗族，不诚于朋友，言行相反，文过遂非者，不在此位。既预集而或犯，同志者，规之；规之不可，责之；责之不可，告于众而共勉之；终不悛者，除其籍。"又要求"凡与此学者，以讲求经旨，明理躬行为本"，凡做不到的，"同志共摈之"。① 通过学规标明目标，凡不认同者，则"不在此位"，而认同目标又做不到的人，则经同志规之、责之、勉之、共摈之，直到开除、淘汰。经过这样一个回合，集合在书院的学人就是同志一心了。由此可见，吕祖谦在丽泽书院的做法比较强硬，这是书院集合学人结成学派的一种操作形式。

相比张栻、吕祖谦二人，朱熹的书院情结更重，活动范围也更广泛。首先，除乾道六年（1170 年）在福建创办寒泉精舍，淳熙六年（1179 年）在江西兴复白鹿洞书院外，还有数十所书院与其有关。据方彦寿先生在《朱熹书院与门人考》一书中的相关考证，其数目为 67 所，其中朱熹创建 4 所，修复 3 所，在其中读书的 6 所，讲学的 20 所，曾经讲学而后人创建的 21 所，撰记题诗的 7 所，题词题额的 6 所。② 在中国书院千余年的发展史上，能与如此众多书院相关者，朱熹是当之无愧的第一人，此其倾情于书院建设的第一方面。

吕祖谦像

朱熹像

另外，朱熹重要的理学著作，也皆在其创建的书院中完成。如乾道六年（1170 年），在寒泉精舍，他撰写《太极图说解》初稿、《西铭解》。乾道八年

① 吕祖谦：《丽泽书院乾道五年规约》，见邓洪波主编《中国书院学规集成》，中西书局 2011 年版，第 409 页。

② 方彦寿：《朱熹书院与门人考》，华东师范大学出版社 2000 年版，第 1—35 页。

(1172年)，撰《论语精义》10卷、《孟子精义》14卷、《资治通鉴纲目》59卷、《八朝名臣言行录》24卷。乾道九年（1173年），编《程氏外书》12篇、《伊洛渊源录》14卷。淳熙元年（1174年），编《古今家祭礼》16篇。淳熙2年(1175年)，撰《阴符经考异》1卷，并与吕祖谦商订合编《近思录》14卷，这是后世理学家最看重的具有哲学思辨精神的理学著作。在武夷精舍，朱熹完成《易学启蒙》4篇、《孝经刊误》1卷、《小学》6卷、序定《大学章句》1卷、《中庸章句》1卷。在考亭书院，朱熹撰写的著作有《孟子要略》5卷、《韩文考异》10卷、《书集传》6卷、《楚辞集注》8卷、《楚辞辨证》2卷、《仪礼经传通解》37卷、《周易参同契考异》1卷。尤其是《周易参同契考异》一书，是他和学生蔡元定在庆元党禁最凶险之时，通宵达旦改定的，尔后，蔡被官府从书院中押解道州，从此一去不返，客死途中。若无大胸襟大情怀，其又如何能坦然面对如此惨烈的遭遇？庆元党禁的6年间，朱熹除在风声最紧时曾应学生、友人之邀到福建古田县蓝田书院、溪山书院、螺峰书院和福鼎县石湖书院避禁讲学外，大部分时间都坚守在考亭书院著述讲学，直至在蔡沈等几位学生的守护下，从书院魂归道山。这说明，朱熹已将书院视作自身的精神支柱、学术家园以及人生的归宿之地。

再者，朱熹对白鹿洞书院建设的痴迷，已经到了近乎失常的地步。最明显的事例是，他为了修建礼殿，置备田产，竟然利用职权，挪用浙东30万缗赈粜款（救灾钱）以作建殿之资。① 朱熹修复白鹿洞书院，是打算将其树为推广理学的典范，虽然建院、讲学、制订学规、征集图书都可在掌握中推进，但苦于经费和朝廷的轻视，他却不能将事业进一步做大，在讲学、藏书、祭祀、学田这四大书院规制中，白鹿洞还缺祭祀、学田两大部分，而且整个院舍也就20余间房屋，与其理想相差太远。一边是壮志难酬，一边他却要调任浙东，好在他于孝宗皇帝召见时冒险提出赐额赐书的请求，并最终获得批准，迎来了迟到的理解。虽然得到了朝廷的鼓励，但书院的进一步发展仍然缺少资金，焦急的心情竟使朱熹做出了失常之举，出任浙东常平茶盐提举使后，在拿到30万缗赈粜款后，出于进一步建设白鹿洞书院的考虑，他却“尽与其徒，而不及百姓”。这是

① 李才栋编著：《白鹿洞书院史略》，教育科学出版社1989年版，第52—53页。

一个明显违规而又非常严重的错误，因此事发不久即受到监察御史沈继祖的弹劾。以朱熹的操守和其长期倡导的治国平天下的主张，犯如此低级的错误实在难以理解，但事实却偏偏如此，除了用痴迷而不惜犯规来解释外，实在别无他说。而这个错误，也从侧面反映出朱熹倾心书院建设的执念。

三、陆九渊及其后学的书院建设活动

陆九渊像

陆九渊虽然在学术主张上与张栻、吕祖谦、朱熹三人多有不同，但在钟情书院建设上却与他们是一致的。他不但于孝宗淳熙十四年（1187 年）讲学象山精舍，还曾在院中发布《示象山学者》，以其“宿道向方”的要求，“白象山诸同志足下”，希望各人“奉警”“自省”①，从而揭示了自身的书院教育思想。

张、吕、朱、陆四先生之后，虽各派分立更为明显，但创建书院以讲学却成为他们一致的选择。相对而言，“东南三贤”后学建立书院讲学，为的是继承传统，光大师门，属情理之中的事，无须多言，但陆氏后人也加入其中，就是一种新的学术动向了。虽然在建设书院的队伍中，陆学一派是后来者，但其力度和深度却毫不逊色于朱、张、吕的门人后贤，并大有后来居上之势。

以江西为例，他们首先在中心城市建立据点，以此改变陆派学者久居山头精舍的状态，在隆兴府（今江西南昌）城东创建东湖书院，时在“更化”初期的嘉定四年（1211 年），由陆氏弟子丰有俊、袁燮联合完成。因隆兴为江西首府，故东湖书院很快就发展成为江西 11 郡之高等学府，不但经费充足，藏书丰富，还延聘陆九渊长子陆持之为首任山长，并刻陆九渊《文集》32 卷，又请宁宗皇帝御赐院额以抬高身份。院中所讲主要为“君子之学”，与“徒屑屑于记诵之末”② 的举业相对，实际上就是陆门心学。袁燮曾说：

> 君子之学，岂徒屑屑于记诵之末者，固将求斯道焉。何谓道？曰，吾

---

① 陆九渊：《示象山学者》，见邓洪波主编《中国书院学规集成》，中西书局 2011 年版，第 694 页。

② 袁燮：《东湖书院记》，见陈谷嘉、邓洪波主编《中国书院史资料》（上册），浙江教育出版社 1998 年版，第 120 页。

心是也。无偏无党，王道荡荡；无党无偏，王道平平。去其不善而善自存，不假他求，是之为道。志之所至，诗亦至焉；诗之所至，礼亦至焉；礼之所至，乐亦至焉；乐之所至，哀亦至焉。哀乐相生，天理自然，人为之私，一毫不杂，是之为道。儒者相与讲习，有志于斯，以养其心，立其身而宏大其器业。斯馆之作，固有望于斯也，岂非急务哉！①

东湖书院由陆氏高足主持，主讲“不假他求”的心学，是当时陆学的中心之一，尤其在嘉定十年（1217 年）朝廷追谥陆九渊为“文安”后，影响更大。理宗淳祐年间，王遂作《重修武夷书院记》，将其与白鹿洞、岳麓、考亭三书院之名并列。宋代著名学者魏了翁也称，东湖书院与濂溪书院等“皆尝有请于朝，风声所形，闻者兴起”②。远在四川和福建的学者皆闻其声而称其名，说明陆学与书院的结合是相当成功。

除此之外，陆门后学还改象山精舍为象山书院，并将其从山中撤出，新建于贵溪县城的三峰山下，以作为陆学的大本营。后请得皇帝赐额并重刊《陆象山文集》。理宗绍定五年（1232 年），又在袁甫的主持下，聘请浙东陆学名家钱时为首任山长。袁甫为袁燮之子，与钱时同为陆氏高足杨简门人，时任江东提举兼提刑，握有权势。次年，袁作《象山书院记》，称“书院之建，为明道也”，针对“梏章句”“溺空虚”之弊，在院中大谈“理融心悟，一心贯也；躬行实践，默而识也”，意在光大陆九渊的“发明本心之学”。③

就书院倡导理学精神方面而言，袁甫是一个特别值得注意的人。其父其师皆陆门高足，他也以倡导陆氏本心之学为己任，实为陆学干城。其曾自称创建象山书院，是为了“宅先生之精神”，“揭本心以示人”，“嗣先生之遗响，警一世之聋聩”。④ 书院建成后，他又作《祭陆象山先生文》，文中称：“先生之学，

① 袁燮：《东湖书院记》，见陈谷嘉、邓洪波主编《中国书院史资料》（上册），浙江教育出版社 1998 年版，第 120 页。

② 魏了翁：《跋御书鹤山书院四大字》，见陈谷嘉、邓洪波主编《中国书院史资料》（上册），浙江教育出版社 1998 年版，第 130 页。

③ 袁甫：《象山书院记》，见陈谷嘉、邓洪波主编《中国书院史资料》（上册），浙江教育出版社 1998 年版，第 117—118 页。

④ 袁甫：《初建书院告陆象山先生文》，见陈谷嘉、邓洪波主编《中国书院史资料》（上册），浙江教育出版社 1998 年版，第 193 页。

得诸孟子。我之本心，光明如此。未识本心，如云翳日；既识本心，元无一物”。[1] 其拳拳如此者，皆在倡导陆学于书院，将本心之学的精神安顿于书院之中。

除了经营陆学，对其他学派所创建的书院，袁甫也给予了同样的关心。如在理宗嘉熙二年（1238 年），他曾作《东莱书院竹轩记》，对吕祖谦的“丽泽书院之法”表示了相当的尊重，并以“竹虚中，虚乃实”与吕氏后学共勉。[2] 绍定六年（1233 年），他重修白鹿洞书院，请精于朱子之学的张洽、汤巾为洞长，悉力重振白鹿之教，同时又撰写《重修白鹿书院记》《白鹿书院君子堂记》，以“正谊明道，不计功利”训士，并特别标举张栻、朱熹、陆九渊等先生论辩天理人欲与义利之事，力戒“以口耳之学争夸竞胜”的弊病，对朱陆后学“执言论辨说，以妄窥诸先生之门墙，而于其实德实行，植立修身，有益于人之家国者，乃不能取为师法，则不足为善学矣”的行为提出了批评，表现出一种不偏不党的大家胸襟。[3]

在袁甫看来，白鹿、象山两书院乃“士友所宗之地”，对其振而起之，是他作为江东提刑官的职责所在。他希望看到的场景是：“凡士愿处象山若白鹿者，各随其行辈与其望实，或畀领袖之职，或在宾讲之选，衿佩咸集，彬彬可观矣。”但现实却是“师友道丧，士习日驳，慕超诣者，无深实详缜之功，骛辨博者，乏通贯融明之趣，转相依仿，诸老先生之本旨愈晦不明。方且徇偏见，立异同，几有专门名家之弊”。他认为之所以出现如此弊端，“其源皆起于论说多而事实寡”。为了解决这个问题，他提出了一个“群居书院，相与切磨，亦求其所以为人者如何”的方案，在白鹿、象山两书院之间的饶州鄱阳县新建番江书堂，“选通经学古之士，率生徒而课之”，并教其“学为人”之道，“俟其有立，乃分两书院而肄业焉”。也就是说，先选生徒在番江书堂学习如何做人，然后根

① 袁甫：《祭陆象山先生文》，见陈谷嘉、邓洪波主编《中国书院史资料》（上册），浙江教育出版社 1998 年版，第 194 页。

② 袁甫：《东莱书院竹轩记》，见陈谷嘉、邓洪波主编《中国书院史资料》（上册），浙江教育出版社 1998 年版，第 125—126 页。

③ 袁甫：《重修白鹿书院记》，见陈谷嘉、邓洪波主编《中国书院史资料》（上册），浙江教育出版社 1998 年版，第 77 页。

据各人性情，分送白鹿、象山书院肄业深造。① 为此，他作《番江书堂记》一文，在其中以“深造自得”“无入不自得”“无得无丧”等“为人”之学训诲诸生：

> 在家庭则孝友，处乡党则信睦，莅官则坚公廉之操，立朝则崇正直之风。果若是，奚必问其自白鹿乎，自象山乎？不然，饱读旧书，熟习遗训，孝友信睦，公廉正直，一有愧怍，自白鹿，则白鹿之羞也，自象山，则象山之玷也。可不惧哉！②

伟哉，袁甫！在朱陆两派门户纷争之时，他不仅无门户偏见，而且建象山、修白鹿，充分尊重并满足不同学派发展自身学术的需要，并进而建番江书堂，培训生徒，各依所宗分送两书院肄业。这看似平和的思想和行动，在踏实中闪耀着尊重学术自由的光辉，真可谓“神之德之”，深得书院讲学的真谛，充分体现了理学的精神。也正因为如此，才有了书院与理学的深度契合，并开创出书院与学术一体化的传统。而番江、白鹿洞、象山三书院远距离联合办学，以兴趣、性情而分专业，实为书院制度的创新之举，它与“潭州三学”以积分高下升等形成的官学书院联合体一起，皆是南宋书院建设活动中的突出创造。

第三节　南宋书院的刻书活动

发端于唐代丽正、集贤书院的图书生产活动，在宋代随着雕版印刷技术的完善与推广，有了长足的发展。至南宋时期，刻书作为书院的一种职能得到了强化，很多有条件的书院出于各自不同的需要都在从事这项活动。

---

① 袁甫：《番江书堂记》，见陈谷嘉、邓洪波主编《中国书院史资料》（上册），浙江教育出版社1998年版，第146页。

② 袁甫：《番江书堂记》，见陈谷嘉、邓洪波主编《中国书院史资料》（上册），浙江教育出版社1998年版，第146页。

一、南宋书院刻书活动的不同情形

广东潮州元公书院，由知州周梅史为纪念其先祖周敦颐（谥元公）而创建，时在宋理宗淳祐九年（1249年）。《三阳志》对书院的建置及刻书活动有所记载，其称："濂溪先生熙宁三年漕广东，四年就领宪节，潮为属郡，巡历至州，有题大颠堂诗，笔迹犹存。于是为立书院，相攸郡庠之西，割教官公廨之半，砌石为桥，堂曰遵道。山长、堂长位于祠之左右，其外敞二间，扁曰明通公溥，皆侯（按指周梅叟）笔也。斋庐有四，曰中正仁义，祠曰光风霁月。书院与祠额，端明赵公希暨书之。命直学许希阁等董役，规模与韩山书院钧。春秋二试，同日异题，教养生员二十有三，职事自长计而下有十，密迩州学。讲说课试，一如学规。山长以教官兼之，堂长则择其文而学者充焉。衿佩来游，盖为讲明义理之学，非徒肄举子业、攫科第、谋利禄计。市书藏于书院，司书职之。又刊元公文全帙以广其传。周侯之待后学至矣。合二程、横渠、朱文公祠，以道学渊源，濂溪倡之，诸贤和之。"① 从中可知，周梅叟刊刻"元公文全帙以广其传"之举，是和建祠奉祀二程、张载、朱熹一同进行的，其目的虽是弘扬道学，但纪念先祖、光耀门庭、传播家学之意甚明。这代表着当时书院刻书活动的一种情况。

另一种情况则已没有私家因素，纯粹是为了传播道学理论，其代表是建康明道书院。这所书院是为纪念理学家程颢（人称明道先生）而创建的。理宗开庆元年（1259年），建康知府马光祖与"部使者"率僚属会讲于院中春风堂，其时"听讲之士数百，乃属山长修程子书，刻梓以授诸生"②。马光祖作《程子序》叙其刻书缘由甚详：

> 孔孟之道至程子而大明，程子之道至淳祐表章而益尊大哉！王言比之颜、曾，所以示学者求道之标的也。明道书院之在金陵，实因仕国而烝尝之，程子之徒位之以师友而讲学其间，以为尊闻行知之地。然登程子之堂，则必读程子之书。读其书，然后能明其道，而存于心，履于身，推之国家

①《永乐大典》卷5343《潮州府·书院》。

② 周应合：《景定建康志》卷29《儒学志二·置书院》。

天下，则天地万物皆于我乎赖。然斯堂为程子设，而未有程子之书，非缺欤？余每有志于斯，会易阃未果，已未重来，尝以语客。周君应合乃禾卒二程先生之言之行，辑为一书，以《大学》八条定其篇目，表以《程子》。无何，文君及翁来，相与参订而书遂成。虽然，昔二程子之学于师也，尝令寻仲尼、颜子所乐何事，程子十五六时，脱然欲学圣人。今之读其书者，当寻程子所以学圣人者何事，则此书不徒辑矣。先儒论明道之学，皆谓孟子之后一人而已。今程子之书，非续孟子者乎？韩退之尝曰："观圣道自《孟子》始。"余亦曰："孟子之后，观圣道自《程子》始。"开庆己未秋八月中浣，后学金华马光祖序。《程子》书成，山长周应合以不受月俸五千贯充刻梓费，首尾百六十七版，藏于书阁，司书掌之。①

上引文字透露了这样一个信息，即南宋为纪念学术大师而设立的书院，本于登其堂必读其书之义，定会收藏其著作，有条件者还会刊刻其书，以传播其学术思想。

还有一种情形是书院刊刻自己的学术成果，如衡州石鼓书院刊刻山长戴溪的《石鼓论语答问》三卷就属于此类。此书于清代乾隆年间收入《四库全书》，其提要称："是书卷首有宝庆元年许复道序，称淳熙丙午、丁未间，溪领石鼓书院山长，与湘中诸生集所闻而为此书。朱子尝一见之，以为近道。陈振孙《书录解题》所载与序相符。其书诠释义理，持论醇正，而考据间有疏舛……然训诂、义理，说经者向别两家，各有所长，未可偏废。溪能研究经意，阐发微言，于学者不为无补，正不必以名物典故相绳矣。"②这本书能同时得到宋代理学大师朱熹和重考据、轻理学的清代四库馆臣们的赞扬，实属不易，可见书院著作的学术水平很高，能够经受住时间的考验。

除此之外，此时书院也开始整理出版反映自身历史发展的著作。曾任岳麓书院、白鹭洲书院山长的欧阳守道，有《题莱山书院志》一文，称"醴陵李君文伯示予《莱山书院志》。莱山其所居，书院其一族子弟隶学之所也"。虽然从文中看不出《莱山书院志》是刻本还是抄本，但从当时雕版之术盛行、书院大

① 周应合：《景定建康志》卷29《儒学志二·置书院》。

②《四库全书总目提要》卷35《经部·四书类一》。

量刻书的风气推之，南宋书院有可能已开始刊刻记录自身历史发展脉络的书籍。不过，此点还有待进一步证实。

二、刻书活动的成果

南宋距今虽已700余年，但其书院所刻之书仍有不少流传于世，兹据《四库全书总目》、叶德辉《书林清话》、傅增湘《藏园群书经眼录》、王重民《中国善本书提要》、杨绳信《中国版刻综录》《北京图书馆善本书目》《中国古籍善本书目》等书所载，将其择要介绍如下：

《周易集义》64卷，宋魏了翁撰。淳祐十二年（1252年），了翁仲子克愚出任徽州知州，刊刻乃父此书及《周易要义》于紫阳书院。宋末，书版大多毁于丙子之役。元至元二十五年（1288年），山长吴梦炎据方回所供墨本补刊。今北京图书馆藏有是书残本，每半页十行，每行二十字，白口，左右双边，版心下记刊工姓名。

《周易要义》10卷，宋魏了翁撰。淳祐十二年（1252年），了翁仲子徽州知州魏克愚刊刻于紫阳书院。景炎元年（1276年），书版尽毁于兵火。元至元二十五年（1288年），山长吴梦炎据方回所供墨本重刊。今北京图书馆藏有克愚原刊残本，每半页九行，每行十八字，白口，左右双边，版心上记字数，下记刊工姓名。

《周易玩词》16卷，宋项安世撰。福建建宁建安书院刊刻。

《书集传》6卷，宋蔡沈撰。梅隐书院刊于嘉定年间（1208—1224），有“梅隐书院鼎新锈梓”牌记。今日本藏有一部。

《絜斋家塾书钞》12卷，宋袁燮撰。绍定四年（1231年）信州贵溪象山书院刊刻。

《纂图互注春秋经传集解》30卷，晋杜预注，唐陆德明释文。龙山书院刊刻，序后有“龙山书院图书之宝”牌记。原为四明庐址抱经楼藏书。

《春秋名号归一图》2卷，蜀冯继先撰。龙山书院刊刻。今北京图书馆收其原刻本，每半页十一行，每行二十一字，小字双行二十五字，细黑口，左右双边。

《四书集注》19卷，宋朱熹撰。大字本，淳祐六年（1246年）泳泽书院刊刻。

《切韵指掌图》2卷，宋司马光撰。绍定三年（1230年）婺州丽泽书院刊刻。

《汉书集注》100卷，汉班固撰，唐颜师古注。嘉定十七年（1224年）吉州白鹭洲书院刊刻。有“甲申岁刊于白鹭洲书院”牌记。原为吴兴刘承干嘉业堂藏书，今藏于中国国家图书馆。下列二书收藏情况皆同此书，不再标注。

《后汉书注》90卷，刘宋范晔撰，唐李贤注。吉州白鹭洲书院刊刻。

《志注补》30卷，晋司马彪撰，梁刘昭注。吉州白鹭洲书院刊刻。

《资治通鉴》294卷，宋司马光撰。鄂州鹄山书院刊刻。书中第68卷末页有“鄂州孟太师府三安抚位梓于鹄山书院”牌记。

《仁斋直指方论》26卷，宋杨士瀛撰。景定五年（1264年）福建福安环溪书院刊刻。每半页十四行，每行二十四字，黑口，左右双边。今北京、上海图书馆有藏。以下三书版式及收藏情况皆同此书，不再标注。

《小儿方论》5卷，宋杨士瀛撰。景定五年（1264年）福建福安环溪书院刊刻。

《医脉真经》1卷，宋杨士瀛撰。景定五年（1264年）福建福安环溪书院刊刻。

《伤寒类书活人总括》7卷，宋杨士瀛撰。景定五年（1264年）福建福安环溪书院刊刻。

《北溪集》50卷，《外集》一卷，宋陈淳撰。淳祐八年（1248年）福建漳州龙溪书院刊刻。

《秋崖先生小稿》83卷，宋方岳撰。宝祐五年（1257年）竹溪书院刊刻。

《晦庵先生朱文公文集》100卷，《目录》2卷，《续集》11卷，《别集》10卷，宋朱熹撰。据《四库全书总目提要》载，“《别集》之首有咸淳元年建安书院黄锡序曰：先生之文，《正集》《续集》潜斋、宝斋二公已镂版书院。建通守余君师鲁好古博雅，搜访先生遗文，又得十卷，以为《别集》，其标目则一仿乎前，而每篇之下必书其所从得”①。由此可知，是书《别集》成于咸淳元年（1265年），正续集则在此之前已刊刻于书院。是书虽先后出版，但版式相同，

① 《四库全书总目提要》卷159《集部·别集类一二》。

皆页为10行，行十八字，白口，间有黑口，左右双边。书板历经宋元明三朝多次修补重印。今初刻本罕见，宋元明递补本则藏于北京、上海、湖南等图书馆。①

从上述书目中，至少可以得出两个基本的结论：其一，南宋书院的刻书范围较广，经史子集四部书都有，尤其是医学著作的出版，揭示了当年书院不仅重视祖国传统医学研究，而且从事医学教育活动的事实。其二，书院所刻多为宋人著作，说明它所关注的重点在当代学术，反映并传播当代学术研究成果是南宋书院刻书活动的特点。

南宋书院所刻书籍，从版本学上讲成就也甚高，以至于后世学者以“书院本”相称誉。这说明，经过南宋一朝150余年的发展，刻书已经成为书院的一项重要事业，成为书院记录、传播其学术思想和研究成果的重要途径，而且以精良的“书院本”将自身完美地标注于中国印刷及版本学历史之上。

三、石鼓书院刊刻《尚书全解》的活动

“书院本”的生产极为不易，兹以衡州石鼓书院所刻《尚书全解》一书来作说明。此书刻于淳祐十年（1250年），前有山长林畊所作之序，对该书版本的收集考订、文字的校勘、出版经费的筹集等都有所交代。其称：

> 畊自儿时侍先君盱江官舍，郡斋修刊礼乐书，先君实董其事，与益国周公、诚斋杨先生书问往来，订正讹舛甚悉。暇日，因与言曰：“吾家先拙斋《书解》，今传于世者，自《洛诰》以后皆讹。盖是书初成，门人东莱吕祖谦伯恭取其全本以归，诸生传录实无二三，书坊急于锓梓，不复参订，讹以传讹，非一日矣。”先君犹记乡曲故家及尝从先拙斋游者录得全文。及归，方寻访未获，不幸此志莫偿。
>
> 畊早孤，稍知读书，则日夕在念虑间，汩汩科举业，由乡选入太学，跋涉困苦，如是者三十余年。淳祐辛丑，侥倖末第，闲居需次，得理故书，日与抑斋今观文陈公，虚斋今文昌赵公参考讲求，抠趋请益。抑斋出示北

① 以上20种书目的叙述还参考刘实《略论我国书院的教学与刻书》，载《浙江师范学院学报》1982年1期；刘志盛：《中国书院刻书纪略》，见《岳麓书院一千零一十周年纪念文集》，湖南人民出版社1986年版；崔富章：《四库提要补正》，杭州大学出版社1990年版。

山先生手迹，具言居官婺女，日从东莱先生学。东莱言，吾少侍亲，官于闽，从林少颖先生学，且具知先拙斋授书之由。时抑斋方阅《六经疏义》，尤加意于林、吕之学，虚斋亦仿朱文公辩孔安国书，著本旨，畊得互相诘难其间，凡诸家讲解搜访无遗。一日，友人陈元凤仪叔携《书说拾遗》一集示余，蠹蚀其表，蝇头细书，云得之宇文故家，盖宇文之先曾从拙斋学，亲传之稿也。其集从《康诰》至《君陈》。此后又无之，遂以锓本参较《康诰》《酒诰》《梓材》《召诰》，皆同锓本。自《洛诰》至《君陈》，与锓本异，其详倍之。至是，益信书坊之本误矣。当令儿辈作大字本誊出，以元集归之。然未有他本可以参订也。又一朋友云，建安书坊余氏，数年前新刊一本，谓之三山林少颖先生《尚书全解》，此集盖得其真，刊成仅数月而书坊火，今板本不存矣。余亦未之信，因遍索诸鬻书者。乙巳仲春，一老丈鹑衣衔袖，踉蹡入门，喜甚，揖余而言曰："吾为君求得青毡矣。"开视，果新板，以《尚书全解》标题，书坊果建安余氏，即倍其价以鬻之。以所誊本参较，自《洛诰》至《君陈》，及《顾命》以后至卷终，皆真本。向者，麻沙之本自《洛诰》以后果伪矣。朋友转相借观，以为得所未见。既而，畊暂摄乡校，学录叶君真，里之耆儒，尝从勉斋游，其先世亦从拙斋学，与东莱同时，又出家藏写本《林李二先生书解》及《诗说》相示，较之首尾并同，盖得此本，而益有证验矣。

嗟夫！此书先拙斋初著之时，每日诵正经，自首至尾一遍，虽有他务不辍，贯穿诸家，旁搜远绍，会而粹之，该括详尽，不应于《洛诰》以后详略如出二手。今以诸本参较，真赝晓然，信而有证，可以传而无疑矣。

《书解》自麻沙初刻，继而婺女及蜀中皆有本，然承袭舛讹，竟莫能辨。柯山《夏氏解》多引林氏说，自《洛诰》以后则略之，仅有一二语，亦从旧本，往往传讹。《东莱解》只于《禹贡》引林三山数段，他未之详。东莱非隐其师之说，盖拙斋已解者，东莱不复解，而惟条畅其义。嗟夫，《书》自安国而后不知其几家，我先拙斋裒集该括，自壮及耄，用心如此之勤，用力如此之深，始克成书，而传袭谬误，后学无从考证。我先君家庭授受，中更散亡，极意搜访，竟无从得。畊恪遵先志，又二十余年，旁询博问，且疑且信，及得宇文私录，又得余氏新刊《全解》，又得叶学录家藏写本。稽念新故，订正真赝，参合旧闻，而后释然以无疑，确然而始定。

然则，著书传后，岂易云乎哉！畊既喜先拙斋之书获全，又喜先君县丞之志始遂，顾小子何力之有，抑天不欲废坠斯文，故久郁而获伸与？不然，何壁藏汲冢之复出耶？

淳祐丁未之岁，石鼓冷厅，事力甚微，学廪粗给，当路诸公不赐鄙夷，捐金拨田，悉有所助。三年之间，补葺经创，石鼓两学仑奂鼎新，书版旧帙缺者复全。于是，慨然而思曰，我先君未偿之志，孰有切于此者；吾先世未全之书，岂容缓于此者，实为子孙之责也。乃会书院新租岁入之积，因郡庠宪台拨镪之羡，撙学厅清俸公计之余，计日命工，以此全书亟锓诸梓，字稍加大，匠必用良，版以千计，字以五十万计，厘为四十卷，始于己酉之孟冬，迨明年夏五月而毕。是书之传也亦难矣哉，亦岂苟然哉！旧本多讹，畊偕次儿骏伯重加点校，凡是正七千余字。今为善本，庶有裨于后学。淳祐庚戌夏，五嗣孝孙迪功郎衡州州学教授兼石鼓书院山长畊谨书。①

从这篇珍贵的反映宋代石鼓书院刻书活动的文献中，可以得到四点信息：其一，《尚书全解》出版前的准备工作，即不同版本的搜访，历经林畊及乃父两代人的努力始得完成，三个不同版本的获得也使林畊“且疑且信”，费时多年；其“稽念新故”“参合旧闻”“订正真赝”的校勘工作，是由林畊及其次子林骏伯一起完成的。也就是说，一部《尚书全解》的出版，凝聚了林氏一家祖孙三代人的心血与精力。所谓文字千秋，此得其谓也。其二，麻沙书坊本之不为全本和以讹传讹，石鼓书院本之为全帙和订正 7000 余字，版本善劣晓然可见。劣者由于“不复参订”，急于趋利；善本基于“子孙之责”和对学术的忠贞，实为时间与心血凝成。其三，从“会书院新租岁入之积，因郡庠宪台拨镪之羡，撙学厅清俸公计之余”中，感知到当年书院刻书的经费筹措不易，非克勤克俭则难以锓梓开雕，而其节衣缩食勉力为此者，全在于对学术的忠贞和作为子孙的责任，这是难能可贵的，也是今日社会所宜提倡的。其四，50 万字的著作，“始于己酉之孟冬，迨明年夏五月而毕”，其出版周期也就是八个月时间，而且所出之书为善本，这在今天来讲，仍不失为高效率。

① 乾隆《衡州府志》卷 30《尚书全解序》。

第三章 元代书院的活动

元政权确立起对全国的统治后，原赵宋王朝统治下的广大汉族读书人，出于对故国的耿耿忠心，秉持“春秋大义”，坚守“夷夏之辨”，纷纷以宋遗民身份自居。他们不食元粟，绝意仕进，聚居书院以倡明儒学，希望通过在书院中的讲学活动以存续圣贤文脉。起初，元朝统治者出于稳定社会秩序的需要，对宋遗民的书院活动持鼓励态度，采取如准许书院招师讲学及提倡在先儒、名贤过化经行之地建立书院等措施，以缓解汉族士人普遍的反抗情绪，这使得书院在元初即迎来一个发展的高潮。当因势利导的书院政策在化解遗民情绪方面取得一定成效后，从世祖至元年间后期开始，为防止书院在自由发展中形成政治上的敌对势力，元政府着手进行由其主导的书院官学化活动，通过严格书院建设报批手续、将书院山长纳入学官体制及控制书院的经济命脉等一系列措施，逐步把书院引向官学轨道。在政府的大力引导下和民族大融合的时代背景下，除汉族士人外，蒙古族、女真族和苗族等少数民族也纷纷加入了创建书院的行列，创造了“书院之设，莫盛于元”的历史记录。发端于唐、发展于两宋的书院刻书活动，在元代也有巨大进步的同时，出现了当时蜚声全国的出版中心——杭州西湖书院，其《西湖书院重整书目》的编印，则标志着中国书院刻书活动的成熟与制度化。在教学方面，元代书院的教学活动也更加丰富，除传统的儒学教育外，还教授射御与医术，这以山东历山书院最为知名。而此时明经书院以发请帖为形式的聘师活动，别具特色。

第一节　元代书院的讲学与官学化活动

元代初年，赵宋王朝遗留下一个队伍庞大的遗民群体。他们身在元土，心系故国，“痛忆我君我父母，眼中不识天下人”①，不愿与新政权合作，所谓此身只除君父外，不曾轻受别人恩。在无法改变亡国定局时，原宋王朝治下的忠节之士选择了不与元政权合作的非暴力斗争之路，通过在书院中聚徒讲学的方式，播文传道，以表达对故国的哀思。起初，统治者对汉族士人的书院讲学活动采取了优容的态度。随着国内局势日渐稳定，元政府出于维护统治的需要，通过在政治、经济等方面的一系列措施，逐渐把书院纳入了官学的轨道。

一、元初宋遗民的书院讲学活动

(一) 宋遗民书院讲学活动的不同情形

宋遗民中的大部分人，选择的是归依山林，心系南宋，不仕新朝，“此身虽坠胡尘里，只是三朝天子臣”②，是其心态的真实写照。虽然有一种无可奈何的悲凉，但无亡国的自卑。“文王既没，文不在兹乎？”③ 圣人之徒不仅没有自卑，在“以夷变夏”的危急关头，他们仍然没有忘记读书人肩负的文化与历史使命，强忍悲伤，以为天地立心，为生民立命，为往圣继绝学，为万世开太平的高度文化自觉与历史使命感，选择退避书院，倡明理学，通过在院中开展讲学授徒

① 郑思肖：《心史·德祐六年岁旦歌》。
② 郑思肖：《大义集·寄同庚友》。
③《论语·子罕第九》。

活动，以延续“圣贤一脉”于滚滚“胡尘”之中。

以湖南为例，受湖湘学派的陶冶，该地在宋代形成了“士习好文”“乡俗尚义”的传统，史载当时湘省“士风纯古”，“往往恬于世利而好修”，“尚节义而耻为不义”。① 宋亡之后，许多人秉持君国大义，纷纷遁入山林，不仕新朝。如攸州人谭渊，家世尚义，其先祖谭介之忠节著称于钦宗靖康年间，曾被张栻奉祀于岳麓书院。谭渊年轻时，从学于吴子良、叶梦鼎、江万里等讲学名儒，“习闻理要，公车交辟，有声于时”。宋亡，则“戢影田园”，在20年的时间里“周旋群公先正间”，时称其贤，目为“犹能衣被乾淳以来之风裁者”。元成宗元贞二年（1296年），其以里居之地距州城近二百里，“庙学瞻仪讲肄之弗及”，乃度地创建凤山书院讲学，“一时彬彬称盛，学者称古山先生”②。常宁人刘恢，“入元，避地静江，为宣成书院山长，有学行，竟以老终”。衡阳石鼓书院学生，临武人李如雷，“宋亡，隐居办学，所为诗文甚富，爱贝溪山水之奇，自号贝溪居士”。慈利人田希吕，“宋末守节，不仕，居天门山，创书院以讲学，诱掖后进，当路以为书院山长”③。龙阳人丁易东，号石坛，宋咸淳进士，官枢密院编修，“入元，屡征不仕，筑石坛精舍教授生徒，捐田千亩以赡之，著《周易传疏》。事闻，授山长，赐额沅阳书院”④。浏阳人欧阳龙生，从醴陵田氏受《春秋》三传，“试国学，以《春秋》中第二”，入元，以亲老辞左丞崔斌之召，“居霞阳山之白云庄十有七年。浏有文靖书院，祠龟山杨时，沦废已久，部使者至，谋复其旧，以龙生为山长。升堂讲《孟子》承三圣章，言龟山传周程学，而及豫章、延平、紫阳朱子，实承道统，其功可配孟子。山林老儒闻讲筵之复，至为出涕。秩满，改本州教授，迁道州路教授，朔望率诸生谒濂溪祠。祠东为西山精舍，祠祭元定，龙生为修其祠”，志在表彰理学，垂范后人。其子浩曾任龙洲书院山长，孙贞任石林书院山长。⑤ 茶陵人陈仁子，咸淳十年（1274年）漕试第一，“属国亡，绝意仕进，营东山书院居之，终身不出。博学好古，著述甚富”⑥。

---

① 赵万里辑录：《元一统志》卷10《潭州·风俗形势》。
② 欧阳玄：《圭斋文集》卷6《谭氏肖山记》。
③ 光绪《湖南通志》卷164《人物志》。
④《大清一统志》卷280《常德府》。
⑤ 光绪《湖南通志》卷164《人物志》。
⑥ 乾隆《长沙府志》卷28《人物志》。

江西的书院讲学活动，与湖南大体一致，如玉山王奕、王介翁父子隐居斗山书院；弋阳张卿弼及门人讲学蓝山书院；贵溪裴方润、龚霆松分建临清、理源二书院讲学；南丰刘埙建水云书院讲学，并作《补史十忠诗》《思华录》《哀鉴》以表彰忠义事迹；临江黎立武建蒙山、金凤二书院讲学而屡辞召请等，已详载于李才栋先生《江西古代书院研究》一书中。此外，浮梁人赵介如，宋宝祐年间进士，官饶州通判，入元不仕，后任双溪书院山长，从游者众。① 九江人黄泽，宋时以明经学道为志，元大德年间，曾任景星、东湖二书院山长，“食其禄以施教”，“受学者益众”，“秩满即归，闭门授徒以养亲，不复言仕”。② 广昌人刘君举，宋末举进士不第，游学王盘之门，入元，王盘曾应元廷诏请入官翰林，作诗句“节义高千古，功名垂一时”以诤之，后刘亦被召，他以“向论出处大节，得罪于师，今复自蹈覆辙，是工于谋人，拙于谋已也”，乃称病坚辞，建管陶书院教授生徒以自处。③

其他如浙江崇德人卫富益，宋末从游金履祥、许谦之门。“闻崖山亡，日夜悲泣，设坛以祭文、陆二丞相，词极哀惨。叹曰：夷、齐何人耶？冯道何人耶？遂绝意进取，隐居石人泾讲学，所谓白社书院者也。先生立学规，凡荐绅仕元者不许听讲，为人所恨。至大中，有司荐之不就，遂遭构，毁其书院。乃迁居湖之金盖山，授徒不辍。”④ 福建宁德人陈普，“元初，聘本省教授不就。自以宋遗民不仕，隐居教授。倡明道学，岿然为后学师表，四方来者数百人，馆里之仁峰寺，至不能容。尝主建州云庄书院，熊勿轩延讲于建阳之鳌峰，寻讲于德兴之初庵书院。晚居莆中十八年，造就甚众”⑤。凡此种种，不胜枚举。

纵观以上宋遗民的书院讲学活动，有以下几种情形：

第一种情形是遗民自己创建书院讲学。这类遗民既要有一定的经济实力，能够建立院舍、赡养生徒，又要学行兼善，在地方享有声望，其节义操守对民众具有一定的道德感召力，能够吸引生徒来书院学习。如上述湖南谭渊、丁易东，江西刘君举、刘埙，浙江卫富益等的书院讲学活动都属于这种类型，经济、

① 《宋元学案·沧洲诸儒学案下》。
② 《元史》卷 189《黄泽传》。
③ 同治《广昌县志》卷 5《人物志》。
④ 《宋元学案·北山四先生学案》。
⑤ 万历《福宁州志》卷 11《人文志》。

学行的双重实力，使得他们可以长期坚持讲学传道，甚至像卫富益那样有坚持强硬的态度，即使书院遭到暴力摧毁，也能继续迁居讲学。

第二种情形是遗民经济实力不够，由门人出资创建书院讲学。上文所述江西张卿弼就是这样的情形。据记载，张为宋咸淳进士，历官福州司户、兴化倅，并曾辟充教授，“宋亡，归弋阳隐居不出。门生弟子从受业者众”。后被官府强起为县学、郡学之师，“以教一郡六邑之人”，“于是，有列荐之于朝者，非其志也，即摄衣而归”。世祖至元十七年（1280年），“其门人杨应桂、申益章以来学者之众，无所息游也，规为学舍以处之。得地于县之水南士人徐氏旧宅，广袤几八里，中为宫焉，有庙堂以祀夫子，两庑翼焉，有明伦堂以讲学，有祠以奉其乡先生，其左右斋曰稽古、学易、约史、兴诗、立礼、成乐，祭器有藏，庖湢有所，前为大门，略如郡县学之制，明年九月告成之，曰蓝山书院”。书院的第一、二任山长，由张卿弼、杨应桂相继担任。其后“既列为学官，行省署官来任之矣”。张还和乡人共同捐买学田，“以继师弟子之食”，书院前后维持50余年而兴学不断。①

第三种情形是遗民由民间聘任或官府简任，从而讲学于书院。上述湖南欧阳龙生、江西黄泽、福建陈普等即属这种类型。这些遗民虽然没有实力创建书院，但其才学风范得到社会认可，或受邀于朋友，或为有力之家延揽，或为地方官举荐，得以在书院中从事讲学活动，他们同样对元初书院的发展做出了不可忽视的贡献。

需要指出的是，上述遗民的兴学活动，以其对元政府态度的不同，又可以分为两大类别。一类如卫富益、刘君举等，亡国之痛刻骨铭心，屡荐不起，至死不与元政权合作，以布衣身份讲学终老。另一类如欧阳龙生、黄泽，先以遗民兴学民间，经历有年后，随着元代书院政策的调整而改任书院山长，并转升学正、教授等职，食元之禄而施教于民，此即先为宋遗民，后变为元代学官。后一类人占遗民的大多数，但他们大都选择担任山长、学正、教授之类的学官，所谓“食其禄以施教”，“十九隐儒官”。在他们看来，自己仍然是遗民之身，因为儒官讲学传道，维系斯文，有功于“圣贤一脉”的传承，从大处讲可以“以

① 虞集：《道园学古录》卷8《蓝山书院记》。

夏化夷”，通过在文化上的改造，使蒙元统治者在精神上被同化为汉人。另一方面，与衣食相关的切实生计问题，也使广大宋遗民不能像伯夷、叔齐一样做到“不食周粟”的决绝地步。基于上述两方面原因的考虑，遗民们选择在书院中传承儒学道统的方式来中和理想与现实之间的矛盾。对宋遗民在元代书院中的讲学活动，现代学者也给予了充分的理解，认为其“为教也，匪但化民成俗而已，并隐然有为天地立心，为生民立命之意，盖知异族之侵扰横暴，必不可久也，故教后学，勿以当前进取为功，而以潜藏待时为用，使深蓄其力以待剥穷必复之机，则于人心亦不无小补”①。

（二）宋遗民讲学活动的影响

宋遗民的兴学活动，最直接的结果是带来了元初书院的兴盛，在立国初期，即出现了书院发展的高潮。这在整个中国书院发展史上是一个特例，前不见于赵宋，后不见于明清。一般而言，改朝换代之际，历经战乱，官力民力普遍受损，政权建立初期的书院都不很发达。宋末元初，战乱连年，破坏尤甚，依常理是很难出现发展高潮的。因此，我们可以说，宋遗民的讲学活动在元初书院的发展过程中起着至关重要的作用，此其一。其二，宋遗民的兴学活动，对元政府制订与实施积极的书院政策有着积极影响，这一政策反过来又促进了书院的发展，可谓良性互动。其三，遗民的兴学活动造就了元初书院的独立性格。不与新政权合作的心态，使宋遗民创办的书院在有意无意间皆与官府保持了一定的距离，书院既是现实世界中的讲学传道之所，也是遗民在心灵中守护故国的圣洁之地。元政府对其亦莫之奈何，虽然承认既成现实，授予这些士人山长之职，但徒有其表，他们仍然是食元禄而做宋遗民。遗民的遗恨与理想及其由此而形成的独特性格气质，使元初书院具有更加独立的精神与风貌。又因元初三四十年间没有开科取士，科举不可能对书院形成渗透与侵蚀，这样书院师生可以专心于讲学明道，践行对“圣贤一脉”的传承。

因此，“宋儒开创的书院精神，在注入元儒的退隐理想之后，继续充满活力，发展下去。不仅把理学家的学术和理想加以发扬光大，也替异族统治下的

---

① 周祖谟：《宋亡后仕元之儒学教授》，见《周祖谟学术论著自选集》，北京师范大学出版社1993年版，第627页。

汉人保存了一份珍贵的遗产”①，这就是宋遗民讲学活动最大的意义所在。

二、元政府主导下的书院官学化活动

在元代书院发展史上，官学化是一种显著的趋势。书院起源于官府和民间，历代皆有官办和民办的书院，但官办书院不等同于官学，民办书院也不等同于私学。官学是古代中央和地方政府创办并管辖的学校，其管理者由政府委派，经费由政府提供，教学内容由政府规定，完全服从国家的教育方针，纳入国家统一的学制系统。书院是中国士人为了满足自身日益增长的教育文化需求，在新的历史条件之下，整合传统的官学、私学以及佛道讲学制度的长处之后，创造并日渐完善的一种全新的学校形式，它既与官学、私学相联系，又与其有着明显的区别。而书院的官学化，就是书院朝向官学转化，在教学、资金等方面逐渐失去其独立性。在元代，书院的官学化活动主要由政府主导。

（一）书院官学化活动的措施

书院的官学化问题突显于元代，但其端倪则始见于南宋，其主要表现有几个方面。一是州府教官兼任山长的情况时有所见，其任命多出自地方行政长官，后渐由中央政府的吏部差授，如孝宗淳熙年间，岳麓书院的山长即由潭州州学教授顾杞兼任，但这种情形被认为是非正式的，所谓“山长之未为正员也，所在多以教授兼之”。理宗景定四年（1263 年），“诏吏部诸授书院山长者并视为官学教授”，“命下，而轻者顿重”，山长成为正式的学官，可以创建山长公廨堂皇办公，“实与州学教授礼貌均一”。②《宋史·理宗本纪》景定四年五月条下，记载有布衣何基、徐几二人皆以“得理学之传”而诏补为迪功郎，并授何为婺州教授兼丽泽书院山长，徐为建宁府教授兼建安书院山长。二是以地方行政官员兼任书院的领导之职。如理宗淳祐三年（1243 年）潮州重建韩山书院，规定“洞主郡守为之，山长郡博士为之。职事则堂长、司计各一员，斋长四员，斋生各以二十名为额”③。郡守以行政长官兼任洞主，居山长之上全面领导书院，这

① 李弘祺：《绛帐遗风——私人讲学的传统》，见刘岱《中国文化新论·学术篇·浩瀚的学海》，联经出版事业公司 1981 年版，第 386 页。

② 欧阳守道：《白鹭洲书院山长厅记》，见陈谷嘉、邓洪波主编《中国书院史资料》（上册），浙江教育出版社 1998 年版，第 132 页。

③《永乐大典》卷 5343《潮州府·学校·书院》。

是一种情况。另一种如建康明道书院，从淳祐十一年（1251 年）开始，到景定三年（1262 年）为止，有以江东抚干、建康节推、上元县尉、江东帅、迪功郎等职兼充、权充、参充山长的，也有吏部差正任迪功郎充任山长的，还有以江州教授权充山长的。这些都反映出中央与地方政府任命山长为职官的实际情况，说明官府可以在一定程度上操控书院山长的任免权，从而把握书院的发展方向。因此，班书阁先生将宋代书院称为“半官制”①。到元代，那些在宋代偶一为之，或虽有诏令但并未形成定制的行为，通过政府条例、律令等形式固定下来，于是书院的官学化遂成为一种普遍的趋势，此则班氏所谓“纯官制”是也。

1. 行政措施

元代书院的官学化是由政府采取一系列重要措施而逐步实现的，主要分为行政措施与经济措施两方面。就行政措施而言，主要有严格书院建设报批手续、将山长纳入学官体制和将书院归入国家学制系统三项。

以申报制度严格控制书院的创办是元政府官学化活动的重要行政措施之一。元初，为了争取宋遗民，政府曾倡导、鼓励创建书院，有力之家、好事之人都可以兴修书院。士民建院之后，政府按例多设官赐额，以作拉拢。但到世祖至元后期，这种情况有所改变，书院的创建开始受到官府的限制。如武昌在至元三十年（1293 年）改府为县时，原府学生 34 人，“因旧基筑精舍如初”，事闻于官府，“会议其事，有司以闻中书。命下，行省遣官来主教，始以其地建书院”，取名为“龙川”。② 这说明，兴建书院需要经过上报官府、有司会议、中书省批准、行省设官等一定的程序，已经不能由个人随意兴建了。

一般来讲，书院在兴办前需要经过层层申报，待官府批准后才能动工，建成后还得报官，并请设教官管理。申请创建书院的文书，现存有吴师道的《代请立北山书院文》③，载《礼部集》卷 20。这个申请报告的内容有些程序化。首先，是为“圣朝”“皇元”歌功颂德，对官学之外复有书院之置，大颂赞词。其次，结合具体情况，对先贤、先儒生平事迹、道德学问等做简要介绍，即提出

① 班书阁：《书院掌教考》，载《女师学院期刊》1933 年第 1 卷第 2 期。

② 光绪《武昌县志》卷 8《龙川书院记》。

③ 吴师道：《代请立北山书院文》，见陈谷嘉、邓洪波主编《中国书院史资料》（上册），浙江教育出版社 1998 年版，第 298—299 页。

"宜有专祠""宜建书院"的理由，强调在其地为其人创建书院的合理性。最后是申述创建书院的必要性。批准创建书院的文书，现存有程巨夫（文海）《雪楼集》卷1的《谕立鲁斋书院》[①]。这实际上是程氏代拟的具有批文性质的圣旨，故口气甚大，首先就是"谕陕西行省行台大小诸衙门官吏人等"，接下来在简要转述创建书院的理由之后，即宣布"准奏可，赐额曰鲁斋书院"。然后是指示："所在官司量拨系官田土入学，奉朔望春秋之祀，修缮祠宇，廪饩师生，务在作养人材，讲习道义，以备擢用。从本路正官主领，敦劝行省行台常加勉励。其王某令有司别加旌表。仍禁治过往使臣官员等，毋得在内停止，亵渎饮宴，聚理词讼，造作工役应赡学产业，书院公事毋得诸人侵扰，彼或恃此，为过作非，宁不知惧。"内容还涉及保护书院的措施。另外，现存胡炳文《云峰胡先生文集》卷9附录上的《明经书院赐额缘由》一文，也可看作批复性质的公文，它作于仁宗延祐二年（1315年），记录婺源州以一级官府的名义，为给明经书院赐额而向上级"状申"的情况。行江南东路转运司得到状申之后，先后两次派人到实地"体究"，并"保明是实"，再批送到礼部，礼部再交太常寺勘会，最后由行在尚书吏部具体实施。可见，创建一所书院以及给书院赐额，要经过多个环节，程序比较繁难，这体现了元政府对书院创建活动的重视。[②]

申报创建书院的公文需经县、州、府、廉访司、都使者、路、行省、宣慰使、中书省、吏部、礼部、集贤院、国子监等各级职能部门的审查核准，在经逐级上报并得到批准之后，又要次第返回，其间是一个漫长的过程，甚至还须通关节走后门，因此，拿到批文并不容易。以山东尼山书院为例。顺帝至顺三年（1332年），五十四代袭封衍圣公孔思晦，根据林庙管勾简实理的建议，决定修复尼山祠庙，置官奉祠，将其扩建成尼山书院，并推荐江西临川人彭璠为首任山长主持院务。为此，他具文向中书省报告，中书收到申请后送礼部议论，时任尚书奎章大学士喀喇公库时，力言其事当行，议上。顺帝至元二年（1336年），中书左丞王公懋德率同列执政者白丞相，置尼山书院，以璠为山长。[③] 由

---

① 程文海：《雪楼集》卷1《谕立鲁斋书院》。

② 徐梓：《元代书院研究》，社会科学文献出版社2000年版，第63页。

③ 虞集：《尼山书院记》，见陈谷嘉、邓洪波主编《中国书院史资料》（上册），浙江教育出版社1998年版，第393页。

衍圣公府出面，创建纪念至圣孔子的尼山书院，从至顺三年（1332 年）动议，到至元二年（1336 年）批准，前后历时达五年之久，因礼部尚书、中书左丞的大力支持，才最终事成。又如苏州鹤山书院，当时，宋末名儒魏了翁的曾孙魏起“愿规为讲诵之舍，奉祠先君子而推明其学，虽然，不敢专也”。从泰定元年(1324 年）秋天起，“乃来京师，将有请焉”，但“徘徊久之，莫伸其说。至顺元年（1330 年）八月，皇帝在奎章之阁，思道无为，博士柯九思得侍左右，因及魏氏所传之学与其孙起之志，上嘉念焉，命臣集题‘鹤山书院’，著记以赐之”。① 从泰定元年（1324 年）秋到至顺元年（1330 年）八月，前后六年，魏起有请设立书院之心而不得其门，最后靠了博士柯九思的关系，由皇帝顾问其事，才得以如愿创建鹤山书院。

以上的例证说明，自元世祖忽必烈至元末年开始，无论是官府还是民间，创建书院变得越来越困难，没有五六年时间根本拿不到申请批复，其主要原因就是报批程序复杂，各职能部门层层审查。恰恰是这些复杂的程序，繁难的手续，层层的审核，使元政府加强了对书院的控制，从源头上杜绝了书院游离于政府之外的可能。这样，元代书院从诞生的第一天起，就被政府牢牢地控制在手中。

委派山长，并将其纳入学官体制，一体铨选考核升转，是元政府控制书院，实施官学化的第二项行政措施。此项措施的实施比严格创建审批还要早，在世祖至元二十八年（1291 年）就开始了。当时规定，地方学校由路、府、州、县各级官学以及书院、小学构成。“凡师儒之命于朝廷者，曰教授，路府上中州置之。命于礼部及行省及宣慰司者，曰学正、山长、学录、教谕，路州县及书院置之。路设教授、学正、学录各一员，散府上中州设教授一员，下州设学正一员，县设教谕一员，书院设山长一员。中原州县学正、山长、学录、教谕，并受礼部付身。各省所属州县学正、山长、学录、教谕，并受行省及宣慰司札付。凡路府州书院，设直学以掌钱谷，从郡守及宪府官试补。直学考满，又试所业十篇，升为学录、教谕。凡正、长、谕（学）录、教谕，或由集贤院及台宪等官举充之。谕、录历两考，升正、长。正、长一考，升散府上中州教授。上中

① 虞集：《鹤山书院记》，见陈谷嘉、邓洪波主编《中国书院史资料》（上册），浙江教育出版社 1998 年版，第 333 页。

州教授又历一考，升路教授。教授之上，各省设提举二员，正提举从五品，副提举从七品，提举凡学校之事。后改直学考满为州吏，例以下第举人充正、长，备榜举人充谕、录，有荐举者，亦参用之”。① 由此可知，山长的任免权掌握在礼部、行省、宣慰司手中，政府通过山长可以控制书院的内部事务。山长与教授、学正、学录、教谕一样，同属地方教官，并且一体参加考试、升迁，政府正是通过这种考选升迁，从而将山长纳于学官系统，并置书院于官学体制之中。山长虽然地位较低，被称作“冷官”，但它毕竟是作为“正员”而列入国家的官制系统，并通过这个系统的升迁转任机制，可以名正言顺地进入仕途。下文中提到的西湖书院山长张士信，就是由此而入仕，并于至正十七年（1357 年）以江浙行省中书平章政事兼同知行枢密院事的身份，重修西湖书院。

加强对肄业书院学生的行政管理是第三项措施。为此，官府规定：“自京学及州县学以及书院，凡生徒之肄业于是者，守令举荐之，台宪考核之。”学成之后，则视情况给予出路，“或用为教官，或取为吏属”。② 恢复科举制度后，书院生徒与各级官学生徒一样，有资格参加考试，进入仕途。在现实生活中，也不乏这样的例子，如建康路有建康路学、上元县学、江宁县学、明道书院、南轩书院 5 所学校。大德元年（1297 年），元政府在“申明学校规式”时规定，各校在籍儒生一体分治经、治赋名目，“坐斋读书，延请讲书训诲”，“晡后书名会食”，都享受免费“午食”，每月出赋论、经义、史评之类的题目考试，“路学，明道、南轩书院，上元、江宁两县学，考中儒人花名，试中经赋，每月开申本路儒学，转申总管府照验，仍将试中经赋装褙成册，每季申解合干上司，以备岁贡相应”。③ 这说明，书院被纳入国家统一的学制系统，与各级官学一体看待，书院生徒享有与各级官学学生同样的权利、待遇和出路。

2. 经济措施

拨置学田，设官管理钱粮，控制书院的经济命脉，是元政府实施官学化活动的第三大措施。如前所述，元世祖至元二十三年（1286 年）二月，曾诏令江

---

①《元史》卷 81《选举志一·学校》。

②《元史》卷 81《选举志一·学校》。

③ 佚名：《行省坐下监察御史申明学校规式》，见陈谷嘉、邓洪波主编《中国书院史资料》（上册），浙江教育出版社 1998 年版，第 424—425 页。

南诸路学田“复给本学，以便教养”。至元二十八年（1291 年），又令各地书院在山长之下，“设直学以掌钱谷”；至元三十一年（1294 年）七月，成宗即位，也令各地庙学、书院的“赡学土地及贡士庙，以供春秋二丁朔望祭祀，修完庙宇”。这些政策在南北各地得到了执行，宋禧《高节书院增地记》就有“国朝于天下祠学，所谓书院者，例设官置师弟子员，与州学等。尝诏有司，以闲田隙地系于官者归之学、院，以赡廪稍之不足”① 的记录。其他如西安鲁斋书院有朝廷“谕陕西省给田、命官、设禁，如他学院故事”②；滕县性善书院之知州尚敏大德年间拨“礼教乡官地三顷给之”，天历年间知州曹铎“增给礼教乡官地五顷”③；当涂县丹阳书院之经由省、郡两级官府拨“天门书院之有余以补不足”，“以亩计凡四百”④ 等，都是官府拨置田产给书院的实例。当然，书院的产业除了官府拨置，还有士民官绅捐置、书院自置等其他来源。必须指出的是，无论其田地产业来源于何处，一入书院，即成“学产”，皆由“直学”掌管出纳。“直学”的职责是“掌管学库、田产、屋宇、书籍、祭器、一切文簿，并见在钱粮，凡有收支，并取教官、正、录公同区处，明立案验，不得擅自动支”⑤。在当时的文献中，“直学”又有称作“钱粮官”“提点钱粮”的，元政府就是通过这样一些官职，将书院的产业牢牢掌握在手中。

因为有直学、钱粮官、提点钱粮等专职官员经营，书院的学产规模，在元代达到了一个新的高度。江南书院的“地产钱粮，不在府州学校之下”⑥，最多的丹徒县淮海书院有学田 13570 亩、地 5549 亩、山 92 亩、池 1 亩。据统计，确知学田数的元代书院有 65 所，1000 亩以上的 10 所，500 亩以上 1000 亩以下的 14 所，400 亩以上 500 亩以下的 8 所，其他皆在 400 亩以下，最少的弋

① 宋禧：《庸庵集》卷 14《高节书院增地记》。

② 程巨夫：《鲁斋书院记》，见陈谷嘉、邓洪波主编《中国书院史资料》（上册），浙江教育出版社 1998 年版，第 396 页。

③ 虞集：《滕州性善书院学田记》，见陈谷嘉、邓洪波主编《中国书院史资料》（上册），浙江教育出版社 1998 年版，第 436—437 页。

④ 吴澄：《丹阳书院养士田记》，见陈谷嘉、邓洪波主编《中国书院史资料》（上册），浙江教育出版社 1998 年版，第 439 页。

⑤ 佚名：《学官职俸》，见陈谷嘉、邓洪波主编《中国书院史资料》（上册），浙江教育出版社 1998 年版，第 279 页。

⑥ 佚名：《庙学典礼》卷 6《山长改教授及正录教谕格例》。

阳县蓝山书院只有10亩学田。[①] 由此测算，元代书院的学田一般以400亩为中等水平。

（二）书院官学化活动的影响

各级官府直接创办书院，是元代书院官学化的一个标志。元代中央政府除创建太极书院于大都之外，还以谕旨形式下令创建过西安鲁斋书院、南阳诸葛书院。地方政府除借审批制度而参与书院建设之外，各级官府都曾创建书院，出现了一批以兴学为己任的地方官员，如陈友龙任江浙儒学提举时，就“创置书院凡九所，复升润、宜兴来学之田万八千亩”[②]。又如毋逢辰，元初，“其仕闽以化为政，道南七书院皆其再造也”[③]。正因为这样，在全国有50所以上的官办书院，其基本情况已于本章第一节叙述。官办书院与官学同创于官府，具有同源性。这种同源性使书院拥有官府的强大力量，可以获取合法甚至正统的社会身份，克服官本位社会大环境对其造成的生存困难，从而发展壮大。同时带来了官学的影响与传统，使书院具有某些与官学相似甚至相同的组织形态特征，形成正规化、制度化特色。

1. 积极影响

以上所述，皆为元代书院官学化活动的种种表现，说明当时确实出现了一种官学化的趋势。书院官学化既能使书院获取一种与侵蚀书院发展的行为作斗争的政治力量，也能使书院保持充足的资产与经费，获得坚实的经济力量，这对书院持续发展的影响无疑是巨大的。清人于敏中在《日下旧闻》中称：“书院之设，莫盛于元，设山长以主之，给廪饩以养之，几遍天下。”指的正是这种情况。甚至可以说，没有官府的支持就不可能有元代书院的推广。

官学化活动对元代书院发展的积极作用，具体而言有如下几个方面。其一，官府的介入扩增了书院的数量，维持了书院的正常运作。如果说创建书院是以民间力量为主的话，那么在维持书院的日常经费开支以及院舍维修方面，则是以官府的力量为主。各级官府的官员，在自己的任期内动用“官费”，对破败或简陋的书院进行改造、重修与扩建，并且想方设法为书院置备学田，使其拥有

① 徐梓：《元代书院研究》，社会科学文献出版社2000年版，第100—103页。

② 任士林：《元松乡先生文集》卷1《重建文公书院记》。

③ 民国《建阳县志》卷6《考亭书院记》。

恒产。他们或利用手中的权力，将荒闲的土地、官地、没官之田划给书院，或带头捐资，倡率官绅买田，其规划之周全、用意之深远，实属难能可贵。其二，官学化使书院及其产业成为官府财产的一部分，政府的保障措施为其提供了法律支持，使有责任心的山长、学官、地方官在与侵夺书院财产的各种势力进行斗争时，可以处于有利地位。因此，书院的官学化，为保护书院财产及维持其正常的教育秩序，树起了一道有力的屏障。其三，书院的官学化将书院纳于国家统一的学制体系，从制度上讲，书院与路、府、州、县各级官学有着同样的地位，享受同样的待遇，书院山长本身就是学官，书院生徒与官学生徒有着同样的出路。这种措施保证了书院师生的权益，能够有力推动书院事业的发展。①

2. 消极影响

但不能否认的是，书院的官学化活动也有很多弊端，这对书院的发展带来了消极的影响。上文提到，设山长为学官，用直学管钱粮，即“置官师”与“官总其费”，是书院官学化的最主要标志，其弊病也主要由此而来。元代学者吴澄就说：“今日所在，书院鳞比栉密，然教之之师，官实置之，而未尝甚精于选择，任满则去矣；养之之费，官虽总之，而不能尽塞其罅漏，用匮则止矣。是以学于其间者，往往有名无实，其成功之藐也固宜。”② 同时期，另一学者程文海也说：“国家树教育材之本，莫先于学校，而天下之学廪稍不足者，士既无所于养，廪稍之有余者，祇益郡县勾稽觊望之资，教官率以将迎为勤，会计为能，而怠于教事。非其人皆不贤，其势然也。惟书院若庶几焉，而居城邑隶有司者，其弊政与前等。近世士君子之贤者，往往因前修之迹，据江山之会，割田析壤，建为书院，既不隶于有司，而教育之功乃得专焉。”③ 这些都是从制度层面对官学化活动提出的中肯批评。

之所以出现“书院之设日加多，其弊日加甚”的状况，原因在于书院的建设者“徒知假宠于有司，不知为教之大，徒徇其名，不求其实然耳”。要克服这

① 关于元代书院官学化的积极作用，参见徐梓《元代书院研究》，社会科学文献出版社 2000 年版，第 133—134 页。

② 吴澄：《儒林义塾记》，见陈谷嘉、邓洪波主编《中国书院史资料》（上册），浙江教育出版社 1998 年版，第 301 页。

③ 程文海：《雪斋集》卷 15《代白云山人送李耀州归白兆山建长庚书院序》。

种毛病，那就只有反其道而行之，实行“去官学化”。“书院之建既不隶于有司，无势以挠之，岁时假给从己出，无利以汩之，又必择良师友而为之教，则无庞茸冗秽之患矣。”① 需要指出的是，“去官学化”的呼声一直不断，著名学者吴澄、虞集、程文海等都是重要的成员，它对消弭官学化所带来的弊端起了积极的作用，在一定程度上减缓了元代书院的官学化进程，使书院从整体上不至于完全变成官学。另一方面，民间一直存在着“不隶于有司”的书院，并且受到社会舆论的表彰。如吉水文昌白沙书院，就以捐田而无“长院之意”，“延名师与族里讲求圣贤之学”，以及“不坏于有司”等特点深得元代学者刘岳申的赞扬，称其为“用意公平久远而不近利要名”。② 这种“不隶于有司”的民办书院，和私学具有同根性，因创于私人，使得书院可以赢得民间广大士绅留意斯文的热情与世世代代的支持。其力量较之官府的强大，虽然显得有些单薄，但它绵长、持久而深厚，众志成城，可以化解官力式微或消失所带来的书院发展困境，以天长地久的滋润推动书院的成长与发展。同时，它也一样具有私学的传统和影响，使书院具有某些与私学相近甚至相同的精神风貌，形成自由讲学、为己求学、注重师承等精神特色。所有这些，对书院的官学化活动会有一种无形的影响与制约。

因此，官学化终究只是一种趋势，尽管势头强劲，但书院与官学还是不能画上等号。事实上，元朝学者对官学与书院之间的分野也有清楚的表述，如嵇厚就说：“学有专官，论其秀者为博士弟子，惟本州之人士肄业于斯，吉凶乡射宾燕之时，惟本学之人士礼于斯。若书院则不然，即乡塾之髦士，皆得进而问业焉，邻州远邑之士，皆得聚而考道焉。”③

① 程文海：《东庵书院记》，见陈谷嘉、邓洪波主编《中国书院史资料》（上册），浙江教育出版社 1998 年版，第 381 页。

② 刘岳申：《白沙书院记》，见陈谷嘉、邓洪波主编《中国书院史资料》（上册），浙江教育出版社 1998 年版，第 464 页。

③ 乾隆《浮梁县志》卷 3《长芗书院记》。

第二节　少数民族的书院建设活动

中国自古就是一个幅员辽阔、民族众多的国家。历史上，除了汉族，其他各兄弟民族也通过各种方式参与书院建设活动，为中国书院的发展做出了各自的贡献。唐宋之世，史实难征，无法详述。及至元代，据史料记载，则至少有蒙古族、女真族、苗族相继参与书院建设。少数民族的加入，使书院的建设队伍扩大，这是元代书院建设活动的一大特色。

一、蒙古族的书院建设活动

蒙古族作为元代的“国族”，其中有很多官绅直接参与书院创建，这是元代书院建设活动中一股不可忽视的力量。如顺帝至正年间（1341—1368），夏县县尹帖木儿不花于县治创建温公书院；至正十八年（1358年），浙西道肃政廉访使丑的重修杭州西湖书院；后至元六年（1340年），浙东道都元帅锁南班建鲁斋书院于宁波；天历二年（1329年），舒城知县燮理溥化建龙眠书院；后至元年间（1335—1340），唐兀崇禧建崇义书院于鄄城县；千奴于鄄城建历山书院；天门县尹贯阿思南海牙建天门书院；泰定年间（1324—1327），监察御史忽鲁大都兴亚中于剑阁创建文贞书院；达可于成都创建墨池、草堂、石室三书院等，不胜枚举。兹以达可为例来作具体说明。

达可为生长于蜀中的蒙古族人，约在泰定帝至顺帝朝为官，历官至从三品的秘书太监（为监中副长官），告老还乡后，居于成都，以私财创建石室、草堂、墨池三书院，招各族生徒肄业其中。其请赐额、置学田、购书籍、添祭器，多方谋求，可谓竭尽全力。元代学者刘岳申在其《西蜀石室书院记》中称：“秘书蒙古人，生长蜀中，承恩入侍三朝，累官至太监，告老还乡，既以私财建书院，又购古今书籍，备礼乐器，载与俱归，托不朽焉……今又闻秘书能为墨池、草堂二书院求赐额，又为之增益其田庐书籍，是何恢恢有余裕也。”[①] 同时期，

---

① 刘岳申：《西蜀石室书院记》，见陈谷嘉、邓洪波主编《中国书院史资料》（上册），浙江教育出版社1998年版，第398页。

另一学者李祁在《草堂书院藏书铭》中，对其藏书来源、征购运输过程都有记述，其称："矧兹蜀都，阻于一隅。去之万里，孰云能徂。惟兹达可，有恻斯念。稽于版籍，询于文献。北燕南越，西陕东吴。有刻则售，有本则书。仆输肩赧，车递牛汗。厥数惟何，廿有七万。载之以舟，入于蜀江。江神护河，翼其帆樯。爰至爰止，邦人悦喜。藏之石室，以永厥美。昔无者有，昔旧者新。畀此士子，怀君之仁。"① 此种义行善举，虽有化浮财而"托不朽"之意，但仍然得到世人称颂。刘岳申即盛赞："贤哉秘书！古之人不羁縻于君臣之恩，不推挽于妻子之计，能知止知足者罕矣；不市便好田宅以遇子孙，能以赐金日燕饮自虞乐又罕矣；不私宝剑遗所爱子弟，教以一经，遗之长安佚殆绝未有闻者。贤哉秘书，辞荣蚤退，不田宅于家而书院于其乡，不书籍于家而于书院，盖将以遗乡人子孙于无穷，谓非贤者可乎？谓不贤而能之乎？贤者有不能者矣，故曰贤哉秘书。"② 达可老而有为，致力于家乡的书院建设与藏书事业，其情感人，其举甚伟，因而世人将其与汉代的文翁兴学相比，其称："昔在文翁，肇兹戎功。建学立师，惠于蜀邦。维兹达可，宜世作配。惠作蜀邦，罔有内外。嗟嗟士子，尚其勉旃。毋负于君，惟千万年。"③

蒙元以武力得天下，但其中的远见卓识之士，既能看到"武功迭兴，文治多缺"的问题，更知"夫文武之道，寓于干戈羽钥，而以筑宫育士为急，其贤乎人远矣"的道理。正是由于这些处于不同阶层的蒙古族士人的努力，在金戈铁马中成立的蒙元王朝才能渐至文明之境，这是元代书院建设活动的一大特色。

二、女真族的书院建设活动

元代的"色目人"包含了北方诸多少数民族。受数据限制，难以对其书院建设活动一一分梳，兹以其中的女真族来作考察。在成都，有女真族元帅舒噜

---

① 李祁：《草堂书院藏书铭》，见陈谷嘉、邓洪波主编《中国书院史资料》（上册），浙江教育出版社1998年版，第445页。

② 刘岳申：《西蜀石室书院记》，见陈谷嘉、邓洪波主编《中国书院史资料》（上册），浙江教育出版社1998年版，第398页。

③ 李祁：《草堂书院藏书铭》，见陈谷嘉、邓洪波主编《中国书院史资料》（上册），浙江教育出版社1998年版，第445页。

多尔济①，将家宅改作书院，“割俸购书”，事迹具载王沂《石室书院记》中。其称：“侯有宅承教里，其地亢爽宜讲艺，其位深靖宜妥神，谋斥新之为书院。乃请于省，部使者相与图之如不及，故材不赋而羡，工不发而集。为殿以祀先圣，为室以祀公（按，公指汉代文翁），讲（学）有堂，栖士有舍，重门修庑以制，庖湢库厩以序。又割俸购书，作祭器于吴，而俎豆笾篚樽爵簠簋皆具，而经史百氏无外求者，祀敛其新都膏腴之田亩一百五十所入，庙干其家僮二百指。既成，而岩才里秀接踵来学。”② 这是以现职军政长官的身份关顾书院，其不但斥私宅为“岩才里秀”之书院，还割俸禄不远千里到吴地购书、作祭器，足以证明舒噜氏“知夫文武之道，寓于干戈羽钥，而以筑宫育士为急，其贤乎人远矣!”此外，女真族人富珠哩翀（字子翚）在其家乡顺阳（今河南内乡县）建博山书院，分六斋教学，“以淑其人”③，也是一个明显的例证。

三、苗族的书院建设活动

苗族的书院创建活动亦始于元代。最早的苗族书院在武冈路儒林乡（今属湖南城步），名为儒林书院。地方志载为路总管延承直建，实为杨再成等人“创制”，事见元人赵长翁《儒林书院记》，其称：

> 武冈郡僻在万山，一郡三邑，庙学皆称。儒林乡地名城步寨，自古屯兵控制溪洞，其地八十四团，盘错联络，延袤千里，东邻荆湘，南通广桂，西接古徽，北界大水，其俗居民知书尚义。皇庆二年，县尹延公承直因公委经其地，目击山川秀丽，民俗质朴，叹曰：“胜概若是，惜未有申孝弟，明教化以淑人心者。”言未既，绥宁杨再成者自陈愿捐己财创建书室，招集团峝子弟，立师帅之，助化民成俗之万一。公嘉其志，申于府，敦勉劝谕，克竟其事。再成幼知书，长好义，见善信明，道笃不谋利，刻意儒风，确乎不可拔。爰筮爰卜，乃经乃营，正殿、讲堂、门壁、斋庑、墙垣、厨湢，

---

① 舒噜多尔济，字存道，又作述律杰，为女真族人，见胡昭曦《四川书院史》，巴蜀书社2000年版，第65—66页。

② 王沂：《石室书院记》，见陈谷嘉、邓洪波主编《中国书院史资料》（上册），浙江教育出版社1998年版，第399页。

③ 苏天爵：《元故中奉大夫富珠哩公神道碑铭》，见陈谷嘉、邓洪波主编《中国书院史资料》（上册），浙江教育出版社1998年版，第465页。

内外完具，先圣先师，十哲从祀，塑绘森严，庙貌相称。①

据记载，杨再成为苗族人，“团峝子弟”即苗族子弟（可能也有侗族子弟）。创建于元仁宗皇庆二年（1313 年）的儒林书院，为我国第一所苗族书院。② 书院不但环境清幽，而且在化民成俗方面卓有成效，诚如赵长翁所记，“殿前一峰，高矗云表，四山如屏，层环迭拱，一水涟漪，横练映带，堂右古杏，合抱数围，真天造地设素王之居也。呜呼，昔为要荒鳞辏之地，今为甲天燕居之堂，子矜子佩，游息休藏，冠带如云，弦歌盈耳，化其民为君子士大夫，易其俗为礼义廉耻，乃教成之效也”。此后儒林书院一直兴学不辍，最终毁于明天启年间，在 300 余年的时间里，除为苗乡培养了大量人才，更为移风易俗、民族融合做出了重大贡献。③

第三节　元代书院的特色活动

一、发请帖：明经书院的聘师活动

明经书院在江西省婺源县。元至大三年（1310 年），吉安路龙泉县主簿胡淀因其远祖胡昌翼曾为后唐明经进士，故建书院以纪念之。皇庆元年（1312 年）落成，为屋 200 间，有大成殿、讲堂、斋舍及明诚、敬义二塾等。胡淀及其弟江陵路总管胡澄共捐田 300 余亩，以作书院教养与祭祀之费。后知州黄惟中聘胡氏族人胡炳文为山长，主掌教事，“一时弦涌之盛，盖甲于东南”④。

胡炳文（1250—1333），字仲虎，号云峰，徽州婺源（今江西婺源）人。幼嗜学，稍长，得父胡斗元所传程朱理学，凡诸子百家，阴阳医卜，星历术数无不推究。四方来学者云集。元至大间（1308—1311）族子胡滨为建明经书院，

① 光绪《湖南通志》卷 69《学校志八·书院二》。
② 李似珍：《中国学术思想编年·宋元卷》，陕西师范大学出版社 2006 年版，第 645 页。
③ 杨进廉等：《从儒林书院的创建谈古代城步教育的发达》，载《岳麓书院通讯》1986 年第2 期。
④ 胡炳文撰：《云峰文集》卷 15《明经书院重修记》。

以纳诸生，“儒风之盛甲东南”①。延祐中任贵溪道一书院山长，调兰溪学正不赴。卒谥文通，祀乡贤。著有《四书通》《易本义通释》《书集解》《性理通》《春秋集解》《礼书纂述》《云峰笔记》《云峰文集》等。

胡炳文任山长后，立即着手展开书院的教学事宜，而聘请师资尤属当务之急。为此其共修书22封，分别聘请朱宏斋、赵鼎峰、赵古淡、赵植庵、郑存斋、滕山癯、吴瑞轩、戴晋翁、戴苍山、方壶、戴恕翁、潜心、方则斋、梅村、蛟塘、江古修、程道夫、朱实轩、江雪矼、张西岩、王太宇、方玉泉来参与主持书院的讲学事宜。胡炳文所书聘师请帖每封皆百余字，首先点明书院的教学宗旨，其次是对邀请之人学行的评价，从中可看出书院对师资所具备条件的要求。

明经书院，顾名思义，其教学自然以发明经书为主旨。在发给朱宏斋的请帖中，胡炳文写道：“伏以学开盘水，务六经根本之求；望重香山，主九老耆英之会。”② 发给赵鼎峰的请帖则表述为：“伏以文在兹乎，欲为辨志离经之学；鼎取新也，愿听登峰造极之谈。”③ 对于让生徒明晰经书的目的，胡炳文在请帖中也有所表述，那便是“伏以义理无穷，要在明经之学”④“伏以明经标学，欲防士习之浮”⑤，即希望院生通过明了经书中所蕴含的义理来增进学识，砥砺品行。至于聘师对推进书院经学教育的作用，胡山长的认识为“师道立则善人多”⑥。

就请帖中的内容来看，胡炳文对所聘师资的年龄没有限制，既有德高望重的老成之士，也有气度不凡的中青年才俊，德才兼备是他们共同的特点。

在所聘请的22人中，老成之士有8位，其中朱宏斋“耆德年高，雅怀博识”⑦，赵鼎峰“丰仪清峻，闻望老成”⑧，赵古淡“器大名宏，德穹望重”⑨，郑存斋“居今而学古，貌苍而意新”⑩，吴瑞轩“望重邱山，气吞湖海”⑪，戴苍山

① 黄宗羲：《宋元学案》卷89《山长胡云峰先生炳文》。
② 胡炳文撰：《云峰文集》卷6《明经书院请开讲二十二启·与朱宏斋》。
③ 胡炳文撰：《云峰文集》卷6《明经书院请开讲二十二启·与赵鼎峰》。
④ 胡炳文撰：《云峰文集》卷6《明经书院请开讲二十二启·与蛟塘》。
⑤ 胡炳文撰：《云峰文集》卷6《明经书院请开讲二十二启·与赵古淡》。
⑥ 胡炳文撰：《云峰文集》卷6《明经书院请开讲二十二启·与王太宇》。
⑦ 胡炳文撰：《云峰文集》卷6《明经书院请开讲二十二启·与朱宏斋》。
⑧ 胡炳文撰：《云峰文集》卷6《明经书院请开讲二十二启·与赵鼎峰》。
⑨ 胡炳文撰：《云峰文集》卷6《明经书院请开讲二十二启·与赵古淡》。
⑩ 胡炳文撰：《云峰文集》卷6《明经书院请开讲二十二启·与郑存斋》。
⑪ 胡炳文撰：《云峰文集》卷6《明经书院请开讲二十二启·与吴瑞轩》。

“多闻多见，古貌古心”[①]，方则斋“身隐而名高，世今而心古”[②]，张西岩“光霁襟怀，老来问学”[③]。

中青年才俊有14位，其特点为：赵植庵“道心不竞，注述最精”[④]，滕山瘤“胸有五车，眼空四海”[⑤]，戴晋翁“师友深源，古今博览”[⑥]，方壶“玉阙精神，春风气象”[⑦]，戴恕翁“存心无物，满腹有书”[⑧]，潜心“风神秀整，气象冲融”[⑨]，梅村“修名揭日，吐气凌霄”[⑩]，蛟塘“精神玉立，气象春和”[⑪]，江古修“襟怀洒落，气象和平”[⑫]，程道夫“诗名早著，理趣深潜”[⑬]，朱实轩“自持端厚，人谓清高”[⑭]，江雪矼“奥学传家，清材拔欲”[⑮]，王太宇“有体有用”[⑯]，方玉泉“有用才猷，不凡器识”[⑰]。

从请帖的描述中，对元代明经书院的聘师活动能得出三点认识：首先，作为书院的山长，胡炳文对所聘教师的学识、人品有着充分的了解，这是保证书院教学质量与效果的前提；其次，书院重视师资在不同年龄阶段的配比，这既能促进书院讲学中观点、思维的碰撞，也有助于院生从不同的角度获得对经典的认知，更有利于其学业的发展；最后，书院重视师者学识渊博与人品淳正的统一，极有利于学生在求学中养成健全的人格。

二、文、武、医兼备：历山书院的教学活动

研究、传播程朱理学，攻习帖括时艺之学而求科举及第，这是宋代书院教

① 胡炳文撰：《云峰文集》卷6《明经书院请开讲二十二启·与戴苍山》。
② 胡炳文撰：《云峰文集》卷6《明经书院请开讲二十二启·与方则斋》。
③ 胡炳文撰：《云峰文集》卷6《明经书院请开讲二十二启·与张西岩》。
④ 胡炳文撰：《云峰文集》卷6《明经书院请开讲二十二启·与赵植庵》。
⑤ 胡炳文撰：《云峰文集》卷6《明经书院请开讲二十二启·与滕山瘤》。
⑥ 胡炳文撰：《云峰文集》卷6《明经书院请开讲二十二启·与戴晋翁》。
⑦ 胡炳文撰：《云峰文集》卷6《明经书院请开讲二十二启·与方壶》。
⑧ 胡炳文撰：《云峰文集》卷6《明经书院请开讲二十二启·与戴恕翁》。
⑨ 胡炳文撰：《云峰文集》卷6《明经书院请开讲二十二启·与潜心》。
⑩ 胡炳文撰：《云峰文集》卷6《明经书院请开讲二十二启·与梅村》。
⑪ 胡炳文撰：《云峰文集》卷6《明经书院请开讲二十二启·与蛟塘》。
⑫ 胡炳文撰：《云峰文集》卷6《明经书院请开讲二十二启·与江古修》。
⑬ 胡炳文撰：《云峰文集》卷6《明经书院请开讲二十二启·与程道夫》。
⑭ 胡炳文撰：《云峰文集》卷6《明经书院请开讲二十二启·与朱实轩》。
⑮ 胡炳文撰：《云峰文集》卷6《明经书院请开讲二十二启·与江雪矼》。
⑯ 胡炳文撰：《云峰文集》卷6《明经书院请开讲二十二启·与王太宇》。
⑰ 胡炳文撰：《云峰文集》卷6《明经书院请开讲二十二启·与方玉泉》。

学活动的主流，到元代，这种格局有所突破。前述女真族人富珠哩翀，从中奉大夫浙江行中书省参知政事任上致仕后，“欲于顺阳建博山书院，以淑其人”，时在后至元四年（1338 年）以前。当时规划，“分置六斋：治礼、治事、经学、史学、书学、数学”①。前四者为传统学科，书学、数学则已涉及艺术、自然科学等门类，是教学内容方面富有创意的拓展。虽然富珠哩翀在至元四年二月即逝世，其“方经营之”的书院是否按其规划开展教学活动尚待考证，但这种分设专科以组织教学活动的做法，以及由此而展示的书院多姿多彩的文化教育功效，仍值得注意。

就历史记载而言，最能体现元代书院拓展教学内容成果的，是兼容文、武、医教育的山东历山书院。历山书院在山东鄄城历山之麓，元人千奴创建。千奴姓玉耳别里伯牙吾台（一作伯岳吾），蒙古人。其祖忽都思，元初定居历山。其父和尚，随征南军攻宋，但不嗜攻杀，力免屠城，为元代的统一及建设做出了较大贡献。千奴“笃于学问，博通古今，有经济之具”，学者称“历山公”。历任武德、明威将军，江南浙西、江北淮东等道提刑按察使、肃政廉访使等，官至大都路总管，授嘉议大夫，参与中央政务。作为一个文武兼备、博学多才的官吏，他对立国之本的教育非常关心，在地方即“勤于劝学，所至必先之”，总管大都则“兴工”国学，“尤尽其力”，对于乡里子弟更是不能忘怀，“莅官之余，且淑于其乡”，创建了历山书院。②

历山书院的创建时间，地方志语焉不详，如光绪《山东通志》卷 14 仅有“历山书院在（濮州）东南历山下，元历山公千奴建”的记载。元人程文海《雪楼集》卷 12《历山书院记》是记其创建最早的文献，但也不详载其创建时间，唯称“历山公名千奴，今为嘉议大夫参议中书省事”。查《元史》卷 134 千奴本传载：“（大德）七年，授嘉议大夫，大都路总管兼大兴府尹……未几，迁参议中书省事，赞议机务，精练明敏。”③ 据此，始知历山书院的创建时间为千奴以嘉议大夫身份参知中书省事的大德七年（1303 年）或稍后。

① 苏天爵：《元故中奉大夫富珠哩公神道碑铭》，见陈谷嘉、邓洪波主编《中国书院史资料》（上册），浙江教育出版社 1998 年版，第 465 页。

② 程文海：《历山书院记》，见陈谷嘉、邓洪波主编《中国书院史资料》（上册），浙江教育出版社 1998 年版，第 465—466 页。

③《元史》卷 134《和尚（千奴）》。

对书院的规制、师生情况及教学活动等，程文海在《历山书院记》中有较详的记载，其称：

> 聚书割田，继以廪粟，以曹人范秀为之师，自子弟与其乡邻，凡愿学者皆集。又虑食不足，率昆弟岁捐粟麦佐之。提刑公（按，指千奴之父和尚）之封树在焉，则为书与昆弟约，谨蒸尝护槚，相与为忠信孝悌之归。又与子侄约，凡胜衣者悉就学，暇日习射御，备戎行，曰："毋荒毋逸，毋为不善，以忝所生也。"又曰："再舍而医，若疾何?"复藏方书，聘定襄周文胜为医师，以待愿学者与乡之求七剂者。于是郡邑上其事，有司乃定名曰历山书院，就俾范秀为学官而督教事焉。

前引《元史》本传亦载：

> 延祐五年，乞致仕，帝悯其衰老，从其请，仍给半俸终其身。退居濮上，筑先圣宴居祠堂于历山之下，聚书万卷，延名师教其乡里子弟，出私田百亩以给养之。有司以闻，赐额历山书院，家居七年而卒，年七十一。

从上引材料可知，第一，历山书院虽设于远离城市的山村，但规制完备，经费充足，藏书丰富。它除了设有开展教学活动的讲堂、斋舍，还另设专祠祭祀孔子，其制乃仿州县学，为当时一般书院所不具备，而其习射御之场所及接待求药剂者的建筑，就更有别于其他书院。田产百亩，外加岁捐粟麦，足以维持书院的正常运行。书楼藏书万卷，已属少见，师生凭此完全可以开展学术研究，对于保证教学成效更为有益。所有这些都说明，这是一所规制完备的教育机构。第二，它是一所多学科多专业的综合性书院，设文学与医学之师，开展文、医两科教学，学生除修习文学或医学外，兼习军事，进行操练。第三，主持医科教学的医师，除课堂教学外，接待"乡之求七剂者"，设立门诊，开展实际的医疗活动。

历山书院创办之初，千奴因在朝为官，只能凭借书信对其昆弟及所聘请的文、医二科教师进行遥控指挥，以期谋划书院之发展，但这多少会影响其意图的实现。仁宗延祐五年（1318 年），他致仕归家后，即亲主院事，一直到泰定二年（1325年）以71岁高龄逝世时止，凡7年。这7年的苦心经营，使历山书院在过去15年的办学基础上又获得了长足的发展。

需要指出的是，历山书院对中国书院制度及中国医学教育所做的贡献具有特殊意义。首先，历山书院是迄今发现的中国古代第一所也是唯一一所实行医科教学并开办门诊业务的书院，这两个“第一”使其具有不可忽视的研究价值。其次，将医学教育、研究引入历山，使中医教育与儒学教育得以并行共存于书院，这说明古代书院对传统文化的涵容之大，从一个侧面反映了书院文化功效的多样性。再次，医师教学兼开门诊，将医学理论与临床治疗联系到一起，是学习医理与实践医术的范例，对传统的医学教育来说，它为教学理论与教学实践的发展做出了贡献。而其所体现出的理论与实践相结合的原则，无论是对教育教学理论，还是对思想文化的进步与发展，都是一个永恒的启示。

三、国家出版中心：西湖书院的刻书活动

图书生产是书院与生俱来的一种职能，自唐代丽正、集贤书院的“刊缉古今之经籍”，到五代、北宋时期由修书到刻书的过渡，再到南宋“书院本”的赫然问世，历经数百年的发展，书院的这种职能在不断强化，到元代终于分立出近乎专门从事出版事业的书院。其时，具有这种专业倾向的书院不在少数，最具典型意义的是位于杭州的西湖书院。

（一）整理旧籍

利用南宋国子监旧有藏书，校勘经史典籍，整理图书，编制目录，并在其基础上大量刊印图书，是西湖书院最主要的任务。从传世书目和图书实物来看，西湖书院“书刻”数量之大、质量之高，既称闻于当时，亦有名于后世，将其称作元代国家出版中心，实在当之无愧。

西湖书院刻印之书甚多，其中最具影响的是整理、厘补、刊印宋学旧籍和出版当代重要典籍这两项。整理院藏宋版书，从现有文献记载来看，始于江浙廉访使周德元任内，时在仁宗延祐六年（1319年）。据汤炳龙《西湖书院增置田记》记载，周廉访“特为劝率有高赀乐助者，并取补刊书板”①。但真正有组织

①《两浙金石志》卷15《西湖书院增置田记》。

的大规模行动，则见于稍晚的泰定、至正年间。

泰定年间的整理活动起因于英宗时的整修院舍。当时，因“鼎新栋宇，工役匆遽，东迁西移，书板散失，甚则置诸雨淋日炙中，骎骎漫灭”，于是宪府幕僚长张昕等人，“度地于尊经阁后，创屋五楹，为庋藏之所，俾权山长黄裳、教导胡师安、司书王通督□生作头顾文贵等，始自至治癸亥夏，迄于泰定甲子春，以书目编类，揆议补其阙”。为此，泰定元年（1324 年）九月，山长陈袤为作《西湖书院重整书目记》以“纪其实绩，并见存书目”①，并勒诸坚珉，以期不朽。英宗至治三年（1323 年）夏至泰定元年（1324 年）春这次整理书板活动，历时约三个季度，共整理出 122 种图书，并形成了《西湖书院重整书目》，这是中国书院历史上第一个刻书书目，也是中国印刷出版史上最早的刻书书目之一。此目以楷书刻石传世，1917 年，杭州学者吴昌绶以《元西湖书院重整书目》为题将其收入《松邻斋丛书》中。

到至正十七年（1357 年）九月，“尊经阁坏圮，书库亦倾”，“书板散失埋没，所得瓦砾中者往往刓毁虫朽”②，难以刊印。于是，左右司员外郎陈基、钱用二人受命主持修复尊经阁及其书库、书板。此次工程费时近 10 个月，自至正二十一年十月一日开始，至二十二年七月二十三日结束。八月初一日，陈基作《西湖书院书目序》以纪其事，其称：

> 所重刻经史子集欠缺，以板计者七千八百九十有三，以字计者三百四十三万六千三百五十有二；所缮补各书损毁漫灭，以板计者一千六百七十有一，以字计者二十万一千一百六十有二；用粟以石计者一千三百有奇；木以株计者九百三十；书手刊工以人计者九十有二。对读校正则余姚州判官宇文桂、山长沈裕、广德路学正马盛、绍兴路兰亭书院山长凌云翰、布衣张庸、斋长宋良、陈景贤也。明年七月二十三日工竣，饬司书秋德桂，杭府史周羽以次类编，藏之经阁、书库，秩如也。先是，库屋泊书架皆朽坏，至有取而为薪者，今悉修完。既工毕，俾为书目，且序其首，并刻入

① 陈袤：《西湖书院重整书目记》，见陈谷嘉、邓洪波主编《中国书院史资料》（上册），浙江教育出版社 1998 年版，第 450 页。

② 陈基：《西湖书院书目序》，见陈谷嘉、邓洪波主编《中国书院史资料》（上册），浙江教育出版社 1998 年版，第 457 页。

库中。

修复工程的组织实施，动用的人力和物力以及总的工作量，于此皆有明确记载，据此可以大概了解西湖书院图书生产的作业流程与操作情形。此次整编书目以刻本入库收藏，因时代久远，今已失传，惜乎今天不能将前后38年间的出书情况进行比较研究。

（二）刊刻新书

西湖书院除修补20余万宋刻旧板，印刷经史子集外，还刊刻新书，出版了很多当代人的著作，其中最有名的是刊印马端临的《文献通考》和苏天爵的《国朝文类》。《通考》是继唐代杜祐《通典》之后的又一部典章巨制，全书348卷，卷帙浩繁。今重庆图书馆、北京图书馆、北京市文物局藏有泰定元年（1324年）原刊本。后至元元年（1335年），池阳人余谦出任江浙儒学提举，发现《通考》中存在一些错误，因马端临当时已谢世多年，遂请其女婿与西湖书院山长、教员一起校正刊补，顺帝至元五年（1339年）始得重予印行。

《国朝文类》成书于至元二年（1336年），主要搜罗元初以来的文章，以歌、诗、赋、颂、铭、赞、序、记、奏议、杂著、书、说、议、论、铭、志、碑、传为类，共编为70卷。是年十二月，翰林国史院侍制谢端、修撰王文煜、应奉黄清老等上书，认为此书“敷宣政治之宏休，辅翼史官之放失，其于典册不为无补”，建议中书省刊板印行全国。中书省札咨礼部，认为此书“不唯黻黻太平有裨于昭代，抑亦铅椠相继可望于后人”①，遂议准刊印。于是下令江浙行省，“于钱粮众多学校内委官提调，刊勒流布”②。行省决定由西湖书院承担此任，并派江浙等处儒学提举司副提举陈登仕“监督刊雕”。令下，“西湖书院山长计料工物价钱”，进行成本预算，所需经费“分派”行省所属各处学校承担，例从“赡学钱”项下支出。大约历时一年半时间，全部雕刻完毕。

至元四年（1338年）八月十八日，太常礼仪院对西湖书院“申交”的书板质量提出审查意见，其称：“近据西湖书院申交札到《国朝文类》书板，于本院安顿点视，得内有补嵌板，而虑日后板木干燥脱落，卒难修理，有妨印造。况

① 吴昌绶：《元西湖书院重整书目·附录》。
② 吴昌绶：《元西湖书院重整书目·附录》。

中间文字刊写差讹，如蒙规划刊修，可以传久，不误观览。申乞施行。”据此，下令“修补”书板，于是委令西湖书院山长方员同儒士叶森，“将刊写差讹字样比对校勘明白，修理完备”，然后再行“印造起解”。此次修板、印造，前后用了两年多时间。

到至正元年（1341 年）十一月二十二日，江浙等处儒学提举司提举黄奉政在审读上交的样书后，又提出了书籍的质量问题，其称：“《国朝文类》一部，已蒙中书省移咨江浙等处行中书省，札付本司刊板印行。当职近在大都，于苏参议家获睹元编集，检草校正得所刊板本第四十一卷内缺少下半卷，计一十八板九千三百九十余字不曾刊雕；又于目录及各卷内辑正，得中间九十三板脱漏差误，计一百三十余字，盖是当时校正之际，失于卤莽，以致如此。宜从本司刊补改正，庶成完书。”苏参议即苏天爵，既然刻本与原稿不对，于是又用去两个多月时间，将缺少板数、漏误字样一一补正，始得于至正二年（1342 年）二月二日后正式批量印刷全书。① 由此计算，《国朝文类》一书的刻印前后经历 6 年，由大都到杭州，涉及中书省、礼部、翰林国史院、太常礼仪院、江浙行省、江浙等处儒学提举司，以及江南浙西、福建、江东三道肃政廉访司等政府部门，最后由西湖书院具体承担，其间各级官府往复规划，公文往来，实属典型的官方行为。

从上述事迹可知，杭州西湖书院因得南宋国子监 20 余万书板之基业，又蒙中央、地方各级政府的关照和支持，实际上已经成为元代一个重要的国家出版机构，刻书已经成为其主要职责：院中山长也以“对读校正”“比对校勘”“编类”书板书目等为常务；作为学生的斋长也加入到校勘工作的行列；与一般只有教学职能的书院不同，它还拥有“书手刊工”；为了刊刻重要的图书或修补院中书板，地方行政长官如江浙等处儒学提举司副提举陈登仕、余姚州判官宇文桂等可以本职提调或兼理其事，其他学官也可到书院临时任职；刊印书籍一百数十种，雕板之数常达数千，以字计者常有数百万之巨。凡此种种，都足以证明西湖书院是一所以刻书活动为主的书院，其图书生产已有较大的规模，并具有较高的专业水平，堪称大型的国家刻书中心。

---

① 以上刊印《国朝文类》一书的过程及所引文字，皆见于民国吴昌绶所刊《元西湖书院重整书目·附录》所载有关刊印此书的往来文书。

西湖书院保管、整理的宋国子监书板，以及书院本身新刻和修补的书板，到洪武初年（1368年）全部北移南京国子监，并由国子监再行刊印传世。后世的部分明刻“监本”，实即经西湖书院保管修补的南宋“监本”。如《南齐书》《北齐书》《宋书》《陈书》《梁书》《周书》《后魏书》这七部南北朝史书，据王国维先生考证都是南宋监本，经元代西湖书院藏板，后在明代印行。另有绍兴年间淮南转运司刻大字本《史记》，也是“宋时取入监中，自是而元西湖书院，而明南雍”，至明中叶仍在印刷，并收入《南雍志》中。① 也就是说，西湖书院不仅自身所刻“书院本”精良完美，多有传于今世者，还在保护南宋监本这件事上发挥了重要作用，其保存与传播经史典籍所作的历史贡献应该受到充分的肯定与褒扬。由此可见，西湖书院不仅在元代就是重要的国家出版中心，在整个中国出版史上也有着承前启后的重要历史地位。

（三）编印《西湖书院重整书目》

书院对自己的刻书活动进行有意识的记录，形成刻书书目，这是到元代才出现的现象，它可以被视作书院刻书事业进步和制度化的标志。现存最早的书院刻书书目是上文提到的《西湖书院重整书目》，此书目成于泰定元年（1324年）九月，距今已670余年，为中国书院历史上第一个刻书书目，也是中国印刷出版史上最早的书目之一。比《西湖书院重整书目》稍晚的是《杜洲书院书板目录》，载于至正《四明续志》中，距今620余年，此书目著录内容为书名、书板数两项，仅著录《袁氏蒙斋孝经》《耕织图》二书，共计34片书板，从中可反映当年书院和读书人对民众生产、生活的关注，诚属可贵，惜其所刻之书太少，难以展现当时书院刻书活动之盛。最能体现元代书院出版事业恢宏之势的还是《西湖书院重整书目》，谨将其抄录如下：

元《西湖书院重整书目》②

经

易古注	易注疏	易程氏传
书古注	易复斋说	书注疏

① 王国维：《两浙古刊本考》卷上《元西湖书院重整书目》。

② 吴昌绶：《松邻斋丛书甲编·元西湖书院重整书目》，1917年刊本。

诗古注	诗注疏	谷梁古注
谷梁注疏	埤雅	论语古注
论语注疏	论语讲义	仪礼古注
仪礼经传	春秋左传注	春秋左传疏
公羊古注	公羊注疏	孝经注疏
孝经古注	古文孝经注	语孟集注
孟子古注	孟子注疏	文公四书
大学衍义	国语注补音	春秋高氏解
礼记古注	礼记注疏	周礼古注
周礼注疏	仪礼注疏	仪礼集说
陆氏礼象	葬祭会要	政和五礼
文公家礼	经典释文	群经音辨
尔雅古注	尔雅注疏	说文解字
玉篇广韵	礼部韵略	毛氏增韵
博古图	孔氏增韵	文公小学书

史

大字史记	中字史记	史记正义
东汉书	西汉书	三国志
南齐书	北齐书	宋书
陈书	梁书	周书
后魏书	元辅表	刑统注疏
刑统申明	刑律文	成宪纲要
新唐书	五代史并纂误	荀氏前汉纪
袁氏后汉纪	通鉴外纪	通历
资治通鉴	武侯传	通鉴纲目
仁皇训典	唐书直笔	子由古史
唐六典	救荒活民书	临安志
崇文总目	四库阙书	唐书音训

子

颜子	曾子	荀子
列子	杨子	文中子
太元温公注	太元集注	武经七书
百将传	新序	

集

通典	两汉蒙求	韵类题选
回文类聚	声律关键	西湖纪逸
农桑辑要	韩昌黎文集	苏东坡集
唐诗鼓吹	张南轩文集	曹文贞公集
武功录	金陀粹编	击壤诗集
林和靖诗	吕忠穆公集	王魏公集
伐檀集	王校理集	张西岩集
晦庵大全集	宋文鉴	文选六臣注

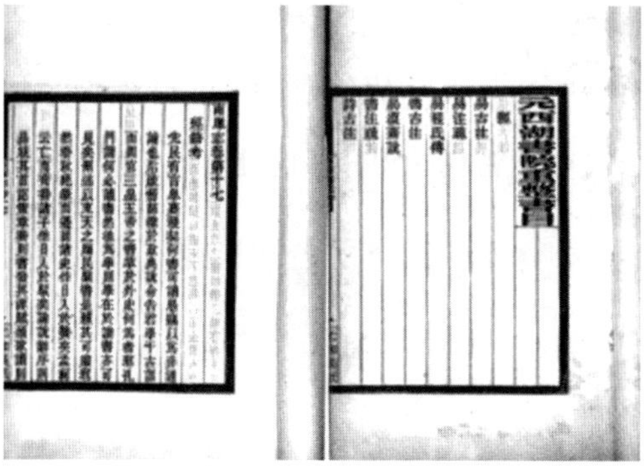

民国刊本《西湖书院重整书目》书影

以上西湖书院所藏书板书目，乃泰定元年（1324 年）春由代理山长黄裳、教导胡师安、司书王通三人督率诸生顾文贵等人整理而成，同年九月由山长陈袤作记，前教谕张庆孙以楷书撰写并篆额，最后由直学朱钧立石刻碑记录下来的。石碑一直保存完好，至 1914 年六月，杭州人吴昌绶据以整理成《元西湖书院重整书目》，并于 1917 年七月收入其《松邻丛书甲编》刊行于世。此目分经、史、子、集四部，分别著录图书五十一、三十六、十一、二十四种，合计一百二十二种，每种皆只著录书名，其他如作者、卷数等内容一概从略，就著录内容而言有些简单，并且《博古图》归入经部、《农桑辑要》列入集部等，都有值得商榷之处，此为其不足之处。但即便如此，作为中国书院发展史上第一个完整的刻书书目，其创始之功仍不可埋没。应该说，书目的出现，意味着书院的建设者、经营者已经开始自觉记录其刊印成就，并总结经验教训，规范刊刻行为，这标志着刻书事业的日臻成熟，本身就是一种进步。

还要指出的是，600多年前的先辈们之所以整理书目，关注的不仅仅是书目本身，所谓刻存书目，“以传不朽，非独为来者劝，抑亦斯文之幸也欤！”[①] 表明他们的视野已由书目推及“斯文”的命运，而所谓“经史所载，皆历古圣贤建中立极修己治人之道，后之为天下国家者，必于是取法焉。传曰‘文武之道，布在方册’，不可诬也。下至百家诸子之书，必有裨于世教者，然后与圣经贤传并存不朽。秦汉而降，迄唐至五季，上下千数百年，治道有得失，享国有久促，君子皆以为书籍之存亡，岂欺也哉？宋三百年来，大儒彬彬辈出，务因先王旧章推而明之，其道大焉。中更靖康之变，凡百王诗书礼乐相沿以为轨则者，随宋播越东南。国初，收拾散佚，仅存十一，于千百斯文之绪不绝如线，西湖书院板库乃其一也”[②]。又表明他们已将西湖书院“板库”与“斯文之绪”的联系推向了“治道得失”“国运长久”的层面。由书目至斯文命运，由斯文而及治道、国运，表现的正是中国古代知识分子的社会责任感和历史使命，洵属可贵。

① 陈袤：《西湖书院重整书目记》，见陈谷嘉、邓洪波主编《中国书院史资料》（上册），浙江教育出版社1998年版，第450页。

② 陈基：《西湖书院书目序》，见陈谷嘉、邓洪波主编《中国书院史资料》（上册），浙江教育出版社1998年版，第457—458页。

第四章 明代书院的活动

在中国书院发展史上，明代承前启后，地位十分重要。明初，朝廷以官学结合科举制度推行程朱理学政策，书院因受其影响，有过将近百年的沉寂。但至明代中后期，在王阳明、湛若水等心学家的提倡带动下，书院与王、湛之学实现了深度结合，各地学人通过建书院、立讲会，阐扬各派学术，结成诸多学派，不仅涉足学术研讨、科举教育，还把市井、乡野百姓引入院中，在各地规范百姓行为、化民成俗的活动中扮演了重要角色。除涉足地方文化建设外，这些书院又以同志相尚，品评人物，此种讽议朝政的活动，在使书院具有社团化、政治性倾向的同时，也埋下了明政府在嘉靖、万历、天启三朝屡屡禁毁书院的祸根。由于明代科举以程朱一派对“四书”“五经”的解释为标准，这也使得理学成为统括书院教育的核心思想，原本重视“求实”的历史教育在明代书院则成为辅助洞悉经书“义理”的工具。而自唐宋以来即有的书院藏书活动，在明代得到了进一步发展，书院在继续前代藏书楼建设的同时，通过编修院藏图书目录的形式来规范藏书管理，为书院藏书活动的发展做出了极大贡献。同时，发端于宋代，位列书院四大规制的祭祀与学田建设活动，在明代书院中也在普遍进行并日渐成熟。

第一节 由沉寂到恢复：明前期的书院活动

明初，统治者采用官学结合科举制度的方式大力推行程朱理学，一方面在全国大兴学校建设，令各地府、州、县及卫所皆设儒学；另一方面又采用八股取士，考试内容则专取“四子书及易、书、诗、春秋、礼记”[①] 九部儒家经典。在朝廷的大力提倡下，是时虽“下邑荒徼，山陬海涯”，亦可闻“庠声序音”。[②] 在国家官学体系逐步得到健全的同时，统治者认为既然已有学校育才，那么就“无俟于书院”[③]，遂对书院采取了一系列禁绝措施。洪武元年（1368 年），明太祖下令“改天下山长为训导，书院田皆令入官”[④]，不但将书院降级，还将书院赖以生存的经济命脉切断。紧接着，洪武五年（1372 年），朱元璋又下令将书院训导革罢，其弟子生员则归于邑学，此举无疑使明初的书院遭到重创，史载“书院因以不治，而祀亦废”[⑤]，书院遂进入长达近百年的沉寂期。后因各级官学中的读书人为博取功名利禄，求得进身之阶，大多终日驰骛于经书记诵之中，致使官学中的学风、教风都日趋空疏浮躁，难以有效承担为国育才的教育功能，虽自明仁宗后历朝都有人对官学的弊病提出整改措施，但累不见效。在官学弊病百出且又不能得到有效纠正的情况下，成化、弘治年间，书院又重新受到社会各界的重视，各地官僚、学者、士绅都纷纷投入书院建设的行列。据统计，明代共建复书院 1962 所，成化后 180 年间所建书院为 1819 所，年均超过 10 所[⑥]，书院在明中后期迎来了一个发展的高潮。

---

① 张廷玉等：《明史》卷 70《选举二》，中华书局 1974 年版，第 1693 页。

② 张廷玉等：《明史》卷 70《选举二》，中华书局 1974 年版，第 1693 页。

③ 秦民悦：《建龙眠书院记》，见陈谷嘉、邓洪波主编《中国书院史资料》（上册），浙江教育出版社 1998 年版，第 478 页。

④ 曹秉仁纂：《宁波府志》卷 9《学校》，成文出版有限公司 1983 年影印版，第 539 页。

⑤ 曹秉仁纂：《宁波府志》卷 9《学校》，成文出版有限公司 1983 年影印版，第 539 页。

⑥ 相关数据由邓洪波《中国书院史》第五章得来，见邓洪波《中国书院史》，武汉大学出版社 2012 年版，第 281—286 页。

一、明初百年沉寂下的书院活动

明代前期书院的发展历程，可以分为两个阶段。第一阶段自洪武至天顺年间（1368—1464），共 97 年，历太祖洪武、惠帝建文、成祖永乐、仁宗洪熙、宣宗宣德、英宗正统、代宗景泰、英宗天顺，此一时期在明初严格限制书院发展的政策下，只有一些零星的书院修复与建设活动。第二阶段由明宪宗成化至明孝宗弘治年间（1465—1505），共 41 年，此时期书院在总体上呈现出恢复性发展的态势，书院建设活动在各级官吏的主持下，由冷清逐渐走向活跃。

明初书院的百年沉寂，并不是说书院就完全停止了活动。以“改天下山长为训导，书院田皆令入官”的洪武元年（1368 年）为例，这年二月，就有韶州府知府徐炳文暨同知指挥使司事张秉彝咸率文武宾属，重修因为“元政不纲，湖湘盗起”而毁于至正十二年（1352 年）的相江书院，纪念曾任职于韶州的北宋理学大师周敦颐，并请许存仁作记，考求宋元以来，“书院之兴废”，“与世道升降”之间的关系。许在记文中要求：“自今伊始，凡韶之人士相与进趋堂陛之下者，可不益思跂勉矜奋，刮磨其偏陂荒陋之惑，而涵濡乎中正仁义之归，出为盛时之秀民乎！”① 又如刘咸，永乐十四年（1416 年）秋从西川调任河南时，曾寻访伊川书院遗址于“兽蹄鸟迹”之间，“发为一诗，以示河南诸学官，冀或有以相兴新之者”。虽然他的倡议七八年间无人回应，但他不“以向之冀者竟无一人义举”而放弃，最终以“尽出廪资”而带动知府李遵义、教授杨旦等人“欣然割俸以相厥役”，于永乐二十二年重修书院，并“命有司岁择谨厚者一人复其家，俾守之”。②

以上所举，是地方官在冷寂之时谋求书院建设的例证。此外，还有像永乐二十年（1422 年）乐昌人白思谦那样，“思建一书院以为造就后人计”的民间人士。他们“历代相传，他无所期，惟以大建书斋，延名师益友，令子子弟日游习其中，得以沉酣经术，学业大成为望”。这是民间力量援引宋元以来的惯例，

---

① 许存仁：《相江书院记略》，见陈谷嘉、邓洪波主编《中国书院史资料》（上册），浙江教育出版社 1998 年版，第 491—492 页。

② 刘咸：《伊川书院碑记》，见陈谷嘉、邓洪波主编《中国书院史资料》（上册），浙江教育出版社 1998 年版，第 473 页。

创建书院，“以慰先人造就之志，并以答朝廷乐育之恩”，其目的是使自家子弟“处有通人之目，出为王国之桢”。①

凡此种种可以说明，中央对书院的压制已经在民间展开，尤其是远离政治权力中心的乡村社会，这种压制开始解构于官绅士民对教育的渴求。事实上，正统以后，地方官绅致力于书院建设的举动，已经影响朝廷，中央政府一改原来对书院的压制态度，转而开始支持书院。如嘉靖《建宁府志》卷十七建阳环峰书院条下载，“正统、成化间，历奉礼、兵二部勘合，官为修理名贤书院”。民国《名山新志》卷十一亦载，“正统九年（1444 年），诏改生徒肄业之所为书院”。这些情况虽然不见于正史、政书等官方正式文献之中，但绝不是无中生有，它预示着长达百年之久的冷寂时代的终结，书院行将开始其恢复发展的新时代。

二、成化、弘治年间的书院活动

明代书院在成化、弘治年间摆脱困境，开始步入其恢复性发展阶段。纵观其表现，主要有两个方面。首先，朝廷对书院之设已无禁忌，皇帝赐予院额、令地方官建复书院之事时有发生。据《（明）宪宗实录》卷 198 记载，李敏任浙江按察使时，遇丧守制，在家乡河南襄城县南紫云山麓创建书院，有“屋若干楹，积书数千卷，日与学者讲读其中”，又购地三十余亩，“以供教学者之用”。到成化十五年（1479 年），他出任兵部右侍郎，即奏请将书院“籍之官以为社学，因请敕额，并令有司岁时修葺”。其请求得到了批准，明宪宗赐额为“紫云书院”。《续文献通考》也有成化二十年（1484 年）明宪宗令地方官重建江西贵溪县象山书院及弘治二年（1489 年）明孝宗批准修复江南常熟县学道书院的记录。这些都说明，朝廷已开始改变近百年来轻视书院的政策，表明了对书院予以支持的态度，这为之后书院的复兴铺平了道路。

其次，宋元时期一些著名书院得到修复并开展了卓有成效的教学活动。如湖南长沙岳麓书院，宣德七年（1432 年）、成化五年（1469 年）曾两度被人修复一些建筑，尽管没有恢复教学，旋又被废，但“百数十年丘墟之地，顿覯大

① 白思谦：《凤山书院记》，见陈谷嘉、邓洪波主编《中国书院史资料》（上册），浙江教育出版社 1998 年版，第 492 页。

观，厥功伟矣”①，为岳麓的重振奠定了基础。到弘治初年，经陈钢、杨茂元、李锡、彭琢、王瑫等历任长沙府行政长官的经营，岳麓书院得以规复旧观，生徒云集，在院长叶性的主持下，重新开始了其“振文教于湖南，流声光于天下”② 的辉煌历程。又如江西庐山白鹿洞书院，正统三年（1438 年）重建，结束了其荒废 87 年的历史，至天顺间开始进行教学活动。到成化间，江西巡抚、布政使、提学使及南康府、星子县等各级地方长官竭力经营，“务使今日白鹿洞，即昔日白鹿洞”③，书院的创建、学田、藏书等基本恢复宋元盛期的规模，吴慎、查杭、胡居仁、方文昌等先后主持洞中教学。正是这样一批宋元就享有盛誉的书院的兴复、讲学，带动了各地的书院建设，书院从此即呈上升趋势。

除此之外，从其他方面也能感受到书院的恢复与发展。以河南为例。成化四年（1468 年），襄城人李敏因父亲病故，以浙江按察使回家守丧，读书于紫云山中，“学徒云集，至不能容”④。这使他萌生了创建书院之心。其称：“自程氏两夫子起倡道学，数百年相承，至鲁斋、河东两公皆出河南，古今岂不相及？学之未正，教之未善，驯致乎治之未盛，厥有由然矣。吾辱生两夫子之乡，得私淑鲁斋与河东公之教，且遭逢圣明之治，与群弟子修明《易》《书》《诗》《礼》《春秋》之训，讲求父子、君臣、夫妇、长幼、朋友之义，用弼成孝、弟、忠、信、礼、义、廉、耻之俗，期以措乎政、刑之际，亦独何幸？朱徽公作白鹿书院而天下仰之。今河南所在有书院，而惟伊川、鲁斋为盛，则吾之复为此举，要亦不为无助于时。”⑤ 书院藏书数千，有学田以供膏火，学者云集，在当时影响很大，时任河南提学使刘昌就说：“予提学于此邦，久而不能有所振起，闻李公书院之作，学徒彬彬弦诵，洋洋峨冠衮衣，加盛于学校，予方窃负愧。”因此欣然同意为书院作记，对李氏“欲以正学善教仰裨朝廷盛治”之举大加赞赏，

① 赵宁：《岳麓书院志》卷 3《书院》。

② 赵宁：《岳麓书院志》卷 8《讲学书启》。

③ 胡居红：《胡文敬集》卷 2《白鹿洞讲义》。

④ 刘昌：《紫云书院碑记》，见陈谷嘉、邓洪波主编《中国书院史资料》（上册），浙江教育出版社 1998 年版，第 477 页。

⑤ 刘昌：《紫云书院碑记》，见陈谷嘉、邓洪波主编《中国书院史资料》（上册），浙江教育出版社 1998 年版，第 477—478 页。

认为书院之建，可以淳厚风尚，“培养积习，必益有大振于其后”。① 李敏后来任兵部尚书，将自己创建书院与诸生读书讲学，以“同兴礼让之风，共享文明之治”的举措向成化皇帝汇报，得到表彰，诏赐紫云书院额。成化年间（1465—1487），书院能得到皇帝赐额是一大殊荣，因此李氏书院也称敕赐紫云书院，明清皆然，办学不断。由此可见，成化初年，人们已不满“久而不能有所振起”的官学教育，无论官府还是民间，皆希望另建书院，以为补救。

《紫云书院形胜图》

继刘昌而任河南提学使的吴伯通，就曾“建四书院于河南境内，以祀前贤而励后进”。辉县苏门的百泉书院为其中之一，有先贤祠、讲道堂、至敬堂、斋舍等，“遣庠生秀敏者卢瑢等数十人肄业其中，吴君亲为定教条，每行部至，辄率守令督课焉”②。洛阳县的伊洛书院也是吴提学所建的四书院之一。据胡谧《伊洛书院记》记载，洛阳县境内有宋元旧书院5所，在明初“以不隶于官，如同文、嵩阳、颍谷三书院皆荡然靡存，伊川、洛西二院间虽修葺，亦日入于坏，将俾前人育才之意泯矣”。提学使吴伯通“深以为念”，请示巡抚李衍，“乃檄河南府，以伊川、洛西旧院，命所司葺而新之。而同文、嵩阳、颍谷，以故基莫究”，另外在郡城西安乐窝遗址，“总建书院一所以代之”，取名为伊洛书院，占地三十亩，有十贤祠、讲道堂、主敬斋等，“每月朔参谒，岁以释奠之明日致祭，著为仪，遴属校生员若民子弟之颖异者居宿，以专业较（校）官轮次莅教，

① 刘昌：《紫云书院碑记》，见陈谷嘉、邓洪波主编《中国书院史资料》（上册），浙江教育出版社1998年版，第477—478页。

② 刘健：《百泉书院记》，见陈谷嘉、邓洪波主编《中国书院史资料》（上册），浙江教育出版社1998年版，第475页。

郡僚以时督课焉”。①

以上四书院之建是吴伯通作为主管河南一省教育的行政长官，“病时流学务枝叶，不理根政”而进行的教育改革，动用的都是官府资源，时在成化十七年(1481年)。其实，除了学官，河南地方行政长官早就加入了热心兴办书院者的行列。如南阳府知府段坚，成化八年（1472年）就兴复创建书院3所。上任之初，他见元建南阳诸葛书院“兵燹之后，仅存遗址”，乃重建于故址之东。②同时，又改僧寺为豫山书院，招唐藩宗室子弟入学，志载“聚教生徒，置地三十顷，以资其费”③。不久，又筹资改建城西尼庵为志学书院，十年落成，“聚军民子弟五百人于其中，举内乡柴升等五人为之师。坚又时出所学，以教其不及”④。

除河南以外，地方官开始致力书院建设的事例有很多，如巡按御史樊祉，弘治六、七年间，先后在辽东建立了沈阳辽右书院、辽阳辽左书院、广宁崇文书院等三所书院，填补了长期以来东北地区书院的空白。再如弘治中知府潘府，任职福建时，先后兴办长乐龙峰书院、长乐南山书院、长乐凤岐书院等三所书院，调任广东，又陆续建立了清远瑞峰书院和恩平凤凰书院。还如弘治中蒙化府署知府胡光，将僧寺改建为云南蒙化明志（崇正）书院，“规制宏雅”。书院建成后，又派人“直往江南中州市群书，贮于观文楼。于是云南诸学积书之富，惟蒙化为最”⑤。他如弘治八年（1495年）提学副使杨一清等建立陕西武功绿野书院，“以训导为师，择士子充于中，规约大率与白鹿、睢阳类。时西安、凤翔诸生，闻风踵至，公时坐堂上督劝之，沨沨乎道学之流行也”。弘治九年（1496年），提学王云凤修复陕西西安正学书院，“建楼，广收书籍，以资诸生诵览”⑥。所有这些也都在各地产生了较大的影响，并对全国书院恢复和发展起了重要的推动作用。⑦

---

① 胡谧：《伊洛书院记》，见陈谷嘉、邓洪波主编《中国书院史资料》（上册），浙江教育出版社1998年版，第474—475页。

② 田文镜：《河南通志》卷43《学校下》。

③ 嘉靖《南阳府志》卷1《公署》。

④ 光绪《南阳县志》卷6《学校志》。

⑤ 正德《云南志》卷6《蒙化府》。

⑥ 雍正《陕西通志》卷27《学校》。

⑦ 白新良：《中国古代书院发展史》，天津大学出版社1995年版，第68页。

第二节　心学家的书院活动

明代中叶以来，由于科举与官学的一体化，以程朱理学为代表的官方哲学，演蜕成敲开科举之门的利器，《性理大全》《四书大全》《五经大全》则成了属构八股之文的材料，人们奔竞于科举仕途而变得不择手段，诚所谓“率天下而为欲速成之童子，学问由此而衰，心术由此而坏”，而且纳粟之例一开“使天下以货为贤，士风日陋”，愈益不可收拾。这与南宋初年的情形很相似，既说明官学教育的失败，同时提出了重建新的理论以维系日益涣散和败坏的人心的任务。与南宋乾淳之际的理学大师一样，以王守仁、湛若水为代表的学术大家从批判官方哲学入手，承担了重建理论、重振纲常、重系人心的艰苦工作。王、湛之学的崛起是从正德年间开始的，而且和南宋时期的程朱理学一样，是和书院一体化之后才得以实现的。嘉靖、隆庆、万历三朝，王、湛弟子及其后学建书院、开讲会，通过在各地对心学的倡导，又将二者一起推向极致，形成南宋以来中国书院与学术再度辉煌的局面。

一、王阳明的书院活动

王守仁（1472—1529）字伯安，号阳明，浙江余姚人。因曾隐居会稽阳明洞，又曾创办过阳明书院，故世称阳明先生。又以其封新建伯，故又称王新建。其家世为望族，其父王华为成化十七年（1481 年）辛丑科状元，虽然读书治学为阳明必做之事，但在弘治十二年（1499 年）中进士踏入仕途之前，他和书院似乎没有发生过联系。正德元年（1506 年），其习历经任侠、骑射、辞章、神仙、佛氏“五溺”而“始归于圣贤之学”的王守仁，刚获与湛若水“定交讲学”之乐不久，即因忤宦官刘瑾而遭贬谪贵州龙场驿之灾。从此，他开始了其 20 余年的书院实践活动。

（一）贵州书院活动

正德二年（1507 年），往贵州途中，王守仁到长沙，游岳麓书院，赋长诗

《游岳麓书事》以纪之，内有“殿堂释菜礼从宜，下拜朱张息游地”① 之句，充分表达了对朱熹、张栻两位书院讲学大师的崇敬。

正德三年（1508 年），王阳明到达龙场驿，当地民众为其创建龙冈书院，他作《龙冈新构》诗以纪之，诗序称：“诸夷以予穴居颇阴湿，请构小庐。欣然趋事，不日而成。诸生闻之，亦皆来集，请名龙冈书院，其轩曰‘何陋’。”② 在这里，他留下了诸多诗作，《诸生来》讲“门生颇群集，樽斝亦时展。讲习性所乐，记问复怀靦”；《诸生夜坐》记“分席夜坐堂，绛蜡清樽浮。鸣琴复散帙，壶矢交觥筹……讲习有真乐，谈笑无俗流。缅怀风沂兴，千载相为谋”之乐；《诸生》则称：“人生多离别，佳会难再遇。如何百里来，三宿便辞去……嗟我二三子，吾道有真趣。胡不携书来，茆堂好同住！”《龙冈漫兴五首》则称“寄语峰头双白鹤，野夫终不久龙场”。《春日花间偶集示门生》说：“闲来聊与二三子，单夹初成行暮春。改课讲题非我事，研几悟道是何人？阶前细草雨还碧，帘下小桃晴更新。坐起咏歌俱实学，毫厘须遣认教真。”龙冈书院师生的多彩生活，王守仁的追求与志向，由此可见一斑。“诸生相从于此，甚盛。恐无能为助也，以四事相规，聊以答诸生之意：一曰立志，二曰勤学，三曰改过，四曰责善。”③ 这就是有名的《教条示龙场诸生》，此为龙冈书院学规，是王守仁长时间书院教学实践经验的理论总结。

龙场不仅仅是王守仁第一次从事书院教学实践的地方，也是他的悟道之所。据《年谱》记载，他“日夜端居澄默，以求静一，久之，胸中洒洒……忽中夜大悟格物致知之旨，寤寐中若有人语之者，不觉呼跃，从者皆惊。始知圣人之道，吾性自足，向之求理于格物者误也。乃以默记《五经》之言证之，莫不吻合，因著《五经忆说》”④。龙场悟道，是王学成立的标志，龙冈讲学，是王学传播的开始。王氏高足钱德洪曾说：“先生之学凡三变，其为教也亦三变：少之

---

① ［明］王守仁著，吴光等编校：《王阳明全集》卷 19《外集一》，上海古籍出版社 1992 年版，第 690 页。

② ［明］王守仁著，吴光等编校：《王阳明全集》卷 19《外集一》，上海古籍出版社 1992 年版，第 697 页。下引五诗，皆出于此，分见第 697、699、700、702、713 页。

③ ［明］王守仁著，吴光等编校：《王阳明全集》卷 26《教条示龙场诸生》，上海古籍出版社 1992 年版，第 974 页。

④ ［明］王守仁著，吴光等编校：《王阳明全集》卷 33《年谱一》，上海古籍出版社 1992 年版，第 1228 页。

时，驰骋于辞章；已而出入于二氏；继乃居夷处困，豁然有得于圣贤之旨：是三变而至道也。居贵阳时，首与学者为'知行合一'之说；自滁阳后，多教学者静坐；江右以来，始单提'致良知'三字，直指本体，令学者言下有悟：是教亦三变也。"① 由此可知，王守仁之学历经三变而最终定于龙场悟道，是为学术史上"王学"的真正成立，而王学的传播则开始于龙冈书院的讲学，其教习方法则是刚刚发明的"知行合一"之说。

正德四年（1509年），王守仁在龙冈书院宣讲其知行合一的新学说，声名传到贵阳城主管贵州一省学政的提学副使席书处，于是就有往复问辨之后的贵阳文明书院讲学。② 关于这次讲学，《王阳明年谱》是这样记载的：

> 始席元山书提督学政，问朱陆同异之辨。先生不语朱陆之学，而告之以其所悟（知行合一）。书怀疑而去。明日复来，举知行本体证之《五经》诸子，渐有省。往复数四，豁然大悟，谓："圣人之学复睹于今日。朱陆异同，各有得失，无事辩诘，求之吾性，本自明也。"遂与毛宪副修葺书院，身率贵阳诸生，以所事师礼事之。③

文明书院为省城贵阳的著名书院，创建于元皇庆年间，元末毁于兵。明弘治十七年（1504年），提学副使毛科重修，有文会堂及颜乐、曾唯、思忧、孟辨四斋，"选聪俊幼生及各儒学生员之有志者二百余人，择五经教读六人，分斋教诲"④。可见，这是一所规模很大，规制严密，分专业，分年龄层次进行教学的书院。初到其地讲学，王守仁比较低调，有诗为证，其称：

> 野夫病卧成疏懒，书卷长抛旧学荒。
> 岂有威仪堪法象？实惭文檄过称扬。
> 移居正拟投医肆，虚度仍烦避讲堂。

---

① 钱德洪：《王阳明全集》卷41《刻文集序说》，上海古籍出版社1992年版，第1574页。

② 王阳明贵阳讲学之地，为文明书院，而不是《年谱》所记之贵阳书院，今人多有辨证，然学者仍有沿用《年谱》而不察其误者，谨再予申说，祈能引起注意。

③［明］王守仁著，吴光等编校：《王阳明全集》卷33《年谱一》，上海古籍出版社1992年版，第1229页。

④ 徐节：《文明书院记》，转引自谭佛佑《王阳明"主贵阳书院"证误》，见《王学之思》，贵州民族出版社1999年版，第298—300页。

范我定应无所获，空令多士笑王良。①

尽管大师低调谦虚，但其新学说开人心智，“士类感德，翕然向风”，借助院中200余生徒，迅速在黔省传播，并且深入人心。以至到嘉靖十三年（1534年），王门弟子王杏到贵州任监察御史时，“闻里巷歌声，蔼蔼如越音。又见士民岁时走龙场致奠，亦有遥拜而祀于家者”，因而感叹“师教入人之深若此”，乃应贵阳龙冈、文明两书院门人数十人之请，创建王公祠以为纪念。②

（二）江西书院活动

结束龙场谪贬生活之后，王守仁历任庐陵县、滁州等地方官，及南京刑部、鸿胪寺、太仆寺、北京吏部等两京京官。其间虽然也是到处讲学，但不以书院为讲坛。直至正德十二、十三年，他以巡抚身份在江西南安、赣州、福建汀州、漳州镇压农民起义，进行所谓“破山中贼”之时，感到有必要建书院讲学，以“破心中贼”。于是正德十三年（1518年），他在赣州建复六所书院，其中新建的义泉、正蒙、富安、镇宁、龙池五书院为社学性质，以教民化俗为主，修复的濂溪书院则以传播其心学为要。在南昌，他派门人冀元亨到宁王朱宸濠的阳春书院，试图讲正学而规止其反叛之心。在庐山，他先是派门人蔡宗兖任白鹿洞书院洞主，并乘刻印全面解构程朱理学的《朱子晚年定论》《传习录》之勇，将其手书的《修道说》《中庸古本》《大学古本序》《大学古本》，“千里而致之”白鹿洞书院，刻石于明伦堂，“是欲求证于文公也”③，开始对这一程朱理学的大本营进行实质性颠覆。十五年正月、十六年五月，他自己又两次来到白鹿洞书院，集门人讲学其中，留诗题字，遣金置田，“欲同门久聚，共明此学”④，多有建树。在给邹守益的信中，他更提出了抢占白鹿洞书院这一朱子学堡垒的要求。其称：

---

①［明］王守仁著，吴光等编校：《王阳明全集》卷19《答毛拙庵见招书院》，上海古籍出版社1992年版，第703页。

②［明］王守仁著，吴光等编校：《王阳明全集》卷36《年谱附录一》，上海古籍出版社1992年版，第1330—1331页。

③ 郑廷鹄：《白鹿洞志》卷六《洞规下》，见《白鹿洞书院古志五种》，中华书局1995年版，第212页。

④［明］王守仁著，吴光等编校：《王阳明全集》卷34《年谱二》，上海古籍出版社1992年版，第1280页。

> 同事者于中、国裳、汝信、惟浚，遂令开馆于白鹿。醉翁之意盖有在，不专以此烦劳也。区区归遁有日，圣天子新政英明，如谦之亦宜束装北上，此会宜急图之，不当徐徐而来也。蔡希渊近已主白鹿，诸同志须仆已到山，却来相讲，尤妙。此时却匆匆不能尽意也，幸以语之。①

所谓开馆于白鹿洞、主讲白鹿洞、束装北上会于白鹿洞等，皆是“醉翁之意盖有在”，希望自己的门徒尽快取得白鹿洞的控制权，将这一朱学堡垒变为王学阵地。从此，王门弟子出入其间，昔日的理学圣地俨然变而成为心学的大本营。

（三）浙江书院活动

正德十六年（1521年）八月到嘉靖六年（1527年）九月，王守仁因建奇伟之功而遭诽谤，其学被指为伪学，由江西返家，在余姚、绍兴等地专事讲学，日与门人讲明其“致良知”之说。其间，撰写《稽山书院尊经阁记》《万松书院记》，阐述其“六经者，吾心之记籍也”的基本主张，门人则为他建稽山、阳明二书院作为宣传、倡大其学的大本营。

王阳明像

稽山书院在浙江山阴卧龙山西岗（今属浙江绍兴），南宋时为纪念朱熹而建为书院，元代办学。嘉靖三年（1524年），绍兴府知府南大吉因信奉阳明之学，“以座主称门生”，乃增大其规模，有明德堂、尊经阁、瑞泉精舍等，“聚八邑彦士，身率讲习以督之”。当时讲学，盛况空前，“环坐而听者三百余人”，多为王门干将。其中，“萧璆、杨汝荣、杨绍芳等来自湖广，杨仕鸣、薛宗铠、黄梦星来自广东，王艮、孟源、周冲等来自直隶，何秦、黄弘纲等来自南赣，刘邦采、刘文敏等来自安福，魏良政、魏良器等来自新建，曾忭来自泰和”，年龄最大的是时年68岁，且“以能诗闻于江湖”的海宁人董澐。先生临之讲学，“只发《大学》万物同体之旨，使人各求本性，致极良知以至于至善。功夫有得，则因方

① ［明］王守仁著，吴光等编校：《王阳明全集》卷5《与邹谦之》，上海古籍出版社1992年版，第178页。

设教，故人人悦其易从”①。

阳明书院在绍兴城西郭门内光相桥之东，嘉靖四年（1525 年）十月，由门人集资创建。这座创建于“伪学”谤诽声中而堂皇以“阳明”为名的书院，是阳明学派走向成熟的一个客观标志，表明阳明弟子不仅茁壮成长，而且有志于以此为基地开拓未来。

（四）广西书院活动

嘉靖六年（1527 年）九月，居闲讲学六年之久的王守仁再度被取用，以左都御史总督两广及湖广军务身份，赴广西镇压田州、思恩岑孟之乱。赴任途中，他经瞿州、常山、南昌、吉安、肇庆各地，一路讲学不辍，大会士友三百余人于螺川，并曾致书浙中的钱德洪、王畿，要他们团结“绍兴书院中同志”，严“会讲之约”，“振作接引”，对家乡书院可谓是念念不忘。在广西军旅之中，“闻龙山之讲，至今不废，亦殊可喜”②。平乱的同时，他在当地举乡约、重礼教、兴学校，“日与各学师生朝夕开讲”，“务在兴起圣贤之学”，以挽救日益陷溺之人心士风。嘉靖七年（1528 年）六月，他在南宁创建敷文书院，聘其门人季本主讲。八月，发布《经理书院事宜》，要求书院“法立事行”③，进行制度化建设。九月，又批复苍梧道梧州府，“照依南宁书院规制，鼎建书院一所”，“以淑人心”④。十月，与钱德洪、王畿、何胜之通信时称：近来“余姚、绍兴诸同志又能相聚会讲切，奋发兴起，日勤不懈，吾道之昌，真有火燃泉达之机矣，喜幸当何如哉！”⑤ 希望“早鼓钱塘之舵”，“一还阳明洞”，与浙中书院诸友聚会。十一月，他不幸病逝于归家途中。这些说明，晚年的王守仁书院情结日深。

嘉靖九年（1530 年）二月，王守仁丧柩回到绍兴家中，“每日门人来吊者百余人，有自初丧至卒葬不归者。书院及诸寺院聚会如师存。是时，朝中有异议，

---

① [明] 王守仁著，吴光等编校：《王阳明全集》卷 35《年谱三》，上海古籍出版社 1992 年版，第 1290 页。

② [明] 王守仁著，吴光等编校：《王阳明全集》卷 18《别集十》，上海古籍出版社 1992 年版，第 638 页。

③ [明] 王守仁著，吴光等编校：《王阳明全集》卷 18《别集十》，上海古籍出版社 1992 年版，第 638 页。

④ [明] 王守仁著，吴光等编校：《王阳明全集》卷 30《批苍梧道创建敷文书院呈》，上海古籍出版社 1992 年版，第 1123 页。

⑤ [明] 王守仁著，吴光等编校：《王阳明全集》卷 35《年谱三》，上海古籍出版社 1992 年版，第 1323 页。

爵荫赠谥诸典不行，且下诏禁伪学”。但这些阻止不了各地门人对其老师的悼念。十一月下葬，“门人会葬者千余人，麻衣哀屦，扶柩而哭。四方来观者莫不交涕”①。呜呼！阳明先生人生的最后一幕和数百年前的南宋理学大师朱熹相比，是何其相似：先生魂归书院，门人不顾伪学之禁，毅然聚会书院，哭送自己敬爱的先生。

二、湛若水的书院活动

湛若水（1466—1560），原名露、雨，字符明，号民泽，广东增城县甘泉人，学者遂称甘泉先生，称其学为甘泉学。29岁师从陈献章于江门，悟出“随处体认天理”② 的心学方法，白沙先生视其为衣钵传人。弘治十八年（1505年）40岁中进士，在北京与王守仁定交，“共以倡明圣学为事”③。嘉靖三年（1524年），升南京国子监祭酒，直至十九年致仕，皆在南京，历任南京礼部侍郎，以及吏、礼、兵三部尚书等职。湛若水既与王守仁相约“共以倡明圣学为事”，故无论为官居家，皆以讲学为己任，在北京是这样，在南京主持学政更是这样，致仕之后则专事讲学。直至嘉靖三十九年（1560年）四月十九日病重，弥留之际还在叮咛学生要按照会约讲习，相观而善。二十二日，以95岁高龄逝世于禺山书院（精舍）。

湛若水所至必讲学，讲学之所或国子监，或州县学，或书院，或精舍，或会馆，或寺观，或行窝，似乎并不拘泥，但对书院却情有独钟，“平生足迹所至，必建书院以祀白沙”④。这一点和他的老师陈献章大不相同，湛若水的书院情结很浓。这样做，或许也正是为了弥补白沙与书院失交的缺憾。与王守仁相比，他先生而后逝，以其老寿而阅历了更多的书院。据罗洪先为其所作墓志记载，他先后创建、讲学的书院有数十所之多，

湛若水像

①［明］王守仁著，吴光等编校：《王阳明全集》卷35《年谱三》，上海古籍出版社1992年版，第1327页。

② 湛若水：《湛甘泉文集》卷21《四勿总箴》。

③［明］王守仁：《王文成公全书》卷32《年谱》。

④ 黄宗羲：《明儒学案·甘泉学案一》。

"于其乡，则有甘泉、独冈、莲花；馆谷于增城、龙门，则有明诚、龙潭；馆谷于羊城，则有天关、小禺、白云、上塘、蒲涧；馆谷于南海之西樵，则有大科、云谷、天阶；馆谷于惠之罗浮，则有朱明、青霞、天华；馆谷于韶之曲江，则有帽峰；英德则有清溪、灵泉；馆谷南都，则有新泉、同人、惠化；馆谷溧阳，则有张公、洞口、甘泉；馆谷扬州，则城外、行窝、甘泉山；馆谷池州，则有九华山、中华；馆谷徽州，则有福山、斗山、馆谷福建武夷，则有六曲、仙掌、一曲……湖南，则有南岳、紫云"①。以上所列就有 37 所。此外，地方志所记，至少还有安徽休宁天泉书院，江苏江浦新江书院，江西庐山白鹿洞书院、安福复古书院，湖南衡阳石鼓书院、南岳白沙书院等，估计总数不会少于 50 所，在整个中国书院发展史上，可与朱熹相媲美。

湛若水与书院的不解情缘，还体现在他为各地书院作记，关心地方书院建设方面。据由陈来、乔清举先生发现的嘉靖十五年、万历七年刊本《湛甘泉先生文集》统计，他为各地数十所书院所作的文献有数十篇之多。② 因为文集尚未整理公开，兹将其主要篇目开列如下，以供参考：

与福山、黄山同志答三山诸同志、天关十郡同志大会录序、叙规、送罗生归白鹿序、侍御蔡子汶滨书院记、南京上元道程明道书院记、迂岗书院记、新江书院定山先生祠堂记、莲洞书院赡田仓记、罗浮朱明洞创造精舍记、六安龙津精舍二程祠仓记、偶书萧山行窝记、重修明诚书院席光亭记、廉州府新修崇正书院记、潮州宗山精舍阳明王先生中斋薛子配祠堂记、新创白云书院记、太原甘泉书院记、祁门神交精舍记、叔丘三贤书院记、白沙书院记、蔡汶溪书院息存堂铭、新泉精舍赡田誓、币聘吉岗九山汤子主教独岗书院事、新泉精舍圣像赞、祭告大科书院落成文、凤凰山明诚书院白沙先生祠春秋祭文定式、禺山书院上梁告文。

从上引篇目中可知，其内容已涉及建院、祭祀、学田、聘请主讲、会讲、作文等问题，说明他对书院建设的关心、支持与指导。除此之外，文集中所收《福山书堂讲章》《莲洞书院讲章》《青霞洞讲章》《九华山中华书堂讲章》《斗山

① 湛若水：《湛甘泉先生文集》卷 32《墓表》，清康熙二十年刊本。
② 乔清举：《甘泉文集考》，见《中国哲学》第十七辑，岳麓书社 1996 年版，第 583—633 页。

书堂讲章》《会华书院讲章》《韶州明经馆讲章》《独岗书院讲章》《甘泉洞讲章》《天泉书堂讲章》《天华精舍讲章》《天关精舍讲章》《白沙书院讲章》《樵语》《新泉问辨录》《天关语录》《问疑续录》等，直接记载了他在各地讲学的具体内容，而《大科训规》记载了他为书院制定的具体规章制度，有60余条之多。凡此种种，皆足以体现其拳拳经营书院的苦心。

复兴书院会讲、讲会的传统，致力于讲会制度建设，是王阳明、湛若水书院观的重要内容。书院会讲、讲会是宋元已有的传统，王、湛的贡献在于，在复兴书院的同时，也积极倡导讲会。以湛若水为例，其在南京周围各地讲学，首开富山、斗山、天泉、新泉诸书院讲会，年过九十尚游南岳，过石鼓、白沙、甘泉各书院，遍与湘赣门人及阳明后学邹守益等讲学论道，亦为大家所熟知，此不赘述。这里仅介绍其致力大科书院讲会建设的情况。在《大科训规》中，有三条涉及院中讲会，兹摘引如下：

一、远方及近处有德行道艺先觉之人，可为师法者，必恭请升堂讲书，以求进益。闻所未闻，孔子之圣，亦何常师？

一、朔望升堂，先生讲书一章或二章，务以发明此心此学，诸生不可作一场说话听过，亦必虚心听受，使神意一时相授，乃有大益。

一、诸生朔望听讲之后，轮流一人讲书一章，以考其进修之益。①

以上迎请院外先觉之师讲书、院中先生朔望升堂讲书、诸生轮流讲书，实际上就是书院的讲会或会讲活动，先觉与先生之讲会安排在作为“师生讲学之地”的凝道堂进行，诸生轮讲除了凝道堂，也可以在作为“诸生会讲之地”的进修、敬义二斋进行。而先觉之临时恭请、先生之定期升堂、诸生之轮讲，也说明大科书院之讲会已经形成制度，且包括学术（先觉升堂）、教学（师生讲书）两种类型。如果将这些条文和“诸生用功须随处体认天理”等规定一并考察，则其心学特色不言自明。

① 湛若水：《湛甘泉先生文集》卷6《大科训规》，清康熙二十年刊本。以下有关讲学、会讲之地的引文亦出此《大科训规》。

三、王、湛后学的书院活动

王守仁、湛若水两位大师都很重视书院建设，将其视作研究、宣传自己学术思想的阵地，其学几变而定于书院，其教亦传于书院，在书院的讲学过程中，不断完善、发展了自己的学术主张与思想体系。可以说，他们在正德、嘉靖年间的努力，开启了中国历史上继南宋以来第二个书院与学术互为表里、一体发展的趋势：新的理论在书院中崛起，新崛起的理论又一次推动了书院勃兴。史称："自武宗朝王新建以良知之学行江浙两广间，而罗念庵、唐荆川诸公继之，于是东南景附，书院顿盛，虽世宗力禁而终不能止"①，"缙绅之士，遗佚之老，联讲会，立书院，相望于远近"，其"流风所被，倾动朝野"，势不可挡。② 这和数百年前南宋书院与程朱理学一体化发展的情况基本一致，说明包容文化创造功能的书院有着强大的生命力，任何人为的抑制都阻止不了其走向再度辉煌的步伐。

以王门弟子为例。王守仁的弟子遍及天下，而以浙江、江苏、江西、安徽、湖南、福建、广东、广西、山东、河南等地为最多，《明儒学案》因其籍贯特分浙中王门、江右王门、南中王门、楚中王门、北方王门、粤闽王门等卷予以专门介绍。从中我们可以看到，王守仁逝世后，各地王门弟子或建书院，或立祠宇，或创精舍，或办讲舍，都以传播、弘扬师说为己任，所在书院数不胜数，仅王守仁《年谱》所载著名书院就有近 20 所。如江西安福县自嘉靖十三年(1534 年) 邹守益建复古书院倡导师说后，其同门刘文敏、刘子和、刘阳、刘肇衮、欧阳瑜、刘敖、赵新、彭簪、刘晓等，又先后创建了连山、复真、复礼、前溪、识仁、道东、中道、中南八座书院，及天香会馆、石屋山房、梅源书屋、近圣会馆等讲会，并在惜阴会的基础上扩为四乡会，春秋二季，又会合附近五个郡县的同志，"出青原山为大会，凡乡大夫在郡邑者皆与会焉"，时称青原会。"于是四方同志之会，相继而起"③，最著名的有万安的云兴会、宁国的同善会、

---

① 沈德符：《万历野获编》卷 24《书院》。

② 张廷玉等：《明史》卷 231《东林诸儒传赞》。

③ ［明］王守仁著，吴光等编校：《王阳明全集》卷 36《年谱附录一》，上海古籍出版社 1992 年版，第 1330 页。

庐陵的西原会、龙游的水南会和兰西会、泾县的水西会、江阴的君山会、贵池的光岳会、太平的九龙会、广德的复初会、新安的程氏世庙会、北京的灵济宫讲会等，其中以南中王门弟子徐阶主持的灵济宫讲会规模最大，其势倾动朝野。又如安徽泾县水西书院，自王守仁高足邹守益、钱德洪、王畿先后主讲席，使“姚江之学（指王学）盛于水西”① 之后，县中“各乡慕而兴起，莫不各建书屋，以为延纳友朋，启迪族党之所，其在台泉则有龙云书屋，麻溪则有考溪书屋，赤山则有赤麓书院，蓝岭则有蓝山书院。一时讲学水西诸前辈，会讲之暇，地主延之，更互往来，聚族开讲。故合则考德而问业，孜孜以性命为事；散则传语而述教，拳拳以善俗为心”②，勃然兴盛，“而水西之学名天下”③。

上面两个例子反映出同一种情形，即王门弟子以书院为基地，带动了一个地方的讲学之风，促进了地方文化的繁荣。

王门弟子中有不乐仕进，一生讲学传道于下者，如钱德洪“在野三十年，无日不讲学，江、浙、宣、歙、楚、广，名区奥地，皆有讲舍”④；王畿“林下四十余年，无日不讲学，自两都及吴、楚、闽、越、江、浙，皆有讲舍”⑤。他们的努力使王学获得了广泛的社会基础。王门弟子中也有如徐阶般位至公卿、甚至官拜宰相，讲学倡导于上者，在嘉靖、隆庆之际执政朝廷，他“素称姚江弟子，极喜良知之学。一时附丽之者，竟依坛坫，旁畅其说”⑥，于是各地建书院，联讲会，“其流风所被，倾动朝野”。这又使王学及传播王学的书院获得了广泛的关注和崇高的社会声誉。正是这些遍布社会各阶层的王门弟子和再传弟子们的努力，将王学和书院一起推向了其发展的高潮，最终使明代书院摆脱前期近百年的沉寂，形成辉煌盛大之局。

---

① 赵绍祖：《水西会条跋》，见邓洪波主编《中国书院学规集成》，中西书局 2011 年版，第 503 页。

② 赵绍祖：《赤山会约跋》，见邓洪波主编《中国书院学规集成》，中西书局 2011 年版，第 503—504 页。

③ 赵绍祖：《水西会条跋》，见邓洪波主编《中国书院学规集成》，中西书局 2011 年版，第495 页。

④ 黄宗羲：《明儒学案》卷 11《浙中王门学案一》，中华书局 1985 年版，第 225 页。

⑤ 黄宗羲：《明儒学案》卷 12《浙中王门学案二》，中华书局 1985 年版，第 238 页。

⑥ 沈德符：《万历野获编》卷 8《嫉谄》。

第三节 明代书院讲会活动

“讲会”一词最早出现在南北朝时期，原为佛教用语，指讲经弘法的活动。北宋时期，儒家学者也开始运用讲会来宣讲儒家经典。到了南宋，讲会之风渐盛，无论宫中还是官学、书院，皆立讲会，元代承袭宋制，亦开讲会。到了明代，在徐阶和王阳明等名宦大儒的提倡带动下，“搢绅之士，遗佚之老，联讲会，立书院，相望于远近”①，讲会不但大兴，且与书院的联系也更加紧密。讲会既是一种学术组织、学术团体，又是书院固有的学术讨论、会同讲学、学术聚会活动。虽然从组织形式上看，讲会和书院之间的关系是并行且各自独立的，但实际上，由于“讲学”这一共同事业的维系，书院和讲会两者往往是连体共存，相伴而行的。讲会和书院的结合，既是王、湛及其后学寻求学术自由的最佳选择，又寄托着社团书院的讲学精神乃至政治意愿。

明代书院讲会依据其讲学所涉学术程度的深浅，大体上可以分成学术型、教学型、教化型三类，分别指向学人、学生、平民等三种不同的人群，是明代书院在创造、传播、普及文化活动的一种具体表现。由于受众数量不同，教学型、教化型书院讲会较之前者，其活动地域比较广泛，内容也更加丰富。

一、学术型讲会活动

明代中期，王、湛及其后学以讲为学，以会证学，使书院和学术一体繁荣，共成盛局。书院之会可谓繁富，既有文会、舫会、遥会、社会、盟会、学会、讲会、讲学会等名称，还有经学会、史学会、理学会、昭代典故会乃至放生会②、

① 张廷玉等：《明史》卷231《列传第一百十九》，中华书局1974年版，第6053页。

② 放生会的记载，见明代范景文《文忠集》卷6《屏山书院记》，其称：润州太守程九屏“因与郡邑士大夫相与修放生之会，月必再至焉。不麛不卵，不杀胎。殆亦王政大端，而相与托之为游观，使之由弗使之知也。遂因北固之背，疏山为池，使江流直经其下，仍故道焉。谽谺峭拔，与江流相吞吐。更辟书院于其上，政事之暇，群誉髦子弟与之讲道于此，而息偃其间”。

同寿会、同善会①等之目，涉及学术、教育、文化、社会、政治等诸多层面。

其中学会即讲学之会，其讲学者多为各学派大师及其弟子、再传弟子，采取自讲、会讲、论辩等形式，目的在阐发儒家经义、创建学派理论体系及传播学派学说、壮大学派队伍。

书院当年学会活动的具体情形，鲜有文献详载。兹有燕人韩位（号参夫）因钦慕东林书院讲会，自真定南下，在高攀龙指导下，亲身参与一年多学会生活，高氏将其“奉为畏友”的记载：

> 余穷居东林，有韩参夫者，俨然就余论学焉。问其人，曰燕人。问其名，曰位。问其来，挈家而来也。问其何以来？曰以学。燕人无论学者，吾慕南方所在，讲坛、学会、饮食、衣被于学也，心乐而慕焉。曰吾生也有涯，吾学也无涯，以有涯穷无涯，吾其晚矣。敢惮劳乎！敢以年岁计乎！愿家于南，学于南，庶有几于道也。余心异之，假馆于东林之旁舍居焉。参夫与其内子行古之道，内外肃睦，祭祀斋虔，昼则杜门读书，以间则弹琴歌诗，从容乎乐也。②

以上所记，就师而问答论学、祭祀斋虔、杜门读书、弹琴歌诗，好一派从容淡定的雅乐场景，与世人心中“风声雨声读书声”的严肃东林形象全然不同，但这却是东林学会活动的真实纪录。或许，只有将“具体场景”与“固有形象”合一，才能展示出东林书院讲学之会的真实面貌。

“会学”一词，见于海南岛文昌县玉阳书院。《玉阳书院纪略》载：“吾邑前此未知学也，自贺侯之莅也，而学兴焉……于是，建会堂以为之聚，捐义田以为之资，则吾侪所为图不朽也，命之曰玉阳书院……以望后一日课文，二日会学。其会也，敛容端肃，默识本来，或据自得而示真宗，或因问难而析疑义，要以自识本心为功，而支离汗漫一切黜焉。学者翕然从之……一时观感，四方

① 同寿、同善会的记载，见清代许献等《东林书院志》卷22《诸贤轶事·钱启新先生》，其称：“（先生）谓敬老可以兴孝，则同寿有会；埋胔可以兴仁，则同善有会。皆与二三同志为之，每岁数举无倦。”同书卷11《施旷如先生传》载：“邑中同善会，倡自启新钱先生暨忠宪，原以分财教善兼行，当年有会即有讲，讲即有刻，甚重郑重也。”查高攀龙《高子遗书》卷12，即有同善会《讲语》三条。

② 高攀龙：《高子遗书》卷10《韩氏七世祖传》。

风兴，咸曰自建邑以来，此为胜会，文昌之名，今乃不虚。”① 就字义而言，“会学”即会而学之，似不能和“学会”互文通释，但据其会也云云，问难析疑，仍是胜会核心，则会学仍然是讲学之会的一种。王栋的说法似能印证这样的观点，在《明儒王一庵先生集·会语续集》中，其称：“定期会学，古未有之。无日不学，无日不会也。后人者学术太轻，往往以职业相妨，不遑暇及，不得已与约立会，期以救离群索居之失，因已一曝十寒，去古人之志远矣。”②

讲学之会，有时又表述为开讲之会。讲学名家王畿在致朋友的信中曾说：“不肖浪迹，求友东南，访匡庐，历鹅湖，道出信州，过承教款，承询孔门可与共学之旨，往复商究，若有契于中者……迩者属下士友方兴开讲之会，首揭先师《立志说》《拔本塞源论》，以为学的。鹅湖之后，此风寥寥，今日之举，岂必人人皆有真志？淘金于沙，亦为之兆焉耳。”③ 此处所称“开讲之会”，实即广信府闻讲书院之会，据《闻讲书院会语》记载，王畿在嘉靖三十三年（1554年）春“赴江右之约，秋入武夷，历鹅湖，返棹广信。郡中有闻讲书院之会，吉阳何子请先生往莅之。《会约》首揭阳明夫子《立志说》《拔本塞源》一体论，以示学的。每会轮一人讲《四书》一篇，以为参互体究之资，时讲《孟子·道在迩而求诸远》一章”。由此可知，前引士友开讲之会，即嘉靖年间广信府知府何吉阳主持之闻讲书院之会。王畿作为主讲嘉宾，由院中讲义中之“性外无道，道外无性”切入，针对诸生所问“立志”“一体”之说，大谈良知主宰，且自比朱陆鹅湖之会，认为“鹅湖之会在辨真伪，今日之会在辨内外，内外辨则真伪决矣”④。

“讲学会”见于冯从吾《愧轩吕先生传》，其称：吕潜“为邑诸生，试每倾曹偶，学使者重其文行，拔入正学书院，以风多士。嘉靖丙午，以《诗》荐乡书，卒业成均，友天下士，而名日起。时朝绅中有讲学会，每闻先生偕计至，亟延之讲”⑤。此处之朝绅讲学会，即前引《明儒学案》例一之朝绅讲会。由此可知，讲学会即讲学之会的又一别称。

---

① 林有鹗：《玉阳书院纪略》，见林邦辉《蔚文书院全志》卷1《玉阳会文部》。
② 陈时龙：《明代中晚期讲学运动：1526—1626》，复旦大学2004年博士学位论文，第10页。
③ 王畿：《王畿集》卷11《与林益轩》，凤凰出版社2007年版，第294—295页。
④ 王畿：《王畿集》卷1《闻讲书院会语》，凤凰出版社2007年版，第5—7页。
⑤ 冯从吾：《少墟集》卷20《愧轩吕先生》。

京师之朝绅讲学会①颇受关注，《明史》凡二见，卷二二七作“徐阶当国，为讲学会”；卷二四三作“臣（指冯从吾）壮岁登朝，即与杨起元、孟化鲤、陶望龄辈立讲学会。自臣告归，乃废”。王门讲学领袖王畿对此也很重视，在给朋友的书信中曾数度提及。其《与耿楚侗》称：“闻京师已复同志大会，乃吾丈与二三同志倡之，浣慰可知。”② 欣喜之色，溢于言表。而《与曾见台》则将讲学上升到世道、人心、学术的高度，其称“闻京师已复同志之会，吾丈与楚侗二三兄实倡之。此会实系世道之盛衰，人心向背、学术邪正之机，皆在于此”③。《与沈宗颜》称：“京师旧有同志月会，相传已久。近因时好差池，渐成避忌。消息盈虚，时乃天道，不足为异。但吾人此生发心，愿为自己性命，自性自修，自命自立，无所待于外。若以时之向背为从违，所学何事？非望于豪杰也……所云月会之议，还望始终自信，约三五同志续而举之。此件事不论在朝在野，原是一体同善，不容已之心，非强饰门户，求以矫抗于时也。”④ 这时展示的是一位讲学领袖在京师讲学之会被政府禁废之时的坚毅不移。如此豪杰，如此自信，则当年王学风潮能够倾动朝野，就很好理解了。需要指出的是，王畿以同志之会、同志大会、同志月会三个词指称京师朝绅讲学会这一现象。在这里，同志之会是核心，“月”与“大”作为“会”的修饰词并不重要，而“会，所以讲学明道，非徒崇党与立门户而已也”⑤。也就是说，会的重点在讲学以明道，所谓“会”者，讲学之谓，明道之谓也。

事实上，当年随地举会、随缘结会的讲学之人，更习惯于用“会”这一单字词来指称有关聚会讲学的活动与组织。与会讲、讲会、学会、会学相比，“会”是一个使用频率最高的词。以杨起元为其师罗汝芳所作的《墓志铭》为例，它记罗氏一生立会讲学事迹，大会一词出现十二次，会九次，讲会、留会各二次，集会、定会所各一次。⑥ 而同样是记近溪讲学，曹胤儒所作罗先生《行

---

① 京师讲学会之外，地方也有讲学会，如雍正《江南通志》卷 163 载：丹徒人束桓辞官归家，与贡生殷士望“月为讲学会，以孝悌求仁为本，敦朴存诚为务，学者称怀玉先生”。

② 王畿：《王畿集》卷 10《与耿楚侗》，凤凰出版社 2007 年版，第 240 页。

③ 王畿：《王畿集》卷 12《与沈宗颜》，凤凰出版社 2007 年版，第 204—305 页。

④ 王畿：《王畿集》卷 12《与沈宗颜》，凤凰出版社 2007 年版，第 228—329 页。

⑤ 王畿：《王畿集》卷 2《约会同志疏》，凤凰出版社 2007 年版，第 53 页。

⑥ 杨起元：《明云南布政使司左参政明德夫子罗近溪先生墓志铭》，见《罗汝芳集》附录，凤凰出版社 2007 年版，第 919—925 页。

实》，其用词大会十七次，为会三次，讲会、会讲各二次，邀会、集会、立会、约会、举会、学会、会于及留都之会、会所、无日不会各一次。又如邹守益在《泰和万安会语》中说，“往岁癸巳，九邑同志胥会于青原，以无忘先师惜阴之训，耄倪欣欣也。泰和、万安之交，联属为一会，凡二十余年，会于梅陂，会于先天阁，会于云津，会于古城，会于智海，每逮予临之，有三至五至者焉”①，一口气连用了七个“会”字。如此看来，明人更喜欢用既有聚合、会面、相见之本义，又可引申为领悟、理解之单字词“会”来指称讲学之会似可成立。这样简单明了，与当年随举会于各地的大环境相合。而当讲学进入正规、持续发展的阶段，以会为基本元素构结新词也是自然之事。一般构词如水西会、青原会，以表明地望为主，新安六邑会、江浙同志会，以表规模为主，江右惜阴会、白鹭洲书院之正学会、依仁会，则表意为主，重在归纳分类，而会讲、会学又重在描述状态。凡此种种，不胜枚举，都能从各个侧面彰显书院学术型讲会活动的繁盛局面。

二、教学型讲会活动

书院既是学术组织，更是教学机构。王阳明将书院定位为“匡翼夫学校之不逮”②，湛若水主张圣学、举业合一，在书院大谈科举之学。影响所及，人谓“书院者，宅名胜，居来学，以广国家兴道育才之意，官政之最善者也”③；“学校治化之原，而书院学校之辅也”④；视“书院为谈经课士之地，与庠序相济为功”⑤。甚至有人说：“夫学，士之田也，有庠序以职之，有科举以劝之，而又为书院以课督之，与催耕促织何异?”⑥ 凡此种种，说明将书院视为谈经课士、准备科举的教学机关，已是明代的一种普遍共识。当讲会盛行之世，书院除了“升堂会讲”，根据分定课程进行“讲解”、学习，还组织诸如文会、诗会、酒会、茶会、面会、舫会、遥会、会课、课艺、考课、作文、经史会、史学会、

① 邹守益：《邹守益集》卷16《泰和万安会语》，凤凰出版社2007年版，第755页。

② ［明］王守仁著，吴光等编校：《王阳明全集》卷7《文录四·万松书院记》，上海古籍出版社1992年版，第253页。

③ 乾隆《汀州府志》卷39《崇正书院志序》。

④ 嘉庆《四川通志》卷80《平川书院记》。

⑤ 嘉庆《介休县志》卷3《绵山书院碑记》。

⑥ 康熙《云南府志》卷21《修建五华书院记》。

理学会、古文词会、昭代典故会等与教学活动相关的各种会事。一般而言，这些教学型讲会活动皆和科举关系密切，但即便是科举之会，其中也有着多种文化取向。

(一) 会文、会课：书院的考试活动

与教学有关的书院之会大多以考试活动为主，或称会文、文会，或称会课，或称会考，名称各异。会文即聚会作文，是书院日常的教学活动，常常和讲艺、会讲并举。如抚宁县云从书院，万历四十三年（1615 年），由知县王台创建，“日集诸生会文、讲艺，纸笔、饮馔之需，皆捐俸以给”①。常熟虞山书院规定：“每月初三日，诸生会文于精舍、经房，儒学监会。会卷该房多备，听来者领用。卷面粘一浮签，听本生自书其名。文完，该学吏收齐，揭去浮签，于卷后角上实填本名，弥封用印。即日，儒学会同三纲孝廉入有本室闭阅。阅完，本县复阅，以三等发落。一等复试，亲阅”，“每月初六日，孝廉会文于弦歌楼，本县亲阅”，“会讲、会文，供给已有定规”，“如远方来者，每人一月给饭米三斗、菜银一钱，一月一给，各自领用”②。可见，虞山书院会文有诸生、孝廉之分，会文之期与会文之所皆不相同，试卷评阅分等也有区别，唯生活待遇相同。凡此种种，见于《会约》条文，已成日常教学规程。

文会，实即“会文”之互文，其意仍是聚会考试。嘉靖末年，朱湘任大名县知县，“甫下车，率诸生为文会，手自点窜，出其制义，诸生争相传诵”，因建应龙书院。③ 到万历四十年（1612 年），知县李一鳌重修院舍，“纠诸生为文会，月凡三举”，“又躬诣批阅，剖秘密，藏为多士指南”。于是，“士彬彬向风，不啻雨化矣”④。由此可见，文会是应龙的传统，书院一月两三次文会，能够改变一县士气民风。文会活动经常化之后，书院即建文会堂、文会所，以为其聚会讲学、考试之所。如白鹿洞书院，弘治十二年（1499 年）建有文庙、明伦堂、会文堂、延宾馆、东西斋舍等。⑤ 到万历四十二年（1614 年）重修时，规制变

---

① 光绪《抚宁县志》卷 5《学校》。
② 孙慎行、张鼐：《虞山书院志》卷 4《虞山书院会约》。
③ 民国《大名县志》卷 9《新建应龙书院记》。
④ 民国《大名县志》卷 9《重修应龙书院记》。
⑤ 李应昇：《白鹿书院志》卷 12《重建白鹿洞书院记》。

化，有礼圣殿、宗儒堂、文会堂、讲修堂、先贤祠、忠节祠、云章阁、号舍等①。可知，文会堂之名，在白鹿洞书院至少保有百余年而不变。其他如盐城正学书院，建有文会堂、燕居堂、歌鹿堂、东西号舍等建筑②；蒲圻县凤山书院，有文会堂与颐贤堂并列。③ 而祁门一县之内，东山书院有“学舍五十间，文会所三间”，“以居诸生，讲肄其中”④，环谷书院有文会堂、膳堂、名宦祠，号舍等建筑，“以资诸生讲业”⑤。徽州紫阳书院也是文会堂与求志、怀德二斋并峙，号舍鳞列，“群师儒日相砥砺其中”⑥。文会之所、文会之堂既如此常见，则推定文会为书院的日常教学活动就应该是合乎情理的事情了。

会课即聚会考课，也即会合考试。福州共学书院以会讲、会课为主要事业，合称“讲课二事”，其《会规》第二条规定：“会课”时，将院中诸生“分为云、龙、风、虎、明、照、类、求八社，各立会长，每月以初三、十三、二十三日为期。先夕，三学中轮一教职，领题于本道及各司道府堂州馆闽侯二县处，以次相及。黎明入院，俟各生齐集，巳刻封门，至晚收卷，随手钉封，送发题处亲阅。或转发主铎代阅，仍汇送发题处，再行参定，以其尤者揭示之。但须早阅早发，方能激劝多士。阅毕，每二十卷钉为一帙，发书院内听各生互阅，限五日内汇缴，主铎收贮，以便遴刻”⑦。涉及分社会课、分官命题、官师阅卷、展示佳作、遴刻课艺等几个方面的问题。嘉兴仁文书院将会课与支给养士费用结合，认为“养士不免课士，课士太烦，则提调者难乎政教之无举，课士太简，则矜式者不免磨砺之日疏。以此斟酌三学诸生会期，每月初三日府学，十三日嘉兴县学，廿三日秀水县学，每学轮该会考之日，本学师长到院开记花名。如生员亲赴会课，随发课簿，赴坐完卷，至晚亲纳，师长记名责实，照数支给”⑧。

会考即聚会考试。万历二十年（1592年），吉安府知府汪可受制订《白鹭洲书院馆例》，规定：“作养一念，原无分别，凡会考之期，各县未取生员有志者，

---

① 李应昇：《白鹿书院志》卷12《重修白鹿洞书院记》。
② 雍正《江南通志》卷90《学校志》。
③ 道光《蒲圻县志》卷3《凤山书院记》。
④ 同治《祁门县志》卷18《东山书院记》。
⑤ 同治《祁门县志》卷18《重修环谷书院记略》。
⑥ 道光《徽州府志》卷7《紫阳书院记》。
⑦ 岳和声：《共学书院志》卷上《会规》。
⑧ 岳元声、岳和声：《仁文书院志》卷10《条理院田事宜》。

俱许赴会，一体校阅发落。”“每月三、八日各号房公堂会文，朔、望日于正堂会考。字须楷书，文须完结，间试论、策、表，俱不可不作”，“凡会考之期，除诸生住号房者自便供给外，及四方来会诸生，另供一饭”①。由此可知，白鹭洲书院的“会考”与为已取住院诸生而设的“会文”不同，是专为府属“各县未取生员有志者”而设的，每月两次，供应饭食。这样，会考就赋予白鹭洲书院以联系吉安府九县有志生员之网络中心的地位。通过每月六次会文、两次会考，汪知府得以构建成以白鹭洲书院为中心的吉安学术精英网。

十分明显，上述会文、文会、会课、会考，实际上就是会聚、会集诸生举行的考试，是书院经常开展的教学活动，可以称之为教学之会。

值得指出的是，教学之会这一类检验学生成绩好坏的定期会聚的活动，有的书院就直接叫考试、作文、作古文、作时文考业，② 形式很多。如湛若水的大科书院就规定每月考业六次，其《堂训》称：

> 进德修业乃是一段工夫，总于修业上着力，每月二、六日考业，以验其进修之次第，所以鞭策令自力也。于所考文字只批点可否，令其自觉用心之精粗，以自励耳。依程子更不考定高下，以起其争端，而滋其胜心。胜心不忘，不可以入道。③

虽然强调“考业”，但湛若水对考试的外在竞争则持否定态度，认为“考定高下”则起“争端”，而滋“胜心”，“胜心不忘，不可以入道”。因此，考卷“只批点可否”，“令其自觉”，“以自励”，考课的目的在于发现自身的缺点，明白自己进德修业所达到的“次第”，以便“鞭策”自己在“修业上着力”自励，而不是与别人争名次、比胜负，提倡的是传统的“为己之学”，学习考试都是为了自身的修养。化外争为自修，这就是当时的大儒们所倡导的一种考试，重在“德育”，它在王、湛之学大昌的书院，即讲求与倡导学术的书院比较流行。

除了每月的定期考试，有些书院还颁行“日课簿”，规定生徒每日学业，然

① 刘绎：《白鹭洲书院志》卷2《白鹭洲书院馆例》。

② 来时熙《弘道书院志》所载《学规》第七条为“作古文”，月初出题，月终呈稿；第八条“作时文”，间日而作，经义、四书义、论、策、表等，形式不限；第十七条“考试”，初六、十六日举行，分三等评卷。

③ 湛若水：《湛甘泉先生文集》卷6《大科训规》。

后抽查稽考。万历二十年（1592 年）吉安知府汪可受制订的《白鹭洲书院馆例》，其中一条就是“诸生各立日课簿，每日将用过工夫登簿内，或看经书若干，或读论、策、表若干，或看《通鉴》《性理》若干，或看程墨及时艺若干，或看古文若干，各随意见力量，但要日有日功，月不忘之。本府将不时抽签稽查”。这种登记课业，即不定期的随意抽查，也是一种考试形式。从中既可看出生徒所学多少、好坏，起到督促作用，具有考试的激励机制，又不十分严格、机械，生徒可以优游自适，进步于无形的约束之中。

（二）科举之会与科举之学

上述会文、会课、会考以及各种作文、考试等，都与科举考试有着或多或少的联系。从某种意义上讲，书院的教学之会就是科举之会。因此聂良杞有书院立会即为科举之说，其万历年间所订《百泉书院立会条约》称：“盖以此会，本为举业也。”① 在八股盛行、科举取士的明代，作为教学机构的书院施行科举之会实属题中之义。

科举之会有两层指向。一是会而考试，指会文、会课活动本身，二是讲求应试、作文之道，研究“科举之学”。万历十九年（1591 年）吉安府知府汪可受复建书院于白鹭洲，率府学及府属九邑县学共“十校诸生讲肄其中”。其时“院必有长，会必有程”，“每月为会者三。每会，使君咸式临之，探筴命题，糊名列座，一仿棘闱制例……积五年，所得课艺以数千计，乃属姑苏公摘其尤者若干篇，寿之剞劂”，刻为《白鹭洲书院课士录》，并请“执牛耳而登坛”主讲的甘雨作序。② 可见，白鹭洲书院的每月三会，皆是模拟科举考试，属于比较单纯的科举之会。当时，它与属于讲学之会的“理学雅会”并举。③ 同样是科举之会，淳安瀛山书院就稍显丰富，其《学规》第六条《会文》规定：“于诸友中，择一学行老成者为会长，每月三会。每会书一，经一，诗、表、判、策各一，务要篇数俱完。先呈会长批阅，次与同会互正，须各倾倒知见，以相裨益，不

---

① 聂良杞：《百泉书院志》卷 1《立会条约》。按该条约分立志、虚心、励勤、辨文、刻期、饬行六条。饬行起始句即称“前数条以举业相告勉，盖以此会，本为举业也”云云。

② 刘绎《白鹭洲书院志》卷 7《白鹭洲书院课士录序》。

③ 汪可受《白鹭洲书院馆例》规定：“会文原为辅仁，今之会虽非古之文，然时艺从养气养心来者，其心思气度自别，俗人开口便见俗气，以此知理学、举业原非两事。今后乡先生有理学雅会，诸生须知敬听。”见刘绎《白鹭洲书院志》卷 2。

得阿附雷同，亦不得长傲咈善。如此，则道日以明，德日以进，他年黼黻皇猷之具，裕诸此矣。”① 所谓“互正”“倾倒知见”，已经不是单纯的会文活动，而开始探讨会文之道了。

应试之法、作文之道，因时因地因院因人而异，各不相同，难以尽述，兹举一二，以见其概。万历年间，常熟县知县耿橘为虞山书院所订《会约》二十九条，前五条专讲科举之会，除一、二条规定诸生、孝廉会文日期、地点、阅卷之外，其他皆论作文应试，其称：

一、此间文字原非本县之荒芜所能评悉者，但见先辈文字，每于浑融古雅中求真，求到不新之新，不奇之奇，不玄之玄，是举业正法门，所当遵也。

一、作文虽期应举，然有命焉。学者慎毋一操笔便横胜负之念于胸中，作是见者，其文必不佳，私意障碍心灵，俗肠杜塞天机，此却要信得及放得下。

一、举业家谓作文是与圣贤写像，须要逼真，此意非然。夫写像者，长短妍媸存乎其人，纵逼真得来，亦不过逼人之真而已。人心之妙也，圣凡一体，古今不二。圣人当日发挥心灵，存此几句，学者今日就此几句发挥心灵，未举笔而我心非此，既举笔而圣心非彼，以心灵发挥心灵之所发挥，字字真形，篇篇本象，皆是写我自己也。能如是者，作文即是学问。②

明代《虞山书院图》

虞山书院强调的是“作文即是学问”，反对“作文是与圣贤写像”之说，提出了古雅求真的标准，以及不新之新、不奇不奇、不玄之玄的“举业正法”。而

① 方季和：《瀛山书院志》卷 2《瀛山书院学规》。

② 孙慎行、张鼐：《虞山书院志》卷 4《虞山书院会约》。

操笔作文时，放下胜负之念，克私意、俗肠以畅心灵、天机之说，也属可取。唯将作文应举归之于命，似可商榷。

嘉靖年间，山东提学使吕高为省会湖南书院制订《训规》十四条，其中第五条《敬业》即论德业、举业关系及作时文之法。认为德业、举业二者无异，所谓“德业者，操履之实也；举业者，猎取之具也……不易业而与进于圣贤之道者，举业是也；不易志而可以令其科举之业者，圣学是也”。至于作文之法，则根据齐鲁之士的实际情况，作了以下针对性的训勉：

> 今阅试多士之文已久，乃知搜奇抉异者，不必过虑，而蹈庸袭故，保残守陋者，深可厌也。夫以言求道，已落第二义，而况其词之不修，卑弱萎蔓，如今时文之弊哉。大抵东方士子，初场文字多有可观，至论、表、策未见佳制。夫金不百炼不精，玉不深琢不美，绮绣不五色不炫。今学者不能琢炼于平居课业之日，而求欲遽工于风檐寸晷之下，诚亦难矣。所以往往矢口直道，如说平话，浮虚谬悠，漫无法检。仰各经教官，于诸生课业务要亲手批改，面授肯綮，如不得体，须令重作。经义以说理为主，而以轻重宾主为认题之法，最忌按字合掌等病。论以立意为主，而以步骤驰骋为辨议之法，最忌浮直漫散等病。策以详明为主，而以断制献纳为答问之法，最忌肤疏堆叠等病。三场文字，大抵先要识义理以高其见，富积蓄以充其材，勤习肄以操其法，养才气以极其变。其临文之时，用意要深长，议论要的当，理致欲纯粹，机轴欲圆转，条理欲明白，文采欲绚烂，节奏欲铿锵，法度要严整，始终要照应。贵含蓄而不可失之沉晦，贵精彩而不可失之靡艳，贵平正而不可失之庸常，贵奇特而不可失之诡诞，贵丰赡而不可失之冗滥，贵弘放而不可失之漫散，贵简径而不可失之寂寥。此其时文大略也。予非能知文者，聊述所见如此，俟当与诸生面论，质敏者当自悟之。①

吕高为嘉靖八年（1529 年）进士，“肆力诗歌古文之学，嘉靖初，与王慎中、唐顺之、熊过、陈荣、任瀚、李开先、赵时春，称八才子”②，实为文章高手。因而，“其经义以说理为主”“论以立意为主”“策以详明为主”的平实指

① 吕高：《江峰漫稿》附刻《湖南书院训规》。
② 雍正《江南通志》卷 166《人物志》。

点，作文用意深长、议论的当、理致纯粹、机轴圆转、条理明白、文采绚烂、节奏铿锵、法度严整、始终照应等九项要求，以及文章贵含蓄而不沉晦、贵精彩而不靡艳、贵平正而不庸常、贵奇特而不诡诞、贵丰赡而不冗滥、贵弘放而不漫散、贵简径而不寂寥等七项指标，皆为极富才气的高论。相信以此涵蕴，湖南书院诸生驰骋科场，定能高歌猛进。

至于“科举之学”的讨论，则见于湛若水为大科书院所作的《训规》，兹将其第三十二、三十三、三十四、三十五条引录如下：

> 一、诸生慎勿以举业、德业为二段事干，涵养吾德业，则发挥于文章，句句是实事，如老人自是老人声气，隔壁闻之可知其为老人，自涵养发出，遇明有司见之即知其人矣。邵康节诗云：自是尧夫不会琴，非关天下少知音。若今之剽窃而遇者，如小儿作老人声气，遇不知者取之耳，若明者安可侥幸。
>
> 一、科举乃圣代之制，诸生若不遵习，即是生今反古，便非天理。虽孔孟复生，亦由此出。然孔孟为之，亦必异于今之习举业者。其根本上发出自别，故举业不足以害道，人自累耳。学者不可外此，外此便是外物也，为病不小。
>
> 一、科举之学，合下立心便分义利。义利便君子小人悬绝，岂可不痛省而甘为小人之归？且读书以明心性，体贴此实事，根干枝叶花实自然成就，而举业在其中，此义之谓也。若读书徒事记诵为举业之资，以取科第爵禄，便是计功谋利之心，大本已失，此利之谓也。舜与跖之分，间不容发，诸生当自猛省戒勉。
>
> 一、吾今教人不外科举，就有至理，恐人又倒在一边，只在科举上立命，不悟我之至意。吾意正欲人读书作文不失本领，就根本上发出枝叶。此同行而异情，不可不知。①

湛若水讲求的所谓“科举之学”，至少包含有以下几层意思：第一，将是否应试上升到理论的高度予以阐释，认为诸生必须参加科举考试，不习举业，“便非天理”，“便是外物”；第二，德业、举业合一，一体涵养；第三，以君子、小

---

① 湛若水：《湛甘泉先生文集》卷6《大科训规》。

人区分应试之人，认为科举立命在义而不在利，强调读书以明心性，反对应试仅求功名。此为科举之学的根本，坚持根本则不失本领。凡此皆是本于“同行而异情”理论得出之“至理”，也颇能传达湛氏在《训规》中再三强调的“内外本末心事合一”“进德修业乃是一段工夫”之“至意”。

湛氏“科举之学”深得当年书院讲学会文者认同。如山东提学使吕高在济南湖南书院就称：“近日甘泉先生谓，德业举业同事而异志。诚哉是言也。故有不易业而可与进于圣贤之道者，举业是也；不易志而可以令其科举之业者，圣学是也。学者修于德业，以其高远之识见，深沉之蕴籍，莹透之义理，发而为文章，自然超迈炜烨，比之掇拾补缀，而不出于自得之言者，霄壤矣。”故而德业、举业二者无异，“蕴之为德行，发之为词章，其实一耳”①。

虞山书院有“讲学与举业非分二事。昔有从阳明讲学者，其父以废举业为忧，其人曰无忧，譬之打蛇，今得七寸矣。明年果中解元”② 的会约条文，事实上，这只是对王阳明“圣学无妨于举业”论的简要概括。据《阳明年谱》嘉靖三年（1524 年）八月条《论圣学无妨于举业》载：钱德洪、德周兄弟从王阳明讲学，其父见其与魏良政、良器等游胜迹十日而忘返，乃问：“得无妨课业乎？”答曰：“吾举子业无时不习。”其父曰：“固知心学可以触类而通，然朱说亦须理会否？”兄弟答曰：“以良知求晦翁之说，譬之打蛇得七寸矣，又何忧不得耶？”其父不信，进而问王阳明。王答曰：“岂特无妨，乃大益耳！学圣贤者，譬之治家，其产业、第宅、服食、器物皆所自置，欲请客，出其所有以享之；客去，其物具在，还以自享，终身用之无穷也。今之为举业者，譬之治家不务居积，专以假贷为功，欲请客，自厅事以至供具百物，莫不遍借。客幸而来，则诸贷之物一时丰裕可观；客去，则尽以还人，一物非所有也。若请客不至，则时过气衰，借贷亦不备；终身奔劳，作一窭人而已。是求无益于得，求在外也。”次年逢乙酉科试，“稽山书院钱楩与魏良政并发解江、浙”。钱父闻而笑之曰：“打蛇得七寸矣”③。在这里，钱父的怀疑是讲学、尤其是良知心学，讲与定为科举

① 吕高：《江峰漫稿》附刻《湖南书院训规》。

② 孙慎行、张鼐：《虞山书院志》卷 4《虞山书院会约》。

③［明］王守仁著，吴光等编校：《王阳明全集》卷 35《年谱三》，上海古籍出版社 1992 年版，第 1291—1292 页。

考试标准的朱学不同的内容是否妨于举业。而王阳明稽山书院的实践证明，圣学或者更准确地说是其心学不仅无妨于举业，而且大有益于举业。石鼓书院也有圣学不妨举业、致道不妨举业、举业即心学的训勉："圣贤之学，致道而已。子夏曰：君子学以致道。文章乃其绪馀，蕴之为德行，发之为文章，岂有二哉？会讲不外六经，圣人以吾心之理说之于经，经非外也；吾以此心之理稽之于经，心非内也。国家以文章取士，非求之外也，谓其根于心也，文章即德行也……有本之文也，圣学所谓文艺也。又曰：有言者不必有德。无根之文也，今世所谓举业也。有本之文，不饰而华，无本之文，求工愈拙。学者苟能真立求为圣贤之志，将六经语意悉以涵养本心，则和顺积中，英华发越，以之而敷演于文艺之间，自然亲切有味，可爱可传，是致道不惟不妨举业矣。苟用我，则尧舜其君，尧舜其民，非徒言之，实允蹈之。举业、心学，夫岂有二哉？……苟其心致道也，终日举业莫非德性也；苟不致道也，终日讲道莫非口耳也。举业、致道，一事也。举业中切己体认，便是致道，便是心学，何待于深求哉！"①

冯从吾在关中书院说："虽然书院之讲，固不专为科第，而即科第亦足见书院讲学之益。惟诸君不以一时科第自多而以圣贤有本之学自勉，使鄠坞子厚蓝田、四吕高陵仲木再见于今日，则业与名世争流，而名与天壤俱敝。宁直诸君不负科名，即关中书院亦当与白鹿、岳麓并名不朽矣。余不与有荣施也哉！"②凡此种种，不胜枚举，皆说明讲求圣学举业合一、举业心学不二、讲学举业不分之道，以举业为吾儒安生之"本等业次"等理念，已成为书院科举之会的重要内容，研究"科举之学"也成为多数书院的共识。

(三) 科举之会的取向

在对各种形式、各种称谓的书院教学之会、科举之会进行考察，了解其丰富多样性之后，我们有必要对其作以下几点概括性阐释。

第一，教学、科举之会尽管有会文、文会、会课、会考、考业、考试、考课、课试、作文、遥文、遥课、面会、舫课、舫会等诸多名称，但其本质还是聚会诸生进行考试，以检验学习成绩的好坏，属于书院日常教学活动的一个重要环节。关于这一点，以上多有涉及，此不赘言。

---

① 李安仁：《石鼓书院志》卷上《黄毅所先生训义八篇》。

② 冯从吾：《少墟集》卷15《关中书院科第题名记》。

第二，教学、科举之会纳入书院的整个教学计划，定期举行。一般情况下，会文、会课之期确定后，不会轻易更改，皆得如期行事，因而也就形成了日课、月课、季课等这样一些大家所公认、共用的名词。至于具体的考试日期与频率，则各地各院各不相同，一般是每月三会，十天一次，多者每月八、九会，少者一月一会，甚至一季一会，而如崇文书院西湖舫课这样的风雅盛会每年仅春秋两举。

第三，教学、科举之会主要是检验书院诸生学习成绩的好坏，从教学与考试内容中，我们可以了解其在文化传承中所起的积极作用。明代科举盛行，四书、经义强调标准化而成八股文，大多数书院在“德业举业并行、讲学不妨举业”的旗号下，“教人不外科举”。于是“科举之学”也就成了教学与考试的主要内容。而围绕“科举之学”，各书院设计出不同的教学方案，兹以陕西三原县城弘道书院为例，以明其教学内容。弘道为众门生为其师王承裕创建，是关学三原别派的大本营。历弘治、正德、嘉靖三朝前后 40 年，王全力经营。兹据弘治九年（1496 年）王承裕所立《学规》①，将院中课程与教材列表如下：

弘道书院课程与教材表

课程类别	课程名称	教　材
必修课	经书	《易》《诗》《书》《春秋》《礼记》
	四书	《论语》《大学》《中庸》《孟子》
	史书	《通鉴纲目》《续通鉴纲目》《通鉴节要》《续通鉴节要》《史略》《史断》
选修课	察理	《性理大全》《近思录》
	学礼	《朱子家礼》《仪礼》《周礼》
	古文	《文章轨范》《唐音》
	博观	《贞观政要》《唐鉴》《大学衍义》
	明治	《武经七书》、《武经总类》（以上兵戎），《大明律》、《刑统赋》（以上刑名），《救荒活民》、《荒政备考》（以上荒政），《河防通议》、《泾渠图说》、《吴中水利》（以上治水）
	作字	欧（阳询）、虞（世南）、颜（真卿）、柳（公权）字帖

以上必修课为参加科举考试而设，全院诸生人人皆得修习，内容分五经、

① 来时熙：《弘道书院志·学规》。以下有关弘道书院课程之引文皆出于此，不再一一标注。

四书、史书三部分，从教材书目可知，这些属于当年最基本的经史典籍，体现传统基础知识体系的核心内容。《学规》规定每日诵读、背诵，间日升堂讲解、师席质问，间日作包括经义、四书义、论、策、表等文体的时文二道，意在强化训练，务求全面牢固掌握这些内容，以代圣贤立言，而捷胜科场。至于选修课，除“学礼”化俗与科举无关外，其他皆与科举紧密相连，如“察理”之《性理大全》《近思录》二书，考试之期要从中出题，“以验学力所至”；“古文”之《文章轨范》《唐音》，亦成每月试“古文题二、诗题四”之范本；“博观”之《贞观政要》《唐鉴》《大学衍义》，“遇考试”，即从中“出策论题，以观用心”；“明治”所涉之兵戎、刑名、救荒、治水诸书，也规定“每遇考试，出一短策，以审其志”。如此硬性地将选修课和科举捆绑在一起，足见其经营“科举之学”的良苦用心。即便是“作字”一项，联系到科场重视楷法的事实，其不见篆、隶、行、草，而专临欧、虞、颜、柳之帖，也就可以理解为习字以应试。也就是说，选修课是必修课的补充，性理、诸经、杂史诸书，兵戎、刑名、救荒、水利诸政，古文、楷书诸法，凡此种种，皆从服务于科场考试出发而开设。由此可见，书院要经营好“科学之学”并非易事，需得以上三十余部教材构建成一个比较完整的知识体系才能保证诸生科举中式，而这一应试的知识体系，实际上已经涵盖了当年传统知识体系的主要内容。换言之，书院教学之会所要考查的“科举之学”也就是传统知识体系的主要内容，成功的“科举之学”是传统知识体系得以传承不息的重要保证，此即“理学举业原非两事”① “举业、致道一事也，举业中切己体认，便是致道，便是心学”② 的真正意涵所在。

（四）经学、史学、理学、文词、典故之会

与以考试为主的“会”不同，明代书院还有过分“会”教学的活动。此事虽仅见于陕西秦中书院，不具普遍性，但属前所未有的创举值得特别纪述。万历年间，姜士昌任陕西提学佥事，大启秦中书院，招诸生文行兼优之士肄业院中，分经学、史学、理学、古文词、昭代典故五会，学生根据自己的特长，各占一会或二三会，相互质难其学，有关情况见刘宗周为姜士昌所作的《姜公墓表》，其称：

---

① 刘绎：《白鹭洲书院志》卷 2《白鹭洲书院馆例》。

② 李安仁：《重修石鼓书院志》卷上《黄毅所先生训义八篇》。

（姜士昌）以按察副使视学三秦。先生念秦士朴厚可教也，首肃宪范，彰轨物，有以賫缘进者即入彀，必摈置之以示惩，风采凛然。尤加意士行，既公核之里举矣，又使就试诸生各举所知，合之学博、有司之所举者以定优绌。乃大启秦中书院，进诸生之文行兼优者而深造之，资以饩廪，肃以规条，主以博士先生之贤者。仍分立五会，一曰经学，二曰史学，三曰理学，四曰古文词，五曰昭代典故，听诸生各占一会或二三会。会之日，各以其学互相质难，收丽泽之益，以底于成材。又拔其尤，立定性堂以处之，俨然积分之法。时引其俊者，从容函丈以牖启之，如家人子弟。又于书院中立祠，祀三秦名贤，远自苏子卿而下，近自靖难死节张公纮而下，各若而人，凡所以示鼓舞激劝者备至。异时醇儒名世，背项相望，咸归先生陶淑功，实前此所未有也。于是，壬辰大计，诏录先生卓异为天下冠。①

将书院诸生分成经学、史学、理学、古文词、昭代典故五会，即五个专业肄业，确实是“前此所未有也”，是一个创举，可以视作书院分科教学完全成立的标志。经学、史学、古文词三会，几乎可以和今日的文、史、哲三科等视，而经学、理学的并列，说明了儒家学说细分的趋势明显，至于昭代典故，实际上就是当代政治的代名词。由此看来，秦中书院五会的设立，在书院分科教学的历史上就具有了典型的指标性意义，表明中国书院教育发展到明代已经具备了专业学科建设的自觉，并设置了合理而又比较齐全的科目。

值得注意的是，姜士昌在秦中书院设以教士之经、史、理学、文词、典故“五会”，在《江南通志》中记作“五学”，其称：姜士昌，字仲文，万历八年(1580年)进士，“授户部主事，疏请早建储位，晋员外郎。升陕西提学佥事，立五学，汇经、史、古文、理学、典故以造士。每月六日，博士集诸生以次质疑问难，士风一变”②。虽然从上引文字看来，“五会”“五学”所指并无实质不同，但“学”与“会”的区别也并非毫无道理，或许分科会讲与各自成学而予研究，正是二者所暗示的不同文化取向。应该说，在这里教学与讲学、学习与研究都存在可能，尤其是“各以其学互相质难，收丽泽之益”的提示，更使

① 刘宗周：《刘蕺山集》卷14《亚中大夫江西布政使司右参政诰赠太常寺少卿养冲姜公墓表》。
② 雍正《江南通志》卷143《人物志》。

“五会”有可能通向专门研究经、史、理学与文词、典故“五学”的学会组织。于是，我们也就不必再介意“学”与“会”的区别了。

（五）舫课：西子湖的风雅盛会

万历以降，在杭州西湖崇文书院实施过一种极富人文风雅的“舫会”，舫会又叫舫课，以院中诸生在西湖船舫中做题应课而得名。这种考课不锁闭于号舍斋房之中，而是荡楫于西子湖上，“依船作屋，借湖为场……墨兵交错，静譻龙虎之文，水战纵横，纷结鹳鹅之阵。意荡而游鱼欲出，思飘而放鹤俱飞，笔峦颖竖则双峰疑低，欲海翻涛则两湖欲黑。于是，青山啣日，绿水凌风，画舫止于中央，小舠出乎别浦。诗正易奇，各思建鼓，马迟枝速，咸待鸣金”①。可谓诗情画意，别开生面，文人之风骚，于此可见一斑。当年活动盛况载于史志，兹引一二，以为参考：

崇文书院在钱塘栖霞岭之阳，明万历中建。旧为吏部尚书张瀚别业，明巡盐御史叶永盛视鹾之余，集内商子弟于西湖跨虹桥西，授以题，命各舫中属文，舫皆散去。少焉，画角一声，群舫毕集，各以文进，面定甲乙，名曰舫课。②

这是民国时期的记录，因所述乃300年前之事，具体情节已经有些模糊，但遥想当年，仍然令人神往。③ 所幸从清代《顺治间重订崇文会规会文之约》中，我们可知崇文书院舫课的具体组织实施情况：

崇文之例，每岁有遥课，有面会，三岁取所得佳文梓之……社中声气

① 王同：《杭州三书院纪略》卷2《西湖舫课征文启》。

② 民国《杭州府志》卷16《山川》。

③ 晚清有人作长诗《舫课行》，其称：“世间奇丽那有此，天把西湖作才子。化工幻出大手笔，秀压寰区叹观止。使君悟得文章法，骢马行行大堤踏。欲将山水助文心，一缕清思灵气合。湖波杳渺湖山空，柳荫画舫排西东。褒衣大袑俨然至，一一扬袂春风中。使君谈笑去庄肃，不肯逢人加缚束。本是雕龙绣虎才，跳卧何妨随所欲。烟汀露渚任嬉游，□□因风尽珠玉。吟声□落岸花红，黑气浓薰岚岱绿。杰句惊人死不休，山鬼偷看不敢读。一声画角晚云凉，齐见归船来续续。绝似班师唱凯还，定有奇功蒙首录。吁嗟乎，论文如此信有神，怜才如此始觉真。天机所贵在活泼，防闲俗例徒纷纷。校人之鱼比场屋（见《困学纪闻》），功令所在常逡巡。文章本自在天地，使君一力还其淳。不愁天下无佳文，但愁不遇叶使君。叶使君，诚难遇，跨虹桥泮孤山路。二百年来讲院开，犹识当时风雅处。”诗原载《简松草堂诗集》，前有小序，以明其“想见一时风雅盛事”而作此诗之意（王同《杭州三书院纪略》卷末）。其交待舫课所自，与上引民国《杭州府志》所载大致相同，兹不录。

> 相联，可得朝夕聚首者不下百人，文事胡可阙然不讲。但城中无此广厦以为文会所，不得不更为舫会。每岁于春秋之中，择良日，毕罗湖之大小舟，大者五六，小者视大者倍以十，每三友共一小舟。是日黎明，麇造紫阳祠释奠焉，奠毕受题，各就小舟，荡漾而去，随意所之。午后，巨舫齐泊湖心亭。诸友文完者，先赴亭前聚饮。鸣金为号，三鸣而文不完者，罚资五星，草完者减半。遥文，每友各携得意窗艺三首，并面课同交司会存选，缺者照面课倍罚。遥文书学，书字，书名，面课止书坐号。社书仍以三岁为一集，评选之役，照初集例，即推本科新发好事者任之，本年司会佐焉。每会司会十二人，各输银二两董其事。到社作文之友，携二钱佐飧。按期举行，决不可惰。①

由此可知，舫课又叫舫会、面会、面课，和遥课一并进行，皆属崇文书院的会文活动之一，每年春秋各举一次，会课佳文则三年一集，公开刊印。顺治为清廷入关灭明后的第一个年号，其时距万历始行舫课也就五十年左右。其中描述，应与当年相差无几。而成文于顺治九年（1652 年）的《崇文舫课序》，其作者程光禋为顺治八年（1651 年）举人，据时间推算，当为明末生人，且至少为朱明臣民十余年，其跨越明清，身历崇文舫课，所述之事虽与上引重订规约详略不一，但大致相同。② 因此，上述舫课及其组织实施诸种情形，应该可以视为万历年间崇文书院舫课的实态。

虽然被后世颂为“风雅盛事”的舫课，当年只是迫于陆无广厦而不得不寄身湖水的无奈之举，但巡盐御史叶永盛创建崇文书院，却有着明确具体的目标，那就是安抚“故家新安”的徽商，“俾其子弟”就近学习，就近参加科举考试，

① 王同：《杭州三书院纪略》卷 2《顺治间重订崇文会规会文之约》。

② 程光禋：《崇文舫课序》，见《杭州三书院纪略》卷 2，其称：“自按鹾直指叶公首创书院，以立斯社，明理学于斯，辨氏族于斯……每春秋之中，择良日，毕罗湖之大小舟，大者五六，小者视大者倍以十，社之人麇集紫阳祠释奠焉。奠毕受题，揖以出。出则各就小舟，荡漾而去。或藏丰葑之汀，或泊垂杨之岸。少焉，鼓奋角鸣，而咸集于大舟，则文莫不成。司事者受而椟之，而又汇其平居所著述之遥课，亦受而椟之。于是，遂觥筹交错而散。盖岁以为常也，得文富矣，优可成出以问世。世之读是书者，凡吾乡敦仁讲让之风，明道服古之节，皆于是乎在，又不徒春华之可采而已。此舫课之所为继，崇文而为加厉也。”这些描述与重订规约互补，反映明清之际西湖舫课的实情。尤可纪述者，清光绪年间，薛时雨任杭州知府时，修复诂经精舍、崇文书院、敷文书院，建东城讲舍，仿万历、顺治故事，再举西湖舫课。两浙名士踊跃参加，盛况再现，事见《续碑传集》所载顾云《桑根先生行状》，读者可以参考。

而且是和疏请新安诸生自为商籍五十名，以隶于浙省同时进行的。也正因为如此，位于浙江省会杭州的崇文书院，没有阐扬浙中王门之学，而是树起了新安紫阳的大旗，成了徽商子弟的“讲读胜地”。此即所谓“崇文书院者，其始曰紫阳崇文会，前明御史宛陵叶公建以祀朱子，故尊曰紫阳以隆祠祀，系曰崇文以会舫课也”①。

崇文书院在成为朱学堡垒后，如何弘扬文公朱熹紫阳之学就成了最重要的学术工作。在官方文教政策引导下，“以考亭之学课士”② 是一个方面，而作为考亭桑梓之地的新安诸生，“世世守其学而不坠也”，又是另一方面。在晚明学术由王转朱的大背景下，崇文书院的做法就是以包括舫课、遥课在内的紫阳崇文之会来维系弘扬朱子考亭之学。从上引材料可知，新安士人的遥课、面会(舫课) 同期进行，每年春秋各择日举行一次，有百余人参加，按时交呈作文，佳文三年一刻，不交卷者罚。从“遥文”不交者“倍罚”的规定中，我们可知崇文书院对“遥课”的重视，更甚于面会的“舫课”，而这种严苛规定背后所展露的，则是对乡贤朱子考亭之学的强制性学习，这既是一种学术训练，也是一种学术传承，还是一种学术积累。正因为这样，体现会课成果的学术出版物，就带有明显的新安地方特色，诚如程光禋《崇文舫课序》所说：“世之读是书者，凡吾乡敦仁讲让之风，明道服古之节，皆于是乎在，又不徒春华之可采而已。”③ 当然，西子湖上“舫课”的“风雅”，更能使人产生一种发自内心的向往。于是，“紫阳崇文之会”这样一种常见的书院“教学之会”，也就成了联系浙江各地新安士人的无形之网，年复一年，跨越明清，终成学术“盛会”。

从上引文献中，我们还能体会到崇文书院与紫阳崇文会、崇文书院与崇文社之间欲别还连、错综重叠的复杂关系，院中之人又可称为社中之人，创书院以立斯社，明理学而举崇文之会，祀紫阳以辨氏族，考亭抵牾姚江。这西子湖的舫中盛会，既有文学之风雅，又有学术之讲求。因而舫课这一教学活动之中，

① 王同：《杭州三书院纪略》卷 1《附录》。

② 金镜：《重修紫阳崇文书院碑记》：“崇文书院为讲读胜地，远无可考，昔紫溪苏先生以理学文章督学两浙，所著《四书儿说》，为考亭功臣。后有乾所刘先生，以建言廷杖，直声振阙下。崇祯初，亦督学两浙，所著有《闽学渊源录》，又尝揭《白鹿洞规》及功过格训迪诸生。”苏刘二人“皆闽人”，都“能以考亭之学课士”。文载（清）王同《杭州三书院纪略》卷 2。

③ 程光禋：《崇文舫课序》，见《杭州三书院纪略》卷 2。

实则暗含了诸多文化取向，尤其是书院与文社的关联，更是引起对书院与党社、社团关系的思考。

三、教化型讲会活动

教化型讲会是书院面向下层民众的讲会。它与前述针对士人官绅阶层的书院之会既有联系，又有区别。在整个书院讲学链中，它既上承讲学、教学之会，向下自然延伸于百姓之中，又以拥有广大的受众而成为托举教学、讲学之会的坚实基础。教化之会导源于正德年间王守仁在赣州创办义泉、正蒙、富安、镇宁、龙池五所社学性质的书院，并在其中开展的教民化俗活动。它以家族、乡村书院为主要活动场地，此外一些位于中心城市的府州县级大书院，也为平民百姓开设宣讲《乡约》的专场讲会，故其在城镇也有较大影响。教化型讲会以平民百姓为主要授课对象，以讲德修睦、劝善规过、移风易俗为主要目标。在当年，它因深受“人人可以成圣成贤”的阳明学者的追捧，所以一时蔚然成风，形成了持续百余年的书院与儒学平民化发展的特征。这里，我们将围绕教化之会这一层面的讲学活动，结合书院的发展方向和教学方法，探讨书院与儒学诠释的平民化，以及由此带来的文化与学术下移的问题。

(一) 面向平民：书院发展的新动向

沉寂近百年之后，明代书院重兴，面向平民成为其发展的一个重要特点。首先，城镇官府书院向平民百姓开放，山林布衣、乡村长者、普通百姓、佛教僧侣都可以进院听讲，甚至登堂讲说，这是宋元时期罕见的现象。

作为府州县各级政府之教育与学术中心，官府书院建于各级官衙驻地的中心城镇，出入其间者，非官师缙绅，即士夫儒生，一般皆属中上层人士，是为当时通例。及至明代中期，随着平民儒者的出现和平民教育的开展，下层民众的身影出现于书院讲堂，森森学府之门得向市井布衣开放，书院的发展史上出现了值得引起注意的满足平民教育需求的积极倾向。兹以仁文、虞山两所地处江浙文化发达教育水平较高地区的书院为例，以作说明。

仁文书院在嘉兴府城（今浙江嘉兴）。万历三十一年（1603 年），知府车大任以“今天下无一郡无书院者”，嘉兴以“首藩名郡独兹缺典”，力主嘉兴县知县郑振先创建，以为府属各县共有之最高学府。有仁文堂以为讲会课文之所，崇贤堂祀薛瑄、陈献章、胡居仁、王守仁四先生，集乡绅生徒讲学其中。次年，又与提学副使岳元声等大开讲会，订立《讲规》，分肃讲仪、酌期会、严磨砺、广与进等四条，规范其讲学行为。同时又捐置田亩，并批准府学生员蒋道厚等人公呈，执行创置田、收院租、清稽查、明支给、酌支数、清册户、重主典、定礼祀、谨修理、慎请给、严看守之《条理院田事宜》，从经济上保障其讲学讲会活动的正常运行。三十三年（1605 年），提学副使岳元声等刊《仁文书院志》十一卷，以纪其建院讲学之事。

按规定，书院讲学、讲会皆按程式进行。其具体情形如下：

> 议定每入谒，必盥沐而进，齐集于仁文堂。每会，已时，鸣钟五声，院赞二生导引齐入，肃仪澄虑，诣四先生神位前，唱："排班，班齐揖，平身。"如是揖者四，礼毕。初入会，谒者另出四拜。复导引出至仁文堂，东西分立，击鼓三声，各就班位，肃揖就坐。默坐少顷，院长先捧晦翁先生院规、象山先生喻义利章，或朗诵一过，或讨论一番，在坐者肃然倾听。复少顷，师友各随己意，以六经疑义互相问难。过未，击鼓七声，执事者进茶饼。毕，一揖乃退。①

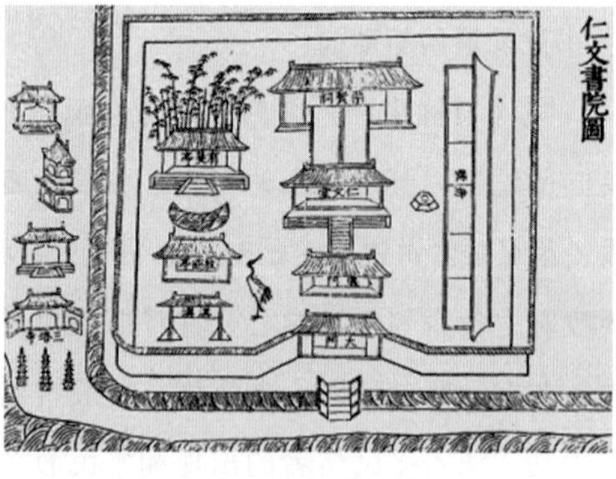

明代《仁文书院图》

至于参会人员的身份，仁文书院采取"广与进"的态度，欢迎一切求学、听讲之人。其《讲规·广与进》称：

> 真修实践之士，往往出于布素，如吴聘君、王心斋其人者，故不尽由

① 岳元声、岳和声：《仁文书院志》卷 4《讲规·肃讲仪》。

黉序中出。若必择其方类而取之，恐长林丰草间不免有遗贤，而亦何以风励庶人之以修身为本者。是故，会讲之日，如或山林布衣，力行好修，但愿听讲，不妨与进。其怀私负戾，藉名干进者，一切摈斥之，无取焉。①

虞山书院在苏州常熟城，原名文学书院，又名学道书院。元至顺二年（1331年），邑人曹善诚建，中祀孔子弟子、乡贤言偃（子游），辟讲堂，列斋舍。有司上其事，设山长为学官主持院政。至正末年毁。明宣德年间改建，改名“学道”，寻又圮。嘉靖四十三年（1564年），改建于虞山，仍名“文学”。万历初，张居正毁天下书院，仅存言子祠。万历三十四年（1606年），常熟县知县耿橘重建，改名“虞山”。辟有大门、经正门、规矩门、准绳门、得门、斯受门、观德门、尚友门、莞尔门、富美门、游艺门、乐寿门、卧鼓门、学道堂、休圣堂、智圣堂、有木室、弦歌楼、讲武厅、射圃、养贤仓、言子祠、杨公祠、王公祠、厨房、浴房、茶寮，以及友周、友邵、友程、友张、友朱、友陆、友薛、友陈、友胡、友王等十精舍，易、书、诗、春秋、礼、乐等六经房，规模宏大。院中不设院长，在教主、会主之外，设“三纲”协同管理院务，其中教主主教事而阐发精义，会主掌持会讲会文，“文纲以督文词”，“学纲以研道妙”，“会纲以定众志”。平常每月初三日诸生会文，初六日孝廉会文，初九日讲学于学道堂，每年三月初三日、九月初九日，则“大会四方同志三日”。以“虚心求益”为“会讲第一要义”，“真实求明”为讲学先机，提倡“讲求圣人当日之学，以开今人学圣之路”。其学术与无锡东林书院相呼应，顾宪成、高攀龙等曾讲学院中，实可视为东林书院之外围。

虞山书院向民众的开放，比之仁文书院，其力度更大，兹将《会约》有关条文抄录如下：

一、每月初九日讲书于学道堂，本县辍政半日往听焉。佐领、儒学各官，乡荐绅、孝廉、生童、孝子、善人悉会听讲。讲时不掣签，不命书，不拘生童，随有志有见者讲论三五章，以发其端。本县知识庸下，无足商确，随时聘请教主阐发精义。

① 岳元声、岳和声：《仁文书院志》卷4《讲规·广与进》。

一、孝子、顺孙、义夫、善士、寿官人等曾经表扬者，及山林隐逸，众所推服者，俱许依诸生列坐而听讲，俱登名宾簿。其有真正孝义高品逸民，仍当推至上首，以示激劝。然不许好名无耻之徒乘机溷进溷坐，致辱堂规。查实究处。

一、百姓无论远近，其年高者，或年虽少而颇知义理者，如有志听讲，俱先一日，或本日早报名会簿，吏书领至月台上，望圣叩头，就台上东西相向坐于地。人众，则后至者坐于庭前地。俱要静默，不许喧哗。候堂上行四拜礼时，各向圣叩四头。讲毕，叩头先散。若百姓来会者众，即先讲《乡约》，讲毕先散。

一、释子、羽流虽非吾类，然中间不无悔悟而来归者，此入笠之一机也。即使自负自高，亦不妨姑令听讲，许坐于百姓之列。若有所讲说，许上堂立论。若果有见，许坐于诸生之后。

一、高皇帝《乡约》，就是一个好方子，莫说专教小人，吾辈终日所言，何尝出于六谕之外。①

由以上条文可知，书院向平民开放是有制度保障的，而且平民也分层次，层次较高者如孝子、善人、山林隐逸可列诸生坐，登名宾簿，而低者如乡民百姓，则席地而坐，列名会簿。会簿前有知县耿橘所作引言，对平民百姓进入书院听讲、讲学及其缘由都有交代。兹全文抄录如下，以见其详：

虞山会讲，来者不拒。人皆可以为尧舜，何论其类哉！凡我百姓，年齿高者，与年少而知义理者，无分乡约、公正、粮里、市井、农夫，无分僧、道、游人，无分本境他方，但愿听讲，许先一日或本日早报名会簿，俟堂上宾主齐，该吏书领入，照规矩行礼。果胸中有见者，许自己上堂讲说。昔王心斋不过泰州一盐灶，寒山、拾得俱为乞儿，张平叔乃一皂隶，本县何敢以皮目待天下士哉？但不许不通名姓，乘机溷入，不守规矩，紊乱喧哗，致失会礼，本县亦不能尔贷也。②

① 孙慎行、张鼐：《虞山书院志》卷4《虞山书院会约》。
② 孙慎行、张鼐：《虞山书院志》卷4《会簿引》。

非常明显，让下层百姓进入书院，登堂听讲，甚至上堂讲说，是有理论依据的，那就是“人皆可以为尧舜”的儒家古训，而且也有当时以王心斋为代表的泰州一派学者的佐证。盐灶、乞儿、皂隶既然皆能讲学，又何况市井百姓与乡野农夫呢？此正是明代书院教育平民化的理论依据和其从事平民教育的原因所在，于此可见我们的先人致力于民众精神文明建设的可贵与崇高。

其次，在城镇官府书院向下层民众开放的同时，本来就身处乡村的家族、村社书院也开始了职能的转变，服务对象不再局限于本族子弟，而是由本族扩至邻里乡党，无论童子还是成年人皆可入院就学。与此相应，院中活动不仅是读书识字，习礼成俗、讲学化民也成了日课常功。兹举安徽、江西两地书院的情况来作说明。

安徽以泾县为例。“自姚江之学盛于水西（书院），而吾泾各乡慕而兴起，莫不各建书屋，以为延纳友朋，启迪族党之所，其在台泉则有云龙书屋，麻溪则有考溪书屋，赤山则有赤麓书院，蓝岭则有蓝山书院。一时讲学水西诸前辈会讲之暇，地主延之，更互往来，聚族开讲。故合则考德而问业，孜孜以性命为事，散则传语而述教，拳拳以善俗为心。”① 这类书院，有“考德而问业，孜孜以性命为事”，即关注学术阐发、学派建设者，有“传语而述教，拳拳以善俗为心”，即传播推广学说，将其落实为民俗者。一般情况下，它们对以学术而化民成俗的关顾可能更多些。如赤麓书院的《赤山会约》，开列遵谕、四礼、营葬、睦族、节俭、正分、广仁、积德、慎言、忍气、崇宽、勤业、止讼、禁赌、备赈、防盗、举行、黜邪、戒党、置产、恤下、闲家、端本等 23 条，皆“吾儒实学”之事，要求赤山一乡与会诸友“以此意劝勉各家”，以期达到“维风范俗”的目的，从而提升地方的文明风尚。②

江西以安福为例。安福是江右王门重镇，随从王守仁请益问学者前后有邹守益、刘晓、刘邦采、刘文敏、刘阳等十余人。嘉靖五年（1526 年），刘邦采、刘晓等倡建惜阴会，逢双月望日，大会四乡同志五日，互相切磋，倡导师说。十五年，邹守益与知县程文德建复古书院于县城，以为讲会之所，聂豹作记，其称：闻良知之学而兴起者，“时惟江西为盛，江西之盛惟吉安，吉安之盛惟安

① 赵绍祖：《赤山会约跋》，见邓洪波主编《中国书院学规集成》，中西书局 2011 年版，第 503—504 页。

② 萧雍：《赤山会约》，见邓洪波主编《中国书院学规集成》，中西书局 2011 年版，第 497 页。

福，故书院之建惟安福有之，题曰复古者，期有事于古之学而学焉者也”①。嘉靖三十二年（1553年），邹守益与刘阳在县北桑田建连山书院（又称连山书屋）。嘉靖三十七年（1558年），邹守益倡首，与刘邦采、尹一仁等在县南洲湖建复真书院（又作复贞书院）。其后，县西建有复礼书院（隆庆六年，1572年，今属莲花县）、识仁书院（万历十九年，1591年），县东建有道东书院（万历二十一年，1593年）。这样，以县城复古书院为中心，东西南北四乡皆有书院作为讲会之所，“一时意气翕聚，人人思奋，劝善规过，以不预为耻”②。安福成为江右最富生气的王学重镇，诚如钱德洪在《惜阴会语》中所称“穷乡邃谷，虽田夫野老皆知有会，莫不敬业而安之”。③

除上述6所分布于县城与四乡的讲会式书院之外，安福一县在嘉靖万历年间，还有不少称名书院、书屋、山房、会馆的讲学场所散处四乡村落之间，兹将其开列如下：

前溪书院，嘉靖年间，邑人刘教创建。

天香会馆，嘉靖年间，邑人赵新创建。

石屋山房，嘉靖年间，邑人彭簪创建。

梅源书屋，嘉靖年间，邑人刘晓创建。

近圣会馆，嘉靖年间，邑人朱淑（一作叔）相创建。

中道书院（会馆），万历三十年（1602年），邑人刘元卿等创建。

中南书院，万历年间，邑人朱元穗创建。④

安福书院可谓盛矣。这些书院例多联讲会，倡良知，津津于王学的传播。会中之人同怀拳拳复古、复礼、复真、识仁之心，皆称同志，甚至有年逾古稀，除夕之夜仍在书院集合而各自“考成”者。⑤ 据记载，复真书院嘉靖四十三年

① 光绪《江西通志》卷81《复古书院记》。

② 王吉等：《复真书院志》卷7《创建复真书院序》。

③ 钱德洪：《惜阴会语》，见钱明编校整理《徐爱、钱德洪、董沄集·钱德洪语录诗文辑佚》，凤凰出版社2007年版，第177页。

④ 李才栋：《江西古代书院研究》，江西教育出版社1993年版，第294—297、342—343页。

⑤ 王吉等：《复真书院志》卷7《刘三五先生除夕记》载嘉靖四十二年除夕之夜（1564年1月13日），刘阳等23人同在复真书院守岁，各人自讼自考，其中年龄最大的76岁，75、74、72岁者各一人，68岁的三人，66岁一人，64岁二人，62岁一人，57岁一人，52岁一人，其他皆为壮年。23人中还有庐陵吴汝峰、徽州婺源余弘斋是远道来的客人。

(1564年)除夕大会，除安福本县同志之外，还有来自庐陵、吉水、永新、泾县、太平、婺源、广德、青阳、金溪、昆山、祁门等地的学者23人。元旦之明日，永新著名学者颜钧又携子来作“披雪之访”，真可谓讲坛盛事。兹将记录其讲会盛况的文字抄录如下，与数百年前之先人共享讲学之快：

> 主宾交欢于一堂，暮云拥树，雨霰交集，而杯盘杂陈，歌诵咸和，庄生所谓天乐者也！狮泉子（刘邦采）乃举酒谢众宾曰：“千里远来，四海一堂，衣冠之盛会，古今之良夜也。”①

在除夕这个国人最重视团圆的时刻，众多同志却因学问讲会而别离家人，汇聚书院，若非全身心投入，实难达此境界。

复真书院作为南里一乡之讲院，虽不能媲美鹅湖、鹿洞，但自嘉靖至万历年间，邹守益、刘文敏、刘邦采、刘阳、尹一仁、朱调、王剑、王铸、朱叔相、王时槐等先后主盟会讲，以真心性、真气骨、真学术、真事功陶冶德性，“岁集乡人聚讲其中”，即经所谓“贤哲资其型”，则又远非仅以一乡之名区视之。它作为安福各乡村书院的典型，具有比较广泛的代表性。其传吾儒斯道之志，立阐幽发微之言，体现的是一种居乡儒者追求学术的理想；其人文之联翩，习俗之醇美，则昭示着乡村书院致力于聚众宣教所取得的成果，所谓“霞起云蒸”，实为“吾村之奇观”。乡村书院以及讲会其中的学者，以执着和热情，将儒家的学术理念传于民众，并范化成风俗与伦常观念，维系并提升着乡村的道德与文明水准。这方面的事例很多，兹仍举与复真书院密切相关的王时槐为例来作说明。

王时槐（1521—1605），字子植，号塘南，安福县金田人。隆庆五年（1571年）历官至陕西参政，时年五十，即告退讲学，卒年八十四岁。万历年间，主讲复真，崇祀刘阳、刘文敏于聚奎楼，有《复真会语》传世，讨论圣人与性的关系问题。又订《复真书院会规》十七条，倡导“学以求仁为宗”，“学必见于躬行”，“学贵潜心”等，《复真书院志》为之立传，其称：

> 本郡故儒所渊聚，乡有社，讲有堂，而登坛者必推公。西原、复古，

① 王吉等：《复真书院志》卷7《刘狮泉先生甲子纪除》。

其洙泗也；青原，其洛社也。公每振衣高坐，因问发义。上士悟，下士笑，鄙吝者消其蓬心，执拗者融其习见，野叟不解而第首肯，童子无心而自为舞蹈，此非独以言感也，公固有不言而躬行者矣。御史吴公首尊其说，藩臬王公、丁公、钱公、黄公、龚公、何公相与阐明之。其他若复真，若复礼，若道东、龙华、玄潭、萃和、云兴、明新、明学诸书院，岁一再过，随地异施，合则时雨之善润，分则造物之因材，故九邑而邹鲁，公大有造也……年八十一，犹驾小舟抵樟镇、金溪问友焉。年八十四，讲学于西原。①

王时槐居家讲学30余年，除在复古等城镇书院讲学之外，在其他如复真、复礼、道东、龙华、玄潭、萃和、云兴、明新、明学等各乡村书院，也“岁一再过”，时雨之普润，遍及郡邑之城镇与乡村。讲学对象除御史、藩臬等官宦缙绅之外，也有上士、下士、野叟、童子，具有明显的面向平民百姓的倾向。因材造物，终成九邑邹鲁之正果。其逝世后，安福县城之复古书院、吉安府城之西原会，都建有专祠奉祀。

由上所述，可见明代书院讲会活动已经具有平民化倾向，这也使得书院开始成为实施平民教育的场所，作为书院历史上前所未有的现象，值得学界进一步的关注与探讨。

（二）王、湛首开儒学平民化之先机

书院教化之会的主要目标就是要将儒学平民化，这是明代书院讲学的新特点。之所以出现儒学的平民化诠释，大致有三个原因。首先，王、湛之学尤其是王学，是在平定叛乱和镇压农民起义之中，以及之后的社会秩序重建的工作中发展、兴盛起来的，即由所谓“破山中贼”而“破心中贼”，解决民众问题是其重要的诉求，面向民众讲学是一种现实要求。第二，“六经注我”的学术热情，可以充分发挥人的主观能动性，降低了向不懂高深理论甚至不识字的民众讲学的难度，也即王、湛学说的平民化诠释成为可能。第三，平民书院的出现为儒家经典的平民化提供了理想的平台，可以使其理论精髓的诠释得以实现。

应该说，无论是平民书院还是平民教育，其所讲之学仍然是儒学，只是它

① 王吉等：《复真书院志》卷3《王塘南先生列传》。

的重点不是高深的理论，而是“百姓日用之道”，亦即“百姓日用之学”，侧重点在日用伦常与民俗风情的培植，在平民百姓中建立合乎儒家理论体系的价值理念是其主要的任务，其教育对象不同于经生文士，往往是山林布衣、田夫野老，甚至是一字不识的“愚夫愚妇”。因此，讲学必须用浅显易懂的语言来进行，尽量口语化，使人易记易行，此即“本为地方风俗计，意不厌浅，而语益加详”，是之谓儒学诠释的平民化。在当时，操平民化语言为百姓讲授儒学的人较多，这与面向平民的书院的发展相适应，成为一种新的时尚的讲学特点。

考其原始，明代平民化儒学诠释的工作，是由王守仁、湛若水等大师开其先机，这从他们的书院教育实践中可以得到验证。

还在贵州龙冈书院期间，王守仁与“夷人”讲学，就有平民化诠释之端倪。正德十三年（1518年）平赣州之“寇乱”，即所谓破“山中贼”之后，又接连发布《兴举社学牌》《社学教条》《南赣乡约》，修复赣州濂溪书院讲学，其意皆在破除民众的“心中贼”。其中《社学教条》规定，教师要“以启迪为家事，不但训饬其子弟，亦复化喻其父兄。不但勤劳于诗礼章句之间，尤在致力于德行心术之本，务使礼让日新，风俗日美”①。《乡约》共十五条，涉及生老疾病、礼仪习俗、亲族乡邻、收租放债、约期约仪等，其自序称：

> 今特为乡约，以协和尔民。自今凡尔同约之民，皆宜孝尔父母，敬尔兄长，教训尔子孙，和顺尔乡里，死丧相助，患难相恤，善相劝勉，恶相告戒，息讼罢争，讲信修睦，务为善良之民，共成仁厚之俗。②

其化民成俗之意甚明。据钱德洪《阳明年谱附录》记载，兴社学令颁发后，赣州城中建有五处社学：“东曰义泉书院，南曰正蒙书院，西曰富安书院，又西曰镇宁书院，北曰龙池书院。选生儒行义表俗者，立为教读。选子弟秀颖者，分入书院，教之诗歌习礼，申以孝悌，导之礼让。未期月而民心丕变，革奸宄而化善良。市廛之民皆知服长衣，叉手拱揖，而歌诵之声溢于委巷，浸浸乎三

① [明] 王守仁著，吴光等编校：《王阳明全集》卷17《南赣乡约》，上海古籍出版社1992年版，第661页。

② [明] 王守仁著，吴光等编校：《王阳明全集》卷17《南赣乡约》，上海古籍出版社1992年版，第600页。

代之遗风矣。”①《年谱》正德十三年四月班师立社学条下也载：

先生谓民风不善，由于教化未明。今幸盗贼稍平，民困渐息，一应移风易俗之事，虽未能尽举，姑且就其浅近易行者，开导训诲。即行告谕，发南赣所属各县父老子弟，互相戒勉，兴立社学，延师教子，歌诗习礼……久之，市民亦知冠服，朝夕歌声，达于委巷，雍雍然渐成礼让之俗矣。②

可见，书院诗歌之诵、孝悌之讲、礼让之导是成效速见而且大显的。

在动乱始平且经济落后的赣南山区，王守仁的书院讲学何以能“期月”而速见成效呢？这与他所推行“浅近易行”的教学方法关系甚大。他认为：“今教童子者，当以孝悌、忠信、义礼、廉耻为专，务其培植涵养之方，则宜诱之歌诗，以发其志意；导之习礼，以肃其威仪；讽之读书，以开其知觉。今人往往以歌诗习礼为不切时务，此皆末俗庸鄙之见，乌足以知古人立教之意哉？”③因此，他制订了《教约》以实施其教学方法，兹引三条如下，以见其概：

每日清晨，诸生参揖毕，教读以次遍询诸生：在家所以爱亲敬长之心，得无懈忽，未能真切否？温清定省之仪，得无亏缺，未能实践否？往来街衢，步趋礼节，得无放荡，未能谨饬（饰）否？一应言行心术，得无欺妄非僻，未能忠信笃敬否？诸童子务要各以实对，有则改之，无则加勉。教读复随时就事，曲加诲谕开发。然后各退就席肄业。

凡歌诗，须要整容定气，清朗其声音，均审其节调；毋躁而急，毋荡而嚣，毋馁而慑。久则精神宣畅，心气和平矣。每学量童生多寡，分为四班，每日轮一班歌诗；其余皆就席，敛容肃听。每五日，则总四班递歌于本学。每朔望，集各学会歌于书院。

凡习礼，须要澄心肃虑，审其仪节，度其容止；毋忽而惰，毋沮而怍，

①［明］王守仁著，吴光等编校：《王阳明全集》卷36《年谱附录一》，上海古籍出版社1992年版，第1343页。

②［明］王守仁著，吴光等编校：《王阳明全集》卷33《年谱一》，上海古籍出版社1992年版，第1252页。

③［明］王守仁著，吴光等编校：《王阳明全集》卷33《年谱一》，上海古籍出版社1992年版，第1252页。

毋径而野；从容而不失之迂缓，修谨而不失之拘局。久则体貌习熟，德性坚定矣。童生班次，皆如歌诗。每间一日，则轮一班习礼。其余皆就席，敛容肃观。习礼之日，免其课仿。每十日，则总四班递习于本学。每朔望，则集各学会习于书院。①

这种教学方法从亲爱敬长入手，习见而易行；歌诗可以“发其志意”，配以“泄其跳号呼啸”的动作，以“宣其幽抑结滞于音节”；习礼则“肃其威仪”，“以周旋揖让而动荡其血脉，拜起屈伸而固束其筋骸”，完全适合儿童的生理与心理习性。因此，可以乐见乐闻乐行，以致于速成。而由“训饬其子弟”，推广到“亦复化喻其父兄”，此则将浅近易行之法移植于大众百姓，爱亲敬长、忠信笃敬等儒学概念的诠释，也就具有了浓厚的平民化成分。

湛若水正德十五年（1520 年）在大科书院制订的《大科训规》，分《叙规》《训规图》《大科书堂训》三部分，凡数十条，占其《文集》一卷的篇幅，由寻常日用之事而讲义利之辨，简明易懂，操作易行，亦可见其儒学平民化的影像。兹将其《叙规》抄录如下：

予既为《大科训规》，又虑夫习之者慢不知统。是故，括而图之，作《序规》。夫规何为者也。夫学心而已焉者也。何莫非心也，心得其职则敬，敬为义；心失其职则肆，肆为利。利义之判也，间焉者也。

义为志道，为体认天理，为寻乐也实，为求道于人伦之间，为笃实，为言动由中出，为不怨尤迁怒，为事父兄也诚切，为自得师，为传习，为遇长者谦让，为处同门久敬，为约信，为去成心，为二业并为内外混合，为读书调心合一，为作字也敬，为考业用心也精，为观山水不失己，为博六经以开知见，为作文也发挥所得，为教束家仆。充其类焉，及其成也，为君子。利为无志，为肆欲，为虚乐，为外伦求道，为先文艺，为巧令以滋伪，为暴怒，为事父兄也不诚，为不求师，为传而不习，为抗倨，为同门猜嫌，为期约不信，为师成心，为徒事举业以干禄，为支离，为读书主敬两途，为作字欲好，为粗心，为牿亡，为泛滥仙佛以坏心术，为欲胜人，

① ［明］王守仁著，吴光等编校：《王阳明全集》卷 2《语录二》，上海古籍出版社 1992 年版，第 88—89 页。

为纵放家童。充其类焉，及其成也，为小人。是故，古之人有终日乾乾为君子而不息矣，今之人有终身弊弊为小人而不知者矣。岂其智不若欤？其术使然也。是故，学莫先于辨术矣。学者观其图焉，斯过半矣。①

（三）泰州学派的“百姓日用之学”

谈到儒学诠释的平民化，我们不能不提到高扬平民儒学旗帜的泰州学派及据此讲学的书院，这是一支对儒学进行平民化诠释的主力军。其实，书院的平民化就多少受到过泰州学派的启导，前文所引仁文、虞山两书院的文献中都曾提到过的王心斋，就是泰州学派的开山祖师王艮。

王艮（1483—1541），字汝止，号心斋，泰州安丰场（今江苏东台）人。出生于一个世代产盐的灶户人家，明人凌儒称：“先生本农家子，生长灶间，年三十才可识字。”李贽也说：“心斋本一灶丁也，目不识丁。”因为经商、行医而致富，并在这个过程中奋然兴任道之志，日诵《孝经》《论语》《大学》，“逢人质义”，通过十年自学，粗识儒家经典。后师从王守仁八年（1520—1528），接受良知之学，终成大有名于时的平民儒学家。他思想最富特色的部分是“百姓日用之学”，又作“百姓日用之道”“百姓日用即道”，其核心有三：一是以“愚夫愚妇”、士农工商等“百姓”为本，认为“圣人之道”以“百姓日用”为旨归，只有合乎平民百姓日常生活的思想学说，才是真正的“圣道”。二是“百姓日用之道”既有道德精神的内涵，也包括最起码的物质生活要求。三是提倡平民教育，认为“愚夫愚妇皆知所以为学”，不论老幼贵贱贤愚，凡有志愿学者，皆传之教之。②王艮自粗识儒家经典即从事平民教育，其典型的形象是驾一小“蒲车”，“周流天下”，“沿途聚讲”，“入山村求会隐逸，过市井启发愚蒙”。③此外，他还在会稽阳明、广德复初、泾县水西、泰州安定、金陵新泉、安福复古、吉安青原等数十所书院与讲会登堂讲说，使得“天下之士，率翕然从之，风动宇内”④。其教学效果之所以如此显著，是因为他既讲“百姓日用之学”，又善用平

① 湛若水：《湛甘泉先生文集》卷6《大科训规》，齐鲁书社1997年影印本。

② 以上观点，取自侯外庐、邱汉生、张岂之主编：《宋明理学史》（下卷），人民出版社1987年版，第433—437页。

③ 王艮：《重镌心斋王先生全集》卷2《年谱》。

④ 王艮：《明儒王心斋先生遗集·附录》。

民诠释之法。如他在《次先师》中就曾用浅近的语言阐释高深的“良知”，其称：

知得良知却是谁？良知原有不须知。而今只有良知在，没有良知之外知。①

据记载，他“讲议经书”，“不泥传注”，而“多发明自得”，“邈焉希如圣贤人，信口谈解”，很有特色。非常明显，他是要用自己的思想自己的语言来解释儒家经典，这和他“以经证悟，以悟释经”的主张是一致的。②

王艮以一介平民的身份奋然崛起于草莽鱼盐之中，以道统自任，开创了影响甚大的泰州学派，不仅当时风动宇内，而且绵延数百年不绝。据袁承业《明儒王心斋先生师承弟子表》统计，其学五传而有弟子 487 人，由师保公卿、疆臣牧令，而至士庶樵陶农吏，几无辈无之，但以下层民众为主，分布则遍及今江西、安徽、湖北、浙江、福建、湖南、山东、四川、河北、河南、陕西、广东等地，而以江苏尤其是泰州为多。他们大多能继承平民教育的传统，注意向下层民众传授知识与学问。如布政使徐樾收识字甚少的颜钧为弟子，状元焦竑向田夫夏廷美授学，樵夫朱恕、陶匠韩贞则毕生从事乡间教育等，皆其有名于时者。在平民教育的实践中，他们各有诠释儒学的高招，兹择韩贞、颜钧二人为例叙述，以见其平民化之概貌。

韩贞（1509—1584），字以贞，号乐吾，江苏兴化人。世代业陶，从樵夫朱恕学《孝经》，后拜王艮为师。他“生成难并衣冠客，相泮渔樵乐圣贤”，他本身就是一个典型的平民儒者。他一生“以化俗为任，随机指点农工商贾，从之游者千余。秋成农隙，则聚徒讲学，一村既毕，又之一村，前歌后答，弦诵之声，洋洋然也”③，这是黄宗羲描述的他的讲学形象。除在乡间讲学外，他曾讲学于武林阳明书院。他善于用浅显易记的韵文诠释儒学，其所著《勉朱平夫》是经典性的，讲日用而固知野老成圣贤，常常为学者引用，其称：

① 黄宗羲：《明儒学案》卷 32《泰州学案一》，中华书局 1985 年版，第 718 页。
② 以上引文皆转引自侯外庐、邱汉生、张岂之主编：《宋明理学史》（下卷），人民出版社 1987 年版，第 421 页。
③ 黄宗羲：《明儒学案》卷 32《泰州学案一》，中华书局 1985 年版，第 720 页。

一条直路与天通，只在寻常日用中。静坐观空空亦物，无心应物物还空。

固知野老能成圣，谁道江鱼不化龙。自是不修修便得，愚夫尧舜本来同。①

《崇正学》扬儒辟佛，宣扬孝道，教化乡民，其称：

孔颜尧舜道为尊，只在寻常孝弟中。宇宙灭伦皆佛教，乾坤建极几贤人。

异言邪说何时息，正学中行甚日新。地狱天堂皆自误，恐遗身后误儿孙。②

史载韩贞讲学泰州，“从者千余家”，内有持白莲左道即信奉佛教者，遂作此诗劝喻。于是信佛者“各焚彼道经册，数年之内，男女有别，人皆向正，号为‘海边夫子’”③。

《喻灾民》宣传儒家纲常而化解民变，这是一般书生难以做到的，其称：

养生活计细商量，切莫粗心错主张。鱼不忍饥钩上死，鸟因贪食网中亡。

安贫颜子声名远，饿死夷齐姓字香。去食去兵留信在，男儿到此立纲常。④

此诗作于隆庆三年（1569年），当时兴化遭遇大洪水，“田庐俱灭，人心汹汹思乱”。知县请其化解，遂率门人，驾小舟遍历村落，以此诗挨户劝喻。史称

① 韩贞著，黄宣民重订：《韩贞集·七言律诗》，见《颜钧集》，中国社会科学出版社1996年版，第810页。

② 韩贞著，黄宣民重订：《韩贞集·七言律诗》，见《颜钧集》，中国社会科学出版社1996年版，第185页。

③ 韩贞著，黄宣民重订：《韩贞集·附录》，见《颜钧集》，中国社会科学出版社1996年版，第192页。

④ 韩贞著，黄宣民重订：《韩贞集·七言律诗》，见《颜钧集》，中国社会科学出版社1996年版，第185页。

“民为之感动，故虽卖妻鬻子，而邑中无萑符之警”①。一场即将随天灾而至的人祸，先生就这样以诗化的儒家纲常将其化解了。

《乐吾韩先生遗事》载有其向一野老讲“良心”为何物之事，更能体现其平民性，其称：

有一野老问先生曰：“先生日讲良心，不知良心是何物?”先生曰：“吾欲向汝晰言，恐终难晓，汝试解汝衣，可乎?”于是野老先脱袄袯，再脱裳至裤，不觉自惭，曰：“予愧不能脱矣。”先生曰：“即此就是良心。”②

颜钧（1504—1596），字子和，号山农，又号耕樵，因避万历帝讳，改名铎，江西吉安府永新县人。黄宗羲将其列入泰州学派“赤手搏龙蛇”一系，一生游侠仗义，讲学民间，各地书院讲会皆有其踪迹。会讲于扬州邗江书院时，曾作《扬城同志会约》。其学“纯任自然”，取《大学》《中庸》而“心造”出“大中学”，即易知易行的“大中学庸”的专门学问。其讲学对象则不分贵贱贤愚，但主要是市童、野叟、壮丁、仆人、农夫、樵者、陶匠，乃至僧、道、奄人等下层民众，常常是数百上千人。其著作始刊于战乱中的清咸丰六年（1856年），旋即失传，至1996年才由黄宣民先生点校问世。其中多有充满平民色彩的释经授学之作，兹录数条，以见其概。

《箴言六章》，阐发《圣谕六条》，其言浅近，其语押韵。如《和睦乡里》有“鸟雀失群，飞跃呼寻。人生处世，和乡睦群。居住一乡，事同一体。一体相关，是非不起”之句，朗朗上口，易记易行。每条之后皆附诗二首，进一步阐释儒家的基本伦常观念，如《孝顺父母》，其诗曰：

孝顺父母好到老，孝顺父母神鬼保。孝顺父母寿命长，孝顺父母穷也好。

父母贫穷莫怨嗟，儿孙命好自成家。勤求不遂大家命，孝顺父母福禄加。

---

① 韩贞著，黄宣民重订：《韩贞集・附录》，见《颜钧集》，中国社会科学出版社1996年版，第193—194页。

② 韩贞著，黄宣民重订：《韩贞集・附录》，见《颜钧集》，中国社会科学出版社1996年版，第194页。

《尊敬长上》诗曰：

伯叔姑姊伯叔公，常循礼义要谦恭。有些言气休嗔较，原是同根共祖宗。

更劝人家弟与兄，相恭相友莫相争。譬如树大分枝叶，当念同根共本生。

《各安生理》诗云：

生理随时只要勤，有何大小富豪贫。人凭信行当钱使，无本皆因无信人。

劝君勤俭度年华，谨慎长情莫谎奢。须信家由勤俭起，莫言勤俭不肥家。①

《劝忠歌》《劝孝歌》用五言诗演绎儒学最基本的观念，使“古今忠与孝，开卷即在目”，极言“天网虽恢恢，难容不忠族。明则有王诛，幽则有鬼戮”，劝世人“勿以不孝头，枉戴人间屋。勿以不孝身，枉着人衣服。勿以不孝口，枉食人五谷”。尤其是《劝孝歌》中所谓：“儿行十里程，母心千里逐。一娶得好妻，鱼水情如睦。看母面如土，观妻颜如玉。母若责一言，含嗔怒双目。妻若骂百句，陪笑不为辱……人不孝其亲，不如禽与畜。乌鸦尚反哺，羔羊犹跪足。劝尔为人子，经书需诵读。”②其言也谆谆，在如同慈父般的诉说中，儒家最重要的忠孝理念得以阐释清楚，并愉悦地灌输于民众心田。

不仅忠孝因为事涉世事人情可以平民化之，对于相对抽象的心性，颜钧也能神奇生动地描绘。如《心字吟》，其称：

仰观心字笑呵呵，下笔功夫不用多。横画一勾还向上，傍书两点有偏颇。

做驴做马皆因此，成佛成仙也是他。奉劝四方君子道，中间一点是弥陀。③

---

① 以上各诗见韩贞著，黄宣民重订：《颜钧集》，中国社会科学出版社 1996 年版，第 39—41 页。
② 韩贞著，黄宣民重订：《颜钧集》，中国社会科学出版社 1996 年版，第 57—58 页。
③ 韩贞著，黄宣民重订：《颜钧集》，中国社会科学出版社 1996 年版，第 69—70 页。

在轻松诙谐中，教人认字写字，体认人心，仰观心性，接受君子之道，明了做人的方向。其教学欢愉、轻松、生动、浅显、易懂，适合平民百姓的口味与理解水平。儒学的基本理论与基本操守经过如此诠释之后，遂得在“愚夫愚妇”中传播，并根植于人心。它能造就出民间不识一字的“儒夫儒妇”，使历代贤哲有机会重复着“礼失而求诸野”的神圣。

(四) 其他书院的平民化讲学

以上以泰州学派的学者为例，结合其书院的教学活动，介绍了儒学诠释的平民化。以下则以其他书院为例，结合其中的学者，对其再予阐述，事涉其他学派，意在说明儒学平民化诠释活动不为泰州一派专美而称独善，亦为当年诸多书院所习用而乐见。

前举虞山书院为东林书院一系，学术上由批评王学末流而返归程朱理学，其施行平民教育的规章制度已备记于前，此则介绍其讲《乡约》仪式。兹将知县耿橘制订的《乡约仪》摘录如下：

> 凡书院讲《乡约》，堂上设圣谕牌，台下设讲案。发鼓一大通，各照图式班位，东西相向而立。约赞唱：“排班。”各就本班中转身向上立。唱：“班齐。”唱：“宣圣谕。”铎生出班，诣讲案前，南向立。唱：“皆跪。”首铎唱：“听着，太祖高皇帝教你们孝顺父母。”次铎唱：“教你们尊敬长上。”三铎唱：“教你们和睦乡里。”四铎唱：“教你们教训子孙。”五铎唱：“教你们各安生理。”六铎唱：“教你们勿作非为。”众齐声应曰：“诺。”齐叩头。唱：“兴，平身。”铎生归班，拜圣。唱：“揖，拜；兴，拜；兴，拜；兴，拜；兴，拜；叩头；兴，平身。”唱：“分班。”各就本班中，转身东西相向，交拜。唱：“揖，拜；兴，拜；兴，平身。”唱：“皆坐。”各就本班中本位而坐。官府、乡宦坐椅，诸生、约正副人等坐凳，余众坐于地。各不许喧哗。
>
> 唱：“鸣讲鼓。”击鼓五声。唱：“初进讲。”讲生二人出班，诣案前立。唱：“皆兴。”各起身。唱：“排班听讲。”各转身向上，倾耳肃容听讲《孝顺父母》《尊敬长上》二条。讫，唱：“揖，平身。”大众皆揖、平身，讲生复班。唱：“分班坐。”各转身东西相向坐。唱：“歌诗。”歌生二人出班，诣案前，歌《孝顺父母》《尊敬长上》诗二章。会众俱和歌。钟鼓之节，俱

依阳明先生旧法。歌讫，歌生复班坐。唱："进茶。"茶毕，静坐片时，唱："亚进讲。"……唱："礼毕。"撤圣谕牌。大众一齐跪请本县教训。本县随宜覆说数句，分付散。各叉手缓步而散，不得喧哗笑语。无礼无仪，非我民也。三尺之童，皆宜遵守。①

以上所引仪式，今日看来有些烦琐，但此正是书院教化民众的重要手段，这一点耿知县还特别以双行小字注的形式反复申详。如排班习礼，其曰：

三尺之童来赴会者，俱令排班行礼，使知君臣上下之分，周旋揖拜之节。此本县乡约第一义也。

如排班听讲，其曰：

讲章用前县赵公太室所撰者。讲毕，本县临时随宜更讲几句，以申圣谕之义，以开百姓之心。盖圣喻虽止六条，而广大精深，实有终日言之而不能尽者，未可以一讲章拘定也。

如歌诗之法，其曰：

歌诗须会众齐声和歌者，以宣畅人心之和气也。凡我百姓，无论长幼，俱要熟读《乡约诗》，家常无事，父子兄弟相与按法而歌。感动一家良心，销容大小邪念，莫切于此。若以歌诗为耻，何不思量较之唱曲何如？今天下人未有不知唱曲者，何独不肯歌诗。昔日，尧舜也曾赓歌，孔子也与人歌。大帝大圣岂不可法？凡我百姓，肯依吾言者，便是善良人也。②

《乡约诗》前六章与圣谕六条各相对应，兹录《孝顺父母诗》如下：

问尔从何有此身，亲恩罔极等乾坤。纵然百顺娱亲志，犹恐难酬覆戴恩。

其诗虽与前引颜钧诗相比，要文雅不少，但仍然可以使平民百姓明了。后

① 孙慎行、张鼐：《虞山书院志》卷4《乡约仪》。
② 孙慎行、张鼐：《虞山书院志》卷4《乡约仪》。

三章《孝弟诗》则更为浅白，兹录如下：

子养亲兮弟敬哥，光阴掷过疾如梭。庭闱乐处儿孙乐，兄弟和时妯娌和。

孝义传家名不朽，金银满柜富如何。要知美誉传今古，子养亲兮弟敬哥。

子养亲兮弟敬哥，天时地利与人和。莫言世事常如此，堪叹人生有几何。

满眼繁华何足贵，一家安乐值钱多。贤哉孝弟称乡党，子养亲兮弟敬哥。

子养亲兮弟敬哥，休伤和气忿争多。偏生嫉妒偏难窘，暗积私房暗折磨。

不孝自然生忤逆，无仁定是出妖魔。但存孝弟百祥至，子养亲兮弟敬哥。

其歌法取用阳明先生所制订的“旧法”，施以钟、鼓、磬等乐器，运用平、舒、折、悠、发、扬、串、叹、振九声四气之法，各诗半篇重复一句，全篇重复二句，“其义精微”，百姓们“时时歌咏，处处歌咏，人人歌咏，自然心平气和，自然孝亲敬长，自有无限好处，比之念佛诵经，功德相倍万万也”。①

问津书院在湖北黄冈孔子山下。相传孔子自陈蔡去楚过此，使子路问津于此。元代，龙仁夫筑室讲学于此。明隆庆元年（1567 年）重建孔子山庙，会讲其中；万历四十三年（1615 年）扩建为问津书院；四十八年（1620 年）建分院于河南商城之汤池，“一时从游之士云集景附，项背相望者数十年，书院讲学至此，号为极盛。院中诸儒，或主王湛，或主高顾，诸派俱备”②。其中耿定理、耿定向、焦竑为泰州学派干将。萧继忠主院数十年并兼商城分院主讲，影响至大且远。诸儒讲学，多涉平常日用之事，不乏平民化诠释之举，如萧继忠（号康侯）教屠者、耿定向（号天台）谕兄弟争产就很典型，兹录如下：

① 孙慎行、张鼐：《虞山书院志》卷 4《乡约仪》。上引诗文皆出于此。
② 王会厘：《问津院志》卷 4《讲学·源流》。

萧先生自麻邑避雨屠者门。问曰："萧先生乎？近来所讲何学？"曰："不过平常日用事。"曰："所讲某等亦可为否？"曰："何不可。即如尔业屠，戥称如制即是圣贤事。"适其子侍，指曰："此子亦可（何）为乎？"曰："此子立，而我与尔坐，即父子礼。何不可为？"又曰："吾妻亦可为乎？"先生曰："今某在此，君内不待教而自传茶，此即宾客礼也。礼在即道在，不学而合，禀于性，命于天。今教尔每事只要问此心安否，心不安处便不做，便是圣贤学问。"屠者恍然有顷，曰："谨受教。"后悉改向所为。

黄邑有两弟争兄产。时，天台耿先生率门弟子刘拙斋、萧康侯诸公讲学问津书院，两人前赴质。天台曰："尔所争是尔兄所遗否？"曰："然。"先生曰："兄产仍如前否？"曰："兄时已卖半。"先生曰："卖产时尔涕泣否？"曰："产为兄卖，何至涕泣。"先生曰："尔兄殁时，尔涕泣否？"曰："兄弟至性，那得不泣。"先生曰："尔兄卖产不泣，兄殁而泣，可见产不重于兄弟。今以争产伤兄弟之情，何待死者厚而待生者薄乎？"两人泫然不忍复言。①

前引安徽泾县水西、云龙、考溪、赤麓、蓝山、喻义各书院，嘉靖年间，有邹守益、钱德洪、王畿等王门高弟迭主讲席，万历之世则翟台、查铎、萧雍、徐榜、萧良幹诸先生相继登坛，终使"水西之学名天下"。各院讲会，既务虚而讲本体心性良知，也唯实而列应遵应行事宜，更互往来，聚族开讲，合则考德问业，孜孜以性命为事，散则传语述教，拳拳以善俗为心。兹以萧雍为例来作说明。

萧雍字慕渠，泾县人，官至副使。《明儒学案·南中王门》只列其兄萧彦而不载其名，《明史》则称"先生学过其兄"。讲学赤麓书院，以启迪族人及会中同志之语而成《赤山会语》一卷。学崇阳明而不妄议程朱，认为上圣与途人同心，人皆可以为学。因而，其讲学不只面对会中同志，更时时关注普通民众与族人，所作《赤山会约》分遵谕、四礼、营葬、睦族、节俭、正分、广仁、积德、慎言、忍气、崇宽、勤业、止讼、禁赌、备赈、防盗、举行、黜邪、戒党、

① 王会厘：《问津院志》卷4《记萧康侯逸事》。

置产、恤下、闲家、端本等二十三条。其自序称："独计地方风俗，浸失其初，及今不返，后何底止。今将一二应遵事宜胪列如左，期与诸友以此意劝勉各家。"以期"维风范俗"，而成"吾儒实学"，达到"挽浇靡而归之淳质"的目的。兹录四礼、睦族、积德、禁赌四条如下，以见其概。

"四礼"讲冠礼、婚礼、丧礼、祭礼，涉及一个人从成年到死后之礼仪，其中谈婚礼者曰：

> 婚姻，人道之始，礼仪岂可简略？古礼，婿往女家亲迎。今以亲客代之，已为简礼。奈何女家惮治具之劳，并此而废之也。遣嫁重事，男家以仆人来迎，女家以仆人往送，何轻亵之甚！吾乡嫁女之家，听男家亲客来迎，方为成礼，此非细故，毋曰："从便。"婚嫁各随力量，女家度自己薄往，不可责男家厚来，日后有言，女何以堪？娶妇妆奁，悉凭女家，争长说短，妇何以堪？①

反对索要厚礼，提倡新郎至少是男家亲客迎亲，以重婚姻礼仪，是其主张。

"睦族"讲族人团结，征引诗书，强调亲情，培植敦尚厚道的民风，提倡恤贫、尊长的精神。其曰：

> 《书》称"以亲九族"，《诗》歌"行苇既醉"，重一本也。世族瓜瓞绵远，本支蕃盛，或同居，或析爨，其初，一人之身耳。譬之于树，千枝万叶而根同；譬之于水，九河百川而源同。云同矣，可秦越异视乎？奈何世人不知此理，傲慢同姓，疏薄骨肉，恃强凌弱，恃众暴寡，恃富压贫，恃壮欺老。遇异姓强自忍耐，遇同室偏加凌侮，是何心肠也？愿吾乡族敦尚厚道，培养元气，矜孤寡，恤贫穷，解争竞，息忿怒，毋设诈，毋斗巧，毋倾陷，毋挑衅，毋谈人长短，毋起人是非，老老幼幼，尊尊卑卑，贤贤亲亲。祖宗一脉根源，培植得厚，灌溉得深，自然枝叶畅茂。川河贯注，何患家道不昌？即《诗》《书》所称，胡以加焉。②

"积德"劝善戒恶，提倡利人而行方便，既戒夺财、害命、占田之大恶，尤

① 萧雍：《赤山会约·遵谕》，清嘉庆《泾川丛书》本。
② 萧雍：《赤山会约·睦族》，清嘉庆《泾川丛书》本。

防口毒、笔毒、心毒之流行，正反并举，引用经书，意在善俗。其曰：

> 所谓阴德者，阴行其德，不令人知之谓也。积者，如积金积谷之类，积愈厚则发愈大，惟恶亦然，积愈毒则发愈暴。故曰“善不积不足以成名，恶不积不足以灭身”。炯戒昭然，人奈何不为善而为恶也？且为善亦甚易矣！非必尽捐己之所有，但随力量所能，到处与人行方便，即是利人。利不在多，渴时一杯水，饥时一盂饭，亦是恩惠。举念即是，何难之有？恶者非必攘夺人财物，戕害人性命，白占人田地。只背地好谈人长短，是为口毒；暗帖谤人，是为笔毒；阴险起灭，是为心毒，凡此皆恶也。一念之善，勿谓无益，积小成大，后祚必昌；一念之恶，勿谓无伤，积微成著，贻祸匪细。《书》曰：“作善降祥，作恶降殃，近在其身，远在子孙，历观往古，报应不爽。”得不凛凛惧乎！①

“禁赌”晓之以义，劝之以亲，禁之以法。其曰：

> 民间大害，无过赌博。赌博之害，罪在开场。本是戏事，大张骗局，一入其网，不尽不止。大抵赌博之人，初皆起于利心。父母不肯苦戒，亦皆起于利心。投掷甚易，取利甚捷，冀其赢也，而姑纵之。既而输钱于甲也，取赢于乙以偿之，幸而偿也，又思益之。亡论投子、纸牌，权不由我，胜负难必。纵赢得钱来，不由勤苦，谁肯爱惜，任意花费，缘手立尽，倒囊空归。东荡西走，田地荒芜，不问父母缺养，不顾室无片椽，家无寸土。债主逼取，借贷无门。力耕不能，饥寒难熬，则有聚而为盗耳。小则窃，大则强，身以盗亡，盗由赌至，悔无及矣。可哀也！官府法禁虽严，安能尽人而绳之。是在各家父兄捐去利心，严戒，轻而家法处治，重则送官刑罪。彼亦人耳，肯以其身为戮辱乎？此风衰息，而家道日见殷富矣。②

水西各书院讲学化民，在当年是取得了实际成效的，万历年间经营水西、蓝山、赤麓书院的徐榜，在其语录《白水质问》中就曾纪录过这些与芝兰俱化的事迹。其称：

---

① 萧雍：《赤山会约·积德》，清嘉庆《泾川丛书》本。
② 萧雍：《赤山会约·禁赌》，清嘉庆《泾川丛书》本。

或问："邑故有水西会，今吾里有蓝山、赤山会馆，毋乃赘而期不几烦乎?"徐子曰："离群索居，前贤患之。事贤友仁，为仁之利器也。一日暴十日寒，如有萌焉，何哉。故夫馆不越里，会不择期，庶几日渐月摩，入芝兰之室，与之俱化而不自知也。"

或曰："闻星源有项姓者，与弟共产，分时私田十亩，弟不知，邑人亦不知也。十年后入会中，辄勃勃内不自安，鸣之同志，必捐田十亩与弟而后已。若品何如?"徐子曰："是之谓慎独不欺，是之谓改过不吝。若讲学者尽然，将人有君子之行，户成可封之俗矣。"①

星源项氏改过从善，既是书院讲会移风化俗的结果，又是书院对"慎独"这一儒学概念平民化诠释的生动例证。相信再高深难懂的理论，经过如此诠释，必将为讲会同志所乐闻而铭记于心，并随讲会受众而流传民间，变成乡民厚道之俗。人而君子，户则可封，此则正是儒学平民化的理想所在。

第四节　明政府的书院禁毁活动

明代前期，政府对书院虽然"无令无禁，学者藏修息游，不于学校则于书院"②，但"书院之建非制也"③，没有得到朝廷的正式认可。正德、嘉靖以来，当它发展成为王、湛之学的学术基地、宣传阵地以及中下层读书人讽议朝政、要求政治权力的大本营之后，更罹禁毁之祸。可以说，明代书院因为讲学而成辉煌盛大之势，也因为讲学而招致了嘉靖、万历、天启三次禁毁，并由此走向衰落。真可谓成也讲学，败也讲学。以下将具体讨论三毁书院的情况，以及明季书院在禁毁笼罩下的生存状态。

明季禁毁书院，论者多指为嘉靖十六年（1537 年)、嘉靖十七年（1538

① 徐榜：《白水质问》，清嘉庆《泾川丛书》本。
② 同治《嘉定府志》卷 44《夹江县平川书院记》。
③ 嘉庆《四川通志》卷 80《武信书院记》。

年)、万历七年（1579年)、天启五年（1625年）等四次，而称作四毁书院。[①]其实不然。据史志记载，仅万历之禁，至少就有确指为初年、五年、六年、七年、八年、九年、十年、十二年者，计有八次之多。天启也有五年、六年二说。再加嘉靖二次，合计有十二次。若依例而称作十二毁书院，则不胜其烦。因此，本书主张循其讲学而招禁毁的内在逻辑，表述为嘉靖、万历、天启三毁书院，或径称明季三毁书院活动。

一、嘉靖朝：矛头直指王、湛讲学

王守仁和湛若水自弘治末年北京定交，“共以倡明圣学为事”，即以斯道为己任，“上欲以其学辅吾君，下以其学淑吾民，惓惓欲人同归于善，欲以仁覆天下苍生”，高扬“致良知”“随处体认天理”的大旗，到处讲学，动摇了宋元以来官府所确立的程朱理学在思想界的统治地位。尤其是王守仁，奋不顾身，以当天下之大难，平定宁藩朱宸濠叛乱，建立盖世奇功。然而，功愈高，当权者忌恨愈深。于是，反对派以捍卫程朱理学为借口，对王、湛及其心学展开了攻击：诬其学为伪学、邪学，指其人为邪党、无赖，必欲置之死地而后快，并由人而学，由学而书院，终于酿成明代书院的第一次劫难。

矛头首先是指向王守仁的。嘉靖元年（1522年)，王以守丧居家讲学，“四方来游其门益众，科道官迎当路意，以伪学举劾”[②]。如给事中章侨、毛玉、御史梁世骠、程启充先后上疏：“三代以下，正学莫如朱熹。近有聪明才智，倡异学以号召，天下好高务名者靡然宗之，取陆九渊之简便，诋朱熹为支离，乞行天下，痛为禁革。”[③]二年会试，他们又借策问试题攻击王学。策问称：“朱陆之论，终以不合，而今之学者，顾欲强而同之，乐彼之径便，而欲阴诋吾朱子之学欤？究其用心，其与何澹、陈贾辈亦大相远欤？至笔之简册，公肆诋訾，以求售其私见。礼官举祖宗朝故事燔其书而禁斥之，得无不可乎？”[④] 王守仁死后，

---

① 陈元晖、尹德新、王炳照编著：《中国古代的书院制度》，上海教育出版社1981年版，第77—86页；史明：《明末书院的创建与毁禁》，载《齐鲁学刊》1996年3期。

②［明］王守仁著，吴光等编校：《王阳明全集》卷38《阳明先生行状》，上海古籍出版社1992年版，第1424页。

③ 陈鹤：《明纪》卷28《世宗纪一》。

④ 顾炎武：《日知录》卷18《朱子晚年定论》。

他们还穷追不舍，指斥“王守仁事不师古，言不称师，欲立异以为高，则非朱熹格物致知之论。知公众论之不与，则为《朱熹晚年定论》之书，号召门徒，互相倡和，才美者乐其任意，庸鄙者借其虚声，传习转讹，背谬弥甚”①。因而，尽管王守仁功勋卓著，却不予恤典。与此同时，还以各种借口对王学门徒进行打击。史称其时“学禁甚严”，是为禁毁的序幕。

当王守仁遭遇麻烦时，湛若水以老师宿儒挺然特立而成为“心学”的旗帜，并赢得了王门弟子的广泛认同与尊重。其时，“学禁方严”，湛任职南京，仍不改建院讲学之习，和王门高足邹守益、河东学派的吕柟，“九载南都”，“共主讲席，东南学者，尽出其门”，② 其势正盛。不仅如此，针对学禁，湛若水于嘉靖七年（1528 年）六月在进呈给皇帝的《格物通》中，借宋禁道学而亡，蒙古建太极书院而兴这一历史事件，对禁书院讲学之举提出了反制性的批评意见。这是一段鲜为人知的史实，兹引如下，以供参考：

> 宋理宗嘉熙二年，蒙古建太极书院于燕京。时濂溪周子之学未至于河朔，杨惟中用师于蜀、湖、京、汉，得名士数十人，始知其道之粹，乃收集伊洛诸书，载送燕京。师还，与姚枢谋建太极书院及周子祠，以二程、张、杨、游、朱六子配食，请赵复为师，选俊秀有识度者为道学生，由是河朔始知道学。
>
> 臣若水“通”曰：元自太祖至世祖，用兵百四十年，至灭宋而始一天下，其战胜攻取，古所未有之盛。及观史，至杨惟中与姚枢奋然兴起道学，而叹其有以也，岂非知守天下者乎？夫蒙古北俗也，乃能兴道学之教，而当时南宋乃禁锢道学，指为伪学，使天理民彝之在人心澌灭殆尽，以归于败亡之辙而不悟，为能保天下者耶？欲其不亡难矣。元儒刘因诗云：“王纲一紊国风沈，人道方乖鬼境侵。生理本直宜细玩，蓍龟千古在人心。”盖叹宋也。《书》曰：“商俗靡靡，利口惟贤，余风未殄。”后之主教化之责者，可不独观而深省之，以救流俗之弊乎？③

---

① 陈鹤：《明纪》卷 30《世宗纪三》。
② 黄宗羲：《明儒学案》卷 8《河东学案下》。
③ 湛若水：《格物通》卷 47《立教兴化上》。

湛若水借古讽今，其指宋“禁锢道学，指为伪学，使天理民彝之在人心澌灭殆尽，以归于败亡之辙”，尤其是宋以“能保天下者”之道学为伪学，“欲其不亡难矣”之长叹，这实可视为反对学禁的宣言，说明以王湛为代表的讲学者不仅没有被学禁所吓倒，仍在建院讲学，而且借呈御览之书的时机，对反对派实施反制措施。于是，反对派终于对甘泉先生及其所到之处建以讲学的书院下手了。

关于嘉靖年间的这次禁毁书院，《续文献通考》有过一个综合性的记述，为了交代事情缘由，还对明代书院政策做了简要的回顾，其称：

> 世宗嘉靖十七年四月，吏部尚书许赞请毁书院，从之。初，太祖因元之旧，洪武元年立洙泗、尼山二书院，各设山长一人。宪宗成化二十年，命江西贵溪县重建象山书院。孝宗弘治元年，以吏部郎中周木言，修江南常熟县学道书院。武宗正德元年，江西按察司副使邵宝奏修德化县濂溪书院。其时各省皆有书院，弗禁也。至帝十六年二月，御史游居敬疏斥南京吏部尚书湛若水，倡其邪学，广收无赖，私创书院，乞戒谕以正人心。帝慰留若水，而令所司毁其书院。至是，赞复言，抚按司府多建书院，聚生徒，供亿科扰，亟宜撤毁。诏从其言。①

但《明史》的《世宗本纪》《湛若水传》和《许赞传》都不记其事。夏燮的《明通鉴》仅略载游居敬疏毁书院，不及许赞之请毁书院。沈德符著《野获编》记游居敬疏毁书院事甚详，《皇明大政纪》记许赞之毁书院事也很翔实。兹分别摘录如下：

> 《明通鉴》卷五十七载：嘉靖十六年四月，“壬申，罢各处私创书院。时御史游居敬论劾王守仁、湛若水伪学私创，故有是命”。
>
> 《野获编》卷二《讲学见绌》载：“丁酉年（嘉靖十六年，1537），御史游居敬又论南太宰湛若水，学术偏陂，志行邪伪，乞斥之，并毁所创书院。上虽留若水，而书院则立命拆去矣。”
>
> 《皇明大政纪》载：“嘉靖十七年五月，毁天下书院。吏部尚书许赞上

① 王圻纂辑：《续文献通考》卷50《选举考续·吏道赀选方伎》。

言，近来抚按两司及知府等官，多将朝廷学校废坏不修，别起书院，动费万金，征取各属师儒，赴院会讲，初发则一邑制装，及舍供亿，科扰尤甚。日者南畿各处，已经御史游居敬奉行拆毁，人心称快，而诸未及，宜尽查算，如仍有建者，许抚按据奏参劾。帝以其悉心民隐，即命内外严加禁约，毁其书院。”

《典故纪闻》卷十七也记载：“嘉靖时，御史游居敬请禁约故兵部尚书王守仁及南京吏部尚书湛若水所著书，并毁门人所创书院，戒在学生徒勿远出从游，致妨本业。世宗曰：‘若水留用，书院不奉明旨，私自创建，会有司改毁。自今再有私创者，巡按御史参奏。比年阳倡道学，阴怀邪术之人，仍严加禁约，不许循袭，致坏士风。’”①

游居敬、许赞奏请禁毁书院事，《明世宗实录》皆有记载，是为一手材料，兹引如下：

(嘉靖十六年四月壬申）御史游居敬论劾南京吏部尚书湛若水学术偏诐，志行邪伪，乞赐罢黜。仍禁约故兵部尚书王守仁及若水所著书，并毁门人所创书院。戒在学生徒毋远出从游，致妨本业。疏下，吏部覆言：若水尝潜心经学，希迹古人，其学未可尽非。诸所论著，容有意见不同，然于经传多所发明。但从游者日众，间有不类，因而为奸，故居敬以为言。惟书院名额似乖典制，相应毁改。上曰：若水已有旨谕留，书院不奉明旨，私自创建，令有司改毁。自今再有私创者，巡按御史参奏。②

(嘉靖十七年五月癸酉朔，吏部尚书许赞条陈地方事务所宜裁革者八款，其中第七款涉及书院，其云）“七，禁兴造。如擅改衙门，另起书院，刊刻书籍，甚为民害。今后额设衙门，不许擅自更改书院官房，应创建者必须请旨，教官生员悉令于本处肄业，不许刊刻书籍，刷印送人，糜费民财。……疏入，上嘉其悉心民隐，令所司严禁厘正，果有积弊难除，格于沮挠者，各抚按官具以实闻。”③

---

① 陈谷嘉、邓洪波主编：《中国书院史资料》（上册），浙江教育出版社 1998 年版，第 811 页。
②《明世宗实录》卷 199《嘉靖十六年四月》。
③《明世宗实录》卷 212《嘉靖十七年五月》。

据此可知，许赞奏疏时间在嘉靖十七年五月初一，《续文献通考》记为四月与事实不符。且当时是禁书院与禁刊刻书籍并提，其禁止讲学之意甚明。

需要引起特别注意的是，嘉靖书院之禁，不仅是针对湛若水一人的，王守仁也被指为罪魁之首。现在游氏之疏虽不可见，但从邹守益以王门高足身份与湛若水“共主讲席”之事，联系嘉靖八年（1529 年）即王守仁逝世次年，世宗皇帝不顾功臣新丧之痛而批评“守仁放言自肆，抵毁先儒，号召门徒，声附虚和，用诈任情，坏人心术，近年士子传习邪说，皆其倡导”①，我们认为，《明通鉴》《典故纪闻》所记更接近事实，理应引起重视。从整个事件的逻辑走向分析，也能清楚地看到，书院讲学才是招致禁毁的真正原因所在。当时朝廷的执政大臣们，有许多是反对王、湛之学的，他们对于王、湛的广建书院、聚徒讲学的行为妄加罪名，实是为了在政治上和学术上进行压制。先是以“倡其邪学，广收无赖”的罪名毁闭王、湛私立的书院，随后又以“官学不修，别立书院”，“动费万金，供亿科扰”为借口，禁毁所有书院。

嘉靖禁毁对书院的危害，因有“虽世宗力禁，而终不能止”② 的记录，一般认为不是很大，仅限于湛若水活动的南京地区，也仅针对湛若水所建的书院。其实不然。湛若水只是突破口，打击的对象还有王阳明及其讲学门人，范围由南京而及于全国。在湖南就有这样的例证。据万历《慈利县志》卷二记载：“月川书院在观嘉渚，嘉靖十年，知县刘长春建为庠士肄业之所。宇堂整饰，规制宏敞，有爱月堂、留月所、吸月湍、弄月矶，极为佳胜。寻以未经申详，当路革去。今废。”刘知县可能是一位月神崇拜者，爱、留、吸、弄者皆为空中之月，浪漫而极有情趣，有意将书院建成人间月宫。可惜刚建六七年，即有禁令下达。于是“以未经申详”，而被“当路革去”。到万历年间，再遇权臣厉禁，宜乎当年地方志记作“今废”。

二、万历朝：张居正痛恨讲学

万历禁毁书院，由内阁首辅张居正一手策划。这次禁毁书院的原因、经过和结果，史册有些记载，同时各地方志上记载也很多，可作为旁证。

---

①《明世宗实录》卷 98《嘉靖八年二月》。

② 沈德符：《万历野获编》卷 24《畿辅・书院》。

《明史》卷二十载："七年春正月戊辰，诏毁天下书院。"

《明纪》载："七年正月戊辰，诏毁天下书院。自应天府以下，凡六十四处，尽改为公廨。"

《明通鉴》卷六十七载："七年春正月戊辰，诏毁天下书院。先是原任常州知府施观民，以科敛民财，私创书院，坐罪褫职。而是时士大夫竞讲学，张居正特恶之，尽改各省书院为公廨，凡先后毁应天等府书院六十四处。"

《御批历代通鉴辑览》卷一百十载："己卯七年春正月，毁天下书院。时士大夫竞讲学，张居正特恶之，尽改各省书院为公廨。"

《御定资治通鉴纲目三编》卷二十六载："己卯七年春正月，毁天下书院。原任常州知府施观民，以科敛民财私创书院坐罪，革职闲住。是时，士大夫竞讲学，张居正特恶之，尽改各省书院为公廨，凡先后毁应天等府书院六十四处。"

《万历邸钞》万历七年己卯卷载："吏部题复，参究文武不职官员，大肆枭贪等事。奉旨，施观民原劾赃私狼藉，不止科敛民财、私并书院一节，明系勘官私庇容隐，独以一事坐罪，姑依拟，著革了职，冠带闲住。其所并书院，并各省直有私建的，著遵照皇祖明旨，都改为公解衙门，田粮查归里甲，再不许聚徒游食，扰该地方。各巡按御史，仍将查过缘由，立限从实具奏。其各提学官，候科场事毕，你部会同礼部，照前旨从公考察，目今预行体访。如有违背敕谕，徇私作弊的，著不候考察，即便奏来处治。"①

张居正痛恨讲学，甚至"言之切齿"，是有其历史原因的。嘉靖三十二年(1553年)开始，内阁大学士徐阶以阳明再传弟子的身份在北京灵济宫大开讲会，自为盟主，请王门高足欧阳德、聂豹、程文德"分主之"，当时"学徒云集至千人，其时在癸丑、甲寅，为自来未有之盛"。两年盛会，轰动京师。三十七年，何吉自南京而来，"仍为灵济之会"，仍然推徐阶为"主盟"。② 此时的徐阶权势更重，及至嘉靖隆庆之际，他终于由大学士而成内阁首辅，执政近十年。上有所好，下必行焉。"一时趋骛者，人人自托吾道，凡抚台莅镇，必立书院以

① 《万历邸钞》(上册)，江苏广陵古籍刻印社1991年版，第81页。

② 黄宗羲：《明儒学案》卷27《南中王门学案三》。

鸠集生徒，冀当路见知。”① 于是，建书院讲学就异化成巴结上司、希冀升迁的手段，失去了其原初之意。

作为内阁成员，张居正参加了当年的灵济大会，但对大会印象不好而生厌恶。在《答南司成屠平石论为学》中，他讲到了这段经历，其称：“夫昔之为同志者，仆亦尝周旋其间，听其议论矣。然窥其微处，则皆以聚党贾誉，行径捷举，所称道德之说虚而无当，庄子所谓其嗌言者若哇，佛氏所谓虾蟆禅耳。而其徒侣众盛，异趋为事，大者摇撼朝廷，爽乱名实，小者匿蔽丑秽，趋利逃名。嘉隆之间深被其祸，今犹未殄。此主持世教者所深忧也……仆愿今之学者，以足蹈实地为功，以崇尚本质为行，以遵守成宪为准，以诚心顺上为忠，兔鱼未获无舍筌蹄，家当未完毋撤藩卫，毋以前辈为不足学而轻事诋毁，毋相与造为虚谈，逞其胸臆以挠上德也。”②

万历初年，当张居正设法取代徐阶、李春芳、高拱而成为内阁首辅之后，他乘其改革雄风，禁讲学而废书院。三年（1575 年）五月初三日，在《请申旧章饬学政以振兴人才疏》中，他首提“不许别创书院”的主张，其称：

> 圣贤以经术垂训，国家以经术作人。若能体认经书，便是讲明学问，何必又别标门户，聚党空谈。今后各提学官，督率教官生儒，务将平日所习经书义理，着实讲求，躬行实践，以需他日之用。不许别创书院，群聚徒党，及号招他方游食无行之徒，空谭废业。因而启奔竞之门，开请托之路。违者，提学御史，听吏部督察院考察奏黜，提学按察司官，听巡按御史劾奏，游士人等，许各抚按衙门访拿解发。③

张曾多次为自己不喜讲学而禁书院的主张辩解。他说：“今人妄谓孤不喜讲学者，实为大诬。孤今所以佐明主者，何有一事一语背于尧舜周孔之道。但孤所为皆欲身体力行，以是虚谈者无容耳。”④ “吾所恶者，恶紫之夺朱也，莠之乱苗也，郑声之乱雅也，作伪之乱学也。夫学乃吾人本分内事，不可须臾离者。言喜道学者，妄也，言不喜亦妄也。干中横计去取，言不宜有不喜道学者之名，

---

① 沈德符：《万历野获编》卷 24《畿辅·书院》。
② 张居正：《张太岳文集》卷 29《答南司成屠平石论为学》。
③ 张居正：《张太岳文集》卷 39《请申旧章饬学政以振兴人才疏》。
④ 张居正：《张太岳文集》卷 30《答宪长周友山明讲学》。

又妄之妄也。”[①] 从这种辩解中，我们可以知道，张居正以“群聚徒党，及号招他方游食无行之徒，空谭废业”为由来加害书院讲学，在当时就有人提出不同意见。但禁书院的真实意图是，防止讲院师生“徒侣众盛，异趋为事”，进而“摇撼朝廷，爽乱名实”，危及其集权统治。因此，为了配合其“尊主权，课吏职，信赏罚，一号令”的以强权推行全面改革政策的既定方针，张居正不顾反对，继续他的禁毁行动。

万历五年（1577 年），曾以“讲会乡约为治”的罗汝芳不听招呼，讲学北京广慧寺，“朝士多从之者，江陵恶焉”。[②] 而随后又发生“夺情”案，张以不遵回家守丧的礼制而受到猛烈批评，其中也包括何心隐、邹元标等讲学人士的批评，指其“忘亲贪位”，“位极人臣，反不修匹夫之节”，使张对讲学“言之切齿”。七年春天，常州知府施观民以创建书院，被人告发科敛民财，正好也就成了厉行禁毁的一个借口。从此，不再是“不许别建书院”，而是“诏毁天下书院”，且必“芟革除根”而后快：“承示，查改书院并田粮事，一一明悉。必如是而后为芟草除根，他日亦不得议复矣。但军屯难以招买，只宜募军佃种纳粮，幸惟裁之。比审学政，精明风标，峻整旦夕，部议公平，必当为举首矣。慰甚。”[③] 张居正对“查改书院”并变买书院田粮的陕西学政李翼轩十分满意，并出主意将书院学田变作军队屯田，以求“芟草除根”，他日也“不得议复”。这不得不令人怀疑，其禁毁书院之举已杂入其个人私愤，而有泄恨报复之嫌。禁毁书院的行动也很严厉、粗野，邹元标就说“万历庚辰，江陵尽毁天下书院，市地归民间”[④]，“予忆庚辰、辛巳间，江陵在事，有诏尽毁天下书院，诸凡先圣贤遗像，捆而投于江者”[⑤]。在当年，敢对圣贤遗像如此不敬，是难以想象的。

由上可知，张居正执政十年，不论是由于国家的利益，还是个人的私心，其禁毁书院不仅仅在万历七年，而是一项长期施行的政策，这从地方志自五年到十二年皆有记载的事实中也可以得到印证。

万历五至十二年间因张居正恶讲学而遭毁废改卖的书院计有 55 所，分布在

① 张居正：《张太岳文集》卷 31《答宪长周友山讲学》。
② 黄宗羲：《明儒学案》卷 34《泰州学案三》。
③ 张居正：《张太岳文集》卷 31《答陕西学政李翼轩》。
④ 邹元标：《愿学集》卷 5 上《仁文书院记》。
⑤ 邹元标：《愿学集》卷 5 上《重新岳麓书院》。

今冀、鲁、晋、豫、江、浙、闽、赣、皖、湘、粤、桂、川、陕等 14 个省区，范围较广，但主要集中在江右王门的活动场所江西、湛若水的家乡广东，而历来被视作整个事件始发之地的江苏，仅常州、常熟 2 所书院被毁，史书上所记应天府（今江苏南京地区）则一所也没有。这说明统计不够全面。如前述因禁毁书院而受表扬的陕西省就不见记录。据此可知，万历之毁实际受害的书院远不止 55 所，甚至还要超过史志所记的 64 所，其危害不应低估，此其一。

其二，此次禁毁的矛头主要是指向讲学，张居正恶讲学而毁书院的文献资料，以及统计数集中在讲学事业发达的赣粤两省等方面都可以得到印证。科敛民财即经济问题是次要的，从经济、民生的角度来讨论禁毁书院不属正途，张氏之本意在夸大经济之害，为禁毁寻求更动人的借口，是一种斗争的策略。因此，我们不能由经济出发来评价此次禁毁事件，而必须将其定位于恶讲学而毁书院。从本质上看，万历之毁书院和嘉靖、天启之毁书院是没有区别的，皆在禁锢学术自由，同样应该受到批判，没有理由为它开脱。①

应该说，张居正的书院政策经历了一个从开始反对空谈废业，不许别创书院，希望重振官学教育，到最后为保护自己的政治利益而不惜禁学毁院的这样一个思路历程。对于这种以禁书院来重振官学，尤其是以拆毁书院而封杀天下讲学、清谈议政自由的举动，在当时就遭到很多人的反对、抵制。许孚远《唐一庵先生祠堂记》就记载了这样的事例，其称：吴兴城北门有唐先生书院，“前有讲堂，后有寝室，傍有号舍，外有坊表，规模闳靓，焕焉成一方之观……江陵柄国，严禁学徒，尽毁天下书院。而郡守李侯权易坊额为唐先生祠，乃移文报监司曰，郡故无书院，得不毁”②。明明书院规模甚大，焕焉而成一方景观，但地方官却说没有书院，显然是瞎说欺瞒。虽然事不可取，但其背后所表明的却是鲜明的反对禁毁书院的态度。地方志也不乏这样的记录，如雍正《江西通志》卷二十二载：“万历七年，大学士张居正请禁伪学，诏毁天下书院，鬻田以充边需。巡抚邵锐以白鹿书院有敕额，不便拆毁，量留田三百亩备祭祀。巡道王桥随请留星都二县田，其建昌县千余亩俱变价解司。”雍正《江南通志》卷一

① 任冠文《论张居正毁书院》意在为张氏开脱，既低估其危害，又夸大其对万历改革的积极作用。文载《晋阳学刊》1995 年第 5 期。

② 黄宗羲：《明文海》卷 369《唐一庵先生祠堂记》。

百四十七载：游应乾“出守宁波，浚陂塘，通水利。时郡邑承张居正指毁书院，惟宁波独存”。

万历十年（1582年），张居正死后不久，因为邹元标奏请，朝廷即颁旨：“凡天下书院，俱准复之。”通过拨乱反正，基本结束了其禁毁天下书院的错误主张。但权臣余威抑或政策的惯性，对书院建设带来的危害仍然不可小视。至十二年，还能见到福建龙溪县因革私创书院之诏，而将观澜书院改作孔氏家庙的记录。[①] 万历后期，围绕罗汝芳、顾宪成在宁国府志学书院和无锡东林书院的讲学，更引发朝野争议，并最终导致天启年间魏忠贤残害东林、禁毁天下书院。

三、天启朝：魏忠贤残害东林

一代名相张居正是中国历史上最有作为的政治家之一，也是难得的改革家，万历前十年尽管有不少问题存在，但毕竟还是一个富有朝气的振兴的时代。张氏身后，明王朝政治日益腐败，社会矛盾激化，很快走向衰落。政坛上，万历皇帝以挣脱权臣的约束而放纵自己，集酒色财气“四病”于一身，深居宫中，尽情游乐，大肆敛财，不理朝政，大臣们则因循唯诺，无所作为，以求自保。其结果是政府失职而混乱，朝纲不整，官吏们“报君之心已灰，纳贿之门如市”[②]。对国计民生漠然视之，并且为了谋取更多的利益，而日渐结党营私，形成所谓浙党、宣党、昆党、楚党、秦党、蜀党等派系。

与此同时，民间书院讲学之风日盛，到万历末年形成了东林、关中、紫阳、江右四大书院群体。讲学之人多为政治斗争中被清洗的正直官员，尽管他们惩于嘉靖、万历禁毁教训，有意在书院规章中规定，不议时政，不谈朝廷、郡邑得失，但一本出为忠臣，处则风范地方之圣训，从“事即是学，学即是事，无事外之学”的学术原则出发，书院仍然免不了“风声雨声读书声，声声入耳；家事国事天下事，事事关心”，进而成为清议、公正的化身。再加上反对派的打压与催生，书院就由讲学之所，日渐变成具有社团性、政治性的社会民间组织，并被人冠以“东林党”之名：恶者欲以东林名“党”而加讨灭，善者则以同志而聚于东林名下。尤其是经过（李三才）入阁、京察、挺击、红丸、移宫几大

① 乾隆《龙溪县志》卷4《学校》。
②《明神宗实录》卷450《万历三十六年九月》。

政治事件之后，东林书院也就成了天下讲学书院的代名词，并与东林党画上了等号。

有关东林书院的基本情况及围绕东林讲学而形成的争议，以下将作专门讨论。这里将以全新的资料，介绍东林书院修复以前，围绕万历初年罗汝芳讲学宁国府志道书院之旧事，引出的禁立书院祠宇，并禁刊离经叛道新书的公案。此事的主角是杨时乔、余继登二人，时间在万历二十六年（1598 年）。据《明史》记载，杨时乔“受业永丰吕怀，最不喜王守仁之学，辟之甚力，尤恶罗汝芳。官通政时，具疏斥之曰：佛氏之学，初不溷于儒，乃汝芳假圣贤仁义心性之言，倡为见性成佛之教，谓吾学直捷，不假修为。于是以传注为支离，以经书为糟粕，以躬行实践为迂腐，以纲纪法度为桎梏，逾闲荡检，反道乱德，莫此为甚，望敕所司明禁，用彰风教。诏从其言”①。余继登以为杨疏所言甚是，“服其有见”，并进一步提请移文各地学官，凡“地方中但有罢闲官员、山人方士、学佛学仙者，听其于山林空寂之处，各修其业。有于通都大邑中聚徒至数十人者，即行驱逐。其不由抚按具题、擅立书院祠宇者，即行禁约，并禁坊间所刻离经叛道新说诸书，不许鬻卖。士子行文，务依二祖所颁示集注、大全为主，而参以蒙引、存疑诸书，各阐理道，勿杂禅机。提学校文，务取不背经义，纯正典雅者。童儒仍用新说者不准入学，生员仍用新说者径自黜革。至于乡试会试行文，知会一体遵行。有仍前不遵者，容臣部及该科指实参治，庶异说渐熄，圣学自明，士心既定，士习自端，国家将来或可收得人之效矣”②。在这里，余继登将罗汝芳等阳明学者和学佛学仙者并视，禁其在通都大邑建书院讲学、刻书以传播其学说，既有学术的原因，更有政治的影响。所谓准许山林空寂各修其业，禁止城市数十人聚会讲学，是因为害怕书院成为士人社团，集结反对派力量，因而要“即行驱逐”，“即行禁约”。这是一种典型的由学术而及政治的禁毁思维，由此衍生出天启年间的东林党案，实在是宜乎其事。

天启初年，宦官魏忠贤与熹宗乳母客氏勾结成更为黑暗的阉党集团，他们控制特务机关东厂、锦衣卫，荼毒人民，擅权乱政，引起东林党人的愤慨。于

---

①《明史》卷 224《杨时乔传》。杨疏题为《为文体日坏，士习渐移，恳祈敕谕儒臣申明祖制，尊圣谕，辟邪说，以维世道人心事》，全文见余继登《淡然轩集》卷 2《覆杨止庵疏》。

② 余继登：《淡然轩集》卷 2《覆杨止庵疏》。

是，两者的对立就不可避免，终于酿成惨烈的东林党案，并由东林党而殃及天下东林讲学书院，明代书院遭遇到了第三次禁毁的劫难。

关于天启禁毁书院，史书有如下一些简要的记载：

(天启五年）秋七月壬戌，毁首善书院……甲戌，追论万历辛亥、丁巳、癸亥三京察，尚书李三才、顾宪成等削籍。八月壬午，毁天下东林讲学书院，削尚书孙慎行等籍。①

明年，忠贤党张讷请毁天下书院，劾三俊与邹元标、冯从吾、孙慎行、余懋衡合污同流，褫职闲住。②

(天启五年）秋八月，毁天下书院。御史张讷（阆中人）上疏力诋邹元标、孙慎行、冯从吾、余懋衡（字持国，婺源人）等，请毁其讲学书院。于是，元标、慎行、从吾、懋衡俱削夺，东林、关中、江右、徽州及天下一切诸书院皆毁。讷为忠贤鹰犬，最效力，忠贤深德之。书院既毁，未几逆祠建矣。时元标已前卒，追论夺官，崇祯初赠尚书，谥忠介。慎行寻复以红丸事遣戍，具详后。从吾以病卒，崇祯初复官，谥恭定。懋衡亦于崇祯初复官。③

(天启五年）八月，毁天下书院。质实御史张讷上疏力诋邹元标、孙慎行、冯从吾、余懋衡等，请毁其讲学书院。于是，元标、慎行、从吾、懋衡俱削夺，东林、关中、江右、徽州及天下一切书院皆毁。讷为忠贤鹰犬，最效力，忠贤深德之。书院既毁，未几逆祠建矣。时元标已前卒，追论夺官，崇祯初赠尚书，谥忠介。慎行寻以红丸事遣戍。从吾以病卒，崇祯初复官，谥恭定。懋衡字持国，婺源人，亦于崇祯初复官。张讷阆中人。④

神宗万历十年，阁臣张居正以言官之请，概行京省查革，然亦不能尽撤。后复稍稍建置，其最著者，京师有首善书院，江南曰东林书院。孙国敉《燕都游览志》曰：首善书院在宣武门内左方，天启初，都御史邹元标、副都御史冯从吾为都人士讲学之所、大学士叶向高撰碑、礼部尚书董其昌

① 《明史》卷 22《熹宗本纪》。
② 《明史》卷 254《郑三俊传》。
③ 《御批历代通鉴辑览》卷 113《明熹宗皇帝》。
④ 《御定资治通鉴纲目三编》卷 33《起甲子明熹宗天启四年尽丁卯明熹宗天启七年》。

书。党祸起，魏忠贤矫旨毁天下书院，碰碎碑碣，即其地开局修历。《春明梦余录》曰：京师有首善书院，不知者统谓之东林。当日，直借东林以害诸君子耳。盖东林无锡书院名也，宋儒杨时建。后废为僧寺，万历中吏部考功郎顾宪成罢归，即其地建龟山祠，同志者为构精舍居焉，乃与行人高攀龙等开讲其中。及攀龙起为总宪，疏发御史崔呈秀之赃。呈秀遂父事魏忠贤，日嗾忠贤曰，东林欲杀我父子。既而杨涟、左光斗交章劾珰，珰益信呈秀之言不虚也。于是，遂首毁京师书院，而天下之书院俱毁矣。①

追溯源流，天启禁毁书院是由魏忠贤及其爪牙一手制造的。天启四年(1624年)，阉党开始发难，乔应甲一月之内连上十三疏，攻击曾受顾宪成援救的淮抚李三才，指其为东林党党魁，称“东林得淮抚则暗有所恃，淮抚得东林则两有所扶”②。张讷则参劾吏部尚书赵南星，牵连17人被革职。一时之间，竟成参究东林官员之疏时上，处分之章日下的局面，十分恐怖。

天启五年（1625年）正月，阉党“十孩儿”之一的兵科给事中李鲁生，以“假道学不如真节义”为理，建议将京城首善书院匾额联对全部撤去，改为“忠臣祠”，奉祀辽阳阵亡将士。五月，御史周维持向魏忠贤奏报：“严斥邪党，不许别创书院，群聚朋徒。乞敕中外，并将旧日所建书院，不论省直府县，立时改毁。”③ 七月，御史倪文焕以“东林巨魁”为名，参劾李邦华、李日宣、周顺昌，“毁其讲学书院”。又以首善书院虽已改为褒忠祠堂，但书院碑记尚存，可能给讲学之人留下旗帜，“请碎讲院碑”。行旨：“其私创书院匾额虽去，碑记犹存，著礼部即毁碎回奏，以为聚徒植党之戒。”④ 于是，首善书院石碑尽数毁碎。京城首善书院的被毁，可以视作阉党禁毁书院的全面开始。

八月，素有“魏忠贤鹰犬”之称的御史张讷，奏请毁拆全国书院。此疏说全国书院最盛者为东林、关中、江右、徽州四处。东林书院“其来已久，乃李三才科聚东南财赋，竭民膏血为之修建者，良田美宅，不下数十万金。孙慎行、

① 王圻纂辑：《续文献通考》卷50《选举考续·吏道赀选方伎》。

②《明熹宗实录》卷49《天启四年七月》。

③ 庄廷鑨：《明史抄略·哲皇帝本纪下》，《四部丛刊》本。《明嘉宗实录》卷58《天启五年四月》所记文字稍异，作“将党人旧日凡有倡建书院，不论省直州县，立时改毁”。

④《明熹宗实录》卷61《天启五年七月》。

高攀龙辈窟穴其中，以交结要津，纳贿营私，皆是物也。如租佃户高转逊编朴千余，从来硬不完纳。近日借口灾伤，逋欠尤多，有司不敢问”。又说冯从吾开办关中书院侵占官地民田一千三百多亩，徽州书院日常供输之费高达巨万金，江右书院是借东林为己声张，都是操柄误国。在编造罗织这些罪名之后，张讷转而针对书院其人、其事、其言大肆攻击，并提出禁毁要求，其称：

书院虽有数处，而脉络总之一条。南北相距不知几千里，而兴云吐雾，尺泽可以行天。朝野相望不知几十辈，而后劲前矛，登高自为呼应。其人自缙绅外，宗室、武弁、举监、儒吏、星相、山人、商贾、技艺，以至亡命罪徒，无所不收。其事则遥制朝权，制肘边镇，把持有司，武断乡曲，无所不为。其言凡内而弹章建白，外而举劾条陈，书揭文移，自机密重情，以及词讼细事，无所不关说。数年以来，民生不得安堵，疆圉不得宁帖，朝廷不得收正人之用，而受嘉言之益，谓非若辈之为祟耶！而不特此也，其巧借最大题目以钳轧人口，一空善类，如指梃击，指进丸，指移宫，敢于启衅宫闱，首发大难，而一时聚讼纷纷，翻腾清世，直蒙两朝以不白，而亏损皇上之孝思。今虽改正实录，宜布史馆，而当日礼卿娓娓千言污蔑先朝，可终置不问乎？伏乞敕下各省直抚按官，但凡有书院处所，尽数拆改，将房屋田土逐一登报，亟行变价，解助大工，不许隐漏。其或现任官员，有枉道会讲，骚扰一方者，严加禁止。至若孙慎行、冯从吾、余懋衡三大头目，位尊势重，未经处分，恐根株不拔，引蔓牵藤，为害更烈，乞圣断施行。①

得到张讷奏疏后，魏忠贤即下矫旨，拆毁书院，惩处书院讲学之人。其称：

这都城书院改作忠臣祠，久已有旨令改，如何到今尚未具复？其东林、关中、江右、徽州一切书院，俱著拆毁。暨田土房屋，估价变卖，催解助工。本内有名如邹元标，少负忠名，出山潦倒，其身虽死已久，然巨奸依势之恶尚存。著削了籍，仍追夺诰命。外如孙慎行、冯从吾、余懋衡名虽假乎理学，行无异于市井，或通关节，而居之不疑，或躬窝主，而靦颜无

① 《明熹宗实录》卷62《天启五年八月壬午》。

耻。甚至假仙惑世，吞产谋孤。读此令人发指。此三员都著削了籍为民，仍追夺诰命……河东巡盐御史，既例不入陕，独以会讲而入，縻费公私，俟回道时都察院考核示惩。①

从上引张讷之疏和魏忠贤矫旨中可以看出，东林书院之毁是和东林党人有关的诸多政治事件相联系的，阉党将东林书院和东林党捆绑在一起，必欲置之死地而后快。

事实上，八月，阉党在京城就残杀了杨涟、左光斗等“东林六君子”。从此冤狱大兴，他们编制《东林党人榜》《东林朋党录》《东林点将录》《东林协从》《东林同志录》等，以“东林遗奸”“东林羽翼”“东林鹰犬”“东林帮手”“东林嫡派”“东林邪党”“党附东林”“结党东林”“卖身东林”等“罪名”对付一切反对势力，搞“生者削籍，死者追夺，已经削夺者禁锢”，东林书院和东林党遭到万劫不复的残酷打击。

天启六年（1626 年）二月，徐复阳上疏请将已经改为忠臣祠的首善书院移建于城外，以拔除“党根”。其称：“党有根，斯有孽。有根之人，有根之地，人已褫夺，地可复腥膻乎”，“与其议改，毋宁议移”，“况京师一移，则海内书院认敢不毁。必如是而后潜伺之阴谋可杜也”。② 这件事在《明史·魏忠贤传》中，被记作“徐复阳请毁讲学书院，以绝党根”。三月，高攀龙、周起元等“江南七君子”罹难。四月，魏忠贤借“开读”事件，再令将“苏常等处私造书院尽行拆毁，刻期回奏”③。四月二十八日，应天巡按徐吉发出十万火急票牌，责令无锡县官吏，“即便督同该地方人等，立时拆毁。拆下木料，俱即估价，以凭题解。不许存留片瓦寸椽”④。五月初旬，一代名院全部夷为平地。⑤

对于天启之毁，明清之际人孙承泽曾有过一个综述性记载，颇能反映当时讲学与党禁何以联系到一起的情况，兹引录如下：

---

①《明熹宗实录》卷 62《天启五年八月》。

②《明熹宗实录》卷 68《天启六年二月》。

③《明熹宗实录》卷 66《天启五年十二月》。

④ 高廩等增辑，《东林书院志》整理委员会整理：《东林书院志》卷 14《公移·拆毁》，中华书局 2004 年版，第 565 页。

⑤ 以上东林书院禁毁情况，参见朱文杰《东林书院被毁经过》，载《东南文化》1997 年第 3 期。

有明盛时，各省俱有书院，自张江陵为政，始行禁止。江陵殁后，复稍稍建置，其著名者如江西之仁文书院，陕西之关中书院及无锡之东林书院，而东林为盛。至天启中，京师始有首善书院。然人不知有各处书院也，而统谓之东林，又不知东林所自始也，而但借此二字以为排陷君子之具。东林书院者，乃明（按："明"为"宋"之误）杨龟山先生讲学之所也，后废为寺。顾泾阳先生自吏部罢归，购其地建杨先生祠，同志者相与构精舍居焉。至甲辰冬，始与高忠宪数公开讲其中，立为讲会，一以考亭白鹿洞规为教。然躬与讲席者，仅数人。时泾阳先生已辞光禄之召不赴，于新进立朝诸公漠无与也。适忠宪起为总宪，风裁大著，疏发御史崔呈秀之赃。呈秀遂父事忠贤，日嗾忠贤曰："东林欲杀我父子。"忠贤亦不知东林为何地，东林之人为何人，辄曰东林杀我。既而杨左诸人攻珰，珰益信诸人之言不虚也。于是，有憾于诸君子者，牵连罗织以逢逆珰之恶，银铛大狱，惨动天地。于是，首毁京师首善书院，而天下之书院俱毁矣。①

天启之毁书院，以政治上迫害东林党人为主要目标，遭到毁拆的书院相对比万历时期要少，其能辑录得到的，只有 28 所。天启被禁书院之所以较少，与地方官民反对阉党，拒不执行禁令有关，试举数例如下：

祝万龄，咸宁人……师乡人冯从吾，举万历四十四年进士，累官保定知府。天启六年，魏忠贤尽毁天下书院，万龄愤。逆党李鲁生遂劾万龄倡讹言，谓天变、地震、物怪、人妖，悉由毁书院所致，非圣诬天实甚。万龄遂落职。崇祯初，用荐起黄州知府，集诸生定惠书院，迪以正学。②

以上指天变、地震、物怪、人妖，悉由毁书院所致，在京城附近揭竿而起，拉起了反对的大旗。

吕维祺，字介孺，河南新安人。父孔学称仁孝。维祺少能文，究心理学，闻乡先正孟云浦之风，私淑之，着《知非箴》《心法吟》。万历四十一年进士，授兖州推官，清狱囚，罢驿夫，行保甲法，擒黄河巨盗三十余人，

①《畿辅通志》卷 112《书院考跋》。
②《明史》卷 294《祝万龄传》。

立山左大会，置学田，注邵康节《孝弟诗》以教学者……擢吏部稽勋主事，历考功文选员外郎，验封郎中，执法不附……魏珰闻而衔之。天启元年，假归，立芝泉讲会，从游者甚众。珰焰方炽，指为东林党人，毁书院，去程朱位，维祺祀伊洛七贤其中，与李日暄辈讲诵不辍。会城建珰祠，维祺移书诸绅，戒勿与。珰益恨，四年，推考功郎中，竟矫旨别推焉。①

由此可见，吕维祺以东林党人身份在中原立讲会，祀伊洛七贤，讲诵不辍，公然与阉党势力对抗。以下所记安福县知县在江右王门重镇与阉党周旋，斗智斗勇，力保书院。

高赉明，广东人，进士。天启间，知安福县，有惠政。时魏珰毁天下书院，建生祠，邑有复古、复礼诸书院，皆在毁中。赉明曰：复古祀王文成、湛甘泉、邹文庄，文成学问事功在天下，毁之则得罪名教；甘泉为粤儒宗，某粤人，毁之则得罪乡先达；文庄为安福理学开先，毁之则得罪地方，宁死不敢为。诸书院岿然得存，邑人至今颂之。②

正是以上各种形式的反对，有力地抑制了魏忠贤对书院的禁毁，减少了损失。但可惜的是，党争并没有随魏忠贤的失败而告结束，崇祯君臣将讲学书院和阉党的生祠混为一谈，纷争不清。③ 虽然后来终有诏复书院之举，但时当明末

① 江阴、陈鼎撰：《东林列传》卷6《吕维祺传》。

② 雍正《江西通志》卷61《名宦五·高赉明》。

③ 崇祯元年正月初五，倪元璐上《首论国是疏》，请求将“海内讲学书院，凡经逆珰矫旨拆毁者，并宜令其葺复。盖书院、生祠相为胜负，生祠毁，书院岂不当复哉！”“奉旨：朕屡旨起废务秉虚公，酌量议用，有何方隅未化，正气未伸。这所奏不当，各处书院不许倡言创复，以滋纷扰。”算是严厉的批评，并且遭到了同僚指责。二十四日，倪元璐再上《驳杨侍御疏》，为书院讲学辩护，其称：“夫元标之为两截人者，以其前半峭直后半宽和耳。若诋之为要钱多藏，则又是厂臣不爱钱之转语，臣决不敢奉命也。故谓都门聚讲非宜则可，谓元标讲学有他肠必不可；谓聚讲之徒不尽端人则可，谓聚讲之意或出邪谋必不可。且当日逆珰之所以驱逐讲学诸人，而拆毁书院者，其意正欲以箝学士大夫之口，而恣其无所不为之心。自元标以伪学见驱，而逆珰遂以真儒自命，学宫之席俨然揖先圣为平交，使讲学诸人而在，岂遂至此哉！……当崔、魏之世，人皆任真率性为颂德生祠，使有一人矫激假借而不颂不祠，岂不犹赖此人哉！臣固非有取于假借，亦非谓东林贤者之于名义尽属假借也。东林已故及被难诸贤，自邹元标、王纪、高攀龙、杨琏之外，又如顾宪成、冯从吾、陈大绶、周顺昌、魏大忠、周起元、周宗建等之为真理学、真气节、真情操、真吏治，戍遣如赵南星之真骨力、真担当，其余被废诸臣，臣不敢疏名以冒荐举之嫌，而其间之为真名贤、真豪杰者多有其人，岂有所矫激假借而然哉?”“奉旨：朕总揽人才，一秉虚公，诸臣亦宜消融意见，不得互相诋訾。”以上见倪元璐《倪文贞集·奏疏》卷1。由此可见当年纷争之一斑。

王朝衰落之际，书院历经一毁二毁而后三毁，遂一蹶不振，宜乎走向末路。

第五节　明代书院的历史教育活动

书院在明前期曾受到官府的压制，是时其历史教育也难以谈起。明成化、弘治后，为挽救官学衰颓不振、无法育才的困境，明代士绅开始了兴复书院的活动。书院兴复后，历史教育在其中占有重要地位。就内容而言，主要以“五经”和通鉴类、纲目体史书为主；就方式而言，以自学、引导和督查相结合，在学习中着重强调力所能及和由主到次，在形式上依托讲会是其一大特色。从总体上看，科举与理学始终是明代书院历史教育围绕的中心。

一、历史教育的内容

（一）以“五经”为主的历史教育

明代士绅兴复书院的目的虽是为匡救官学诸生沉迷科举、不重自身修养的时弊，但他们并不反对书院生员走读书应试之路。自隋唐以来，科举制成为读书人尤其是寒门子弟入仕做官，一展经纶抱负的必经渠道，书院对此亦洞若观火。嘉靖年间，湖南长沙惜阴书院在其学规中即言：“夫士之仕也，犹农夫之耕也。农夫不能舍耒耜以为力穑之具，而冀其有收，士岂可以舍举业取仕?”[①] 明确指出读书应举乃院生本务。万历年间，萧继忠在其所定湖北问津书院学规中亦言：“制举业为先资之言，正所以发挥圣贤道理，每会必出所肄业，共为衡量，匪独以中主司程度，亦以觇同学邃养。”[②] 由此可见书院不但重视科举，而且在日常教学中注意以举业为导向，但与官学不同的是，书院更重视学生对儒家经籍中所包含哲理的内省与感悟，注重提高学生的道德涵养。

---

① 蒋弘德：《惜阴书院教言》，见邓洪波主编《中国书院学规集成》（第 2 卷），中西书局 2011 年版，第 1074 页。

② 萧继忠：《问津书院学规六则》，见邓洪波主编《中国书院学规集成》（第 2 卷），中西书局 2011 年版，第 1019 页。

正德年间，湛若水在广东大科书院即谓："读书以明心性，体贴此实事，根干枝叶花实自然成就，而举业在其中，此义之谓也。若读书徒事记诵，为举业之资以取科第爵禄，便是计功谋利之心，大本已失，此利之谓也。舜与跖之分间不容发，诸生当自猛省戒勉。"① 便是要求学生要做到举业和德业的协调统一。书院既然重视科举应试和体悟圣贤哲理，那么"四书""五经"等儒家经典自然成为书院教育的重要内容。弘治年间，陕西弘道书院令诸生每日多读《易》《诗》《书》《春秋》《礼记》《论语》《大学》《中庸》《孟子》等书，要达到熟记于心的程度，次日教官还要查验记诵情况。② 嘉靖年间，山东湖南书院则令教官除考试之日外，每日于课上先讲"四书"二三篇，然后依次讲授《易》《书》《诗》《春秋》《礼记》等，并要求教官要反复开导院生，务令其将上述书籍融会于心。③

由于是时官学衰微，书院起到了"匡翼夫学校之不逮"④ 的作用，故而各级官府也十分重视书院的教育建设。弘治年间，杨茂元以长沙同知之衔，为岳麓书院置《四书大全》《书经大全》《易经大全》《诗经大全》《礼记大全》《春秋大全》及《性理大全》各一部，以备院生日常学习观览。⑤ 明嘉靖、隆庆年间，湖广提学副使孙继鲁、管大勋更是亲至衡阳石鼓书院为诸生讲究六经，其中孙继鲁于石鼓口诵六经"如悬河倒海流不可御"，于是诸生奋然兴起，"人才为之丕变"⑥。

明代书院以"五经"为主要教育内容之一，这些典籍皆"三代盛时，典章法度，见于政教行事之实"⑦，其中均包含着丰富的历史信息与历史思想。明代书院强调对"五经"的学习，这在客观上推动着历史教育的进行与发展。

（二）以通鉴类和纲目体史书为主的历史教育

明代采用八股取士，以"四书""五经"中之章句为考试题目，考生若要阐

① 湛若水：《湛甘泉先生文集》卷 6《大科训规》，见《四库全书存目丛书》，齐鲁书社 1997 年版，第 557 页。

② 来时熙辑：《弘道书院志》之《弘道书院学规》，见赵所生、薛正兴主编《中国历代书院志》（第 6 册），江苏教育出版社 1995 年版，第 489 页。

③ 吕高：《湖南书院训规》，见邓洪波主编《中国书院学规集成》（第 2 卷），中西书局 2011 年版，第 767 页。

④［明］王守仁著，吴光等编校：《王阳明全集》卷 7《万松书院记》，上海古籍出版社 2014 年版，第 282 页。

⑤ 吴道行等：《重修岳麓书院图志》卷 4《书籍》，岳麓书社 2012 年版，第 56 页。

⑥ 李安仁重修，王大韶重校：《石鼓书院志》卷上《人物志》，见赵所生、薛正兴主编《中国历代书院志》（第 4 册），江苏教育出版社 1995 年版，第 22 页。

⑦ 章学诚：《文史通义·经解上》，中华书局 2014 年版，第 112 页。

明自己对题目的观点和看法，只泛泛而论是不行的，只有把议论与事实相结合，论述才更有说服力，故明初“举业有用六经语者，其后引《左传》《国语》矣，又引《史记》《汉书》矣”①。到了明后期的天启、崇祯年间，考生应试之文亦以“出入经史百氏为高”②，这便要求应举者对中国历代的史实有充分的了解，故在经书之外，史书也是书院诸生学习的一个重点。

弘治年间，弘道书院不但令学生每日熟记《通鉴纲目》《续通鉴纲目》《通鉴节要》《续通鉴节要》以及史略、史断类等书籍，还要求学生平时要广泛涉猎《贞观政要》《唐鉴》等书，考试时要把上述史书与儒家经典结合起来出策论题以观院生学习成效。③ 嘉靖时，南康知府罗辂在为白鹿洞书院所定学程中亦要求书院在讲读“四书”“五经”外要扩充以史传。④ 对于通过周知史迹来洞悉事理的重要性，吕高在《湖南书院训规》中有如此论述：“若曰读尽天下之书，穷尽天下之理，原无此等学术。但古今治乱之迹，是非得失之论，鉴证之下，迷而不达，亦不得谓之全儒。”⑤ 在这一思想下，湖南书院为诸生开列的史学书单是非常丰富的，不但有二十一史，还有《国语》《战国策》《汲冢周书》《吴越春秋》《越绝书》《盐铁论》《汉纪》《宣公奏议》《宋名臣言行录》及《通典》《通考》等，要求院生对以上史籍要推备考索，览其大旨，足以见其对历史教育的重视。

明时书院不但要求学生大量阅读历史著作，还尽力为院生购置这些书籍以备学习。万历年间，河南百泉书院为学生购求之史籍分别有《资治通鉴纲目》《续资治通鉴》《史记》《汉书》《后汉书》《三国志》《晋书》《宋书》《南齐书》《梁书》《陈书》《魏书》《北齐书》《周书》《隋书》《唐书》《五代史》《宋史》和《元史》。⑥ 万历年间，江苏虞山书院之藏书中，除了明以前历代正史，还有《朱子纲目》《宋元纲目》《温公通鉴》《宋元通鉴》《战国策》《贞观政要》《南唐书》

① 张廷玉等：《明史》卷 69《选举一》，中华书局 1974 年版，第 1689 页。

② 张廷玉等：《明史》卷 69《选举一》，中华书局 1974 年版，第 1689 页。

③ 来时熙辑：《弘道书院志》之《弘道书院学规》，见赵所生、薛正兴主编《中国历代书院志》（第 6 册），江苏教育出版社 1995 年版，第 489—490 页。

④ 周伟编：《白鹿洞书院志》卷 12《知府罗辂洞学榜》，见赵所生、薛正兴主编《中国历代书院志》（第 1 册），江苏教育出版社 1995 年版，第 566 页。

⑤ 吕高：《湖南书院训规》，见邓洪波主编《中国书院学规集成》（第 2 卷），中西书局 2011 年版，第 770 页。

⑥ 聂良杞辑：《百泉书院志》卷 1《学约志》，见赵所生、薛正兴主编《中国历代书院志》（第 6 册），江苏教育出版社 1995 年版，第 117 页。

《路史》《皇明通纪》《通志》《汲冢书》《风俗通》《南畿志》《白虎通》《吴地记》《苏州府志》《常熟县志》《皇明疏抄》《朱子奏议》《历代名臣奏议》《大儒奏议》《盐铁论》《陆宣公奏疏》《包孝肃奏议》《宋名臣言行录》《皇明名臣言行录》《皇舆图考》《九边图考》《皇明经济录》,① 涉及历代的政治沿革、典章制度、舆地风俗、工商经济、诏令奏议等，可谓形形色色，汗牛充栋，对历史教育的广度要求非常高。

明代书院历史教育除“五经”外，主要以通鉴类及纲目类史书为依据，通鉴类史书主要侧重于考察历代的政治得失，旨在“监前世之兴衰，考当今之得失，嘉善矜恶，取是舍非”，从而达到“懋稽古之盛德，跻无前之至治”② 的目的。纲目体史书直接来源于对通鉴编年类史书的改定编排，重视运用春秋笔法，强调正统思想，旨在“岁周于上而天道明”“统正于下而人道定”“大纲概举而监戒昭”“众目毕张而几微著”,③ 其实质是借助历史来宣扬儒家的纲常名教。

由于程朱一派的思想在明代深受官方推崇，且程颐曾言：“凡读史，不徒要记事迹，须要识治乱安危兴废存亡之理。”④ 在其影响下，明代书院在进行历史教育时，重视的是学生对“天理”和“圣人之道”的体问，并不注重对具体史实的考究和研讨。嘉靖时，山东博陵书院对学生阅读史书即要求：“至于读史，亦要段段看出道理，方是有得。不然，徒当一段故事，看过有何益乎?”⑤ 可见明显是把学史作为穷理的一种途径。故有明一代，书院历史教育依附于理学的色彩是十分明显的。

二、历史教育的方式

明代书院在进行历史教育时，十分注重对教育规律的运用，主张依据学生的资质和接受能力去进行历史教育，不对学生作统一、死板的要求。在“四书”“五经”于考试中占有重要地位的情况下，明代书院在进行历史教育时，也强调

---

① 张鼒等纂：《虞山书院志》卷6《书籍志》，见赵所生、薛正兴主编《中国历代书院志》（第8册），江苏教育出版社1995年版，第121—123页。

② 司马光：《资治通鉴·进书表》，中华书局1956年版，第9740页。

③ 朱熹：《资治通鉴纲目·序》，明成化内府刊本。

④ 程颢、程颐：《二程集》卷18《伊川先生语四》，中华书局1981年版，第232页。

⑤ 乌从善：《博陵书院条约》，见邓洪波主编《中国书院学规集成》（第2卷），中西书局2011年版，第825页。

要由主到次，突出重点，并注重及时检查学生的自学成果。同时，由于讲会在明代书院中大兴，依托讲会便成为其历史教育的一大特色。

(一) 历史教育强调力所能及和由主到次

古往今来，学校中学生的资质始终不会处于同一水平，故对其要求也应因人而异，明代书院在进行历史教育时就很好地注意到了这一点。同时明代书院历史教育既然以科举为导向，那么就必须要以科考为指针，按照由主到次的原则去进行。

明成化年间，江西提学佥事李龄在为白鹿洞书院所作规戒中，要求院生读书必须循序，不可躐等，在次序上应遵从先《小学》，次“四书”“五经”，再次御制书、史、鉴等，对以上诸书的学习不做统一要求，让学生各随资质高下进行。① 明代成化以前的御制史鉴类书籍主要包括《储君昭鉴录》《昭鉴录》《臣戒录》《武臣鉴戒》《注书洪范》《逆臣录》《忠义录》《文华宝鉴》《孝顺事实》《外戚传》《外戚事鉴》《历代臣鉴》《高皇帝实录》《圣政记》《书传汇选》《春秋本末》《历代公主录》《世臣总录》《永鉴录》《成祖皇帝实录》《永乐年表》《历代名臣奏议》《仁宗皇帝实录》《宣宗皇帝实录》《英宗皇帝实录》等，② 这些书籍虽为当政者所创制，意在教化万民，也有益于考生应试，但因不是科举的必考书目，故白鹿洞书院将其放在科举必考的《五经》之后，显然依从的是史书重要性的高低。弘治年间，弘道书院在令学生每日诵读《五经》、《通鉴纲目》及史略、史断等书时，也强调要根据学生的资质高下，限以遍数，不对学生做整体要求。③

明代书院采取的以学生资质为依据，同时突出学习重点的历史教育方式，既能使学生在已有水平内最大限度地丰富历史信息和高效地掌握历史知识，又可以使其不迷失于科举考试的重点之外，这充分体现了教育学的“整体性”“有序性”和“适度性”等原则，对于我们今天大学及各级中学的历史教育也有着十分重要的启发作用和借鉴意义。

---

① 周伟编：《白鹿洞书院志》卷7《提学佥事李龄八戒》，见赵所生、薛正兴主编《中国历代书院志》(第1册)，江苏教育出版社1995年版，第586页。

② 焦竑辑：《国史经籍志》卷1《御制类》，商务印书馆1939年版，第1—3页。

③ 来时熙辑：《弘道书院志》之《弘道书院学规》，见赵所生、薛正兴主编《中国历代书院志》(第6册)，江苏教育出版社1995年版，第489页。

（二）引导、自学与督查相结合

明代书院对历史教育的引导主要体现在两个方面，一是史观，二是历史学习的方法和态度。明代书院历史教育既然强调对“圣道”和“天理”的体悟，那么史观教育的重要性自不言而喻。明代书院史观教育的显著特点是与儒家的纲常名教相结合，强调修身养性。

万历年间，顾宪成在东林书院言及孔子表彰六经之目的时，认为“经”乃“常道”，孔子删定六经旨在“昭往云来，维世教，觉人心，为天下留此常道”，其功效犹如日月照耀万古，譬诸雨露润泽万古，学者如能读一字便体一字，读一句便体一句，心与之神明，身与之印证，日就月将，持之以恒，那么才高意广者，必能“抑其飞扬之气，俾敛然思俯而就不淫于荡”；笃信谨守者，定能“开其拘曲之见，俾耸然思仰而企不局于支”。[①] 显然，泾阳先生认为“道”包含于史书之中，学习历史的意义就在于修身明理。万历七年（1579 年），湖南提学副使黄希宪在为石鼓书院所作训义中亦言：“学于古训，期有获也。多识前言往行，以蓄德也。”[②] 同样是站在“传道”的立场上来看书院的历史教育。

明代书院对历史学习方法的引导主要体现在对史书优缺点的分析上。顾宪成主持东林书院时，就对诸生如何学习《春秋》提出了自己的见解：“《左传》文章甚好，见识甚陋。如赵盾弑君、许世子弑父，经有明文，添出境不出境，尝乐不尝乐，为千古之疑。故看《春秋》者，要以经正传，不可以传疑经。”[③] 孔子编修《春秋》，旨在褒贬史事，阐发“微言大义”，力求用最为简洁的字句来表达对不同史事的态度由于言简意赅，又注重在选辞用字上体现善恶，故读者阅读《春秋》时对历史事件的孰是孰非能有一个很直观的判断，因此其教化作用十分显著。《左传》重在记事，力图用具体史实来解释说明和补充订正《春秋》所记录的纲目，由于重视史事的真实性和叙事的艺术性，这样历史事件的是非便隐含于行文之中，其教化作用便不如《春秋》。很明显，顾宪成此番言论

---

① 严瑴等辑：《东林书院志》下卷《院规》，见赵所生、薛正兴主编《中国历代书院志》（第 7 册），江苏教育出版社 1995 年版，第 77—78 页。

② 李安仁重修，王大韶重校：《石鼓书院志》卷上《黄毅所先生训义八篇》，见赵所生、薛正兴主编《中国历代书院志》（第 4 册），江苏教育出版社 1995 年版，第 38—39 页。

③ 高廩等增辑，《东林书院志》整理委员会整理：《东林书院志》卷 5《高景逸先生东林论学语上》，中华书局 2004 年版，第 132 页。

还是旨在强调书院历史教育要重在对“道义”的探求，故其又言：“只将《尚书》‘天叙有典’一节、‘王道荡荡’一节，细体之，便见天理，所谓‘有天下而不与焉’者也。”①，同样关注的是《尚书》的教化作用。

明代书院对历史学习态度的引导主要表现在强调学习要下苦功和持之以恒。万历六年（1578年），聂良杞在河南百泉书院训诫诸生时言：“夫业广惟勤，天下事未有不勤而成者也……故愿诸友之务勤也，经书子史，勉力青灯，日就月将，毋间久暂，勿以外务自挠，勿以多欲自昏，勿悻悻于一时而溃溃于异日，如是而纵横百家，翱翔六艺，学习斯充，青紫可拾矣。”② 其核心就是强调院生要持之以恒地下苦功。同样是强调不间断地勤学，江西白鹭洲书院为院生指出的方法是建立“日课簿”，要求学生各立日课簿，每日将所用功夫登入簿内，“或看经书若干，或读论、策、表若干，或看过《通鉴》《性理》若干，或看程墨及时艺若干，或看古文若干，各随意见力量，但要日有日功，月无忘之”③。

明代聂良杞辑《百泉书院志》卷首《百泉书院图》

自古以来，学习始终是一个长期的功夫，而对历史的学习更强调积累，唯有避免“一曝十寒”，才能在学业上有所成就，明代书院强调“日有所学，日有所得”，其良苦用心亦在于此。但学习只靠学生自律是不行的，还需要师长的有

① 高嵯等增辑，《东林书院志》整理委员会整理：《东林书院志》卷5《高景逸先生东林论学语上》，中华书局2004年版，第119页。

② 聂良杞辑：《百泉书院志》卷1《学约志》，见赵所生、薛正兴主编《中国历代书院志》（第6册），江苏教育出版社1995年版，第116页。

③ 刘绎：《白鹭洲书院志》卷2《白鹭洲书院馆例》，见赵所生、薛正兴主编《中国历代书院志》（第2册），江苏教育出版社1995年版，第584页。

力监督，故陕西弘道书院要求教官要定时检查学生前一日对经史书籍的记诵情况。聂良杞更是以辉县知县之职亲自稽查百泉书院诸生的日课情况，所以督查也是明代书院进行历史教育的一种行之有效的方式。

（三）依托讲会进行历史教育

明时书院讲会除了讲论史籍，其一大特点就重视对历史人物的评判和分析。书院讲会评判历史人物，是侧重于用这些人物的成败得失来启示学生。冯从吾在陕西太华书院讲会中，就对王安石变法失败的原因做了颇有见地的阐释，他认为王安石变法失败的根本原因不是世人所谓的其性格的执拗和自是，而在于安石“志大才高，学博目空”及“不论道理，只是一味要做事功”①，将其变法失败的原因归结于舍“道”而一心专求“术”，指出了其改革不注重社会现实和改革规律的盲目性。由此劝诫学生要发奋学习和体悟先贤的治国方略，避免将来在参与治国理政时把国家搞乱。

太華書院會語序
燀自發歲即志學人然自慚自痛苦無以滌舊
習而新之荏苒歲月止是舊人當丁未冬受諭
華陰庠也瀕别安昌曹自梁即命燀問道長安
蓋指馮少墟先生言也抵任三月為戊申春先
生即偕六七同志有華嶽遊蓋天作之合聚講
灝靈樓上燀得分一尺光聽講嫡于不遠之復
及樂水樂山之旨半生疑障儵然頓撤而華陰
士之知講學亦始于此五日送先生别錫有數
言二三子促燀于四知書院述先生宗旨然燀
馮少墟集　卷九　頁一
先生後寔難為言矣九月以學憲檄微燀正學
書院夫正學書院在長安緣是又得與先生遊
凡沉酣道德之圃者十月餘明年己酉反華陰
遂與崔公明府議改青柯坪之碁為太華書院
又明年壬子先生復至其地一時請益而者無
慮數百人斯道中天意其在此太華之西七十
里為華州先生往來所必由兩地門人録先生
會講語梓之屬不佞燀序其端燀讀先生語皆

明万历刊本《太华书院会语》书影

历史人物的言行因著于史册，真实可查，故其引导作用比单纯的说教要有效得多，这不但体现在“经世致用”方面，也体现在“处世识人”方面。高攀龙在东林书院讲会论学时，曾有与会者提出某人既能做到“清、慎、勤”，为何不是君子，景逸先生便以新莽重臣孔光、王舜为例，指出“君子以清慎勤做人，小人以清慎勤做官”②，评价一个人不是看他的行为，而是看他行为之后隐藏的

① 冯从吾：《冯少墟集》卷10《太华书院会语》，见赵所生、薛正兴主编《中国历代书院志》（第16册），江苏教育出版社1995年版，第712—713页。

② 高廛增辑，《东林书院志》整理委员会整理：《东林书院志》卷5《高景逸先生东林论学语上》，中华书局2004年版，第91页。

目的，很有启发意义。明代书院依托讲会进行的历史教育不但传播面广，其所讲内容也往往更具深度和哲理性，这无疑是明代书院历史教育的一个最大亮点。

三、历史教育活动的评价

明代书院历史教育无论就其内容还是方式而言，都明显地受到宋明理学笼罩下的明代教育制度和考试制度的影响。理学自北宋发端伊始，即致力于对“理气”“心性”的探讨，哲理性和思辨性颇强，由于在规范社会人心和约束士人行为方面具有较强的作用，故自南宋后便一直是历代统治者所大力提倡的官方哲学。

程朱理学既然受到官方的认可而被用作稳固统治的工具，那么就必然要在国家培养人才和选拔人才的过程中得到坚决贯彻，故自元仁宗将程朱学说定为科举标准范式后，有明一代都严格执行而未曾改变。明代书院在目的上虽是为匡救官学生员驰骛于辞章记诵的弊病，但院中诸生毕竟不能摆脱国家选士制度的制约而求得进身之阶，故书院之历史教育也必须在其中贯彻进理学的精神才有存在的必要。由于程朱理学在方法上强调义理思辨，对经典重在阐发微言大义，对史事旨在奖惩善恶，因此历史教育虽然在明代书院中有广泛的存在，但其着力点不在于对历史事实的征实求信，而重在发挥其“定褒贬”“明是非”的鉴戒和教化作用，历史教育的说教性被大大加强，这是官方意识形态作用下明代书院历史教育的显著时代特征。

第六节 明代书院的祭祀、藏书与学田建设活动

一、明代书院的祭祀活动

祭祀是极为重要的教育形式，诚如李东阳所说：“夫祭者，学之所有事也，而其所为学，岂独粢盛俎簋、仪文、度数之间哉？衡之学者，读公（指胡安国）之书，学公之学，固将睹羹墙之庙貌，思景行高山，虽欲自画于道，而有不容

已者矣”①，因而受到世人的重视。明代书院中，有不少专以祭祀前代先贤而命名的书院，如浏阳文靖书院祀杨时，衡阳衡湘书院祀蔡汝南，衡山文定书院祀胡安国，永明（今属湖南永州江永）宗元书院、邵阳东山书院祀周敦颐，靖州（今湖南靖州苗族侗族自治县）紫阳书院祭朱熹，鹤山书院祭其创始者魏了翁，黔阳宝山书院祭其创始人饶学敏等。由此可见，祭祀在明代书院中已经成为一项普遍的活动。祭祀的庙宇作为书院建筑的主要组成部分，形成了一个较为独立和完备的空间。各书院的祭祀事业难以尽述，兹以岳麓书院为例来作说明。

明代岳麓书院的祭祀，在依循宋元以来指导思想的基础上，得到了进一步的发展。元代，书院只有礼殿、诸贤祠两处，礼殿供奉孔子及其门人，诸贤祠奉祀张栻、朱熹、朱洞、周式、刘珙“诸贤”，目的在于突出其道统源流和建院功绩，从而进行传统和典型模范教育。明时，其祭祀活动又有了进一步的发展，首先是将讲堂前大成殿拆除，扩为完整的文庙，提高祭祀的规格，又将朱、张神位从“诸贤祠”移出，另建“崇道祠”（又名朱张祠）供奉。

设“崇道祠”特祀朱熹、张栻，是岳麓书院专奉学术大师的开始，反映出当时岳麓的学术风尚。嘉靖三十八年（1559年），推府徐爌又在祠之门首悬挂“正脉”匾额，以此彰明岳麓书院尊崇朱张之学的理学正统地位。万历十八年（1590年），按院甘仕价又委湘阴县丞俞尧中鼎新朱张祠，并令人作记修文，改“正脉”为“斯文正脉”，增建“继往开来”牌坊，使朱、张二人在书院中的地位更加突出。

嘉靖五年（1526年），学道许宗鲁、知府杨表又辟旧院讲堂为六君子堂（亦称慕道祠），供祀宋潭州知府朱洞、李允则、安抚使刘珙、山长周式，明长沙府通判陈钢、同知杨茂元等六人。这是岳麓专祀建院功臣的开始。其后凡有功于书院者，都供祀于此。万历十八年（1590年），长沙知府滨州人吴道行，重修文庙，鼎新书院“有大功于斯地，道脉赖焉。乃易其旧象之颓者，更置一位，祀于六君子堂，堂遂以七君子名矣”②，一度改名为“七君子堂”。其实有功于岳麓

① 李东阳：《李东阳集》卷5《衡山县重建文定书院记》，岳麓书社2008年版，第992页。

② 李腾芳：《重修岳麓书院碑记》，见吴道行，赵宁修纂：《岳麓书院志》，岳麓书社2011年版，第619—621页。

者何止六七人？如元代的刘必大、刘安仁，明代的钱澍、王秉良、孙存、潘镒、季本、杨溥等，其功也不在六君子之下。因此崇祯年间修《岳麓书院志》时，仍复“六君子堂”旧名以存故迹，而将包括吴道行在内的其他有功者之名著于《六君子堂》篇首，“以志表扬”。到清代，则刊名制版于堂，供人瞻仰，以为纪念。

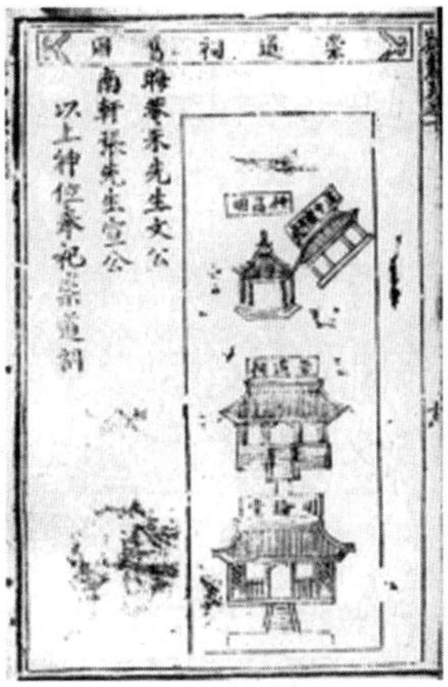

万历《岳麓志》
所载崇道祠旧图

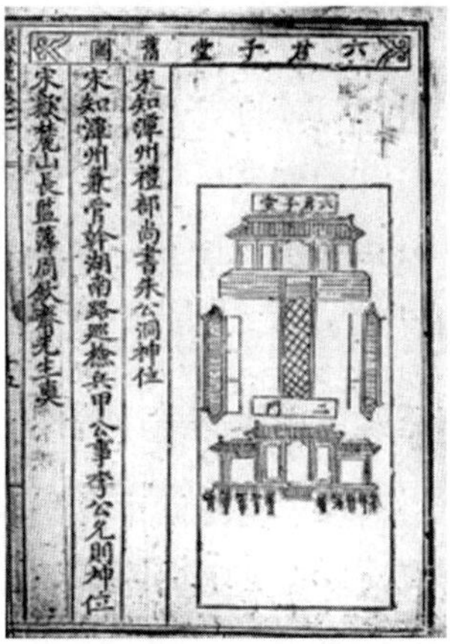

万历《岳麓志》
所载六君子堂旧图

除了崇祀学术大师和建院功臣，明代书院的祭祀对象还扩大到历史上与岳麓有关的诤臣谪宦。万历四十四年（1616年），邹浩的十八世孙邹志隆任湖南学道，他与知县潘之揖等增建道乡祠，“构宇三楹，中设一木主，神有依也；左横列道乡台碑，旧可仍也；右横列道乡台记碑，事足征也”①。又置祀田四百亩，令僧人本空住持收租，以奉祭祀。② 邹浩（1060—1111）字志完，号道乡，常州晋陵人。北宋哲宗时任谏官右正言，因为直谏，以言事落职。徽宗即位后，又起用为中书舍人，因与蔡京不合，崇宁二年（1103年）被排挤出朝廷，谪贬衡州通判。途经长沙时，潭州知州温益，趋炎附势，非但不以礼相待，反而下逐客令，邹只得冒雨渡江到麓山投宿。岳麓山僧列炬相迎，士人拟请邹浩讲学。温益得讯，竟又令人连夜带兵，强逼邹浩登船“凌风绝江而去”。这样的忠诤之臣，这样的权奸和附势小人，可以从正反两方面警示学生，对培养其高尚人格

① 同治《岳麓续志》卷4《重修道乡先生台记》。

② 对于邹浩的纪念和以其为榜样来教育生徒的活动，始于南宋乾道间。当时张栻筑台，朱熹手书“道乡台”额，以示仰止之思。但其正式以祭祀形式出现，还是始于明代。

有积极意义。

岳麓祀事在明代还有一件大事，即正德年间吴世忠将供祀孔子的礼殿从书院中迁出，鼎成于院舍左面，“殿后建明伦堂，前增泮池、仪门、棂灵门。翁直指建泮桥、濯缨、洗心亭于殿前，而圣庙始嵬然有专地矣”，且“位秩称体”。①此前岳麓只有“礼殿”“宣圣殿”以供奉孔子，这时以郡县学宫庙制鼎新而与书院并列，形成现存之格局，意味着孔子在岳麓受祀群中至高无上的地位就此形成，显示出岳麓书院高于一般书院的地位，但也从一个侧面反映出岳麓书院官学化的趋势。

书院的祭祀虽然不是宗教活动，但它庄严肃穆，讲究神在如人在，祠宇建造要有上梁文，落成要有奉安神位文，祠中要有神龛、礼器、祭器，或奉塑像，或供木主，香案供桌要有祭品陈设，祭祀要有祭文或告文、拜谒文，祭祀活动中要有仪式，跪拜进退如仪进行。凡此种种，在当年是常规常识，今日则已非常陌生。谨以湛甘泉先生嘉靖年间在南岳建白沙书院以奉祀其师为例，还原明代书院祭祀的情景。

湛若水所至皆建白沙书院，以奉祀其师陈献章白沙先生。嘉靖二十三年(1544 年) 八月初九日，他以跻年八十的高龄从西樵出发，开始首游南岳行程。兹以其《岳游纪行录》为据，纪其创建白沙书院（又作白沙祠）之事如次：九月十六日，为白沙先生筑书院，卜址紫云峰下，与其甘泉书院（又名甘泉精舍）相邻。二十六日，白沙祠上梁。十月二十七日，白沙祠将成，命工制石神座于祠之中堂，完成《新创衡岳白沙先生祠记》。十一月初一日，作《白沙先生衡岳新祠告安神位祝文》，定白沙祠时祭之祭品、仪注、祭文，托付门生杨续每年春秋二仲如仪奉祀。初二日，奉安白沙先生神位，礼成，祭告土地。初四日，竖立《白沙祠碑记》。至此，白沙书院之事全部完成。初七日，告别衡山，踏上归程。

《白沙先生衡岳新祠告安神位祝文》称：

维嘉靖二十三年，岁次甲辰，十一月丙子朔，越初二日丁酉。前南京参赞机务兵部尚书门人湛若水，同门下前贵州提学副使蒋信、国子生杨续、

① 康熙《岳麓书院志》卷 3《旧志·圣庙图说》。

罗朝岳、庠生周荣朱、宋沆，儒士唐元善、陈作、督工千户文纯，以新建衡岳祠宇初成，谨以特羊庶羞果酒之祭，敢昭告于先师翰林检讨白沙陈先生之灵曰：嗟！惟先生之学之功，以自然为宗，忘助两绝，丝毫不容。先生之德，以无欲为极，圣学主一，而本虚形实。先生之风，峻洁自崇，高山大川，郁郁融融。先生之志，乃遂衡祀，七十二峰，猿啼鹤（泪）［唳］。先生之灵，以歆以宁，五百年后，大道以明。尚飨。

白沙书院春秋二仲祭品：

鹅一、鸡一、猪首一、时果三盘、冰食三盘、时菜三盘、熟卓果菜肴各五楪、祭帛一束、楮钱一分、酒一壶、汤三、饭一。

白沙书院春秋二仲祭祀仪注：

就位，降神，盥手，诣香案前。跪，焚香，灌酒，拜兴拜兴平身，复位。进馔，行初献礼。诣神位前，跪，献帛，奠酒，进汤，读祝，俯伏兴平身，复位。行亚献礼。诣神位前，跪，奠酒，进汤，俯伏兴平身，复位。行终献礼。诣神位前，跪，奠酒，进汤饭，俯伏兴平身，复位。侑食。诣神位前，酌酒，复位。拜兴拜兴平身，辞神，拜兴拜兴平身，焚帛。礼毕。

白沙先生春秋二仲祭祀祭文：

维嘉靖某年某月某朔，越某日，前南京参赞机务兵部尚书门人湛若水，惟兹仲春、仲秋，谨以三牲果酒庶羞清酌之仪，遣门人杨续，致祭于先师翰林院检讨白沙陈先生祠下，曰：嗟惟先生之学之功，以自然为宗，忘助两绝，丝毫不容。先生之德，以无欲为极，圣学主一，而本虚形实。先生之风，峻洁自崇，高山大川，郁郁融融。先生之志，乃遂衡祀，七十二峰，猿啼鹤（泪）［唳］。先生之灵，以歆以宁，五百年后，大道以明。尚飨。

白沙书院奉安白沙先生神位礼成，告土地文：

维嘉靖二十三年十一月初二日，前南京兵部尚书湛，谨以庶羞□酒之仪，遣门人监生杨续，奠告于紫云洞土地之神，兹建白沙祠宇初成，敬安神位，恭神奠告。惟时保佑，实赖神休。尚飨。①

需要指出的是，湛若水德高望重，其所拟订的白沙书院祭祀文书与规程，很快就被其他书院所效法，如衡阳衡湘书院就规定“祠典仪节一准甘泉先生祀白沙先生之礼，主祀则必以诸生之长者主之”②。今日书院若恢复祭祀，其仪节亦可参照执行。

二、明代书院的藏书活动

唐宋以降，藏书即成为书院的一项重要活动，中经百余年的发展，书院藏书也形成了自身一定的特色与规模，得以与官府藏书、私人藏书、寺观藏书一起，并称为我国古代藏书事业的四大支柱。及至明代，书院藏书活动取得了跨越式发展，不但继续进行藏书楼建设，有条件的书院还开始通过编制院藏书目的方式来规范院中的图书管理，这为古代目录学、书院藏书事业的发展作出了重要贡献。

明代书院藏书活动的发展主要表现在三个方面。首先，藏书楼建设仍在继续进行。湖南如岳麓书院，弘治年间重修时，即“增公田，储经书”，重建尊经阁。至嘉靖初，孙存又请得赐书和御书《敬一箴》。③ 益阳龙经书院的尊经阁处在院中建筑的中轴线上，院中布局见蒋信《龙洲书院记》，其称：“前为大门四楹，内为讲堂六楹，东西为号舍相对，各若干楹格，堂背为尊经阁，凡三层，高可五丈，深广各以其度，最后为五贤祠，名宦、乡贤祠附焉。”④ 辰州府崇正书院，以宝经堂为藏书之所，“其制前为重门，中为文会堂，左右为斋舍，各三十余楹，后为祠十六楹，以祀濂溪、二程、横渠、晦翁、南轩诸贤，后又为宝经堂”⑤。

以上是湖南地区的情况。在广东，正德十二年（1517 年）所建西樵山石泉书院，有沛然堂、紫云楼、御书楼、天湖亭等；合浦尚志书院，嘉靖二十四年

---

① 湛若水：《甘泉先生续编大全》卷 33《岳游纪行录》。以下所引白沙书院有关祭祀文献皆出于此，不再标注。

② 李安仁、王大韶、李扬华撰：《石鼓书院志》，岳麓书社 2009 年版，第 285 页。

③ 杨慎初、朱汉民、邓洪波：《岳麓书院史略》，岳麓书社 1986 年版，第 80—86 页。

④ 光绪《湖南通志》卷 68《学校志七·书院一》。

⑤ 光绪《湖南通志》卷 70《崇正书院记》。

(1545 年) 创建，有崇正门、克复堂、尊经阁、号舍、射圃、环翠阁等。① 藏书楼阁皆巍然立于院舍建筑的中轴线上。浙江慈溪慈湖书院为宋元旧院，嘉靖年间重修，建有横经阁藏书。② 杭州虎林书院有藏书楼，与明贤堂、友仁堂、博士孝廉厅、会馔延宾所等建筑并峙。③ 绍兴府稽山书院建尊经阁，请王守仁作记训士。王则以当时学术界的领袖身份，批评了当时乱经、侮经、贼经的现象，提出了充满浓厚心学色彩的尊经主张。其"六经者非他，吾心之常道也"的观点，深深地影响了有明一代书院的藏书建设。在河南有范文正公书院藏书楼，万历三十八年 (1610 年) 创建，凡三楹，与讲堂、文昌楼、文正公祠并峙；永城县太邱书院藏书楼，隆庆二年 (1568 年) 创建，有三间，位于讲堂之后。④ 江西安福复真书院 (因避雍正皇帝名讳，清代改名复贞) 为江右三门的会讲之所，嘉靖年间创建，"前后有楼，中堂有庑，栋及四层，层各五间，左右翼以厢房"。院成，刘阳复疏告：既有书院，遵古训，"当有藏书之阁，有诸经、诸子、诸史，俾学者探讨"。于是创建藏书阁，时"先生长者，暨诸同游各以书至，越数月，书数千卷本矣"⑤。泰和静斋书院为御史大夫陈文鸣改笑庵而建，有万卷楼，其建筑布局、藏书情况、依靠藏书撰写著作等皆见于罗钦顺《静斋书院记》：嘉靖六年 (1527 年) 撤庵建院，"鼎建绿野堂三间，堂左右为夹室，后为重屋，庋书其上，扁曰万卷楼"。文鸣"偶感微恙，辄腾疏乞休，欣然语人曰'吾聚书万卷，尝恨无由遍读，今之归，可以足吾之所好矣'。家居垂十稔，往来书院之日岁常大半，卷不停披，笔不停挥，集解五经，多至百卷，次第皆脱稿，旁搜约取，率有定见，而不为苟同，明道之功于是乎在，君子是以知书院之非虚器也"⑥。其他如无锡东林书院建东西楼分藏经籍、祭器、古乐器，⑦ 甘肃徽山书院建尊经阁藏书，以"资多识"⑧ 等，兹不赘述。凡此种种，皆可说明书院的藏书事业仍在继续，藏书楼建设仍然得到一定程度的重视。

---

① 刘伯骥：《广东书院制度》，台湾编译馆中华丛书编审委员会 1978 年版，第 88—90 页。
② 雍正《慈溪县志》卷 4《修复慈溪书院记》。
③ 雍正《浙江通志》卷 25《学校一》。
④ 杨布生、彭定国编著：《中国书院与传统文化》，湖南教育出版社 1992 年版，第 77 页。
⑤ 王吉：《复真书院志》卷 7《创建复真书院后序》。
⑥ 光绪《江西通志》卷 81《静斋书院记》。
⑦ 光绪《无锡金匮县志》卷 6《学校》。
⑧ 嘉庆《徽县志》卷 8《徽山书院纪》。

第二，院藏书目增多，编目则适应情势而求变通，力求反映明代书院的藏书特色。明代书院的藏书目录尚不见于地方志，明人文集中笔者也未见院藏书目，但明修书院志则屡载院藏图书目录。如李梦阳《白鹿洞书院新志》，成于正德六年（1511 年），分沿革、形胜、建造、石劖、山田地塘、姓氏、文、书籍、器皿各志，凡八卷。郑廷鹄《白鹿洞志》，刊于嘉靖三十三年（1554 年），分山川、沿革、名贤、洞祠、洞规、洞牒、文翰、经籍（附器皿）、洞学田、外志等各志，凡十九卷。甘雨《白鹭洲书院志》成于万历年间，分沿革、建置、教职、祀典、储赡、名宦、人物、公移、贤劳、义助、纪述、书籍、生祠记等十三门，凡二卷。马书林等《百泉书院志》，成于嘉靖年间，分沿革、建造、古迹、田、祀典、名贤、学约、文、诗、人材、书籍、器皿各志，凡四卷。孙慎行、张鼐《虞山书院志》成于明万历晚年，分地胜、古迹、建置、先贤、祀典、宗像、院规、文移、官师、书籍、什器、树艺、院田、会语、艺文诸志，凡十卷。以上这些书籍志、经籍志、书籍门，都是各院院藏图书目录。这类书目的编制颇具特色，如李梦阳《白鹿洞书院书籍志》，分经部、子部、史部、集部四类目，著录院藏图书八十三部。其中经书十一部、子书二十五部、史书三十一部、集部书十六部，每书皆著录书名、本数或部数、存残情况等三项内容，间或记录版本。此目的特点在于将子部书提到史部之前，这种排列顺序一反传统的四部分类之例，说明白鹿对于子部书的重视。二十五部子书中《四书大全》《性理大全》《张子语录》《经学理窟》《朱子三书》《朱子语略》《晦庵文集》《象山文集》《大学衍义》等皆是理学著作，故其对于子部书的重视无异于对程朱理学的重视。又如孙慎行、张鼎的《虞山书院书籍志》，分圣制、典故、经部、子部、史部、理学部、文部、诗部、经济部、杂部、类书部等十一个类目，著录图书二百六十五部。其中圣制类十一部；皆明代皇帝御制或钦定之书；典故类八部，有《六部职掌》《大明诸司职掌》《昭代典则》等，实皆国体政要之书；经部书三十八部；子部书二十一部，有《太玄经》《元经》等不常见之书；史部书三十六部；理学书五十四部，多为程朱陆王各派理学家文集；文部类书二十部，多为文章选本及文学名家文集，而《阳明全集》亦人其列；诗部类书十三部，为诗歌选本及名诗人全集；经济类书二十八部，涉及盐铁、天文、边舆、海防、水利、荒政、赋税等经世济用各门类；杂部类二十部，有《素问》《医统》《本草》《脉经》等医学著作；类书类十四部。著录内容仅书名一项。此目也是将子部提到史部之前，而其最大的特点还是突破甲乙丙丁四部分类法，增设其他七类与之平行，以帅院藏诸书。虞山书院与东林书院关系密切，顾宪成等曾讲学其中，其学术旨趣与政治主张都相当接近，故可视为东林之外围组织。政治上，虞山追随东林主持清廉的同时，更主张经世致用，力图培养济国救民之材，所以对明代的典章制度、国体政要以至盐铁、边舆、海防、水利、荒政、赋税等极为重视，收藏大量的这类书籍以供诸生研习，这反映在书目中，就是增设典故、经济两大类目。而理学部所列宋明理学各派著作50余部，占全院藏书总数的五分之一强，亦反过来折射出虞山对于学术的重视。若《阳明则言》《阳明年谱》《王文成文录》虽与周、程、张、邵、杨、朱等宋代理学家著作并入理学部，而《阳明全集》则入文部，又透出虞山从王学返归程朱的学术趋向。至于诗、文二类目的设置，则表明虞山师生对于文学的重视与追求。总之，不受成规约束，依据藏书情况，辨章学术，考镜源流，适情求变，因类设目，是虞山院藏书目所表现的一种时代精神。清代著名目录学家章学诚曾谓："凡一切古无今有，古有今无之书，其势判如霄壤，又安得执《七略》之成法以部次近日之文章乎？"此言诚是，虞山书目编于万历末年，时距四部分类法发明已越数百年，时代变迁，学术纷繁，趋求各异，书籍增多，岂能沿用四部旧法规矩一切书籍？经、史、子、集四部之外，再加圣制、典故、理学、文、诗、经济、杂部、类书八部，实则情势使然。适情势而求变通，正是我国古代目录学发展的原因所在，《虞山书院书籍志》正为这种发展作出了一定的贡献。

第三，藏书制度趋向成熟，出现正规的管理条例。兹以白鹿洞书院为例。正德年间，李梦阳《白鹿洞书院书籍志》前有小序，其称："凡各部书籍见存残失数目，蔡宗兖俱已查对明白，装造四册，申解提学道，讨取针印，一留本道，一发本府，一发本学，一给本洞库子。"① 按蔡宗兖时任白鹿洞书院山长。从这段文字中，我们可以知道，白鹿洞已建立山长清点藏书，装造目录登载存失，钤印备查，设置库子进行管理等项制度，藏书建设已相当正规化。其后邵锐订立《白鹿洞书院禁约》九条，第二、三条即涉及院藏图书，其称：

① 李梦阳：《白鹿洞书院新志》卷8《白鹿洞书院书籍志》。

> 本洞储书，专以教迪士类，近年江西科场必取洞书应用，及至领回，缺者不敢言缺，失者不敢言失，洞书残落，大半由此。今后，江西科场书籍布政司自备，该府毋得辄取鹿洞书籍送用，以致遗失。
>
> 院中书籍，考旧志所载，残缺遗亡者十已五六，近经兵乱，全无册籍查据。今后，仰府设立一样册籍四本，明开书籍、什器，解起本道钤印印过，一留本道存照，一留本府存照，一发本府学存照，一发付书院库子收管，本洞教授每月朔查取门库损失有无执结，岁终仍申本道查考。①

条文的内容涉及编目、钤印、查核、借阅、管理等，总的原则虽与正德规定大体相同，但它是以正规的条款表述的，其意义就大不相同了，它意味着相关的规定已经被正式确认，上升为制度而固化了。此则实乃明代书院藏书制度趋于成熟的一个重要标志。而纵观历史，这是宋元时期所不曾有的现象，及至清代，则因承其例，扩充增拓，形成专门的图书管理条规、制度，所谓承上启下，继往开来，这又正是明代书院对于中国古代藏书建设的一大贡献。

诚然，无论怎样，我们都不能回避明代书院藏书数量不多的事实。现在所掌握的资料中，确记院藏书数不多，除了上述复真书院数千卷、静斋书院万余卷、白鹿洞书院八十三部、虞山书院二百六十五部，《明史・李敏传》载紫云书院“聚书数千卷”，《明史・郑善夫传》载鳌峰书院藏书至数万卷。其中鳌峰是最多的，但与宋代鹤山书院的十万卷、元代草堂书院的二十七万卷相比，实在是相差太多了。

何以明代书院曾经辉煌，其藏书事业却始终不成盛势呢？究其原因，问题主要在于那些创造辉煌的书院建设者们对于藏书的态度。我们知道，明代前期书院不受重视，嘉靖、万历、天启间又历遭禁毁，只是由于有王阳明、湛若水等大师及其后学的苦心经营，书院才终成大势，再创辉煌。而这一代的书院建设者们是以发挥心学为己任的，他们钟情于书院的讲学、会讲，其知识结构不同于宋元“道问学”的一代，重悟性而轻积累，对图书有自己独到的看法。以湛若水为例，王门高弟邹守益创建广德州（今安徽广德市）儒学尊经阁，“居六经于其上，而习诸生于其下，凡为阁三间六楹，而列二翼于前为燕居，会之以

① 毛德琦：《白鹿书院志》卷10《白鹿洞书院禁约》。

门为复初书院”，因请湛若水作记，记曰：

甘泉子曰：“夫经也者，径也，所由以入圣人之径也。或曰警也，以警觉乎我也。传说曰‘学于古训’。夫学觉也，警觉之谓也。是故六经皆注我心者也，故能以觉吾心。《易》以注吾心之时也，《书》以注吾心之中也，《诗》以注吾心之性情也，《春秋》以注吾心之是非也，《礼》《乐》以注吾心之和序也。”曰：“然则何以尊之？”曰：“其心乎！故学于《易》而心之时以觉，是能尊《易》矣；学于《书》而心之中以觉，是能尊《书》矣；学于《诗》而心之性情以觉，是能尊《诗》矣；学于《春秋》《礼》《乐》而心之是非和序以觉，是能尊《春秋》《礼》《乐》矣。觉斯存之矣，是故能开聪明，扩良知。非六经能外益之聪明、良知也，我自有之，彼但能开之、扩之而且也。如梦者、醉者，呼而觉之，非呼者外与之觉也，知觉彼固有之也，呼者但能觉之而已也。故曰六经觉我者也。”①

既然聪明、良知我心固有，六经所起的作用仅在于唤醒那固有的聪明、良知，使其觉之、开之、扩之而已，那么其逻辑推导的必然结果就是，当聪明、良知“觉之”以后，六经就将变得无用，而被搁置起来。更何况在甘泉先生看来，还有一部分人“不必外求诸经”，是“不必呼而能觉之类也”，对于他们来说，经书更没有任何意义，而变得完全没有必要了。另一方面，因为“六经皆注我心”，即便是尊经，皆可在心中完成，也可不必去体会那些经书，这是文中所反复强调的，其结果也必然是不重视书籍。

至于营造明代书院辉煌的另一位领袖人物王守仁，也对藏书采取不甚重视的态度，他曾撰写《稽山书院尊经阁记》以作阐述：

六经者非他，吾心之常道也。故《易》也者，志吾心之阴阳消息者也；《书》也者，志吾心之纪纲政事者也；《诗》也者，志吾心之歌咏性情者也；《礼》也者，志吾心之条理节文者也；《乐》也者，志吾心之欣喜平和者也；《春秋》也者，志吾心之诚伪邪正者也。君子之于六经也，求之吾心之阴阳消息而时行焉，所以尊《易》也；求之吾心之纪纲政事而时施焉，所以尊

① 湛若水：《甘泉文集》卷18《广德州儒学新建尊经阁记》。

《书》也；求之吾心之歌咏性情而时发焉，所以尊《诗》也；求之吾心之条理节文而时著焉，所以尊《礼》也；求之吾心之欣喜和平而时生焉，所以尊《乐》也；求之吾心之诚伪邪正而时辩焉，所以尊《春秋》也。

盖昔者圣人之扶人极，忧后世，而述六经也，犹之富家者之父祖，急其产业库藏之积，其子孙者或至于遗忘散失，卒困穷而无以自全也，而记籍其家之所有以贻之，使之世守其产业库藏之积而享用焉，以免于困穷之患。故六经者，吾心之记籍也，而六经之实，则具于吾心，犹之产业库藏之实积，种种色色，具存于其家，其记籍者，特名状数目而已。而世之学者，不知求六经之实于吾心，而徒考索于影响之间，牵制于文义之末，硁硁然以为是六经矣。是犹富家之子孙，不务守视享用其产业库藏之实积，日遗忘散失，至于窭人匄夫，而犹嚣嚣然指其记籍曰："斯吾产业库藏之积也。"何以异于是？呜呼！六经之学其不明于世，非一朝一夕之故矣。尚功利，崇邪说，是谓乱经；习训诂，传记诵，没溺于浅闻小见，以涂天下之耳目，是谓侮经；侈淫辞，竞诡辩，饰奸心盗行，逐世垄断，而犹自以为通经，是谓贼经。若是者，是并其所谓记籍者而割裂弃毁之矣，宁复知所以为尊经也乎！①

在记文的最后，王守仁殷殷有望："世之学者，得吾说而求诸其心焉，其亦庶乎知所以为尊经也矣。"通观文意，无外乎强调其六经为"吾心之常道"，为"吾心之记籍"的主张，提倡"求之吾心"即可通经的治学方法，这和湛若水的理论不谋而合。二者之间除了表述的不同，其精神实质并无二致。因此，其结果也势必是倾情于"吾心"，对作为文化载体的书籍则不甚重视。

王、湛为一代大师，他们对书籍不甚重视的态度，使书院的藏书事业未能与书院一起昌盛于明代中叶但他们还不至于反对藏书，且都曾为书院的藏书楼阁撰写碑记。而其弟子如刘阳、刘邦采等也能遵古训，在书院聚积图书，只是势单数少，不足以复兴藏书之业而已。到后来，王、湛之学滑入末流，空谈心性，束书不读竟成为时尚，藏书建设终于滑入低谷。晚明之世，东林书院等思有以振起，提倡读书经世，但由于很快卷入政治斗争，讽汉朝政取代空谈心性

① ［明］王守仁著，倪贻德标点：《阳明全书》卷7《稽山书院尊经阁记》。

成为主题，书院藏书最终失去了在明代形成盛势的机会。

三、明代书院的学田建设活动

学田“以供祀事，以食学者”，是书院赖以生存和发展的基础，历来受人重视。如嘉靖二十三年（1544 年）湛若水建衡山白沙书院，捐赡租十四石以付居守道士赵日轮、王明惠、蒋明咏；建甘泉书院，置田二十二亩，岁收租二十七石三斗。① 武冈鳌山书院，“立科条，定司守，议公田六十亩，输岁入为会费”②。衡山集贤书院买田二区，岁收租六十四石，“俾僧性恒守之”③。道州濂溪书院“捐金以佐祭田，诸所为尊礼之典悉称”④。宁远会濂书院“费捐于俸，而春秋祭需则取之祭田，取之地租，不烦民力”⑤。凡此等等，皆是书院致力学田建设，以解决经费问题的记录。一般而言，书院的学田或经费来源可以分为官府赐拨、百官资助、民众捐输、书院经营四大类，前三项凭借外界的投入具有不稳定性，对一般民间书院而言更是一种奢望。因此书院要维持生存，还要依靠自身的经营。兹以湖南岳麓、石鼓二书院为例来作说明。

明代岳麓书院学田的来源有三：私人捐助、清复故田和地方政府拨入“公田”。其中“公田”比重很大，占总数的 74.1%（租谷占总数的 64%），私人捐助次之，占 14.7%，清复故田最少，只占 11.2%，这反映出地方政府对于书院教育的重视。上述学田实际上还只是书院学田中“以食学者”的部分，是解决书院师生吃饭问题的，因而《岳麓书院续志》中称之为“食田”。除此之外，还有“以供祀奉”的祭田。一般来讲，祭田收入只作祭祀或与祭祀有关的活动经费，可以说是专款专用。但也不是那么死板，有些也可移作他用，而祭祀费用短缺时，也可将他项经费移来使用。明代已很重视对学生进行典型模范教育，因而祭祀的对象较多，如岳麓功臣“六君子”及朱熹、张栻、邹浩等，但有专用祭田的则只有祀北宋诤臣邹浩的道乡祠祭田。万历四十四年（1616 年），邹浩的十八世孙邹志隆任湖南学道，修道乡祠，以己俸置田四十亩，交僧人本空经

① 湛若水：《甘泉先生续编大全》卷 33《岳游纪行录》。
② 道光《宝庆府志》卷 92《鳌山书院记》。
③ 光绪《湖南通志》卷 69《重修集贤书院记》。
④ 康熙《永州府志》卷 13《重修濂溪书院碑记》。
⑤ 康熙《永州府志》卷 13《会濂书院记》。

营收租，以作祭祀之用。还有一个值得注意的地方，那就是这些田产中，出现了茶园和“茶五十斤，折银十四两六钱”的记载。茶园不收茶叶作租，而以银两代租，这是比实物地租“进了一步”的货币地租，这从一个侧面反映出明代社会开始出现新的经济因素。

明代岳麓书院学田统计表

来源	田亩数	水塘（湖、坝、圳）	屋基	其他	租谷
彭琢、李锡等捐置	87	7	2	茶园一座	38（石）
王秉良捐置	18				10.8
孙存捐置	68	7	1	茅屋3间 茶50斤 折银14.6两	35.8
孙存请得屯田	198		1		79.2
孙存请复	250	5			125
孙存请得没官田	1449	20	26		488.7
知府季本捐置	102.4	1			63.3
同知林华捐置	50.5	1	1		45.4
合计	2222.9	41	31		886.2

石鼓书院在宋代有田产近三十顷，元代被僧人豪势之家侵占，经历任山长62年争讼始复其旧，元明之际又多没于豪右。据嘉靖《石鼓书院志》记载，其时院中仅有“祭田”，其田亩数不见万历《石鼓书院志》，而载于光绪《国朝石鼓志》①，兹据以将其列表统计如下：

嘉靖年间石鼓书院祭田统计表

置办年代	置办人	田亩数	田租	备注
宋景祐年间	皇帝赐田	田5顷		没于豪右
宋末	提学黄榦置	田490余亩		元为豪僧所夺，山长清复。后又复失

① 光绪《国朝石鼓志》卷4《嘉靖志祭田录》。

续表

置办年代	置办人	田亩数	田租	备注
正德十年	参政陈凤梧	田 55.5 亩 屋场一片	75 石	陈凤梧以追入犯人赃银置田
嘉靖六年	巡按邓显麒	田 84 亩 水塘 5 口 茅屋 3 间 山林柿栗树 50 株	100 石	邓显麒追入犯人赃田
嘉靖六年	分巡佥汪溱	田 12 石 5 斗 大小水塘 5 口 屋基一所	135 石 塘鱼 100 斤	汪溱动支府库银 150 两购买
嘉靖十一年	兵备副使陈卿	田 14 石	9 石	追入犯人入官田

嘉靖年间，区区石鼓祭田，相较宋代近三十顷学田而言可谓天上地下，根本无法比较，哪怕是元代历经 62 年斗争清复的田产，也要比明代多出很多。由此可知，书院置田之不易，其保守抑或更难。书生经营，可谓惨淡。

第五章 清代书院的活动

清政权以少数民族政权入主北京后，唯恐明末民族主义思想及自由讲学、清议朝政、裁量人物之风复活，更怕书院聚众成势，举旗反抗，因而百般抑制。顺治九年(1652年)，清廷一方面诏令“各提学官督率教官、生儒，务将平日所习经书义理，着实讲求，躬行实践。不许别创书院，群聚徒党，及号召地方游食无行之徒，空谈废业”①，另一方面，对于已经存在、恢复的书院，清廷又沿袭明代的《学校禁例十八条》，订立《训士卧碑文》八条加以钳制，欲以高压政策压灭书院精神，不许书院发展。康熙年间(1662—1722)，随着南明政权覆灭，台湾被重新收复，三藩之乱及噶尔丹叛变被平定，国内政治局势和社会秩序趋于稳定。在此情况下，清政府适当放宽了书院政策，但同时又不解除禁令，意在笼络人心，而又防止书院走向明末清议朝政之路，从源头上阻断明遗民利用书院反清的一切可能，将书院疏引导入其所设计的发展轨道。在此相对严苛的社会境况下，以黄宗羲、李颙、高世泰为代表的一

① 陈梦雷等辑：《古今图书集成》卷17《选举典·学校部》。

批汉族士人，不食清俸，以书院为讲学之所，表达了他们对故国的哀思和对清廷压制政策的不满。

雍正年间（1723—1735），清政府在经过一阵犹豫之后，书院政策开始由消极的抑制转为积极的支持。雍正六年（1728年），雍正帝发布正音诏令，福建省政府官员创造性地开始建设112所正音书院，在今闽台广大地区推广官话，“以成遵道之风”，以“着同文之治”，搞得有声有色。这使他对书院的看法有所改变，消除了一些对书院的疑虑。在继续观望了几年之后，他最终于雍正十一年（1733年）发布了创建省会书院的上谕。此后各地总督、巡抚奉令动用公帑，或新建，或扩建，或改建，使十八行省都有了各自的最高学府，这为官办书院教育体系的最终确立奠定了基础，是清代对书院发展所做的创造性贡献。乾隆年间（1736—1795），清政府的书院政策不再动摇，寓控制于支持，以创建上下一统、制度完善、定性明确的官办书院教育体系为主要目标。随着自朝廷到各省、府、州、县书院系统的全面建立，自嘉庆以后，在各级官学衰颓不振的情况下，书院一举将其取代，成为进行科举教育的主要机构。

道光以降，面对伴随坚船利炮强势涌入国门的西方文化，书院努力应对，在经过内容和形式的改造后，将西学、新学引入其中，自身进行了积极的变革，在一些书院中出现了不同于以往的饶有特色的外语和数学教育活动。而其间出现的由外国传教士创办的教会书院，虽以在华传播基督教为目的，但客观上也在为中国引入西方现代教育体制、课程体系和促进中西文化交流方面发挥了积极作用。而自宋代以来的书院刻书活动，在有清一朝则迎来了最辉煌的时刻。

第一节　清初书院的讲学活动

清朝是继元代以后，中国历史上第二个由少数民族建立的大一统中央政权。满族统治者挥师入关，得天下于马上，意气风发，开拓出比明代更为辽阔的版图。但是，在经济文化发达的中原、江南大地上，他们也遭遇到了十分顽强的抵抗。李自成、张献忠的大顺、大西政权余部的抗击，南明政权组织的反清战争，长达二十余年，这是一方面。另一方面，很多汉族读书人面对异族新政权，采取不合作、不入仕的非暴力抗拒之策，在清初做起了明遗民。和数百年前的宋遗民一样，明遗民大多选择了讲学，以安顿流血的灵魂，而且像明末一样，立书院，联讲会，将晚明遗风带入了清初社会。

明清之际的数十年战争荡涤，使大多数书院化为烟墟。但大难之中，仍然有非常特异之人，坚持讲学，而且讲学书院者，照例多是坚毅忠贞之明代遗民。这是当时最基本的情形。

一、黄宗羲在证人书院的讲学活动

黄宗羲（1610—1695），字太冲，号梨洲，浙江余姚人。生于明万历三十八年，卒于清康熙十六年，是王阳明的同乡后学。明亡，奉鲁王监国，积极从事武装抗清斗争，力图匡复中原。失败之后归隐讲学，不仕清朝。其讲学之地为证人书院。证人书院在会稽，本为其师刘宗周讲学以校正王学末流之所，建于天启年间而落成于崇祯四年（1631 年）。刘订有《证人社约言》《约戒》《证人社会仪》等规章制度，确定会期、会礼、会讲、会费、会戒等，规定每月三日会讲，“辰而集，午而散”，长年坚持，直到清顺治二年（1645 年）刘绝食而亡，以身殉国时止。康熙初年（1662 年），黄宗羲恢复书院讲经会，以“表师门之学”，从而讲学者数百人。康熙七年（1668 年），又建书院于鄞县延庆寺，亦名“证人”，为示区别，人称“甬上证人书院”。由此，讲会遂得举行于两地证人书院。著名弟子 70 余人，其所推重者有万斯选、万斯大、万斯同、董允瑫、董允璘、万言、陈夔、陈锡嘏、李邺嗣、郑梁等，卒开浙东学派。

黄宗羲像

梨洲之学根基于阳明心学，其著《明儒学案》实乃全面总结王学，以至有“清代王学嫡传”之说。但他实际上以“行”释“致”，注重实践功夫，讲求经史根柢，讲究经世致用，已开新时代风气之先，最终导流出以经史、经世而闻名的浙东学派，是为证人书院讲学的最大贡献。

二、李颙在关中书院的讲学活动

李颙像

李颙（1627—1705），字中孚，号二曲，陕西周至人。生于明天启六年，卒于康熙四十四年，以明遗民自居，清政府之“隐逸”荐、“海内真儒”荐、“博学宏辞”荐等，一概坚辞不赴。康熙四十二年（1703 年），皇帝巡幸关中，征召行在，也固辞不见。其遗逸风节甚高，康熙御书“关中大儒”四字，以为表彰。二曲以阐明学术为匡时救世的第一要务，讲学一生，其学批判继承程朱之主敬穷理和阳明之致良知，主张“返躬实践”“悔过自新”。康熙十年（1671 年），应邀到无锡、江阴、靖江、武进、宜兴等地讲学。在无锡东林书院，他瞻拜高攀龙遗像，“徘徊故地，不觉泫然”，与高世泰会讲，“贤达环集，得各质疑而去”。① 这次南下讲学，使其名播江南，也为他重开关中讲会做了一次学术预演。

康熙十二年（1673 年），应总督鄂善之邀，李颙主持重开停于明天启年间的关中书院讲会。开讲之日，总督、巡抚、将军及以下官僚，“德绅、名贤、进士、举贡、文学、子衿之众，环阶席而听者几千人”，其盛况有如冯从吾时代。为了更好地组织讲会，他吸取明代经验教训，重新制订了《关中书院会约》十条、《关中书院学程》十一条，对讲学时间、内容、方法、目的及弟子日常礼仪规范等作出了具体规定。兹择录自变量条如下，以见其继往开来之意。

一、先辈大堂开讲，只统论为学大纲，而质疑晰惑未必能尽，盖以大堂人士众多，规模宜肃，不肃则不足以镇浮嚣、定心志。私寓则相集略少，情易孚，意易相契，气味浃洽，得以畅所欲言。吾辈既效法先觉，不可不循其渐次。大堂统论之外，如果真正有志进修，不妨次日枉顾颙寓，从容盘桓，披衷相示，区区窃愿谬竭愚悃，以效蒙瞽之诵。

一、先辈讲学大儒，品是圣贤，学是理学，故不妨对人讲理学，劝人学圣贤。颙本昏谬庸人，千破万绽，擢发难数，既非卓品，又无实学，冒

① 雍正《东林书院志》卷 21《轶事一・东林轶事》。

昧处此，腼颜实甚，终不敢向同人妄谈理学，轻言圣贤。惟愿十二时中念念切己自反，以改过为入门，自新为实际。诸同人质美未凿，固无过可改，然盛德大业，贵乎日新，亦不妨愈加淬砺，勉所未至。

一、静能空洞无物，情悰浑忘，而征之于动，犹有渗漏，终非实际。故必当机触境，此中莹然湛然，常寂常定，视听言动复礼，喜怒哀乐中节，纲常伦理不亏，辞受取与不苟，富贵贫贱一视，得失毁誉不动，造次颠沛一致，生死利害如常。如是则动静协一，体用兼尽，在一家表正一家，在一乡表正一乡，在一国表正一国，在天下表仪天下，为法于天下，可传于后世，方不枉今日往来书院，群聚切劘。否则，一行玷缺，便亏生平，不但明为人非，幽为鬼责，即反之自己灵明，亦觉气馁神歉，蹴踖弗宁；且贻口实于无穷，曰："此关中书院平日志学之人也，今乃如是。"是学之无益于人也。其为学脉之蠹，孰大于是？吾侪慎诸。①

一、联五七同志，每月朔望两会，相与考德问业，夹辅切劘。公置一簿，以记逐月同人言行之得失。得则会日公奖，特举酒三杯以示劝；失则规其改图，三规而悛，听其出会。②

在《关中书院学规》的小序中，李颙也说："关中书院自少墟冯先生而后，学会久已绝响，今上台加意兴复，此当今第一美举，世道人心之幸也。"可见，关中讲会是继明代"学会"之"绝响"，二者之间具有继承性，气脉相通。

三、高世泰在东林书院的讲学活动

除了几大名儒以遗民身份讲学书院，东林书院作为自明代万历以来的讲学风标，在高攀龙从子高世泰的主持下，清初三十余年间高扬讲学大旗，结交天下讲学之人，红遍江南，仍在发扬光大东林讲学的传统。

高世泰（1604—1677），生于顾宪成、高攀龙修复东林书院的万历三十二年（1604年），崇祯进士，官至湖广学政，明亡即归家不出，在清朝做了34年的明

① 李颙：《关中书院会约》，见邓洪波编著《中国书院学规》，湖南大学出版社2000年版，第255—257页。

② 李颙：《关中书院学程》，见邓洪波编著《中国书院学规》，湖南大学出版社2000年版，第258页。

遗民，直至康熙十六年逝世。他晚年长达 34 年的遗民生涯，“无日不以东林先绪为己任”，一方面是“葺道南祠、丽泽堂，更建燕居庙、再得草庐、三公祠，备俎豆，饬威仪”，修葺院舍，使东林书院屹立于清初的肃杀凋零之中。更重要的一方面是，“集一时同志，恪遵忠宪遗规，春秋会讲”①，光大着东林书院的讲学传统。为此，他重订讲会规则，内中虽有“勿谈时事”之语，不免低调，但“勿乱威仪”，“质疑问难，俱于听讲毕后任从枚举”，“每期会友，必登姓氏，以谂后日操履”等规定，② 则又透示着神清气定的从容。据记载，当日讲会除了吴越同志，四方学者有不远千里而赴会者，十分感人，如清初名学者熊赐履就说：

雍正刻本《东林书院志》卷首《东林书院图》

春秋会讲，四方学者相率造庐问学。祁阳刁先生包，笃信忠宪为师，与先生往复论学，朔南相望，学者有南梁北祁之称。休宁汪学圣参究禅宗几二十年，闻先生讲道东林，野服造门，而请先生与言，后学宗派惟程朱，程朱宗派惟孔孟。阐发程朱是为正宗，厌薄程朱是为乱宗。世之谈性者既荒唐于禅宗之徒，尤荒唐于援儒入禅之徒，必欲坚持三教一家之说，惜误用其精神矣，留语数十日而学圣遂悟从前所学之非。关中李颙学尚姚江，特造东林会讲，先生因语之曰：言满天下无口过，其惟紫阳朱子。乎六经皆我注脚，是陆象山之口过也；满街都是圣人，是王新建之口过也。颙因答云，陆、王矫枉救弊，其言如药中大黄、巴豆，疏人胸中积滞，未可概施之虚怯之人。先生所虑极是，退而语其从游，谓宜奉为典型，新安汪知默、陈二典、胡渊、汪佑、吴曰慎、朱弘、施璜辈讲朱子之学于紫阳书院。因汪学圣游先生门相次问学，于是更定《紫阳通志录》，以广薪传。又以

① 雍正《东林书院志》卷 11《高汇旃先生传》。

② 高世泰：《东林讲会规则》，见邓洪波编著《中国书院学规》，湖南大学出版社 2000 年版，第 19 页。

《中庸》一书与紫阳诸子答问往复著《中庸问答》。①

由此可见，东林讲学之人不仅局限于吴越之地，皖南、关中千里赴会，亦为常事。上文提到的关中李颙东林之会为康熙十年（1671 年）仲春。次年，徽州名学者施璜遥隔千里而应期赴讲，其“必诚必信”之举，在当时传为佳话，兹摘引如下：

（施璜）讲学也，在新安紫阳、还古两书院，每月会讲，皆首推先生主讲席。先生必先期斋戒，肃衣冠，敛容止，危坐正论，俨然以一身当严师益友，而于先儒语录，尤多所发明，能使听者亹亹忘倦，以故四方学者翕然宗之。其来游锡山也，以康熙壬子岁。时乡先生前楚学宪汇旃高公，以忠宪公犹子主持东林书院。先生负笈游学，历吴越，溯梁溪，登东林讲堂，慨然有吾道复兴之志。以汇旃先生实得忠宪公家学渊源，遂执贽行师事礼。高公固雅重先生，每会辄推为祭酒，先生亦直任不辞。其立法引掖后进也，九容以养其外，九思以养其内，九德以要其诚，而所尤谆切者，惟以修身立诚，深相策励，学者佩服景行，一如在新安时……又闻之东林故老云：先生始来会讲也，临别时与高公约以某年月日必赴讲。及期，高公设榻以待。或谓公曰：“遥隔千余里，安能必施君之果如约耶？”公曰：“不然，施生笃行君子也，如失期不来者，吾不复交天下士矣。”言未竟，先生果携其子担囊而至。论者谓非高公不能信先生，非先生不能取信于高公。以此两贤之。至今传为讲堂佳话。嗟呼！重然诺，矜期许，此风今已渺然矣。必诚必信如先生者，真古人哉！真古人哉！②

从以上引文中我们可以看到，东林和徽州之间因为都有尊朱辟王的学术追求，往来十分密切。其实这也是晚明以来的一个传统，高世泰与刁包、汪学圣、施璜等人所接续的仍然是“天下东林讲学书院”的未竟事业，是明代讲学讲会之习在清初的遗风余韵。

徽州学者以“朱子乡人”自任，努力光大朱学，且借朝廷重申以程朱理学

① 雍正《东林书院志》卷 11《高汇旃先生传》。
② 雍正《东林书院志》卷 12《施虹玉先生传》。

为官方哲学之机，因势利导，使新安紫阳之会，明清连续，自万历二十五年至清乾隆六年（1597—1741），坚持140余年，并留下了比较完整的讲会记录——“会纪”，实为书院讲学的一个奇迹。

新安还古讲会的学术特色非常明显，诚如《还古递年讲学会纪小序》所言：“学不讲则道不明，道不明则学失其正已。当明季之末，还古主会，所请者无非姚江高弟，所讲者无非阳明秘旨，非吾道之一晦也欤？自我国朝顺治以来，幸得诸前贤同心倡率，春秋集讲，文物衣冠，彬彬一堂，尽去旧习，化为尊孔宗朱。”① 而推其本源，由王学转向朱学的先机，实开启于天启元年聘请东林书院高攀龙主教一事，所谓“天启辛酉延请高忠宪公主教之举，始开后来宗朱之渐”② 是也。也就是说，清初还古讲会是承明季讲学之绪铺延而来的，每年春秋两次，数十上百人会讲三日，原来只是明代书院所开创的一个传统而已。

然而，我们绝不能小视这样一个有着明代遗民色彩的民间讲学传统。它有着连续百年不断的坚毅与持久，不受朝代更替的影响，而且从关中到无锡，由徽州而吴越，千里期会，共相串联，宣示着无形而巨大的力量。这种潜在的力量，足以让以少数民族入主中原的清政权感到害怕，尤其是当它和明代以来就非常敏感的东林讲学联系到一起时，就更被视作一种威胁了。正是这种害怕和威胁的存在，在很大程度上决定了清初书院政策的走向。

第二节　雍正以降省会书院的建设活动

适应书院普及的形势，打破宋元以来所谓“天下四大书院”的局限，诏令建立省会书院，朝廷颁布优惠政策，集中地方人力、财力与学术人才资源等优势，在各省建设好一到二所重点书院，使其成为风范一省的文化、学术、教育中心，引领各地书院的发展，是清代对于书院发展事业所作的建设性贡献。总结其经验教训，对于我们今天建设重点高校及学术研究基地都有借鉴意义。

---

① 施璜：《还古书院志》卷12《会纪》。

② 施璜：《还古书院志》卷11《新安大会讲学还古会纪》。

一、雍正、乾隆时期省会书院的建设活动

宋代的路相当于后世的省，是地方最高一级政区，但两宋三百余年，始终没有路一级书院出现。元代虽然设行省为地方最高一级政区，而有元一朝，也没有形成省级书院。真正意义上的省级书院出现于明代嘉靖、万历年间，其中著名者有建于广西布政司首府桂林，旨在纪念理学家张栻（宣公）、吕祖谦（成公）的宣成书院和山东布政司所在地济南府城趵突泉东的历山书院等。

清代改明布政司为省，全国先后被划为十五、十八、二十二个省。雍正十一年（1733 年），诏令各总督、巡抚于其驻节之地建立省会书院，这是清代正式建立省级书院的标志。诏令称：

> 谕内阁：各省学政之外，地方大吏每有设立书院聚集生徒讲诵肄业者。朕临御以来，时时以教育人材为念，但稔闻书院之设，实有裨益者少，慕虚名者多，是以未尝敕令各省通行，盖欲徐徐有待而后颁降谕旨也。近见各省大吏，渐知崇尚实政，不事沽名邀誉之为，而读书应举者，亦颇能屏去浮嚣奔竞之习。则建立书院，择一省文行兼优之士读书其中，使之朝夕讲诵，整躬励行，有所成就，俾远近士子观感奋发，亦兴贤育才之一道也。督抚驻扎之所，为省会之地，着该督抚商酌奉行，各赐帑金一千两。将来士子群聚读书，须预为筹划，资其膏火，以垂永久。其不足者，在于存公银内支用。封疆大臣等并有化导士子之职，各宜殚心奉行，黜浮崇实，以广国家菁莪棫朴之化。则书院之设，于士习文风有裨益而无流弊，乃朕之所厚望也。①

于是，总督、巡抚奉诏在各省省会相继建立了置于其直接控制之下的 23 所省级书院，它们是：

> 莲池书院，在保定，属直隶省（今冀、京、津）。
>
> 泺源书院，在济南，属山东省。
>
> 晋阳书院，在太原，属山西省。
>
> 大梁书院，在开封，属河南省。

① 《清朝文献通考》卷 70《学校八》。

钟山书院，在江宁（今南京），属江南省（今沪、苏、皖）。

紫阳书院，在苏州，属江苏省（今苏、沪）。

敬敷书院，在安庆，属安徽省。

豫章书院，在南昌，属江西省。

敷文书院，在杭州，属浙江省。

鳌峰书院，在福州，属福建省（今闽、台）。

江汉书院，在武昌，属湖北省。

岳麓书院，在长沙，属湖南省。

城南书院，在长沙，属湖南省。

关中书院，在西安，属陕西省。

兰山书院，在兰州，属甘肃省（今甘、宁）。

锦江书院，在成部，属四川省。

端溪书院，在肇庆，属广东、广西省（今粤、琼、桂）。

粤秀书院，在广州，属广东省（今粤、琼）。

秀峰书院，在桂林，属广西省。

宣成书院，在桂林，属广西省。

五华书院，在昆明，属云南省。

贵山书院，在贵阳，属贵州省。

沈阳书院，在奉天（今沈阳），属盛京（今辽宁）。①

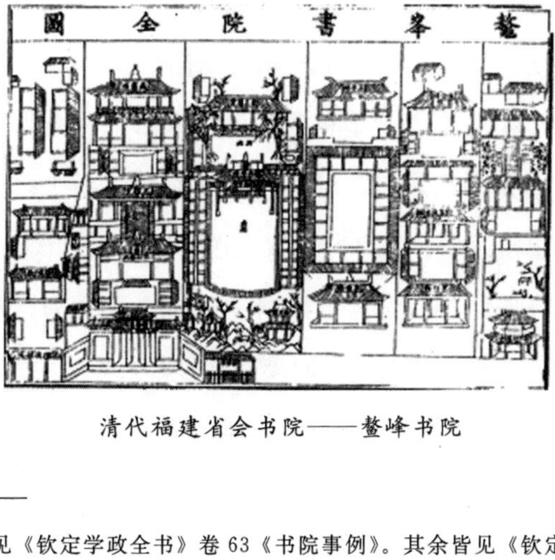

清代福建省会书院——鳌峰书院

① 安徽敬敷书院见《钦定学政全书》卷63《书院事例》。其余皆见《钦定大清会典事例》卷33《礼部》。

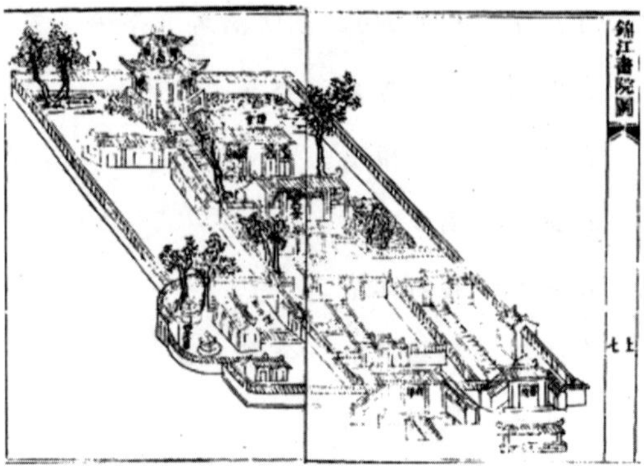

清代四川省会书院——锦江书院

清代的省级书院除了上述总督、巡抚驻节之地的省会书院，还有由学政创建、主持的书院。按照清制，主管一省教育行政和科举考试的学政，与总督、巡抚平行，知府以下皆为其属官。因此学政也是一省长官。清于全国设学政二十人，计顺天、奉天、山东、山西、河南、江苏、安徽、江西、福建、台湾、浙江、湖北、湖南、陕西、甘肃、四川、广东、广西、云南、贵州各一人，一般皆驻于各省省会，唯江苏驻江阴县，安徽驻太平府（今安徽省马鞍山市当涂县），陕西驻三原县，广东先驻肇庆，后移广州。另外，台湾学政没有专人，建省之前由台厦道、巡台御史、台湾道、福建巡抚等兼任，建省后由台湾巡抚兼任。由这些不同衍生出了学政主持的省级书院。

在学政主持的省级书院中，以福建台湾府的海东书院为比较特殊。海东书院在台湾府城（今台南市），康熙五十九年（1720 年）由台厦道梁文煊创建，不久改为岁科考试之所。乾隆五年（1740 年），新建试院落成。台湾道刘良璧捐俸倡修原海东院舍，贡生施士安又捐稻谷千斛、水田千亩充为膏火之资，使其规模和经费都达到了一定的高度。其时巡台御史兼学政杨二酉遂奏请朝廷，议准海东书院“照省会书院之制，每学各保数人送院肄业，令该府教授兼司训课”①。从此，海东书院即以府级书院之实而跻身于省级书院之列，并受到历任台湾学政的重视，发展成为台湾和澎湖列岛的最高学府，人称“全台文教领袖”②。

江苏学政所属的书院前后有些变化，前期为暨阳书院，后期为南菁书院。

① 《钦定大清会典事例》卷 395《学校·各省书院》。

② 嘉庆《台湾县志》卷 7《改建海东书院记》。

暨阳书院原名澄江书院，在江阴县东城，乾隆三年（1738 年），学政令知县蔡澎创建。二十年后，学政李因培改建，改名暨阳书院。其后一直兴学不断，知名山长有 32 人之多，皆载于《江阴县志》之中。咸丰年间毁于战火，同治十一年（1872 年）重建，改名礼延书院，降为县级书院。南菁书院在江阴城中，光绪九年（1883 年）学政黄体芳创建，得到两江总督左宗棠的支持，书院仿照杭州诂经精舍之制，专课通省经古，以补时艺之偏。时设经古二学，经学附以性理，古学附以天文、算学、舆地、史论，每年招内课五十名，经、古分别为二十、三十名，外课则不限名额，凡全省举贡生监皆可投考。书院前后七进，规模宏大，又设有观象台，以备诸生考察天文之用。十一年，王先谦继任学政，设书局于院中，刊印《皇清经解续编》（亦名《南菁经解》）一千四百三十卷、《南菁丛书》一百四十四卷、《南菁札记》二十一卷、《南菁讲舍文集》六卷，使书院成为全国最具影响的学术与出版中心之一。前后出任山长的有张文虎、黄以周、缪荃孙、林颐山、王亦曾、陈昌绅，皆为一代学术名流。清末书院改制，南菁按省会书院之制，于光绪二十四年（1898 年）改名为南菁高等学堂，光绪二十八年（1902 年）又改名江苏全省高等学堂。

陕西学政所属书院有三原县的宏道书院，泾阳县的味经书院、崇实书院。宏道书院，原名弘道书院明弘治九年（1496 年）创建，清代相沿办学，至乾隆年间因避皇帝弘历名讳，改名“宏道”。清代历来为学政兴办，与西安关中书院一样，为陕甘二省士子肄业之区。味经、崇实二院，分别由学政许振祎、赵维熙创建于同治十二年（1873 年）、光绪二十二年（1896 年），皆是书院改革的产物。味经课程先以“实学”为主，光绪十一年（1885 年）设求友斋，以经学、史学、道学、政学设为月课，附以天文、地舆、算法、掌故。至光绪二十一年（1895 年），又设时务斋，讲究西学，刊行西书，使书院成为西北地区传播新知的中心。崇实书院课程分格致、英文、算学、制造等，虽开办时间不久，但其影响不亚于味经书院。光绪二十八年（1902 年），味经、崇实皆与宏道合并，以省城书院之例改为宏道高等学堂。

二、清中期以后省会书院的设立活动

清代中后期，为了适应变化了的学术形势与教育需求，省级书院又有新的发展，除原来省会书院，在很多省会城市又增设了一些在全省或两省范围之内招生的新生代省级书院，其有名可考者有如下一些：

金台书院，在京师（今北京）。

惜阴书院（书舍），在江宁（今南京），属江苏。

文正书院，在江宁（今南京），属江苏。

正谊书院，在苏州，属江苏。

南菁书院，在江阴，属江苏。

诂经精舍，在杭州，属浙江。

求是书院，在杭州，属浙江。

凤池书院，在福州，属福建（今闽、台）

正谊书院，在福州，属福建（今闽、台）。

友教书院，在南昌，属江西。

经训书院，在南昌，属江西。

明道书院，在开封，属河南。

经心书院，在武昌，属湖北。

两湖书院，在武昌，属湖北、湖南。

求忠书院，在长沙，属湖南。

校经书院，在长沙，属湖南。

时务学堂，后改为求实书院，在长沙，属湖南。

广雅书院，在广州，属广东、广西。

越华书院，在广州，属广东。

学海堂，在广州，属广东。

菊坡精舍，在广州，属广东。

应元书院，在广州，属广东。

榕湖经舍，又名经古书院，在桂林，属广西。

桂山书院，在桂林，属广西。

尊经书院，在成都，属四川。

正习书院，后改名学古书院，在贵阳，属贵州。

正本书院，在贵阳，属贵州。

味经书院，在泾县，属陕西、甘肃。

崇实书院，在泾县，属陕西、甘肃。

求古书院，在兰州，属甘肃。

博大书院，在迪化（今乌鲁木齐），属新疆。

令德书院，在太原，属山西。

萃升书院，在奉天（今沈阳），属盛京（今辽宁）。①

这批新兴的省级书院和雍、乾时期的省会书院相比，有自己的特色。

第一，它们的主流或如诂经精舍、味经书院，其创建的目的是以经史实学去救书院堕落为科举附庸的流弊，意在返回传统，推古求新，重振书院事业；或如校经书院、两湖书院，其创建的目的是讲求中学，引入西学，试图以中西结合之方，为传统的书院事业注入新的活力；或如求是书院、崇实书院，以讲求新学、西学为主，尝试着将中国古老的书院制度和西方近代教育制度接轨沟通，以上种种皆是书院改革的产物，记录着书院制度由古代走向近代，不断发展的步伐。

第二，这批书院和原有的省会书院一样，同是一省文化、学术、教育中心，但其影响力却迅猛扩散，而且也要强大得多，无论是诂经精舍、学海堂等在嘉庆、道光年间卷起的朴学之风，还是校经书院、时务学堂等在光绪年间掀起的三湘新政大潮，来势之快，冲击力之大，影响之深远，都是原有省会书院所难以比拟的，而且像莲池、钟山、岳麓、秀峰等这些顶级书院还受其影响，相继出台了一些改章改课的措施，以顺应时代的发展变化。

第三，其发展或如应元书院专课举人，或如求忠书院专课湘军阵亡将领子弟，有类贵胄学校；或如经训书院、菊坡精舍等重经史而不习举业；或如崇实书院讲求“格致”，设置制造课程，开中国近代机械工业教育之先河。凡此种种，呈现出一种多样化、专门化的趋势，改变了过去旧的省会书院的单一性、重复性分布的状况，从一个侧面反映了书院进步发展，开始近代化进程的情况。

三、省会书院教育活动的特点

以上这些省会书院，又叫会城书院、省城书院，它们构成了清代省级书院

① 邓洪波：《中国书院史》（增订版），武汉大学出版社 2012 年版，第 518—519 页。

的主体，自雍正以来，一直受到中央政府和各直省政要的关顾，因而得到了长足的发展，成为各省的文化教育中心。通观这些书院，有如下一些特点应予注意。

一是经费充足。各省城书院在雍正十一年（1733 年）正式确认之时，就获得了皇帝恩赐的帑金，其数一般是每院一千两白银，最少的也是两院共一千两。这些银两或委员经理，或置产收租，或筹备赏供，所获赢利皆用来作为书院师生膏火。如果收入不够开支，则准许在“存公项下拨补，每年造册报销”。在《清会典》中，我们还可见到各省城书院报销的清单。这就使得省城书院与官府银库联系在一起，从而获得了充分的经济保障。

二是频频受到皇帝的关顾。自雍正皇帝下诏建省城书院并赐给帑金以来，历代皇帝皆以各种方式关顾着其建设与发展。乾隆皇帝曾数度下诏就山长的选择与待遇、生徒的招取与奖罚以及负责人的称谓等做出规定，此外还为岳麓、紫阳等很多书院赐书、赐额，予以表彰。乾隆十一年（1746 年）到四十九年(1784 年)，乾隆皇帝还先后到保定莲池、江宁钟山、苏州紫阳、杭州敷文、曲阜洙泗、登封嵩阳等书院视察，与院中师生论学作诗，仅王昶在《天下书院总志》卷首中就记录了乾隆视察书院的御制诗十八首。① 这在清代是绝无仅有的。皇帝亲临书院接见师生，这不仅是所到之院的荣耀，亦是对其他省会书院的一种鼓舞，而且对天下所有书院的发展亦起到了极大的推动作用。乾隆以后，嘉庆、道光、同治诸帝对省会书院的建设皆做过指示。在封建社会，至高无上的皇帝的关顾，使省会书院在获得实际发展的同时，也获取了巨大的社会影响力，形成了领袖当地道、府、州、县、乡村各书院的声望。

三是师资水平高。为了保证省会书院的学术权威性，“直省书院隶会垣者，凡山长充补必请朝廷，特重其事”②。至于省会书院的院长应由什么人出任，诏令和礼部都曾提出过要求，“居中讲习者，固宜老成宿望”；“凡书院之长，必选经明行修足为多士模范者，以礼聘请”；“书院讲席，令督抚学臣悉心采访，不拘本省邻省，亦不论已仕未仕，但择品行方正，学问博通，素为士林所推重者，以礼延请，厚给廪饩，俾得安心训导”等，都是被一再强调的。而且还规定，

① 王昶：《天下书院总志》，清抄本。按，以上除洙泗、嵩阳外，都是省会书院。乾隆帝到莲池三次，到敷文、紫阳六次，其余皆为一次。

② 柳诒征：《江苏书院志初稿》，载《江苏省立国学图书馆年刊》第 4 年刊。

凡掌教六年，教术可观，人才奋起，卓有成效者，可以“请旨议叙”，给予嘉奖。① 因此，各省会书院所聘院长多为一代名流。如苏州紫阳书院，据成于光绪初年的《掌院题名》所载，冯皓、朱启昆、韩孝基、陈祖范、吴大受、王峻、沈德潜、廖鸿章、韩彦曾、彭启丰、蒋元益、钱大昕、冯培、吴省兰、吴鼒、吴俊、石韫玉、朱珔、翁心存、董国华、赵振祚、俞樾、程庭桂、夏同善、潘遵祁等25名院长，除吴大受一人资料不全外，其余24人都是清一色的进士出身，且多是学术名家，其中还有彭启丰、石韫玉两位状元公。以籍贯分，24人中，湖北1人，福建1人，浙江2人，安徽2人，其余皆为江苏人。② 又如岳麓书院自雍正十一年起至改学堂为止170余年间，知名的院长有23人，其中以出身分，有进士21人，举人1人，贡生1人；以籍贯分，江西1人，湖北2人，余皆湖南人。而无论其出身高低，例皆著作等身的饱学之士。③ 又如钟山书院，其山长杨绳武、夏之蓉、钱大昕、卢文绍、姚鼐、朱珔、程恩泽、胡培翚、任泰等，或奉为学界泰斗，或尊为当代经师，皆是一流学者。④ 其他如敷文书院之齐召南，紫阳书院之廖鸿章等皆以学问优长而得宠于乾隆皇帝。高水平学者主掌书院是省城书院维持其高踞本省教学和学术研究中心地位的可靠保证。

四是肄业诸生须在全省范围之内经过严格筛选方可入院具体为：先由各州县秉公选择，然后由驻省道员专司稽察，最后布政使会同道再加考验。通过层层审查者，才可以留院肄业，这是部颁并一再强调的招生标准。入院之后，又曾令各总督、巡抚会同学政严格甄别书院生徒务使其皆为有学有品之人。经过如此层层筛选，有如此众多官员把关，而且设置专司道员稽查，这中间虽有严加控制之意，但也反映了政府对省级书院生徒的重视，这是同期各道、府、州、县级书院做不到的，也是唐宋元明各朝所未曾有过的。

五是规模大，招生多。省会书院的规模都比较大，不仅院舍宏大，全省首屈一指，而且招生人数也是最多的，雄踞各道、府、县、厅书院之首，兹将各书院招生数额可考者辑录成下表。

---

① 云南五华的张甄陶，贵州贵山的孙见龙，湖南岳麓书院的罗典、欧阳厚均等人曾得此殊荣。

② 光绪《苏州府志》卷25《学校》。

③ 杨布生：《岳麓书院院山长考》，华东师范大学出版社1986年版。

④ 柳诒征：《江苏书院志初稿》，载《江苏省立国学图书馆年刊》第4年刊。

清代部分省会书院招生人数统计表

省区	院名	招生人数	记录时间
直隶	莲池书院	120—130	光绪十三年
河南	大梁书院	200	光绪末年
江苏	钟山书院	内课 50、外课 70、驻防 5，计 125	嘉庆年间
		超等 50、特等 70、恩课 10，计 130	光绪年间
	紫阳书院	正课 60、附课 40，计 100	乾隆二十四年
		内课 40、外课 80，计 120	道光年间陶澍任巡抚前
		内课 50、外课 100，计 150	陶澍任巡抚后
	南菁书院	经学内课 20、古学内课 50，计 70，外课不限额	光绪九年
浙江	敷文书院	生童不详，孝廉内课 18、外课 18、附课 20，计 56	道光十六年
		144	光绪十八年
福建	鳌峰书院	一等生 70、二等生 70、住院生 80、上卷童生 30，计 250	嘉庆年间
		生监内课 60、外课 60、童生内课 60、附课 40，计 220	道光二年
		一等生 80、二等生 70 上卷童生 60，肄业生童约 300 人	道光年间
	海东书院	内课 40、外课 80、附课 120，计 240	光绪末年
安徽	敬敷书院	内课 24、外课 24，计 48	乾隆十七年
		内课 24、外课 44，计 68	嘉庆二十四年
湖北	江汉书院	嘉庆前 60，后 240	嘉庆年间
湖南	岳麓书院	正课 50、附课 20，计 70，乡试年增正课 20、附课 10	乾隆二十八年
		正课 68、附课 35，计 103	乾隆五十年
		正课 68、附课 70，计 138	嘉庆四年
	城南书院	正课生 20、正课童生 20，计 40	乾隆二十八年
		生监正课 28、附课 40，童生正课 30、附课 10，计 108	嘉庆年间
		生监正 48、附课 50，童生正课 30、附课 10，计 138	道光四年

续表

省区	院名	招生人数	记录时间
广东	端溪书院	生监正课 60、附课 160、童生正课 20、附课 80，计 320	嘉庆十四年
	粤秀书院	生监正课 80、童生 20，计 100	乾隆二十年
		生监正课 80、外课 40，童生正课 20、外课 10，计 150，乡试年增生监正课 20、外课 10	嘉庆十四年
广西	秀峰书院	生员数额 50、额外正课 15，计 65	嘉庆年间
		增逊业堂课 60	光绪十九年
	宣成书院	童生正课 25、额外正课 8、附课 20，计 53	嘉庆年间
四川	锦江书院	正课 60、附课 60、外课 30，计 150	道光二十八年
		正课 60、附课 88、外课不限，约计 200	咸丰七年
云南	五华书院	生员 120	道光十九年
		生员正课 80、附课 80，计 160	道光二十一年
		生员正课 80、附课 80，举人正课 10、附课 20，计 190	同治二十一年
		举人正课 15、附课 20，生员正课 80、附课 100，内舍生 40，计 255	光绪后期
甘肃	兰山书院	正课 20、附课 40，计 60	道光三十年
		正课 40、附课 80，计 120	光绪十四年
奉天	沈阳书院	24	乾隆三十二年

六是课程设置由朝廷议准通行。各地省会书院的教学内容、程序等，乾隆九年（1744 年）也曾由部议准通行，其称：

> 嗣后书院肄业士子，令院长择其资禀优异者，将经学、史学、治术诸书留心讲贯，以其余力兼及对偶声律之学。其资质强者，且令先工八股，穷究专经，然后徐及余经，以及史学、治术、对偶声律。至每月课试，仍以八股为主，或论或策或表或判，听酌量兼试，能兼长者酌赏，以示鼓励。再各省学宫陆续颁到圣祖仁皇帝钦定《易》《书》《诗》《春秋传说汇纂》及《性理精义》《通鉴纲目》《御纂三礼》诸书，各书院院长自可恭请讲解。至《三通》等书，未经备办者，饬督抚行令司道各员，于公用内酌量置办，以

资诸生诵读。①

对于经史之学的提倡和重视，通过书院的管线由省及府及州及县而贯通于全国，我们认为这对于乾嘉朴学之盛的形成起了极大的推动作用。关于这一点，以往的学术界注意不够，在这里有必要予以提出，以引起必要的重视。至于将治术之书和八股文定为省级书院的必修课程，在当时实乃培养人才的需要，因为八股为科举考试之具，科举为国家选拔人才的主途，而所谓“治术”即治理国家的方法与艺术。两者的同时讲求，使书院肄业诸生既有入仕之具，又有治国之术，从设计上讲是无可挑剔的，只可惜在日后的执行过程中，出现了重八股、轻治术的偏差，其尤甚者使书院变成了科举的附庸，这是始料未及的，也是极不可取的。

总之，省会书院是中国书院历经千年发展积累之后，由中央政府主管并交由地方最高一级政区分头建设的国家重点教育学术工程，它散布于全国各个省区，成为各省的教育、文化与学术中心，其有关经费筹措、师资建设、学生管理等方面的做法，皆有值得今天的教育主管部门借鉴之处。

第三节　清代书院的考试活动

考试是书院用以对肄业生徒进行德行与学业考核，评定优劣，确定升降，给予奖惩的一种活动。它源于传统的察举、考选活动，吸取了唐宋以来官学考试与科举考试活动的诸多优点，在长期的发展中形成了自身的特色。及至清代，考试成为书院的一项主流活动。

一、书院考试活动的起源与演变

书院是中国士人的文化组织，是一个公众活动的场所，对于管理者来说，无论是对校勘经籍、刊辑图书的士人，还是对读书讲学、著书立说的学者，都

① 《钦定大清会典事例》卷 395《学校·各省书院》。

存在如何调动他们的积极性，极大地提高效率的问题。因此，实行考试，分出优劣高下，给予奖惩，形成激励竞争机制就势在必行。

中国书院起于唐代，书院的考试活动也起于唐代。《唐六典》规定，集贤殿书院的学士、直学士、侍讲学士、修撰官、校理官、知书官等，不管是“刊辑古今之经籍”，还是“辨明邦国之大典而备顾问应对”的，不论是“征求”遗逸贤才，还是“撰集文章，校理经籍”的，每个人都得参加考试，“月终则进课于内，岁终则考最于外”。① 这是中国书院考试活动的最早记载。

考试成为书院的一种制度，则是宋代的事情。有关书院考试活动的记录，常见于史志文集之中，如江西新余县的蒙山书院，它由宋代国子监司业黎立武创建，院中“仿嘉眉故事，礼先达以主试，月讲季课，春秋行释菜礼，四方学者云集”②，这是请有名望的学者为已入院的学生讲学并进行考试。不仅如此，有些书院还实行招生入学考试，并有学业考课、德业考查的规定。如建康（今江苏南京）的明道书院，其《明道书院规程》共十一条，内中有三条涉及考试：“士之有志于学者，不拘远近，诣山长入状帘，引疑义一篇，文理通明者请入书院，以杜其泛”，“每月三课，上旬经疑，中旬史疑，下旬举止。文理优者，传斋书德业簿”，“诸生德业修否，置簿书之，掌于直学，参考黜陟”。③ 第一条说明有招生考试，虽然不很严格，但也要合格才能入院肄业；第二条则是平时制度化的学业考试，不仅有时间、内容，还有评选与记录的办法与规定，可见其严谨；第三条则是考核德行道义的部分，属于今天“德育”的范畴，考核的结果成为“黜陟”奖惩生徒的重要依据。宋徐元杰《延平郡学及书院诸学榜》也有“每月三课，上旬本经，中旬论，下旬策，课册得索上看，佳者供赏”④ 的记载。上引材料告诉我们，考试在宋代书院中已成为一种由《规程》《学榜》公布并确定下来的活动。

宋代书院实行考试的另一个典型例证见于《宋史·尹谷传》，其称：“初，潭士以居学肄业为重，州学生月试积分高等，升湘西岳麓书院生；又积分高等，

①《唐六典》卷9《中书省》。
② 光绪《江西通志》卷81《建置略六·书院一》。
③ 周应合：《景定建康志》卷29《明道书院规程》。
④ 徐元杰：《梅野集》卷11《延平郡学及书院诸学榜》。

升岳麓精舍生，潭人号为三学生。兵兴时，三学生聚居州学，犹不废业。”文中的湘西岳麓书院为咸平四年（1001 年）建于湘江西岸岳麓山下的湘西书院，岳麓精舍即岳麓书院，二者与潭州州学组成的“潭州三学”是潭州推行太学三舍法的产物。① 这种州学与书院相关联，每月考试，按积分多少决定升学的办法和北宋时期王安石在中央太学和地方州县学推行的“三舍制”相比较，我们也可以发现两者之间有一种渊源关系，这种渊源关系透示出宋代书院考试制度的确立在一定程度上受到了学校考试制度的影响。而在大兴官学的北宋后期，岳麓、湘西二院却高居于州学之上的这一事实，又反衬出书院在吸取官学影响形成自己的特色之后所具有的强大的生命力和影响力。

值得指出的是，宋代书院考试的一个重要内容是推出一套有关德行品性的标准，来检查、考核生徒。如徐元杰在上引的《延平郡学及书院诸学榜》中就提出，他要“与诸生一月一相聚于学或于书堂，必欲亲扣每日所习何事，所读何书，所作何文”。又要求郡学教官和书院堂长，“凡所讲习，当先就本心本身上理会，使之鞭辟入里。有不善，自觉而改可也；有所觉，自知而充可也；有所知，自爱而守可也”。拳拳于诸生的是如何使他们变成自善、自觉、自知、自爱、有道德、有情操的“仁者”“君子”和“孝悌务本者”②。这方面更典型的是由朱熹制订的《白鹿洞书院揭示》和由他写跋推荐的《程（端蒙）董（铢）二先生学则》。二者都是从正面向书院生徒揭示追求圣贤品性修养的目标，让生徒自己“相与讲明遵守，而责之于身”③。这是以人伦纲常之道的目标让书院生徒自我考核，自我检查。也有提出硬性规定的，如吕祖谦在丽泽书院讲学时，除提出以“孝、悌、忠、信”为讲学宗旨外，还规定了退学条例，生徒如有下列行为之一者，就要勒令退学：亲在别居、亲没不葬、因丧婚娶、宗族讼财、侵扰公私、喧噪场屋、游荡不检。这是一种严厉的考试，凡不合格者就要被开除，从反面着力，与朱熹的《揭示》有异曲同工之效。

元代程端礼所订《读书分年日程》，最后三年是为科举考试做准备，教诸生练习与应付科举考试的。虽然这个《日程》最初只是为程氏家塾所订，但它一

① 陈谷嘉、邓洪波主编：《中国书院制度研究》，浙江教育出版社 1997 年版，第 479 页。
② 徐元杰：《梅野集》卷 11《延平郡学及书院诸学榜》。
③ 朱熹：《朱文公文集》卷 74《白鹿洞书院揭示》。

出台即遇元代开科取士，因而受到欢迎，很多书院都予采纳。因此，像宋代书院一样，元代部分书院为应付科举而进行考试是完全可能的。但留下来的文献对此项记载却很少。泰定三年（1326 年）刘鹗订《齐安河南三书院训士约》，内中有“会课之宜勤”一条，其称：“以文会友，原是圣贤成德，尔辈随便立会，不拘人数，宜遵白鹿洞规，恒以实心敦励，质疑问难，相与开发心胸，显示幽规，相与砒砺名节，不矜不伐，下拜昌言，若无若有，近思良友，虞廷孔孟，相授之益可想而知也。求友辅仁，亦在志士之自奋耳。”① 虽然谈到“课”，但并不是讲课试，而是会友求仁，相互激励。

明代书院随王、湛之学的兴起而兴盛，各地联讲会，搞会讲，考课虽受冷落。但与“智育”相关的考试活动，依然在进行。如沧州天门书院，万历二十七年（1599 年）由转运使创建，当时规定，“凡附近州县生员……申请入院，候盐院（主管盐务的官吏）按临，一为品骘”②。不但月课季考者有之，有些书院还颁行“日课簿”，规定生徒每日学业，然后抽查稽考。万历二十年（1592 年）吉安知府汪可受制订的《白鹭洲书院馆例十二则》，其中一条就是“诸生各立日课簿，每日将用过工夫登簿内，或看经书若干，或读论、策、表若干，或看《通鉴》《性理》若干，或看程墨及时艺若干，或看古文若干，各随意见力量，但要日有日功，月不忘之。本府将不时抽签稽查”③。这种登记课业，不定期的随意抽查，即是一种考试活动形式。它既可看出生徒所学多少、好坏，起到督促的作用，具有考试的激励机制，又不十分严格、机械，生徒可以优游自适，进步于无形的约束之中，这是一种情形。另外，乡邑私市的一些小书院，因经费较少，难以长年养士，“既无掌教，亦乏膏火，却有月课之制”④，每月定期聚士会课，作文作诗，评定甲乙，优者给予奖金，广东英德的龙山书院（嘉靖三十年创建）、桃溪书院（崇祯十二年创建）、翁源的翁山书院（崇祯十一年创建）就是这样。⑤ 这种形式的考试，随着科举制度的不断渗入，会课应举式书院的不断增加，而越来越受到重视，到清代发展成为书院考试活动的主流。

① 刘鹗：《惟实集》卷 2《齐安河南三书院训士约》。
② 康熙《沧州志》卷 3《学校》。
③ 刘绎：《白鹭洲书院志》卷 2《白鹭洲书院馆例十二则》。
④ 刘伯骥：《广东书院制度》，台湾编译馆中华丛书编审委员会 1978 年版，第 303 页。
⑤ 刘伯骥：《广东书院制度》，台湾编译馆中华丛书编审委员会 1978 年版，第 303 页。

二、清代书院考试活动的类别

清代书院考试活动的一个主要特点是考课成为主流，考课是大多数书院所采用的考试方法。虽然其中好些书院的章程强调“举业代圣贤立言，必心和气平，见解宏通，自纲常名教，以及细微曲折之理，万有必备，然后随题抒写”，才合“国家设科取士之本意”①，竭力想做到不要为科举而考课。但事实上，科举时代的书院极难做到这一点，而不可避免地沦为科举的附庸。时势使然，不得不如此，也不能不如此，尤其是经济势力较小，没有学术大师主持的书院，更是如此。这部分书院以科举为目的是一种客观存在的事实，它们把考课视为登科入仕的必要准备与训练。由于众多的书院和众多的人都关心这种考试，因此它也日臻成熟，形成了官课、师课、堂课、馆课、斋课、大课、小课、日课、月课、季课、诗课、字课、经古课、加课、会课、轮课等诸多名目，定有课期，立有课程，设有监课，形成了从命题、考课、阅卷到公布结果、奖惩等各个环节严密配合的一整套制度。

清代书院考试活动根据其考试内容、主考者身份、考试时间的不同，可以分为不同的类别。

首先，从考试的内容上看，书院考试可以分为德行考核与学业考课两大类型。德行考核是对学生一贯的道德品性、日常的行为举止进行检查，看是否符合既定的标准。为了做到有据可考，有的书院还实行簿书登记制度，设立德业筹、劝善规过簿等。如光绪二十四年（1898 年）河南开封明道书院订立劝善现过条约共五十七条，并“置一劝善规过簿，详列其目，简而不略，要而易遵，监院掌之，各斋之长纠察众友之善过而登记之，以每月朔望会讲之期呈之院长，面加劝警焉”②。考核标准因时因地因人（山长个人）各有差别。一般来讲，学术大师主持院务时，所定标准侧重对先贤先圣的理性追求，指标远大，而对日常起居的行为准则谈得较少，以疏大可塑，不带硬性规定，提倡自觉自励为其

① 台湾道兼提督学政觉罗四明乾隆二十四年订《海东书院学规》，载“台湾省文献委员会”编《台湾省通志·教育志》。

② 杨凌阁等：《明道书院劝善规过条约》，见邓洪波主编《中国书院学规集成》（第 2 卷），中西书局 2011 年版，第 868 页。

特点，而普通书院则从实用出发，多是儒家伦常的具体化的规定，以要怎样做和不能怎样做来表明其强制性。此种规定太多，不必列举。考核标准的不同，也决定了考核形式的不同，前者比较模糊，难以具体操作，其考核结果往往只能作为奖励或惩罚的参考系数；后者清晰，有很强的操作性，诸生违犯了哪一条，比如不尊敬师长、不孝敬父母等，就有被"除名""驱出"等明了的处理结果。因此，对于德行的考核，条目定得越大、越疏越没有约束力，定得越具体、越清楚越能发挥奖惩激励的作用。而另一方面，疏大的规定则可供诸生自觉地优游修养，成就修身养性之事，而细密的框框则有可能扼杀学生的天性，达不到养成良好德行的目标。正因为这样，一种疏密适度的德行考核制度的建立与完善就成了历代书院教育工作者所追求的目标。而这种追求也能为我们今天的德育提供一种良好的借鉴。

学业考课则主要是对属于"智育"方面的学业水平的测试与考试。这种考试，在盛行考课的清代一般称为"作课""会课"，如道光《南宫县志》卷三《东阳书院新定规程》载："会课每月两期，官课定于初二日，斋课定于十六日，均试以制艺、排律。会课辰刻封门，逾时不到者，虽属高才，不难补进；酉刻交卷，给烛继晷者，虽有佳构，不列前茅。"考试结果出来之后，要张榜公布，名曰"课榜"。广州学海堂就有这种制度，规定"课卷发出，即着司堂抄存取录名册，又抄榜一张，并原榜一齐粘贴"，以便周知。① 记录历次考试成绩簿册的名目很多，学海堂叫"取录名册"，福州鳌峰书院则叫"生童考列等第循环簿"②。其作用在于作为发放膏火奖赏，确定升降的根据，以上种种反映出当年书院考试制度的成熟。

书院学业考课依其考试内容又可分为经古课、诗课、字课、小课、散课、正课等名目。经古课在讲经史之学的书院比较多见，如湖南浏阳洞溪书院，与时规定要每月十八日考经古课，"院长兼出四书题，但时文不给赏，古学、经学、史学、算学卷，内外前课照逢三课奖赏，内不列超等，外不列上卷，均不给奖"③。诗课专考诗的写作，相对来讲比较少见。清光绪年间，湖南岳州府岳

① 林伯桐：《学海堂志·事宜》。
② 来锡蕃：《鳌峰书院纪略·章程》。
③《浏东洞溪书院志》卷上《课式膏奖章程》。

阳、慎修两书院曾有此课，其章程称“另立诗课，原以郑重其事，倘应课者有文无诗，文虽佳不列前茅，若诗课连旷两次，亦酌扣膏火示惩”①。字课专考诸生写字，见于清代云南一些书院，如昆明五华书院、新平县桂香书院，可见当地对传统书法技艺的重视。清代书院大多沦为科举的附庸，以课试举业为正途，每周官师考试，例试四书文一篇、试律一首，而另外加课一些别的内容，以其不为常例，而名之曰“小课”“散课”，如同治年间江苏江都的梅花、安定二书院，光绪年间的广陵书院，都称加试诗赋、经解、策论为小课。② 河北滦城龙冈书院以考制艺、试帖为“正课”，称考论辩、经解、策论等内容者为“散课”。③ 湖南浏阳狮山书院也称由院长“以经解、策论、诗赋题”的考试为“散课”。④ 小课、散课的命名，从一个侧面反映出科举已在一部分书院中确立了统治地位。

如果从主持考试者身份来分析，书院的学业考试课又可分为官课、师课两大类。官课即由官府主持的考试，一般来讲，命题、评卷、奖赏都由官府负责。以官府衙门的不同，官课又分为县课、州课、府课、道课、学院课、部院课等名目。如果书院所在地同时有几个衙门，官课则由各官轮流主持，这种制度称作“轮课”。官课又有“大课”之称，如嘉庆七年（1802 年）所订山东章丘《绣江书院条规》规定，每月大课一次，由知县命题、捐资奖赏；每月小课二次，由山长出题。⑤ 安徽祁门东山书院也有这样的规定。⑥ 此中大小之别，则又透出封建官本位的气息。师课是书院老师即山长主持的考试，考试内容一般与官课相同，但也有另外改变题型的。其命题、阅卷、讲评都由山长或山长委托学长、分教习等负责，奖金则由书院公项基金内支付，但大多数不发奖金。山长又称院长、掌教、馆师等，书院师课习惯上又称作院课、馆课。院长主持的考试不像官课有可能将学生召至官署举行，都在书院的讲堂或斋舍进行，所谓当堂面试，故又有堂课、斋课之称。至于有些地方以官职论尊单而分称官、师两课为大、小课的情况，其法则不足论。

---

① 曹广祺：《岳阳慎修两书院合志·新定岳阳慎修两书院住斋生童章程》。

② 光绪《江都县续志·书院》。

③ 光绪《滦城县志》卷 3《龙冈书院章程》。

④《浏东狮山书院志》卷 4《条规》。

⑤ 道光《章丘县志》卷 2《建置志·学校》。

⑥《东山书院志略·新立条规》。

因为参加考试者身份的不同，也衍成一些不同的考试名目，如江苏太仓安道书院在光绪十四年间（1888 年）由知州莫祥芝改试制义，间以经史杂著为考试内容，规定“每月专课两期，课内课生童；合课两期，兼课外课、随课生童，以住院膏火为奖赏”①。以这种标准分别课试名目的并不多见。

若再以考试的时间来分，书院的学业考试又有招生时的甄别、日课、月课、季考、春课、秋课以及加课、会课等名目。入学甄别类似现代的招生考试，主要是通过考试来确定学生是否有资格入院肄业。学术大师主持的书院，一些私人创办“以待四方学者”的书院，没有此种考试。但如前所述，这种考试在宋代就已出现，而且随着考课的盛行，它则被多数书院所采用。甄别的时间一般定在当年正月、二月，由主管的官府衙门主持考试，刘伯骥《广东书院制度》统计了清代十四所书院的情况，甄别定在正月的十所，二月的四所，最迟者为二月十五日以前。甄别考试之前，都要由主考官府发布考期公告，遍贴城乡，使所有考生知道以做应试准备。考期有的书院还定在前一年年末，如湖南凤凰敬修书院规定，“每年十一月，本道悬牌示期考录厅属生童，取定正课，附课”②。有些设在乡村的书院，由书院自己组织学生报名造册，然后禀告官府，请示考试日期并出题另外考录。湖南益阳箴言书院就是每年十一月上旬，愿入院肄业者“各具姓名、年貌、三代籍贯、居地，告于监院。监院黜其素不安分者，而缮其余于册，以告于县尊，请示期接连龙洲书院（著者按：县城书院）甄别课期，考试生童，以定去取”③。招生是控制学生的重要一环，这种权力在清代已由官府牢牢把握，从一个侧面反映出其官学化的特性。

大多数书院甄别录取时即将学生定为正、附、副、随课生等名目，然后出榜招其入院肄业。有些书院甄别则仅仅是生徒获得入院肄业资格与否的一种考试，录取后确定其正、副、随、附课等级，则要经过复试，看其成绩才能确定，河南开封彝山书院就是这样。清史致昌《彝山书院志·重定章程》载：“书院甄别，取定肄业诸生名数”，“复试分两场，取定正展、随课”。新生入学后，好些

① 民国《太仓县志·安道书院》。

② 道光《凤凰厅志》卷 6《敬修书院条规》。

③ 胡林翼：《箴言书院选士》，见邓洪波主编《中国书院学规集成》（第 2 卷），中西书局 2011 年版，第 1231 页。

书院都定有功课表，规定每天的学习内容和时间安排，称作“日程”“日课”。明清书院的日课已成普遍现象。日课也即平时学习的考核，是通过学生登载日记、山长查看、对照检查，看其是否与所记相符这一程式来完成的，因此就出现了日课簿、日程簿、日记簿、日记册、行事日记册、读书日记册、功课本、课册等一系列名目的考课。这些簿记的内容以学业为主，但平日言行也不排除。我们在这里引求实书院和味经书院为例，以见其大概：“日课按学海堂规制，分句读、评校、钞录、著述四者，句读、钞录按日无缺，评校、著述一听本生，不列课程”；“诸生所读之书，或有发明，或有指驳，不论当否，无妨存入日记册中，山长考课得以就正。其平日师友讲论，亦宜注记，以备遗忘。至身心微过，笔之于书，尤资悚惕，不得以日记当呈师长，遂揜而不著也”①。自书课册，每日何时起，何时寝；讲阅何经何史，自某句起某句止，心得若干条，疑义若干条；阅西学何书，自某句起某句止，已解若干条，未解若干条；阅报几纸，其是非得失若何，其利害有关于中国否；见某人讲论何事，其言可取与否，均一一抄为一册。五日自行呈堂评阅，月终汇齐，由监院解学宪评阅，张榜赏罚进退。② 清代后期，由于课试、命题、限定篇幅、刻期交卷、扃试糊名等考课式书院的做法已走向极端，成为制约诸生修性、向学、构辞的严重弊端时，因为日记具有“积日而求之，逐事而稽之，知其所亡，无忘所能，为者不畏其难，教者得考其实，途有程也，匠有矩也”③ 等优点，继而受到越来越多的书院的重视。著名的河北保定莲池书院从光绪四年（1878 年）黄彭年主院时起，每日即令诸生写读书日记，每旬收呈，每月“论其得失高下”，优秀日记则汇集成册，每月刊印一卷，一年肄业八个月，计八卷。自光绪五年起，共刊出三十二卷。可见，日课已成

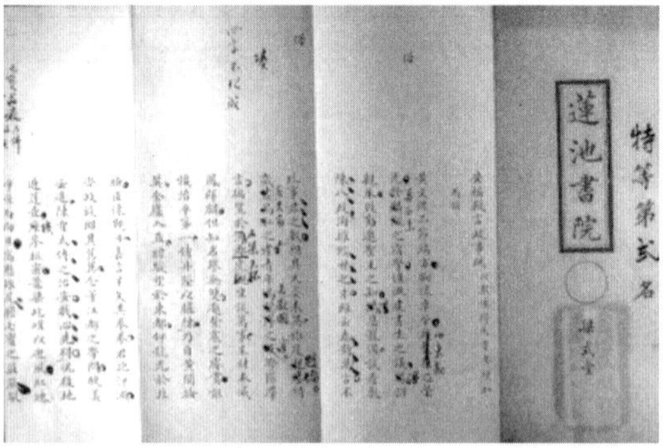

清代莲池书院试卷

① 《求实书院学现续抄·致用精舍学规》。
② 刘光贲：《烟霞草堂文集》卷 8《味经书院创设时务斋章程》。
③ 黄彭年：《陶楼文钞》卷 9《莲池书院日记序》。

为莲池书院一种重要的考试科目。

月课亦作月试，是书院每月定期举行的考试。每月课试次数从一次到数次不等，一般为三次，多至五六次。考试由官府与山长轮流主持，以山长主持者居多。考试内容涉及经史、词章、西学、时务等，但以举业为主。其成绩则作为诸生升降与领取膏火、奖金的依据。受科举考试的影响，月课多仿科场成例，成为科场的预演，又加膏奖引诱，在清代后期它显出多种弊端，好些人仅为微薄之利而应课。有识之士起而改之，或者重优游日课而不给奖金，如保定莲池书院，或者减少考试次数，如广州学海堂的季课。

季课之制，见于宋代。清嘉庆道光年间学海堂实行季课则是惩月课之弊的一项考试制度改革，意在将学生从没完没了的考试中解放出来。当时规定每年分为四课，由八学长“公商”，“出经解文笔、古今诗题，限日截卷，评定甲乙，分别散给膏火”①。

春课与秋课是一种行政长官观风视察时举行的考试，仅见于清代湖南桂阳州龙潭书院，其学规称：“州尊观风定为春秋二课，春课以二月十八日，秋课以八月十八日，先期由董事禀请州尊命题，一四书文、一试帖诗、一赋、一古近体诗、一策论，限三日交卷，毋得过期。”②

加课、会课也是一种特例，仅见于杭州求是书院。光绪二十三年（1897 年）制订的该院章程有考校一条，其称“考校以讲求实际为主，每月朔日课西学，是为月课，由教习分别等第。每月望日考汉文，或经义，或史论，或时务策，不定篇数，是为加课，由总办分别等第。每年冬间由抚院督同总办、监院、教习通校各艺，分别等第，是为会课”③。在这里，冬间会课与今天的年终考试没有多少差别。

三、清代书院考试活动的组织与实施

书院的考试程式，大体可分为考前准备、考试、评阅试卷、张榜奖惩等四

---

① 林伯桐：《学海堂志·章程》。

②《龙潭书院学约》，见邓洪波主编《中国书院学规集成》（第 2 卷），中西书局 2011 年版，第 1212—1213 页。

③《求是书院章程》，见朱有瓛主编《中国近代学制史料》（第 1 辑 下册），华东师范大学出版社 1986 年版，第 254 页。

大项活动，其组织实施则因时、因地、因院而各有差别，具体情况分述如下：

考前准备的工作很多也很芜杂，约略言之，主要是确定录取名额、定出考试日期与考试类别、报名备卷、准备试题，即课额、课期、课卷、命题。课额的确定，主要是为了限制肄业人数。书院的经费有限，不能无限制地招生，因此各院根据其经济实力而定有自己的课额总数（民间一些私人创办的书院因经费可随意增减，此类限制不严，但也不是无限制的）。

清代书院在确定总额以后，又分有正课、副课、附课、随课、内课、外课等课额名目。各类课额是根据甄别考试或复试的成绩高下而确定的，成绩最好的定为正课或内课，稍次者为其他名目。如果正课生平时考试成绩不能保持在前列，则有可能降为附课；附课生每考前列，则又会升为正课。如此升降，一以成绩而定，体现了考试的激励与奖惩机制。此处举嘉庆时广东粤秀书院为例，以见其大概："肄业诸生，向例每年仲春月前考课一次，以作甄别，本部堂（部院）预先示期，令诸生童自赴监院投名投卷候考，俟榜发取录有名者，方许入院居住，此一年大甄别也"，"甄别每年额取正课生监八十名、童生二十名"，"于额设正课外，增设外课生监四十名，外课童生十名"，"一年内课试每月三期，诸生有连考三次后五名，正课降外课，外、附课俱除名。若诸生中有连考优等三次者，外课升正课，附课升外课，准其有缺俟补，以示惩劝，使诸生争自濯磨，以期文风日上"。①

课期有一年之期与一月之期的区别，一般都是事先商定并载于规章的。一年之期是规定一个学年的学习时间，从哪个月开始到哪个月结束，或八个月，或十个月，有多至十一个月者，各不相同。年初开学，或称开馆、启馆、启学、起学、开课、送馆、送院，也有径称开学的，而每学年结束放假则称完课、散馆。如河北无极县碧泉书院，"每年定于二月开课，十月完课。每月二日官课，十七日斋课"②。江西南昌东湖书院，"每岁定于二月初旬启学，十三日开课，十二月初旬散馆"③。四川新都县龙门书院则规定，"每年课期自三月起，至十月止，共八个月，每月官课一次，堂课二次。官课定于每月初二日，由本县命题。

---

① 梁廷楠：《粤秀书院志》卷2《粤秀书院条规十八则》。

② 光绪《无极县志》卷2《碧泉书院条规》。

③ 道光《南昌县志·东湖书院》。

堂课定于十二、二十二日，由山长命题”①。

一月之期则是规定一个月内课试几次，是官课师课、抑或字课、诗课、经古课、论策课、举业课等。课试次数宋代有三次的记载，如前述延平书院每月中上下旬三课，分试本经、论、策；建康明道书院上中下旬分试经疑、史疑、举业。明清书院月试一次、二次、三次、四次者不等，但比之宋代则有增加趋势。刘伯骥统计广东清代十五所书院，月试二次者一所，三次者十一所，六次者三所。湖北归州丹阳书院，嘉庆二十三年（1818 年）所订《条规》定于每月十六日官课一次，“山长月课六次，以三八为期”，计每月考试七次，而山长每月逢二七之日才“登堂讲书”②。教学次数比考试次数还少。课试太多，让生徒围着考试转，对于教学并无益处，甚至影响学习。因此，学海堂即有季课之制，每年仅考试四次。这是书院考试制度的一次改革。

考试前的报名有两个目的，一是借以进行资格审查，二是准备课卷。书院生徒资格，宋元时期似无规定，但清代比较重视，乾隆元年（1736 年）上谕有“负笈生徒，必择乡里秀异，沉潜学问者”，而“其恃才放诞佻达不羁之士，不得滥入”的规定。乾隆九年（1744 年）礼部议准各驻省道员“专司稽查”诸生资格，“有学有品之士”和“才堪造就者”方准入院肄业。地方书院的实例也很多，如湖南益阳箴言书院即规定“愿入院肄业者，各具姓名、年貌、三代籍贯、居地，告于监院。监院黜其素不安分者，而缮其余于册，以告于县尊”。认可之后才得参加考试，以定去取，这是甄别考试之前的报名。③ 还有一些书院，在录取生徒之后，每月考试之前也要报名，如河南开封彝山书院，凡参加考试前，“须有正课童生连名五人互结，先期到监院处报名，造入点名册内，不准临时报名”④。河北无极圣泉书院规定：“凡预课生童，均于课前十日赴监院报名，以便礼房造册备卷。官课点名给卷，俱照县试办理”⑤。这种报名互结，重在控制生徒，点名册则便于清点人数，也在于方便准备试卷。书院试卷，由主考官府、监院，或书院委托书办等办理，每卷则给一定的银钱作制办费用，称作“卷资

① 民国《新都县志》第 2 编《政纪・教育・龙门书院章程碑记》。
② 同治《归州志・建置志卷二》。
③ 胡林翼：《箴言书院志》卷上《志选士第四》。
④ 史致昌：《彝山书院志・重定章程》。
⑤ 光绪《无极县志》卷 2《圣泉书院条规》。

钱”。有的书院官师课所用试卷大小形式也有规定，如福州鳌峰书院官课用“大卷”，每卷需银一分一厘，馆课用“小卷”，每卷只需银四厘。① 试卷的格式也有规定，杭州敷文书院其《增设孝廉月课章程》载：“试卷内用奏本纸，红格刷印，直行，纸页计足一文一诗一论之数，卷面朱印‘敷文书院孝廉月课’字样，监院印用钤记，以杜更换，即委令敷文书院监院办理。”② 还有的书院，为了使生徒熟悉科举考试的规程，试卷形式干脆采用会试、殿试卷之制。

关于考试题目，官课由官府出题，师课由山长出题，题型或四书文，或诗，或论，或策，或经古、史学等，这在规章中已有规定，而其题目的产生则欠记载。学海堂实行学长制，其规程中有季课命题的记载，弥足珍贵，兹引如下，以见当年命题之大概情形：“每季孟月初旬，即由管课学长知会，齐集堂中公拟题目。每题加倍拟备，定期请题，转赴督、抚、学三署呈宪裁定，周而复始。俟发出题目，即行刊刷，粘贴学海堂及各学长寓所，随便分给，俾远近周知。”③

书院考试一般为期一天，早晨进场，晚间出场，中途都得备一中餐给学生，主考山长、监考官绅也得备饭招待，因此还有一个后勤准备的问题，这一点也是各院较为重视的。如河南上蔡书院“诸生会文日，午间院中备点心一顿，或汤面，或米粥，论人数多寡，书记会同院长支领麦谷，先期舂办，登记簿汇算报销”④。有些书院在号房或讲堂考试，其饭食还由斋夫送到每个号房或课位。⑤

书院的考试，由主考、监考和其他一些人员协助组织进行。主考者因官师课而有区别。官课由书院所在地官府的最高行政长官主持，如果长官有事外出或因事不能到场，则可委托其他官员如学官等代行其事。一个地方有省、道、府、州、县、学政、盐法等各级衙门同驻，则各衙门“轮课”，书院考试则由每月轮值衙门的最高长官来主持，师课则由山长主持考试。主考的职责除了前期的命题与后期的评阅试卷，考试进行时主要是主持考试的仪式、点名、发题，考试的具体组织则由监考者来实施。监考者各地各院情况各异，一般官府经营

① 来锡蕃：《鳌峰书院纪略·章程》。

② 魏颂唐辑：《敷文书院志略·增设孝廉月课章程》。

③ 林伯桐：《学海堂志·事宜》。

④ 杨廷望：《上蔡书院规条》，见邓洪波主编《中国书院学规集成》（第2卷），中西书局2011年版，第954页。

⑤ 周在炽：《玉潭书院志》卷2《书院条规》；嘉庆《安仁县志》卷6《宜溪书院条规》。

的书院官课另外委员“监场”，馆课则请原已委派监院的学官“监场”。嘉庆十四年（1809年）所定广州粤秀书院《条规》载：“课期，诸生黎明登堂，向院长揖坐，封门发题。如官课，委员监场，监院教官于课日清晨请题封发，试卷即日收齐，次早该委员呈送，不得假手院役滋弊。至馆课，即令监院监场”，“两院课期，派厅官一员，司道课期，各派首领佐二官一员，协同监院教官查察，委员监场”，“院长课期，监院严加稽察，以杜传递代倩之弊。凡在院肄业诸生，监院官平时俱应认识，如有冒承倩代，即时扶出”。① 由民间董事会经营的书院，其考试则由董事监考。如河北南宫县东阳书院，设“书院首事二十四人，每期二人监课，按次承值，经管分收课卷，给发奖赏。饭资等事，以均劳逸”②。除了主考、监考，书院的其他职事人员则协助组织考试，如河北无极圣泉书院，即设院书一名，除专司文书工作外，每值课期，凡备办试卷、写题、封门、填榜等都由他负责。③

考试时间一般定为一天，约10—12个小时，或日出而试，日落而毕；或辰刻入场，酉正交卷，迟到和延时都是不允许的。违犯规定，不收录课卷，即便收卷，也不得名列前茅，以示考试的严肃性。这种限时考试，实际上是一种阅卷考试，生徒或单处号房关门应试，或齐集讲堂当场完卷，不得作弊。为此，还订有很多考场规则，兹录河北定州定武书院咸丰七年（1857年）所订《课士条规》全文如下，以见当年考场纪律之大概：

一、书院课日，先定院规，其规条经官绅面同议定后，举董事照章稽查，实力奉行，不许瞻询情面，隐匿不言。

一、书院现经修理，先借贡院考课生童。生与重分两处作课，不许彼此混坐，亦不许互相往来，违者立即削除。

一、在院作课，不许私行出外，违者削除。

一、作课不许托人代倩，亦不许自外传递，违者本人与代作者一并除名。

一、作课宜自出心裁，不许抄录成文，至蹈雷同，违者除名。

---

① 卫龄：《粤秀书院条规十八则》，见邓洪波主编《中国书院学规集成》（第3卷），中西书局2011年版，第1249页。

② 道光《南宫县志》卷3《东阳书院新规程》。

③ 光绪《无极县志》卷2《圣泉书院条规》。

一、生童自己领卷作课外，不许另外捏名领卷，如有领重卷者除名。

一、课卷作讫起讲，即先誊真，候用戳记，无戳记者不录。

一、日落交卷，不许继烛，不完者不录。

一、现因经费不足，止发官课膏人，而斋课亦必作文，方有裨益。如斋课不作文，官课虽取前列，所有应得奖赏、膏人，俱行扣除。实有事故，先经请假者，不在此例。

交卷后，即出外院，静候开门，不许在内替人代作诗文，如有不遵，查出除名。①

限时闭卷多与糊名、弥封、扃试、卷相联系，执行起来比较麻烦，不利于充分发挥学生的创造性。因此，有些书院就不用此法，而改用比较自由的开卷考试。开卷考试常见的是注重日记，并不出题目，只指定读书范围，让学生记其学习心得，查检心得即可获知学生用功勤惰、学识长进、学问专长等情况，其法在前面已经提到，此不赘述。另一种方法是，每月出题，学生领题后可自行查找资料，探讨排比，然后再作文应试。杭州诂经精舍即用此法，据张崟《诂经精舍志初稿》载，“精含课试，初仅每月一番，问以十三经、三史疑义，旁及小学、天部、地理、算法、词章，各听搜讨书传条对，以观其识。不用扃试糊名等法”②。这种方法每月考试一次，每次考试做题的时间计在半个月左右，时间从容，可以推究，一份试卷往往即成一篇论文，具有较高的学术价值。《诂经精舍文集》就是诂经诸生优秀试卷的汇编，从嘉庆到光绪年间凡数十年，编有八集计八十二卷，影响较大，流传甚广。广州学海堂实行季课制，每四个月才考试一次，做题时间更长，而且建立了收卷号簿与卷票制度，规定“每发题纸，注明某月某日在学海堂收卷。届期辰初起收，酉正截收，即日将各卷收回管课学长寓所，逐卷核明，封固备缴。收卷设号簿，每卷给票为凭，先将卷票号簿合写字号，盖用钤口图章，收卷后每卷之背仍照薄编号稽查”。日后发放膏火奖金，皆得“凭卷票发给”③。卷票设立的目的是为了防止作弊。与此相仿，

① 王榕吉：《定武书院课士条规》，见邓洪波编著《中国书院章程》，湖南大学出版社 2000 年版，第 20—21 页。

② 张崟：《诂经精舍志初稿》，载《文渊学报》1936 年第 1 期。

③ 林伯桐：《学海堂志·事宜》。

江西义宁州（今江西九江修水县）凤巘书院设立了卷箱，“箱盖开缝，用锁封固，锁匙存山长处”。每课“课卷由送卷本人依限将卷亲自投入箱内。俟限满由山长随丁将箱托入，请山长开锁阅卷。迟交不阅，生童不得亲自递交，以免情弊”。

书院考试的阅卷工作，官课由官府校阅评定，师课则由山长主持，责有攸归，这是通例。也有一些书院，或官课试卷由山长代为评阅，或师课由山长评定后送官复查，这是特例而不通行。书院阅卷的组织与工作进程，《学海堂志·事宜》中有比较具体的规定，兹录如下，以供参考：

> 一、收卷汇缴后，倘发公阅，即日管课学长将各卷分派，约期汇齐（或发出已在午后，亦不过次日必须分派）。
>
> 一、分阅课卷毕，依期公集堂中，汇齐互阅，各无异议，即列拟取名单存查，仍封固俟送。如所阅有拟选刻者，各列选单，汇交管课处核定，以待发榜后钞存备刻。
>
> 一、分阅课卷汇齐后，拟取之卷进宪署裁定，其未取之卷另为一函，随同全缴，以备综核。

具体到如何阅卷，史志中多有记载，其孜孜不倦、甘为人梯、认真负责的精神，今天看来仍很感人。如江苏昭文县顾镇，“以经师名天下”，先后主讲金台、游文、白鹿、钟山书院，其阅卷“旁乙横抹，蒿目龟手，一字不安，必精思而代易之，至烛烬落数升，血喀喀然坌涌，而蚕眠细书，犹握管不止”①。河北大兴人李嘉端咸丰同治间主讲陕西关中、河北莲池、天津问津、三取等书院。“每值课日，其一切法度若先年试士时，阅文必细心商榷。人有劝者，则曰：‘讲席之位，风气所关，若草草了事，必致贻误众生’。故近年天津得第者多肄业之人，文风丕振。”② 其他如贵州镇远府知府贾大夏对自爱书院官课试卷“亲为点窜，如塾师之训弟子”③，江阴暨阳书院山长李兆洛“慎于阅卷，必再三反复，甲乙乃定”④ 等，皆可知当年为官为师者对于书院诸生的负责程度和望其成

① 钱仪吉：《碑传集·（袁枚）虞东先生顾镇墓志铭》。
② 缪荃孙：《续碑传集·李嘉端传》。
③ 缪荃孙：《续碑传集·（徐士芬）贵州镇远府知府贾启墓志铭》。
④ 缪筌孙：《续碑传集·（蒋彤）养一子述》。

才的拳拳之心。阅卷的时间，或长或短，因人而异。《郭嵩焘日记》同治九年(1870年)四月初一日下记有“为城南书院肄业生童评定馆课卷凡数日，亦稍惫矣”。李慈铭《越缦日记》同治四年(1865年)冬十一月，从初八日起，李氏批阅戢山书院课卷，或整天，或二更起，或夜雨宿舟中，都在不停地工作，到十二日始定出生、童第一名何丙鑅、沈凤墀。书院课卷少则几十，多则数百，批阅完毕，一般必得几天，应属常情。也有快手，一天可阅百份试卷，如薛时雨以南京钟山书院山长兼主惜阴书院时，每逢馆课，“校文惟其佳者，不持一律，日可竟百数十篇，臧否无或爽，此在先生为赘不足数，然不概见矣”①。

阅卷评定甲乙后，即张榜公布成绩并载入成绩簿册，实施奖惩。成绩榜册，前已述及，此不赘言。至于奖励和惩罚，是为了达到奖勤罚懒，促使学生进学向上的目的而采取的相辅相成的一种手段，它是书院考试的最后一个阶段。奖励的形式很多，有月课奖赏，积分升级，有精神鼓励，也有物质刺激。刘伯骥分析清代广东书院月课奖赏的情况，认为官师课奖有别，官课分五种形式：分班分级按等次奖、分班分级不按等次奖、分班不分级按等次奖、不分班不分级按等次奖，不分班不分级按等次全院给奖；师课也分五种奖励方式，除与官课第一、三、五等三种方式相同外，还有不分班按级按等次奖、不分班按级不按等次奖二种。② 按这里所讲的班级与现代学校的班级概念不同，班是指生监或童生的区别，级是生童各自超等、特等、一等、上取、次取、中取等不同名目的等级，等次则是按成绩而分的同班或同级中的名次。其实这还只是奖励的一种，即月课奖赏，是依据每次考试的成绩而定的，于每次考试之后兑现，这是明清尤其是清代书院常见的奖励方法。奖励的名额依财力、在院肄业或应试人数而定。奖励的东西或钱文、银两等货币，或谷物、纸笔、书籍等物质，多少各不相同，一般来讲沿海及经济较发达地区多用银钱，经济不太发达的地方多用谷物，也有钱物混用者，至于纸、笔、书等则是一些山长或地方长官为了提倡一种读书尚文的风气而作的特殊奖赏，不为常制。还有的书院，以调整住房作为奖赏。如道光五年(1825年)四川忠州白鹿书院就规定，“生童正副课准住讲堂并讲堂左右斋房，外课准住讲堂后斋房，如三次考列超等，一经升降，即住房

① 缪荃孙：《续碑传集·薛桑根先生行状》。
② 刘伯骥：《广东书院制度》，台湾编译馆中华丛书编审委员会1978年版，第289—295页。

亦宜调易，亦讲诲之苦心也”①。为调动学生的积极性，真可谓用尽苦心，想尽办法。奖励的轻重多少也有区别，一般生监比童生多，超等（上取）比特等（中取）多，第一名比第二名多，同时官课又比师课奖得多些。兹据刘伯骥《广东书院制度》，将同治六年（1867年）广东南海三湖书院的月课奖赏情况列表如下，以见其大概：

同治六年（1867年）广东南海三湖书院月课奖赏表

生别	等级	官课	师课
生监	超等	首名2两，2、3名各一两4钱，4、5名各1两，6—10名各7钱	首名1两4钱，2、3名各7钱，4、5名各5钱
	特等	首名7钱，2—5名5钱，6—10名各3钱6分	首名4钱，2—10名各3钱
童生	上取	首名1两4钱，2、3名1两，4、5名各7钱，6—10名各5钱	首名1两4钱，2、3名各5钱，4、5名各4钱
	中取	首名5钱，2—5名各3钱，6—10名各2钱8分	首名3钱6分，2—10名各3钱，11—20名各2钱

书院考试除了月课奖赏，还有积分升级的奖励之制。此法始于宋代，“潭州三学”学生积分升高等即为一例。明清时代，生童经甄别、复试录入书院之后，定为正、附、副、内、外、随课等名目的身份。正附课生童的身份不是一成不变的，它随月课成绩的高低而变动，正课生连续几次考试名次在后，则会降为附课，附课生连续几次考试名列前茅则可升为正课。如河南开封彝山书院将童生分为正、副、随课三等，每月官师四课“连相考，后二十名者，正课降副课，副课降随课，其额以副、随课连考前列者按次拔补”②。广州粤秀书院也实行升降之制，“以示惩劝，使诸生争自濯磨，以期文风日上”③。这种升降不仅是荣辱问题，还是津贴多少的问题，直接关系到经济利益。因为正副等课每月膏火常年生活津贴有无、多少都有区别。以河北昌平州燕平书院为例，其正副课生员每月膏火钱分别为一千二百、六百文，外课无膏火；童生正副课膏火钱分别为

① 道光《忠州直隶州志》卷6《白鹿书院经理银钱规条》。

② 史致昌：《彝山书院志·重定章程》。

③ 卫龄：《粤秀书院条规十八则》，见邓洪波主编《中国书院学规集成》（第3卷），中西书局2011年版，第1249页。

六百、三百文，外课也无膏火。[①] 如果外课生员连考几次好成绩升为副课后，他即可每月增加六百文钱；若正课童生降为副课，那他每月要减少三百文钱。

以上无论月课奖赏还是积分升级，都与经济利益挂钩。利害相关，既有立见分晓的切肤之效，也有导人唯利是图的无形弊端。因此，有些书院即不采用此法，膏火不与考试成绩好坏相关，月奖也不以银钱表示，如湖南安仁宜溪书院，每月官师课共六次，每课以四书文一篇、诗一首为题，间涉经解、论、策，各定名次但无银钱奖赏，只是规定“每次课卷发下，诸生宜转相阅看，看毕，然后各自领归。名次后者，阅前列之佳卷，即以广自己的识解，不可生忌刻之心，而以为不欲看也。前列者亦应阅落后之卷，以知此题文原易有此症病。能择能改，其取益不更广乎”[②]。这里强调的是精神鼓励，是书院生徒短长互补的共同进步。

也有一些书院将精神鼓励和物质奖励结合在一起，如湖南浏阳狮山书院每年招生员正副课各十名，童生正副课各二十名，膏火无生童区别，正课月钱八百文、米三斗，副课则只有米三斗。每月堂课一次，“生监超取五名，奖钱一串五百，童生上取十名，奖钱二串”；馆课二次，“超取五名，奖钱六百，上取十名，奖钱九百”；散课一次，“超取三名，奖钱二百四十，上取五名，奖钱三百六十”。肄业生童“凡连取三次前三名者，副升正，额外升副，膏火以升课后算发；连取三次后三名者，正降副，副降额外”。同时还规定，“课卷取前列者，由院长发延英阁共阅，以资观磨（摩）”，“每课诗文及经古、策论、词赋，遇有佳构，院长于卷面签注‘另誊送阅’字样，存藏书楼待选付梓”。[③]刊刻优秀课卷即公开出版发表学生的习作，对于正在追求学问的青年学子来说是一个莫大的鼓励，很多人由此走上治学之路并成为大学问家，很多书院也凭此形成浓厚的向学之风而成为学术中心。因此，我们说这种物质刺激和精神鼓励结合，奖掖导诱，将学生带入为学之路的奖励方法，是书院考试中较好的方法。

书院考试之后的惩罚是和奖励同行的，上面已经谈及。奖前惩后是一个总

① 光绪《昌平州志》卷 13《燕平书院章程》。

② 嘉庆《安仁县志》卷 6《宜溪书院条规》。

③《狮山书院条规》，见邓洪波主编《中国书院学规集成》（第 2 卷），中西书局 2011 年版，第 1143 页。

的原则，惩罚只是手段，促其进步才是目的，这是就学业方面而言。另外，在德行方面的考核，对不合格者，尤其是对一些危及全体，或破坏学风、践踏院规，败坏伦常的行为，书院有戒饬、开除、鸣鼓驱逐、除名并报官立案永远不许入院肄业应试等极为严厉的惩罚。这是不得不为之的消极的处罚，但从一个侧面反映了书院对道德伦常的重视，体现了中国考试制度重于德行的传统，这又是今日值得借鉴的经验。

体罚也是书院惩罚的一种形式。但至今还只发现清代有这方面的记录。体罚有因功课完成不了而招致者。如道光年间，湖南宝庆府长安营书院规定，背书三次背不熟者，要“责五杖或罚跪读”；连续二日功课不完者要“罚跪”；一日功课不完者“记过”一次，“积三过责手心十板”。如果学业完成得好则可“记善”“记功”，功、善可抵过。① 功课完成不了而且弄虚作假，则会招致体罚乃至开除。如嘉庆年间，陕西汉中府汉南书院规定，“生童于上学之后，监院各给发功课簿一本，令将每月所读何书何文，所温何书何文，习字若干，读诗几首，看某史某传几页，均于簿内按日登载清晰。监院另设名签，朔望日，山长率诸生礼毕，升讲堂，监院呈诸生功课簿，山长抽签查考，用功勤者另为存记，虚载无实功者，初次罚跪，二次施以夏楚，再不率教扶出”②。至于违犯院规、道德败坏有辱斯文者，一经察考属实，也会受到体罚。如四川忠州白鹿书院，道光年间制订的规条中，就有三条涉及体罚：“生童在院读书，出必告，反必面，违者责十板，犯两次者责二十板，三次者逐出”，“生童有在斋房聚赌，并在外宿娼生事者，责三十板，立行逐出”，“生童每日上堂讲书，如有不着衣冠者，责手心二十下”。③ 应该指出的是，以体罚作为惩治的手段有辱人格，与中国书院传统的道德人格理想教育是格格不入的，因此体罚在当时就为绝大多数书院所不耻，更是今日所必须摈弃的。

---

① 道光《宝庆府志》卷92《长安营书院学规》。

② 嘉庆《汉中续修府志》卷13《汉南书院规条》。

③ 道光《忠州直隶州志》卷6《白鹿书院经理银钱规条》。

第四节　清代学术与书院教育活动

书院因为不似官学那般完全以贯彻官方的文教政策为目的，所以“政治作用于教育主要体现在学校教育特别是官学上；而学术影响教育则主要表现为书院教育的发展上”①。由于办学相对自由，且掌教者多为一时学者大儒，所以一个时代的学术风尚往往在书院中有着深刻而充分的体现。就清代而言，无论是初期的理学、中期的汉学还是晚期的西学，都对其教育活动的开展产生了相当大的作用。

一、清初理学下的书院教育活动

清初，明清易代的政治动荡并未使学界风气发生根本性变化，理学仍然是当时主流的学术派别，梁启超曾言：“从顺治元年到康熙二十年约三四十年间，完全是前明遗老支配学界。”② 从当时学界的情况来看，那些影响力较大的学派“多为原属理学的学派，或与理学有直接关系的学派”③，这些理学学派集中于河南、陕西、浙江、江苏、安徽、福建、江西等地，较为著名的有以孙奇逢为首的北学学派、李颙为首的关学学派、黄宗羲为首的浙东学派和以高世泰为首的东林学派等。由于这些理学学派的成员及其弟子普遍有从教书院的经历，如李颙于陕西关中书院，黄宗羲于浙江证人书院，高世泰于江苏东林书院，孙奇逢弟子耿介、窦克勤、冉觐祖、李来章于河南嵩阳、朱阳、南阳、紫云等书院，他们的理学思想在其书院教育实践中都有很深的渗透。同时由于康熙时期程朱理学被定为官方统治思想，朝中涌现出一批以擅治理学著称的“理学名臣”，他们中如张伯行、李光地等，其本人或门生亦热心书院教育，由于这些显宦的政

---

① 蔡方鹿：《宋代理学与宋代教育》，见以文会友编写组主编《以文会友》，河北人民出版社2006年版，第24页。

② 梁启超：《中国近三百年学术史》，商务印书馆2011年版，第19页。

③ 史革新：《清代理学史》（上册），广东教育出版社2007年版，第86页。

治、学术影响一直持续到雍正时期，加之雍正帝亦采取推崇理学的政策，所以在清初的顺、康、雍三朝，理学思想一直对书院的教育活动有着深刻的影响。

理学自北宋发端伊始，即致力于对“理气”“心性”的探讨，强调体悟思辨，重视涵养心性、发明义理，这些思想在清初书院学规中有着广泛的体现。江西、福建、江苏在宋明时期素为理学名区，及至清初，理学仍然在书院中发挥着重要影响。康熙二十四年（1685 年），汤来贺在为江西白鹿洞书院所作学规中强调：“窃谓书犹镜也，我有善念或踌躇未决，读古人书而奋然兴矣；我有过失或弗能察，读古人书而惶然自愧矣”，“每读一书，必循首讫尾，而后可以察其本末，辨其是非，会其同异，口诵心维，一一体之于身，则气质日以雅驯，而彼声色之娱，曲蘖之嗜，忿懥之伏，非义之营，皆有所不敢，且弗遑矣”。[①]乃十分重视通过读书体悟义理来涵养身心。康熙三十年（1691 年），罗京在吉安白鹭洲书院也强调：“未有不沉潜性理、明心见性而能为文者”，“须要晓得心上是书，世上是书，不止纸上是书，以心身体认道理则得之矣”。[②] 至康熙五十一年（1712 年），原敬仍在白鹿洞书院强调：“至于读书乃穷理之一端，熟诵其辞，细绎其义，始焉以我之心究乎圣贤之心，继焉以圣贤之心易乎我之心，斯为真读书，斯为真穷理。”[③] 可见在清初江西一地，理学对书院教育活动是起着重要指导作用的。

明朝末年，江苏地区以顾宪成、高攀龙为首的东林学派在东林书院讲学议政，他们尊奉程朱反对王学末流，在当时社会产生了极大影响，由于东林学派提倡程朱理学，故明末清初，江苏地区理学颇盛，而福建为朱熹出生和长期居住讲学的地方，故朱子学一直是福建的学术传统，这两个地区的理学风气无疑也在其书院中留下了痕迹。康熙五十三年（1714 年），张伯行在江苏紫阳书院提出：“经书为义理之渊源，其至当不易者，固百虑同归。至于随人体验，随时触发，意趣正自不穷，所谓一番提起一番新，不妨各家门前各为景致耳。若拘文

---

① 汤来贺：《白鹿洞书院学规》，见邓洪波主编《中国书院学规集成》（第 2 卷），中西书局 2011 年版，第 675—676 页。

② 罗京：《白鹭洲书院馆例》，见邓洪波主编《中国书院学规集成》（第 2 卷），中西书局 2011 年版，第 737 页。

③ 原敬：《白鹿洞书院续规》，见邓洪波主编《中国书院学规集成》（第 2 卷），中西书局 2011 年版，第 678 页。

牵义，无所会心，则味同嚼蜡矣。”所以他要求诸生应“濬经史之精英，为太平之黼黻，发程朱之密钥，成一代之硕儒”①。而康熙五十五年（1716年），张伯行、李光地的门生蔡世远在福建鳌峰书院则强调读书重在身体而心验之，世远认为：“读书而不知返己，勿论粗浮卤莽，全无受益，即讲解古人之辞义及其精微，辨别学术之异同极其明晰，总与身心漠不相涉”。所以他强调诸生对书要“熟读精思，沉潜反复，无一字一句不与吾身相对照”②。

清初中州理学盛极一时，河南地区也涌现出一批理学学者，他们以书院为营地展开理学复兴运动，“展示了特殊时代书院与理学学派在河南地区相结合所达到的高度”③。这些学者中如耿介、张沐、窦克勤、冉觐祖、李来章等皆长年从事书院教育活动，故中州理学对清初河南书院教育影响颇大。中州理学学宗夏峰，相较于他地之理学，河南理学更重力行，强调要把对心性的研讨践行于日用伦常之中。康熙十八年（1679年），耿介在嵩阳书院开示诸生曰：“须用学问思辨功夫穷尽天下至善之理”，耿介认为理虽先天地存在于每个人性分之中，但仍要即事即物，考古验今，体会推寻，内外参合，要把天理、人欲、义利、公私辨别分明，以之为“应事接物之准”④。康熙三十年（1691年），李来章在南阳书院亦言：“今日入手为学，须于日用常行，事事求宜，自一而十，十而百千，天理渐多，人欲渐少。多者为主于内，少者势不

康熙《登封县志》卷1《嵩阳书院图》

① 张伯行：《紫阳书院读书日程》，见邓洪波主编《中国书院学规集成》（第2卷），中西书局2011年版，第253页。

② 蔡世远：《鳌峰书院学约》，见邓洪波主编《中国书院学规集成》（第2卷），中西书局2011年版，第528—529页。

③ 邓洪波、王胜军：《河南书院与清初洛学复兴》，载《河南大学学报》（社会科学版）2014第5期。

④ 耿介：《嵩阳书院为学六则》，见邓洪波主编《中国书院学规集成》（第2卷），中西书局2011年版，第896页。

得并处于外，自此私欲尽除，可造于义精仁熟之地而无难矣。”① 同在康熙年间，窦克勤在柘城朱阳书院也强调：“观理与应事原是一套事，但理有未明，行事易至有错，故格物为要。又却是随格得一件便行一件，格物则启其知矣；格一件便行一件，则践其实矣。每日渐积如此，久之当有理悦于心，其功不能自已处。”② 都是重视在日常应事中格物穷理。

清初书院在大力推行理学的同时，对汉学则大多持贬斥态度。张伯行在强调读书重在陶冶心性的同时，又告诫紫阳书院诸生“若徒侈陆子之书厨，效义山之獭祭，自不免于程子玩物丧志之讥”③。李来章在南阳书院则更是明言：读书若“纠缠训诂，反足锢蔽灵机”④，都认为汉学浅陋，不应是为学的主要方向。

二、乾嘉汉学下的书院教育活动

清初理学虽仍于学界居主导地位，但实则“竭而无余华”⑤，其理论进一步发展的空间已经有限，处于日渐没落之势。康熙二十年（1681 年）以后，前明遗老大师大皆凋谢，理学的学术影响也逐渐萎缩。加之统治者对康、雍时期如熊赐履、李光地、李绂、方苞等理学名臣言行不一的伪道学行径心生厌恶，于是从乾隆时期开始，由清初顾炎武开创，中经苏州惠氏发展起来的朴实考据学风逐渐在学界兴起，并在乾隆中后期取代理学，一举成为学界的主流。与理学以穷理、明道为旨归不同，考据学强调要在审音识字、考索典制的基础上解读儒家经典，重视音韵训诂是其一大特点，因源起并兴盛于汉代，所以又称“汉学”，书院既处于当时学风转变的潮流中，自不能无所反应。

乾隆前期，汉学虽然兴起，但在学界并未对理学形成压倒性优势，此时书院在教育中普遍呈现出“汉宋兼采”的态势。乾隆二年（1737 年），杨绳武在南

① 李来章：《南阳书院学规》，见邓洪波主编《中国书院学规集成》（第 2 卷），中西书局 2011 年版，第 966 页。

② 窦克勤：《寻乐堂学规十七则示诸弟子》，见邓洪波主编《中国书院学规集成》（第 2 卷），中西书局 2011 年版，第 951 页。

③ 张伯行：《紫阳书院读书日程》，见邓洪波主编《中国书院学规集成》（第 1 卷），中西书局 2011 年版，第 253 页。

④ 李来章：《南阳书院学规》，见邓洪波主编《中国书院学规集成》（第 2 卷），中西书局 2011 年版，第 971 页。

⑤ 章炳麟：《訄书》第 12《清儒》，古典文学出版社 1958 年版，第 30 页。

京钟山书院提出："大抵汉儒之学主训诂，宋儒之学主义理，晋、唐以来都承汉学，元、明以后尤尊宋学。"因此他认为为学不能囿于一隅，应"博综历代诸家之说，而以宋程朱诸大儒所尝论定者折衷之"①，这样才是为学的正路。乾隆二十三年（1758年），沈起元在江苏娄东书院也强调，诸生在读经时要"考汉儒之训诂，探宋儒之义理"，而在读史时既要"考其治乱兴亡之所由，辨其贤奸邪正之所趋"，又要"综其典章制度之沿革，稽其形势都邑之离合"。② 理学和汉学此时在书院教育中都占有一席之地。

乾隆初政之时，本亦采取奖崇理学的政策，无奈久不见成效，加之张廷玉、鄂尔泰等理学名臣因参与党争遭乾隆帝厌弃，而胡安国《春秋传》等理学著作中也确实含有不利于清朝统治的内容，在诸多因素的作用下，乾隆帝开始有意推广汉学。乾隆十年（1745年）四月，乾隆帝在保和殿策试蒋元益等313名贡士时即提出："夫政事与学问非二途，稽古与通今乃一致"③，这便释放出了推广汉学的信号。有了统治者的支持，汉学的发展再无禁忌，其在学界的影响日渐强大。乾隆三十八年（1773年），以戴震奉诏入京预修《四库全书》为标志，"汉学得清廷优容，大张其军，如日中天"④，汉学至此一举取代理学成为学坛的盟主，在此情况下，一些书院中开始出现"独尊汉学"的局面，汉学在书院教育中开始占据绝对优势。

乾隆四十七年（1782年），章学诚在施教河北清漳书院时便大力提倡"通经服古"，他强调读书若不明悉字音、字义，便不能通古人之文辞，他要求诸生对所诵习之经书，要"句析其字，字审其音，音辨其义"，对与《字通》形体相近、音韵通转甚微而于训诂意义全别者，则要"分类推求，加意别白"，只有这样在行文措语时才能"俱有本源"，不至出现讹谬。⑤ 除音韵训诂外，章学诚也强调院生要重视考索典制，认为这样才能得万事之条贯，不至于仅停留在为经

---

① 杨绳武：《钟山书院规约》，见邓洪波主编《中国书院学规集成》（第1卷），中西书局2011年版，第192页。

② 沈起元：《娄东书院规条》，见邓洪波主编《中国书院学规集成》（第1卷），中西书局2011年版，第257页。

③ 王炜编：《〈清实录〉科举史料汇编》，武汉大学出版社2015年版，第297页。

④ 陈祖武、朱彤窗：《乾嘉学派研究》，河北人民出版社2007年版，第258页。

⑤ 章学诚：《清漳书院留别条训》，见邓洪波主编《中国书院学规集成》（第1卷），中西书局2011年版，第27页。

义而治经的浅显层面上。他提出："如《王制》《月令》《明堂》诸篇，乃是制度之属，遂事先为考核，使其规模粗喻，乃可握掌为文。《郊特性》《文王世子》《礼器》《曾子问》诸篇，乃典礼之属，类比经传，典章法制，可以触类旁通，亦有补于《四书》典制文义。"在提倡汉学的同时，章学诚对理学则进行了贬斥，他认为在治《春秋》时，应兼观《三传》，若只尊《胡传》，"斤斤焉独守宋儒凭空论理之说，则陋已甚矣"①。嘉庆、道光年间，汉学进入总结时期，此时书院的汉学教育也更显系统化。道光五年（1825年），陈寿祺在为福建鳌峰书院诸生开列的书单中既有惠士奇的《礼说》、惠栋的《九经古义》、陈启源的《毛诗稽古篇》、胡渭的《禹贡锥指》、顾栋高的《春秋大事表》、阎若璩的《古文尚书疏证》、段玉裁的《古文尚书撰异》、孙星衍的《古文尚书注》、江永的《乡党图考》、邵晋涵的《尔雅正义》，还有顾炎武的《音学》五书、段玉裁的《说文注》、孔广森的《诗声类》、王念孙的《广雅疏证》，寿祺认为前者是"经说之渊薮"，后者是"小学之阶梯"，对院生为学都大有裨益。② 上述书目几乎涵盖道光以前清代汉学发展过程中各个阶段和各个派别的汉学代表作，其汉学教育的广度和深度都大大超过了先前时期。

三、晚清西学下的书院教育活动

道光二十年（1840年），英国人的坚船利炮最终轰开了清帝国尘封已久的大门，中华民族长达百余年的屈辱史自此开始。在危亡的时局下，中国的知识分子开始思考摆脱现实困境和实现民族富强的方略。于是"师夷长技以制夷"的口号便应世而出，在成为洋务运动的指导思想后，中国人开始把对西方的学习付诸实践，学习的内容包括西方的科学技术、语言文字、医疗教育等，当时统称为"西学"。书院既处于此千年未遇之大变局中，也不免要对西学进行采择吸收。

中国人所办书院中，最早引入西学者在沿海通商口岸地区，上海格致书院

---

① 章学诚：《清漳书院留别条训》，见邓洪波主编《中国书院学规集成》（第1卷），中西书局2011年版，第26—34页。

② 陈寿祺：《鳌峰崇正讲堂规约八则》，见邓洪波主编《中国书院学规集成》（第1卷），中西书局2011年版，第542页。

是中国人最早参与创办的新式书院之一。早在同治十三年（1874 年）书院成立之时，其便把“令中国人明晓西国各种学问与工艺与造成之物”① 作为办学宗旨。格致书院董事徐寿认为“格致之学（晚清对西方自然科学的总称），大之可齐治平，小之可通艺术”，格致书院招集好学深思之人来院学习，目的在于预备人才，施诸实用，而“一切制造之学，由此以兴”②。但从总体上来看，19 世纪 90 年代中期以前，西学在中国本土书院中尚不十分普及，其对书院的影响也相对有限。

甲午战后，日本通过全面学习西方以快速崛起的事实使清廷朝野大受震撼，维新变法思潮开始在中国蔓延开来，梁启超曾言“中国维新之萌蘖，自中日战争生”③。在维新思潮的影响下，出于救亡图存、经世致用的现实需要，中国本土书院逐渐放下了对西学的成见，重视教授西学开始成为书院中的普遍现象。光绪二十三年（1897 年），刘光蕡在陕西崇实书院劝谕诸生曰：“西人之艺则极神奇，此殆天为之开，俾西人数十年研求以贶我中国者，彼为其劳，我为其逸。我辈宜各占一门，日夜殚心，若有其器，如法试验，不过三年，即能贯通。西人汽机、轮船等事，其分功课，亦不过三年也，但算学、重学，无论自占何门，须先通。”④ 便是强调院生要重视对西学的研习。同年六月，湖南岳麓书院在院中亦增设算、译两学，山长王先谦认为：“论测绘须先通算学，论翻译须先通译学”⑤，故在经、史、掌故课程外，书院则另立斋长、另延教习，以教授算学、译学。

在内地书院都已普遍留心西学教育的情况下，沿海省份书院的西学教育则更加蓬勃地开展起来。光绪二十五年（1899 年），浙江求是书院在其外院中规定：每天从上午 8 点钟到下午 5 点钟，要用 3 个小时学习西学，晚上则要用 1 个

---

① 陈元晖主编，高时良、黄仁贤编：《上海格致院发往各国之条陈》，见《中国近代教育史资料汇编 洋务运动时期教育》，上海教育出版社 2007 年版，第 767 页。

② 徐寿：《格致书院章程》，见邓洪波主编《中国书院学规集成》（第 1 卷），中西书局 2011 年版，第 122—123 页。

③ 梁启超：《饮冰室合集》专集之 4《论李鸿章》，中华书局 1989 年版，第 42 页。

④ 刘光蕡：《崇实书院学规》，见邓洪波主编《中国书院学规集成》（第 3 卷），中西书局 2011 年版，第 1685 页。

⑤ 王先谦：《岳麓书院月课改章手谕》，见邓洪波主编《中国书院学规集成》（第 2 卷），中西书局 2011 年版，第 1061 页。

小时来学习西学，其学习的西学科目包括格致、算学、舆地、英文四门。① 同年，张謇在江苏文正书院西学堂也明文规定“本学堂专教汉文、英文、翻译、算学”②。相比前者，浙江东湖书院的西学教育则更具系统性，程度也更深。光绪二十四年（1898 年），陶濬宣在东湖书院强调：“学算必从数学入，学者但学加减乘除，及开平立二正方，即可学中法之天元，西法之代数及三角、八线诸法，以渐至于微分、积分”，“至化、重、光、电诸学，皆以算为先导，而重学为制造之根本，学者既通算理，尤宜致力重学，以期实用”。对于重学的分类和作用，濬宣

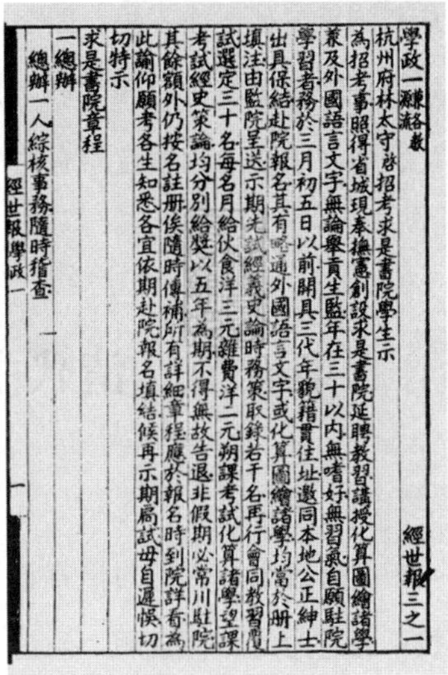
學政一類錄　經世報三之一
杭州府林太守啓招考求是書院學生示
為招考事照得省城現奉撫憲創設求是書院延聘教習講授化算圖繪諸學兼及外國語言文字無論舉貢生監年在三十以內無嗜好無習氣自願駐院學習者務於三月初五日以前開具三代年貌籍貫住址邀同本地公正紳士出具保結赴院報名其有略通外國語言文字或化算圖繪諸學均當於冊上填注由監院呈送示期先試經義史論時務策取錄若干名再行會同教習覆試選定三十名每名月給伙食洋三元雜費洋二元朔課考試化算諸學望課考試經史策論均分別給獎以五年為期不得無故告退非假期必常川駐院其餘額外仍按名註冊俟隨時傳補所有詳細章程應於報名時到院詳看為此諭仰願考各生知悉各宜依期赴院報名填結候再示期扃試毋自遲悞切切特示
求是書院章程
一總辦
總辦一人綜核事務隨時稽查
經世報學政一

晚清《经世报》所载求是书院招生启示及章程

亦加以论说：“重学分动、静二支。静重学以小力引大重，凡汽机制造之事，皆取之。动重学以力质速三者为率，言其暂如炮弹之行抛物线，推其久如月绕地、诸行星绕日之成椭圆线。而二学之要理有二，曰分力、并力，曰公重心。”③ 可见其对西方自然科学的认识是相当深入的。

晚清时期书院虽重视对西学的引入，但中学在书院中的地位始终是牢不可摧的，晚清中国书院在教育中始终坚持“中学为体，西学为用”的价值本位，绝不允许学生因修习西学而废弃中学。光绪二十五年（1899 年），张謇在文正书院即强调：“中学为立身始基，从学者往往扬西抑中，未免弃本逐末。”④ 光绪二十二年（1896 年），孙诒让在温州算学书院也申明：“院课中西兼习，固不宜守旧以自画，亦不容逐流而忘原。学徒中如有意存蔑古、抑古扬西、议论悖谬者，

① 《求是书院外院规例》，见邓洪波主编《中国书院学规集成》（第 1 卷），中西书局 2011 年版，第 325 页。

② 张謇：《金陵文正书院西学堂章程》，见邓洪波主编《中国书院学规集成》（第 1 卷），中西书局 2011 年版，第 200 页。

③ 陶濬宣：《绍兴东湖书院通艺堂记》，见邓洪波主编《中国书院学规集成》（第 1 卷），中西书局 2011 年版，第 393 页。

④ 张謇：《金陵文正书院西学堂章程》，见邓洪波主编《中国书院学规集成》（第 1 卷），中西书局 2011 年版，第 200 页。

从严训斥，倘屡戒不悛，即令出院，以杜流弊。”① 可见“以我为主，为我所用”始终是晚清书院进行西学教育的前提。西学虽使晚清书院教育的内容发生了变化，却并未使中国书院固有的精神追求和价值取向发生根本性变化。

第五节 清代书院的语言与数学教育活动

在书院进行专门的语言语音教学活动，至少在元代就有可能存在，但现在找不到有力的材料证明。到清代，一些少数民族书院采用本民族的语言传授儒家文化知识，实际上已经涉及语言文字的问题。雍正、乾隆时期，为矫正粤闽地区官僚、士人过于浓重的乡音，清政府通过设立正音书院，在上述两地兴起持续数十年之久的官话教育运动。作为内涵极为丰富的文化组织，书院不仅能够承担起“官话正音”的任务，对推广中国标准化语言多有贡献，而且在近代中外交往之时，它又担当起进行外国语言文字与数学的教育的工作，成为中西文化交流的纽带与桥梁。

一、语言教育活动

(一) 官话教育活动

1. 官话运动与正音书院的设立

官话运动始于清雍正六年（1728 年）。当时，雍正皇帝发现在其召见的大小臣僚中，唯广东、福建两省人士操乡音而“不可通晓”，乃大发感慨，由其面对天下独尊的“朕”尚且如此，推及其为官则难传旨意，为民不解圣训，得出了语言不通不利其统治的结论，于是下达正音上谕，其称：

> 凡官员有莅民之责，其语言必使人人共晓。然后可以通达民情，熟悉地方事宜，而办理无误。是以，古者六书之制，必使谐声、会意，娴习语

① 孙诒让：《温州瑞安学计馆程规》，见邓洪波主编《中国书院学规集成》（第 1 卷），中西书局 2011 年版，第 440 页。

音，皆所以成遵道之风，著同文之治也。朕每引见大小臣工，凡陈奏履历之时，惟有福建、广东两省之人仍系乡音，不可通晓。夫伊等以现登仕籍之人，经赴部演礼之后，其敷奏对扬，尚有不可通晓之话，则赴任他省，又安能宣读训谕，审断词讼，皆历历清楚，使小民共知而共解乎？官民上下语言不通，必使吏胥从中代为传述，于是添饰假借，百弊丛生，而事理之贻误者多矣。且此两省之人，其语言既皆不可通晓，不但伊等历任他省不能深悉下民之情，即伊等身为编氓亦必不能明白官长之意。是上下之情扞格不通，其为不便实甚。但语言自幼习成，骤难改易，必徐加训导，庶几历久可通。应令福建、广东两省督抚转饬所属各府、州、县有司及教官，遍为传示，多方教导，务期语言明白、使人通晓，不得仍前习为乡音。则伊等将来引见殿陛，奏时可得详明，而出仕地方，民情亦易通达矣。特谕。①

此谕传部议，一班朝臣即拟定具体实施措施，下达闽粤，并通令“凡有乡音之省，一体遵行”，其议全文如下：

雍正六年议准：伏读上谕，广东、福建人多不谙官话，著地方官训导，仰见圣天子睿虑周详，无微弗照，欲令远僻海疆，共臻一道同风之盛。查五方乡语不同，而字音则四海如一，只因用乡语读书，以致字音读惯后，虽学习官话，亦觉舌音难转。应令该督抚、学政，于凡系乡音读书之处，谕令有力之家，先于邻近延请官话读书之师，教其子弟，转相授受，以八年为限。八年之外，如生员贡监不能官话者，暂停其乡试，学政不准取送科举；举人不能官话者，暂停其会试，布政使不准起文送部；童生不能官话者，府州县不准取送学政考试，俟学习通晓官话之时，再准其应试。通行凡有乡音之省，一体遵行。②

上引谕、议作为推行官话的第一个正式官方文件下达各省，闽粤分别以建正音书院（书馆）、正音社学应令，一场正乡音而习官话的运动遂迅速开展起来。

① 陈昌斋等撰：《广东通志》卷1《训典》。
②《学政全书》卷59，嘉庆十五年御纂。

整个官话推行运动，大体上可分为三个阶段。第一阶段自雍正六年至十三年（1728—1735），此为运动的高涨期，主要任务是创设正音机构。是期闽省各地先后“奉文设立”了正音书馆、书院一百十二所，其中除二所建于雍正十二年外，余皆建于雍正七年，可见行动之快。至于广东推行的情况则与福建稍异，不是以书院、书馆，而是以社学、学馆作为教习官音的机构。同治《广东通志》卷一三七《学校》载：“各城乡社学，即古少（疑为小）学之制，历代所建，其义甚重。国朝雍正七年奉文饬立，以训官音，每社动支存留库项十二两，以给廪饩。旧志载南海百有十二，番禺四十七，他府州县名目尤繁。”乾隆《普宁县志》卷四载：“普邑未有社学，旧志无可考。惟雍正十三年奉部设立官学，令地方子弟入学读书，训以官音，普邑共设馆四处，一在县署前，即旧义学，一在鲤湖，一在塘边，一在贵屿，俱假民间，斋舍未有建造。”若以每县平均十所推算，广东全省当有一千所以上这样的正音社学或学馆，可见普及程度之高，也显示了运动迅猛发展的势头。

正音事业在这一阶段迅速发展，得力于中央政府的两项政策。第一如上引部议所定，以八年为改正乡音而习官话的期限，若八年还不能讲官音者，举人、贡监生童等所有士人皆得暂停其科举考试。八年之限后来放宽到十二年。科举时代，士人唯有通过科举考试才能进入仕途，停其科试即断其入官之路，此举可谓凌急厉害，既有力又有效。第二条措施是雍正十二年（1734年）发布的选派浙江、江西等地懂官话的举贡充任“额外教职”，以专教官音的诏令。① 此乃加强师资与领导，以期化育有成。在地方，我们可以看到永春州委任浙江仙居县候选教谕贡生郑先行任正音教职的记录。②

第二阶段自乾隆元年至九年（1736—1744），凡九年。这个阶段有两个官方文件下达，一是乾隆元年（1736年）的部议，其称：

> 乾隆元年议准：粤东乡音不可通晓。近令有力之家，延请官话读书之师，教其子弟，如八年之外，不能官话者，举人贡监生童俱暂停其考试，遵照在案。但偏方士子溺于士俗，转瞬限满，而问以官话，多属茫然，请

---

①《学政全书》卷59，嘉庆十五年御纂。

② 民国《永春县志》卷13《学校》。

于八年之期，再为展限，以俟优游之化。现在闽省业经奉行，粤东亦应准其展限三年。倘嗣后仍延乡音教书之师，不肯学习官音，则三年之后，师生皆停考试，以示明罚。①

乾隆二年（1737 年）又有部议发表，其云：

乾隆二年认准：查福建语音不正，屡奉世宗宪皇帝谕旨，肫切训诲，雍正六年奏准，限定八年学习改正；雍正十二年钦奉谕旨，令再展限四年，设额外正音教职，于浙江、江西举贡内持选送补。乃迄今已逾两载，而通晓官话者寥寥无几，是福建士音，屡经设法教正，而外省人员处一传众咻之地，实难成功，应将两省咨送教职撤回。查州县为亲民之官，而教官有董率士子之责，应行令该督抚、学政，转饬各州县，凡校士课农与士民相见之时，常以官话相劝示，而教官于月课生童时，逐一实心教导，务其通晓官音，不使狃于积习。其有能厘正一州一邑者，该督抚遇有保荐之时。一并叙入政绩；其漫不经心者，记过示惩。但不必勒定年限，以俟从容之化。至一府州县之原立义学，务令慎择师儒，实心训勉，毋得视为具文。②

从上引文件中可以看出，是期虽然仍是积极推进期，但成效不大，且政策上也出现了一些失误。乾隆元年规定，延期之后仍不会官音，则“师生皆停考试，以示明罚”，这表明了官方积极坚决推进的立场，若能认真组织实施，定有成效。旋将地方行政长官与教官主持正音的成绩好坏，与其官职升降结合起来，也表达了政府推广官话的决心。然而，行政与教职之主持正音是以撤销设立不久之“正音教职”为代价的，虽然不能说撤销的理由完全不能成立，却给人废立无常之感，严重影响了法令的严肃性与权威性，不利于政策的贯彻。而刚过逾期明罚逋一年，即以“从容之化”为由取消限期达标的规定，更有朝令夕改之虞。限期之撤等于网开一面，宣布这要人“毋得视为具文”之文为具文，这是政策方面的严重失误。在实际操作中，我们找不到有关严厉执行限期等有力政策的记录，却能找到奉行失误文件的记载，如民国《永春县志》卷三《学校》

---

①《学政全书》卷 59，嘉庆十五年御纂。
②《学政全书》卷 59，嘉庆十五年御纂。

即记载：“正音书院在文公祠内，乾隆元年奉旨设正音一人，以邻省候选教谕晓官音者为之，时委浙江仙居县贡生郑先行主之，岁给廪俸。乾隆三年停止。”

第三阶段自乾隆十年始，大体上到乾隆末年结束（1745—1795），凡五十年。是期，官方亦有两个文件发表，其一是乾隆十年的部议：

（乾隆十年）又议准：闽省士民不谙官音，雍正七年间，于省城四门设立正音书馆，教导官音。但通省士民甚多，一馆之内仅可容十余人，正音固难遍及。况教习多年，乡音仍回，更觉有名无实。应照乾隆二年裁撤额外教职之例，将四门正音书馆裁汰，仍责成州县教职实力劝导，通晓官音，毋使狃于积习。①

其二是乾隆三十九年（1774 年）对福建学政汪新重振正音教育奏折的批示，其云：

乾隆三十九年议复：福建学政汪新条奏该省士子入学，年未三十者，责令学习官音，学政于岁科两考传齐审辨分别等第一折。查五方乡音不同，在有志向上者，学习官音无待有司之督责；若乡曲愚民，狃于所习，虽从前屡经设法，而一传众咻，仍属有名无实。且士子岁科两试，正以等第之高下，定其学业之优劣，如文艺优长，断无音韵聱牙之理。若不论文艺，而以官音之能否分别等第，既无以示考校之公。在学臣关防扃试，乃于未考之前传集该生等，逐一审辨官音，于政体亦未协。至该省义学、乡学，务延请官音读书之师，原有成例，不必另立科条。所奏毋庸议。②

从上引文件中可以看出，第一，清廷宣布裁汰正音书馆，无异于宣布官话运动的失败。地方闻此，即有匆忙收场之举，如光绪《浦城县志》卷十三《祠祀·朱文公祠》有这样的记载：

雍正七年，知县张秉纶将（祠）田拨入正音书院，祀事遂废。后书院奉裁。乾隆十六年，延建邵道来谦鸣询祠，询之裔孙之珩，备悉前事，谕

① 《学政全书》卷 59，嘉庆十五年御纂。
② 《学政全书》卷 59，嘉庆十五年御纂。

将田还祠。

光绪《重纂邵武府志》卷十二《学校》亦载：

正音书院在北隅宝严坊，国朝雍正七年奉文建，延师教习正音。后裁。乾隆十七年，知府刘嗣孔改为邵公祠。

在台湾府亦有将台湾县正音书院改为所属四县公馆的记录。① 有鉴于此，且又找不到有关正面的材料，我们认为闽省各地正音书院大多在乾隆十至十六七年间被“裁汰”，官话运动至此已开始走下坡路。第二，到乾隆三十九年（1774年）官话运动就走得更远了，不仅不支持地方学政积极复兴正音教育的主张，反而暗示了对这场运动本身的彻底否定。所谓“文艺优长，断无音韵聱牙之理”，无异于说雍正皇帝当年在朝中说那些中进士点翰林的大小臣工乡音不可通晓是颠倒黑白，而由此而来的正音运动亦属多余之举。地方官僚对此也心照不宣，次年，广东即将全省正音社学的“廪项”裁撤，于是“诸社学亦废”②。粤省正音算是画上了句号。总之，就清廷而言，它已明白无误地承认了官话运动的失败，自此也不再有任何正音文件的出台。

民间的情形则有别于此，一些地方官绅仍在致力于官音的推行。如上述闽省学政汪新在朝廷明令“不必勒定年限”之后三十余年又自订出限期正音的规定，这至少说明汪氏是不赞成朝廷做法的。又如邵武府知府申大年，于乾隆四十二年（1777年）毅然恢复被裁汰几十年的正音书院的“旧制”，此举在继任知府廷毓及当地生员魏邦泰的鼎力支持下，于乾隆四十七年（1782年）完成，廷氏曾作《捐助正音书院记》以记之。申、廷、魏诸公之举在官方宣布正音失败之后数年，已属难能可贵，而其记更是难得的正音运动文献，故将其全文抄录如下，以供参考：

书院所以佐学校之不逮。古者八岁入小学，人才之兴，端自幼学始，此邵郡正音书院所为先樵川书院而设也。正音之义，延师训迪，范以官音，率邑之秀者，童而教之，长而成习，俾知语言文字间不可拘于其方，小为

① 刘良璧：《重修福建台湾府志》卷11《学校》。
② 同治《广东通志》卷137《学校》。

谐声属对之资，大为敷奏扬言之本，其意至美，其法至良。然自雍正七年奉文创建迄今，历有年所，旋举旋废，效不及于久远，揆其所以，皆由膏火无资。故乾隆十七年郡守刘公嗣孔改自邵公像于其内，并附金、宋二令神主，以时祭享。相沿既久，数典忘初，后之人若惟知邵公祠者，盖正音之废久矣。乾隆四十二年，前郡守申公大年有意作人，欲复旧制，尝以樵川书院地租厘为两院膏火。而以彼移此，卒难久行。戊戌秋，余奉简命来守是邦，与诸绅士相接见，询及正音书院源委，急思修举为樵士乐育地，而下车未久，随监司泉南，亦遂不果。意者，废久难以遽兴，而兴之者，抑将有待耶？

阅二载，岁在辛丑，魏生邦泰为膏火计，请于官，愿以己租三百三十八石有余，庄屋二所，一并助入正音书院，请立章程，斟酌至善，期与樵川书院并垂久远。经具令李源据请通详备完，俱蒙褒嘉，估产从优议奖。秋抄，余适旋郡，接奉宪檄，更为加意，复详抚藩二宪，宪重其请，旌以额曰“佐兴文教”。噫，有待而兴，其即待魏生也欤！

夫见义必为，人尽可勉，而每阻于意之不坚，与为之不力。今正音书院已废数十年，而一旦兴复，不惜千金之产为诸生费，非勇于好义者，不能也。魏生此举，为不朽矣！樵之人士固多秀良，而又兴复旧制，仿古小学之意，正其蒙养，将长有成于樵川书院者，幼已有造于正晋，而人文丕振，士风愈隆，彬彬焉，和其声以鸣，国家之盛，必在乎此。余守兹土，与董其事，既幸魏生之贤之能勇于为善，而又喜其嘉惠来学，有裨文教，而余并相与有成也，于是乎书。乾隆四十七年，邵武府知府沽河廷毓题。①

然而，一场由官府发起的运动，在得不到官府尤其是中央政府继续支持的情况下，民间包括少数地方官员再如何去努力维持，也是不能长久的。徐珂《清稗类钞·教育类·正音书院》条云：

闽中郡县皆有正音书院，即为教授官音之地。雍正戊申年（六年）上谕：……各处正音书院，上谕所建。无如地方官悉视为不急之务，日久皆

① 光绪《重纂邵武府志》卷12《学校》。

就颓废。乃至嘉道时，仅有邵武郡城一所，然亦改课制艺矣。

邵武正音书院一直到光绪年间还保持着“正音”之名，但已无“正音”之实了。因此我们认为，清代这场官话运动，到乾隆末年算是以失败而结束了。

官话运动虽然失败了，但随之而来的正音书院及其所从事的语言语音教育事业却不容忽视，将我国普通话教学教育的历史向前推了二百余年，意义重大。为了更清楚地了解这一前所未有的事业，下面我们将分别讨论各地正音书院的分布及其内部规划与运作情形。

2. 各地正音书院的设立活动

正音令下，福建即于雍正七年（1729 年）在“省城四门设立正音书馆，教导官音。但通省土民甚多，一馆之内仅可容十余人，正音固难遍及”①，因而巡抚、学政又联合下文各府州县，令其另设场所，以教官音。于是，各地纷纷“奉文设立”正音书院。据同治《重纂福建通志》（以下简称《通志》）卷六十二至六十六、清人王昶《天下书院总志》（以下简称《总志》）卷十一，以及闽省各府州县志统计，全省各地先后建有正音书院一百零八所，再加上省城四所正音书馆，福建计有正音机构一百十二处，可谓盛矣。各地书院的设立情况如下：

福州府有正音书馆四所、书院十二所，计十六所。其中省城四所、闽县二所、侯官县二所、长乐县一所、福清县一所、连江县一所、罗源县一所、古田县一所、屏南县一所、闽清县一所、永福县一所。

兴化府有正音书院七所，其中府城一所、莆田县四所、仙游县二所。

泉州府有正音书院八所，其中晋江县四所、南安县一所、惠安县一所、同安县一所、安溪县一所。

漳州府有正音书院十七所，其中龙溪县七所、漳浦县五所、海登县一所、南靖县一所、长泰县一所、平和县一所、诏安县一所。

延平府有正音书院六所，其中南平县一所、顺昌县一所、将乐县一所、沙县一所、尤溪县一所、水安县一所。

建宁府有正音书院六所，其中建安、瓯宁二县因同附廓建宁府城，共建一所，建阳县一所、崇安县一所、浦城县一所、松溪县一所、政和县一所。

① 《学政全书》卷 59，嘉庆十五年御纂。

邵武府有正音书院四所，其中邵武县一所、光泽县一所、建宁县一所、泰宁县一所。

汀州府有正音书院二十七所，其中府城一所、长汀县一所、宁化县一所、清流县一所、归化县一所、连城县一所、上杭县十二所、武平县一所、永定县八所。

福宁府有正音书院五所，其中府城一所、霞浦县一所、福安县一所、宁德县一所、寿宁县一所。

台湾府有正音书院八所，其中台湾县一所、凤山县五所、嘉义县（原诸罗县）一所、彰化县一所。

永春直隶州有正音书院五所，其中州城三所、德化县一所、大田县一所。

龙岩直隶州有正音书院三所，其中州城一所、漳平县一所、宁洋县一所。

兹据《通志》《总志》，参考有关府、州、县志，按地区将各正音书馆、书院的情况考订如下：

省城有正音书院四所。清雍正七年，奉正音上谕设立于省城四门，每馆可容生徒十余人。乾隆二年，奉部议裁汰。①

闽县有正音书院二所。一在法海寺，一在华林寺，皆雍正七年奉文设立。

侯官县有正音书院二所，一在文儒坊铺，一附设于县城共学书院内，皆雍正七年奉文建。

长乐县有正音书院一所，在县城东，雍正七年奉文建。

福清县有正音书院一所，在县学明伦堂左奎光阁，雍正七年奉文设立。

连江县有正音书院一所，在县城朱文公书院内，雍正七年奉文设立。

罗源县有正音书院一所，在县城南，雍正七年奉文设立。

古田县有正音书院一所，在一保玉堂坊左，雍正七年奉文设立。按乾隆《福州府志》卷十一及《总志》卷十一皆作雍正二年设立。正音之议始于雍正六年，前此四年不可能建院，疑“二”字前脱“十”字。故此处依《通志》之说，仍作七年建。

屏南县有正音书院一所，在县城内，雍正十二年奉文设立。

①《学政全书》卷59，嘉庆十五年御纂。

闽清县有正音书院一所，在文昌阁，雍正七年奉文设立。后改为鼎峰书院。①

永福县有正音书院一所，在文昌祠内，雍上七年奉文设立。

兴化府有正音书院一所，雍正七年，知府沈起元、同知吴廷华奉正音之令，就平海卫学废址改建而成。吴氏自作记云：“时表数仞之崇望，复两楹之故观，讲院斋居制作如旧，车服礼器馔设一新。乃延师儒，俾率子弟，合百二十区之俊秀，阐三十六母之渊源，仿虞书而依永和，声如郢客之引商流徽；省试不倦，激赏有差。以推以南，务归正韵；大叩小叩，各应同声。《周礼》所谓鸟言，《孟子》之讥鴃统去，翕然并变，咸与维新。”② 按《总志》将此院入上杭县，误。

莆田县有正音书院四所。一在城内万寿宫，一在黄石临清铺，一在涵江紫阳书院内，皆雍正七年奉文设立。按《总志》将此三院入上杭县，而莆田县只载一所正音书院，称雍正七年“奉文将县前义学改设”。此为《通志》所不载。

仙游县有正音书院二所。一在县城内，一在连江里上堡，皆雍上七年奉文设立。

晋江县有正音书院四所。一在城内百源庵（《通志》作百泉庵），一在城内铁炉铺，一在城南奉天寺，一在城西奉圣铺（《总志》作奉圣寺），皆雍正七年奉文设立。按此处所记依乾隆《晋江县志》卷四《学校》，补入奉圣铺正音书院。

南安县有正音书院一所，在城中武荣铺，雍正七年奉文设立。按《总志》入晋江县，误。

惠安县有正音书院一所，在县学明伦堂后，雍正七年奉文设立。按《总志》入晋江县。

同安县有正音书院一所，在朱文公祠内，雍正七年奉文设立。

安溪县有正音书院一所，在考亭书院内，雍正七年奉文设立。按《总志》作在县左坊里文昌书院内。

龙溪县有正音书院七所，一在芝山朱文公祠，一在十一都南坡大庵，一在

---

① 改鼎峰书院事，见民国《清闽县志》卷 63《学校》。

② 同治《福建通志》卷 63《学校》。

二十一都双路口，一在二十二都翁建大庵，一在二十五都山兜庵，一在二十七都浦头，一在二十八都港尾庵，皆雍正七年奉文设立。

漳浦县有正音书院五所，一所在县城，四所在乡下，皆雍正七年奉文设立。

海登县有正音书院一所，在县城南门内二保，雍正七年奉文设立。

南靖县有正音书院一所，在县城内仓前街，雍正七年奉文设立。

长泰县有正音书院一所，在县城南朱文公祠，雍正七年奉文设立。

平和县有正音书院一所，在县城常平仓前，雍正七年奉文设立。

诏安县有正音书院一所，在县城西文公祠内，雍正七年奉文设立。

南平县有正音书院一所，在县城闽贤祠中，雍正七年奉文设立。

顺昌县有正音书院一所，在县城，雍正七年奉文改义学而成。

将乐县有正音书院一所，在县城西门，雍正七年奉文设立。

沙县有正音书院一所，在县城，雍正七年奉文改义学而成。

尤溪县有正音书院一所，在县城，雍正七年奉文改义学而成。

永安县有正音书院一所，在县城东关内。原为义学，创建于康熙四十一年。雍正七年，奉正音之文，改建为正音书院，原有学田租谷二十五石五升亦归书院所有。乾隆四十六年（1781 年），毁于火灾。道光间改为育婴堂。① 按《总志》称“正音书院在县城乡，共十二处”，有误。此处从《通志》及雍正、道光《永安县志》。

建安县有建安因为与瓯宁县同附廓建宁府城，雍正七年奉正音之文，即合设正音书院一所于府城建溪书院内。

瓯宁县有与建安县合设正音书院一所。

建阳县有正音书院一所，在县城西隅，雍正七年奉文设立。

崇安县有正音书院一所。《通志》作雍正七年奉文“以崇贤书院为之”，《总志》则作雍正七年奉文设立于“县四隅里一图”。院址待考。

浦城县有正音书院一所，在县城西登瀛坊。原为天主教堂，雍正七年，知县张秉纶奉文改建为书院，并拨朱文公祠田产，以供经费。九年，知县杜昌丁兴修。后书院裁撤，至乾隆十八年（1753 年），巡道来谦鸣依朱氏裔孙之请将田

---

① 义田学租，见雍正《永安县志》卷 6《学校》。乾隆间火毁及改育婴堂事，据道光《永安县续志》卷 4《学校》。

产复还朱文公祠。①

松溪县有正音书院一所，在县城南石壁庵，雍正七年奉文设立。

政和县有正音书院一所，在县南拜山下星溪书院内，雍正七年奉文设立。按《总志》将此院误入松溪县。

邵武县有正音书院一所，在邵武府城（邵武县附廓，府城也即县城）北市宝严坊，雍正七年奉文设立，“延师教习正音”。后裁撤。乾隆十七年，知府刘嗣孔改为邵公祠。四十二年，知府申大年“始复旧制”，仍教官音，并拨樵川书院部分田租以供正音师生之合膏火。四十六年，生员魏邦泰捐田租三百三十八石、庄屋二所以供经费，膏火始丰。次年，知府廷毓为作《捐助正音书院膏火记》纪之。嘉庆道光年间，已不习正音，而“改课制艺”。咸丰八年，毁于兵乱。董士曾华勋等旋复前厅，移祀文昌神位，附祀邵公。光绪三年，署知县王全城增膏火。十三年，知府刘锡金移刘公简公祠于书院后厅。十七、十九年皆有兴复。此时虽盛，“按月课士”，但已不复正音矣。②

光泽县有正音书院一所，在县城华山殿，雍正七年奉文设立。

建宁县有正音书院一所，在县城东门内义学左，雍正七年奉文设立。

泰宁县有正音书院一所，在县城三贤祠内，雍正七年奉文设立。

汀州府有正音书院一所，在府城城隍庙左清风楼，雍正七年，署府王德纯奉文设立。乾隆十四年，知府曾日瑛捐俸延师，以教子弟之贫者。同治间，已改为长汀县社学（长汀县附廓），易名森玉书院。③

长汀县有正音书院一所，在县城万寿坊，雍正七年奉文设立。

宁化县有正音书院一所，在县城南关外，雍正七年奉文设立。

清流县有正音书院一所，在县城东法海坊，雍正七年奉文设立。

归化县有正音书院一所，在县城，雍正七年奉文改县中义学而成。

连城县有正音书院一所，在上庙前，雍正七年奉文设立。

上杭县有正音书院十二所，分布城乡各处，皆雍正七年奉文设立。按《总

---

① 田产之转户与裁撤正音书院等，分见于光绪《浦城县志》卷13《祠祀》、卷17《学校》。

② 是院沿革，据光绪《重纂邵武府志》卷12《学校》。嘉道间改课制艺，则见于徐珂《清稗类钞·教育类·正音书院》。

③ 参见同治重刊乾隆《汀州府志》卷12《学校》，及光绪《长汀县志》卷10《学校》。

志》将此十二院列入永安县名下，而上杭县名下载四院，实则分属永安县与兴化府。①

武平县有正音书院一所，在县城，雍正七年奉文设立。

永定县有正音书院八所，其中三所在城，五所在乡，皆雍正七年奉文设立。

福宁府有正音书院一所，在府城西隅，雍正七年奉文设立。

霞浦县有正音书院一所，在县城，雍正十二年奉文设立。

福安县有正音书院一所，在紫阳书院内，雍正七年奉文设立。

宁德县有正音书院一所，在县学明伦堂右，雍正七年奉文设立。

寿宁县有正音书院一所，在县城南，雍正七年奉文设立。

台湾县有正音书院一所，在县治左，雍正七年奉文设立。乾隆十七年，改为台湾府四县公馆。②

凤山县有正音书院五所，一在县城东门内，一在文昌阁，一在文公祠，一在金峰山，一在凤翥山麓，皆雍正七年奉文设立。按《通志》凤山县下仅载县城东门内一院，此据《总志》增。

嘉义县（原诸罗县）有正音书院一所，在县治东南，雍正七年奉文设立。按《总志》入诸罗县，院址记为“在县东”。

彰化县有正音书院一所，院址及创建时间均失载。按《通志》及《总志》皆不载此院。此据刘良壁《重修福建台湾府志》卷十一《学校》所载补入。③ 其创建时间，当与台湾府其他各县正音书院同为雍正七年。

永春州有正音书院三所，皆为雍正七年奉文设立。一在凤翥山麓，按《通志》入德化县名下《总志》不载，今依乾隆《永春州志》收入。④ 一在文昌阁，按此院仅《通志》记载。一在文公祠内，乾隆元年委任通晓官音的浙江仙居县候选教谕贡生郑先行为正音教职，岁给廪俸以教诸生，至三年停止。⑤ 按此院《总志》不载。

---

① 同治重刊乾隆《汀州府志》卷12《学校》，上杭县下记为“正音书院城乡一十二次（处之误），雍正七年奉文设立”。故此处依《通志》而不从《总志》。

② 改为四县公馆事，见刘良壁《重修福建台湾府志》卷11《学校》。

③ 参见刘良壁：《重修福建台湾府志》卷11《学校》。然“彰化县正音书院”下有六字不清。

④ 乾隆《永春州志》卷4《学校》。

⑤ 民国《永春县志》卷13《学校》。

德化县有正音书院一所，在县城东门外，雍正七年奉文设立。按《通志》作在凤翥山麓，兹依《总志》。

大田县有正音书院一所，在城西察院旧址，雍正七年奉文设立。按《总志》归入永春州名下。兹依《通志》。

龙岩州有正音书院一所，在城东门内，雍正七年奉文设立。按《总志》不载此院。

漳平县有正音书院一所，在县城龙门书院内，雍正七年奉文设立。按《总志》不载此院。

宁洋县有正音书院一所，在县城西门内文昌宫，雍正七年奉文设立。

上述各书院的著录顺序，以同治《福建通志》编制为准，当时全闽跨越台湾海峡，领有十府二州，下辖六十二县，据以对照勘查，仅福宁府福鼎县轮缺，没有正音书院的设置（谨按：福鼎县为乾隆年间析霞浦县地而建）。因此，就雍正年间的情形而言，正音令下达之后，各县皆设有书院专教官音，在二百六十余年前能做到这样，其普及率可谓高矣。当然正音书院的发展也不平衡，首先是各县之间数量不一，最多的是上杭县达十二所，其余永定八所，龙溪七所，漳浦、凤山各五所，莆田、晋江各四所，一般则为一至二所，最少的是建安、瓯宁，二县合建一所。其次是城乡分布不均，大部分集中在城区，乡村则很少，实则绝大多数县之乡村根本就没有，而农业社会的人口主要集中在农村，因此对占绝大多数的农村人口的忽视，就不能不视为官话运动失败的重要原因之一了。

3. 正音书院的规制与运营活动

现在能够找到的有关正音书院的文献很有限，因此，对其内部的组织与运营活动，包括院舍、学田、教师、生徒、教学内容等诸种情形，我们还只能作比较简单的介绍。

正音书院的院舍，就前述一百一十二院的情况统计，新建的有六十五所，改造或附设已有建筑物者四十六所，院址失考者一所，分别约占总数的百分之五十八、百分之四十一、百分之一。新建院舍超过半数，说明人们当年对正音教育的重视和期望。四十六处被利用的建筑物中，除旧察院、华山殿、青风楼各一处外，有属于教育系统的官学（包括明伦堂）四处、义学五处、书院九处，凡十八处；属于宗教系统的佛教寺院三处、庵六处，道教宫观与天主教教堂各一处，凡十一处；属于中国人供祀先贤的朱文公祠五处、闽贤与三贤祠各一处，凡七处；另有与文运、科举有关的义昌宫（祠）、奎光阁等五处。实则祠祀先贤、文昌、奎星等皆可归入传统的大教育范畴，它们与官学、书院、义学一起转用于正音书院，只是一种旧瓶装新酒的文化现象，脉络是相通的，不存在角色转换的根本困难。而对于宗教机构来说，情况就没有那么简单，我们注意到正音书院之于寺、庵、宫、观，是在其内或其中，而对于天主堂则是“改”（浦城县改天主堂为正音书院）。这说明儒与佛道文化在长期的交流中产生了相融相亲性，而对明清之际始东渐不久的西学却有着相斥性。书院之改天主堂而为之，而不是附于其中或设于其内，所揭示的是一种清初中西文化交流中的冲突现象，反映出这两种文化间还缺少必要的了解。

正音书院虽属专科教育，但与传统的教育相通，因此其院舍与一般的书院相差不大，尤其是在当年的科技还远远没有发展到能够制造语言语音室设备的条件下，它难于显出特色，还是“讲院斋居制作如旧”①。

维持正音书院运作经费的来源，因其系“奉文设立”，相信应如广东正音社学一样，多数是动用官银。乾隆初郑先行任永春州正音教职时，即“岁给廪俸”②，这个例子似乎可以支持这个论点。除官费外，农业社会决定了其经费的一个重要来源是和一般书院一样经营的“学田”。学田来源大致有二：一是利用旧产，如永安县正音书院系由县城义学改建而成，原有东门、北门等处学田即自然转户，每年书院可收租谷二十余石，以维持师生膏火。③ 浦城县则由知县以行政命令将朱文公祠祠田拨入正音书院中；④ 二是官绅捐献，如邵武县生员魏邦泰捐产三百三十八石、庄屋二所，即属此类情形。但是，多数中央与地方官吏视正音教育为“不急之务”，各正音书院的经费常常处于不济状态。因此，廷毓就有“旋举旋废，效不久远”，“皆由膏火无资”之论。

---

① 同治《福建通志》卷63《兴化府正音书院记》。
② 民国《永春县志》卷13《学校》。
③ 雍正《永安县志》卷6《学校》。
④ 光绪《浦城县志》卷13《祠祀》。

与清代同期一般书院不同，正音书院不设院长（山长）①、监院及学生斋长之类，管理权统归当地行政长官或教官。教师多数时候如清廷规定就“邻近延请官话读书”之人充任，强调“官话读书”，而对其出身、品行等没有一般书院山长、掌教等那么严格的要求。从雍正十二年至乾隆二年（1734—1737）这一阶段设有“正音教职”，规定以懂官话的举贡生充任。此职官师相兼，我们从乾隆二年还正音之责于州县长官的部议中可知，它有主持正音教育行政之全权；从郑先行以候选教谕充永春州正音教职的记录中，又可知其地位与主持一县教育行政的长官（教谕）相同。可见在雍乾之际，闽省各州县有并行的两个教官，一主一般教育，一主语言专科教育。正音教职主管正音行政的同时，还得兼任正音教学的具体工作。另外，正音书院似乎还设有管理经费的职事。前引廷毓《捐助正音书院记》有魏邦泰“请立章程，斟酌至善，期与樵川书院并垂久远”的愿望。查光绪《重纂邵武府志》卷十二正音书院条下，又有“咸丰八年院毁于兵，董上曾华勋检西塔、文昌宫倾塌旧料，益以新材，建复前厅”的记载。而此院虽于嘉庆间改习制艺，但“正音”之院名却一直未变。因此，我们认为咸丰年间之“董士”，很有可能是乾隆年间所订章程中规定管理正音经费的职事。

正音书院的生徒，从前引的几个部议文件来看，应是可以参加院试、乡试、会试的生员、贡生、监生、举人，或者如闽省学政汪新所指之“年未三十”的士人。廷毓《捐助正音书院记》将正音、樵川二书院分别比为古人八岁与十五岁所入之小学、大学，且对士民有“长有成于樵川书院者，幼已有造于正音”的期望，这些又说明肄业正音书院中的必是年龄在十五岁以下的童子，或者是十五岁左右的少年，而绝不是成年人。我们认为，政府的目标是希望所有参加科举考试的人都通官音、讲官话，而实际的情形是参加语言语音训练的年龄越小其效果就越好。上述记载一是官方提出的希望，一是地方操作的实际情况，看似矛盾，实则正是前人已经掌握语言训练规律的反映。正音书院的生徒主要是少年，前期因有不通官音即停科考的规定，故常常有很多成年人“补课”其中。

---

① 据光绪《重纂邵武府志》卷3《邵武县人物》载，有岁贡生何树芳，咸丰年间曾主讲樵川、正音两书院，但此时的正音书院早已改试时艺而不课官音了，性质已变，此山长已非彼山长矣。

正音书院包括正音书馆、正音社学，其任务十分明确而专一，那就是正乡音而习官话，这种单一的任务也就决定了它的书业不是研究、传播传统的学术文化与知识，而是专科的语言语音教学与研究，且教学为先。反映有关正音书院教学内容的文献，目前只能找到吴廷华作于雍正年间的《兴化府正音书院记》，弥足珍贵，谨全文抄录如下：

盖自叔熊启七闽之战于越廊，庶子之封，郡属丰州，地连莆口、永嘉，而后八族萃其衣冠。大历以来，六舍振其风雅，陈、郑、林、黄之裔，寅滔蕴峤之俦，凡所薰陶，具由学校，是为海邦之邹鲁，敢疏堂上之弦歌。然而，族号芊蛮，人讥雉鸩，涟谈穆谅，去志西瓯，隆辟田僮，字殊南楚，于虎免为虎，擘鹧称凫，在唇非腥，既帮滂而易混，在齿若隐，亦知彻之恒淆。岂日性成，要皆积习。蔡端明封还诏旨，不作期期；林谦之进直经筵，未闻艾艾。好庵著集，曲江啸咏，方豪乐府，成编夹漈，余声可续，在贤哲自能拔俗，斯风气所以开先，欲其无愆于矢音，安得概求之编户。我皇上承列祖之遗烈，握万年之宏图，丕冒二仪，混一四海。八紘之远咸号同文，九译之中率先奉化。兰壶虽居绝徼，文献实属名邦，几迪风声，莫不振起。本府知府三吴沈起元，以翰林出奇是邦，抚安民生，宣布圣化，政报三载，泽洽蒸黎，廓牖民之远漠，惟正音为要典，爰偕同知管通判事西湖吴廷华，同心赴功，协恭敷教，声作之律，耳为之提，非徒扬子《方言》之志，实本文翁化俗之诚，经画方详，胥宇斯得。莆阳书院者，本平海卫之旧庠，当小西湖之佳地，渐成废址，可整新规，合祠以闻，得报日可。于是出谷若干石，捐奉若干两，阖郡绅士协力捐输，鸠工庀村，芟莽植木，表数仞之崇望，复两楹之故观，讲院斋居制作如旧，车服礼器馔设一新。乃延师儒，俾率子弟，合百二十区之俊秀，阐三十六母之渊源，访《虞书》而依永和，声如郢客之引商流徵，省试不倦，激赏有差。以雅以南，务归正韵；大叩小叩，各应同声。《周礼》所谓鸟言，《孟子》之讥鴃舌，翕然并变，咸与维新。夫五方之民，言语非一，重译之化，声教为先，《王制》陈寄译之方，《周官》重象胥之职，两汉之儒不识子母，六朝之士未讲《华严》，斯风俗之所关，在渐摩之有道。是设既竣，斯又聿兴，六艺协乎笙簧，五典为之鼓吹，双声叠韵，无复车辖軥；转注谐声，自殊殜歹桀格，去恷口而登之正乐，化舖衍而发其元音，庶几鼓歌太平，赓咏雅化，以扬庥于盛世，端有望乎斯民。①

(二) 外语教育活动

晚清书院的外语教育兴起于戊戌变法时期，开风气之先的是湖南湘乡东山书院。其光绪二十一年（1895 年）初拟的章程规定，“仿湖北自强学堂成法，分科造士，为算学、格致、方言、商务四斋，教之以实事，程之以实功，庶几风气大开，矫其空陋，专习所学，自然业精于勤，足以养成实材”②。虽然由于经费不足等原因，东山并未真正开展外语教学，但其首倡之功实不可没。

湖南实施外语教育的开路先锋是省城长沙的校经书院。光绪二十三年(1897 年) 二月，学政江标奏请校经改章，推广“新学”，其称：“臣自到任之后，先自推广季课，捐廉给奖，并于书院隙地建造书楼，广购经籍，并添置天文、舆地测量诸仪，光、化、矿、电试验各器，俾诸生于考古之外，兼可知今。且拟添设算学、舆地、方言学会，兼立《湘学新报》，专述各处艺学，开人智识，恪遵二十二年七月初三日总理各国事务衙门奏定新章，推广新学。”③ 按，当年校经书院藏有“洋务”“时务”之书七千余卷；除开设舆地、算学、方言三个学会外，考试也改为经学、史学、掌故、舆地、算学、词章六科；《湘学新报》(后改名《湘学报》) 则每旬出版一期，定有史学、掌故（二十五期起改名时务)、舆地、算学、商学、交涉学等六个固定栏目，登载院中师生研究心得，另有格致、奏折、上谕、各报近事节要、专论等不固定栏目，介绍时务要闻与新知新见，实为中国近代最早的学报之一。

上述的舆地、方言、算学三个学会，是校经书院增设的地理、外语、数学班。按“方言”一词源于汉代扬雄所著《輶轩使者绝代语释别国方言》，这是第一部记录我国各地语言词汇的著作，因此，“方言”本义即指地方语言。19 世纪末年，“国人对于外国文视作我们国内任何地方的一样”④，虽有国立的京师同文

---

① 同治《福建通志》卷 63《学校》。

②《湘乡东山精舍章程》，见陈谷嘉、邓洪波主编《中国书院史资料》（下册），浙江教育出版社 1998 年版，第 2205 页。

③《湖南学政江标奏推广书院章程》，见朱有瓛主编《中国近代学制史料》（第 1 辑 下册），华东师范大学出版社 1986 年版，第 430 页。

④ 光绪年间，卜海广方言馆学生张君劢语，见王世瑛《张君劢先生年谱》。

馆教授“外国语言文字学”[①] 于前，人们习惯上还是将外语称作“方言”，将教授外语的地方称作“方言馆”。讲究“名正言顺”的中国士人之所以硬要叫外语为方言，骨子里仍有一种“夜郎”心态，这是显而易见的，但“所谓方言，即兼指各国语言文字”，这在当时则是非常明确，不致混淆的。“方言各国不同，择其最要，分为英文、法文、俄文、德文四门”，这也是当时的共识，最有影响的教育家如张之洞等都认为，方言“可为一切西学之阶梯，而格致、商务即包其内”[②]。因此，外语教学在戊戌变法时期得到了相当程度的重视。

在省城长沙，随校经书院之后开设外语课的是“称名最古”的岳麓书院。光绪二十三年（1897年）六月，院长王先谦发布《岳麓书院月课改章手谕》。这份手谕是因应光绪二十二年九月礼部议复《整顿各省书院折》而发，因此沿称外语为“译学”，而不再称“方言”，其意在改革课程，培养讲求实用以济“时事多艰”之人才。手谕后附有章程六条，对算学、译学的招生、定额、报名资格、肄业期限等做了原则性的规定，并称“算学、译学规条由学长、教习酌定，续行晓示”。兹将章程移录如下，以资参考：

一、礼部原奏内称省会书院肄业各生，有学问渊通，材艺卓著者，准由山长随时咨送学政存记等语。是诸生学业有成，不患无阶进取。向后，书院自当查照部章，一律办理。

一、改章伊始，分列诸门，书院多人，才质各异，未必皆能讲习。且时文试帖，功令不废，原无庸尽出一途。住院诸生，或非愿学，听其自便。

一、算学额定五十名，译学额定四十名，均以三年为一班，查照校经堂学会之例，愿学者速赴监院报名。每名预缴订学钱二十串文，算译兼学者，缴钱四十串文，由半学斋交存官钱局，三年期满退还。于报名之日缴足，领取收条为据。

一、算、译两学，不拘资格，准令童生报名附学，惟不得兼应经、史、掌故三课，致分生监奖银。

一、算、译两学，愿学者先将三代籍贯、年岁开送监院投考，由院长

① 宝鋆：《筹办夷务始末同治朝》卷50《同治六年九月十五日总理各国事务奕䜣等片》。
② 张之洞：《张文襄公公牍稿》卷12《札道员蔡锡勇改定自强学堂章程》。

面试，时文、诗论不拘，取准方能入学，文理不通者，毋庸投考。

一、算学、译学规条，由学长、教习酌定，续行晓示。①

王院长改章手谕及其所订章程公布十天之后，即光绪二十三年六月二十一日（1897 年 7 月 20 日），《湘学新报》第十册就公布了《岳麓书院新定译学会课程》，对如何实施外语教学做了较为详尽的规定，其推行速度之快，反映出古老的岳麓书院果敢而坚定地步入了其近代化的改革之路。

省城长沙教授外语且影响很大的还有时务学堂。该学堂自光绪二十二年（1896 年）冬开始筹办，到次年十月开学，其创建本身就是湖南新政的重要举措之一。它“兼学堂、书院二者之长，兼学西文并为内课，用学堂之法教之；专学中学不学西文者为外课，明书院之法行之”②，因而，又可视为湖南近代书院改革的产物。按其章程规定，学堂功课分为中学、西学两门，“西学，各国语言文字为主，兼算学、格致、操演、步武、西史、天文、舆地之粗浅者，由华人教习之精通西文者逐日口授”③。

长沙除了上述二院一堂开设外语课，当时还有一所外语学校，名为“方言馆”，专门从事外语教学。方言馆的具体情况目前尚无太多资料说明，但其事迹则被《湘报》以《英文馆林立》为题而予报道，其称：“近日省中各绅士皆知外国语言文字为交涉要务，除时务学堂、岳麓书院译学会、校经堂译学会外，龙芝生侍郎、左子翼观察、但少村观察及朱菊生观察所设之方言馆，皆有英文教习，而方言馆学生尤多官场子弟在内，约三十余名。噫，可谓盛已！”④

从以上的叙述中可知，外语教学在当时是作为新政的一大举措而推行的，因此除省城外，各州县也有议论推广或实际开办者。最先响应的宁乡县，光绪二十三年（1897 年）冬，绅士张茂虎、陶森甲等人，“变通书院章程，另聘教习，分课方言、算学”。为此，他们具呈了一个报告，“拟先将玉潭、云山两书

① 此谕又载王先谦：《岳麓书院记事录存》，见吴道行、赵宁等修纂《岳麓书院志》，岳麓书社 2012 年版，第 722—724 页。

② 梁启超：《致陈三立熊希龄函》，见朱有瓛主编《中国近代学制史料》（第 1 辑 下册），华东师范大学出版社 1986 年版，第 271 页。

③ 陈宝箴：《招考新设时务学堂学生示》，见陈谷嘉、邓洪波主编《中国书院史资料》（下册），浙江教育出版社 1998 年版，第 2185 页。

④《湘报》1898 年第 97 号，第 387 页。

院斋课，略仿岳麓新章，改课经、史、掌故、算学，另聘方言教习一人，算学教习一人，招致生徒，分课方言、算学，暂假附城寺宇为学堂，一切应办事宜即归玉、云两书院首士管理，以专责成”。不仅如此，他们还拟订了“大概章程八条”，请求“立案施行”。① 由此可知，宁乡作为长沙府属邑，距省城较近，得风气之先，已经率先开始了外语教学。

光绪二十四年（1898 年）上半年，是湖南新政最红火的时期，对外国语言文字这一全新的领域，各地都很关注。在地处湘西的沅州府，知府连培基就“易书院先年所定之六科，曰经学、史学、算学、掌故之学、舆地之学、译学，分为六类，著之课程，俾学者日月就将，力求实是，庶于宪台广学造士穷变久通之意不相刺谬”②，可知这是奉湖南巡抚之令实行改革。万山丛中的这位知府对外语的认识是：“至译学，宜习各国语言文字，翻译西书，考校得失，初学之门，亦著述之林。第海疆郡邑商贩幅辏，通事传言，学之较易。沅西僻处，恐难骤期，且风气初开，师承绝少，此所谓应添设而悬一格以待者。”③ 今天看来，这个观点不甚高明，但他既不拒绝新知，而又实事求是去悬待专家，其所持求新务实的做法则是可取的。在湘西南，武冈州士绅将鳌山、观澜、峡江三书院的课程改为经义、史事、时务、舆地、兵法、算学、方言、格致八门，唯因缺少经费，当时只开办了前五门。但“规模既定，再筹巨款，延聘算学、方言、格致教习，分课三门”④，其改革书院课程的决心不移。在湘中，衡山县士绅“拟改雯峰、集贤、观湘三书院，一律改课实学，课程均分六门，曰经义，曰史学，曰时务，曰舆地，曰算学，曰方言。唯是门径既分，得师良难，另聘名师筹教匪易；拟仿校经堂学会，山长仍遵旧例，每门就邑中各学之成才者另立一学长，藉资观摩，课额奖赏仍照成规，庶收实效而事亦易行”⑤。由此看来，外语教学在衡山县三书院中是开展起来了的。

以上是戊戌变法时期湖南外语教育兴起的情况，虽属初创，但自省城至州

①《长沙府宁乡县开办译算学堂禀》，见陈谷嘉、邓洪波主编《中国书院史资料》（下册），浙江教育出版社 1998 年版，第 1998—1999 页。

②《沅州府知府连培基扩修沅水校经堂禀稿》，载《湘报》1898 年第 14 号，第 55 页。

③《沅州府知府连培基扩修沅水校经堂禀稿》，载《湘报》1898 年第 14 号，第 55 页。

④《宝庆府武冈州士绅公恳变通书院仿立学会禀》，载《湘报》1898 年第 46 号，第 182 页。

⑤《衡山县士绅请改书院为学会禀》，载《湘报》1898 年第 45 期，第 5 页。

县，自书院到专门学校，已茂然蓬勃，蔚为大观，诚为《湘报》所称：“可谓盛已！”需要指出的是，当时的所谓方言、译学，除了英语，还没有涉及其他语种。因此，这个时期的外语教学实际上就是英语教学。

及至戊戌政变，新政被废，实行新政之人遭到镇压，时局维艰，出现了倒退复旧的恶浪，外语教学也毫不例外地受到了冲击。但走向世界、兼习中西已经成为时代潮流，再顽固守旧的势力也阻止不了其前进的步伐。光绪二十五年(1899年)由时务学堂改建成的求实书院，就在院中设有“算学教习一人，西文译学二人”，他们和三名中学教习一起，“严立课程，分科分班，朝夕讲贯，定期考校，务求有裨实用，翼成远大之材”。① 改学堂为书院本是倒退之举，但算译两学分科分班讲贯，又说明戊戌变法时期开创的湖南外语教育事业经受了历史的严峻考验。所谓薪传有自，弦歌相续，它为其后百余年的发展奠定了坚实的基础，标志着书院的改革事业取得了一定的成功。

百余年前，湖南书院的外语教育是怎样组织和实施的呢？这对今天的外语教育工作者来说，恐怕是非常陌生而又非常好奇的。在这里，我们将以当年的外语教师所制订的章程为依据来做一个比较全面的介绍。

首先要介绍的是《校经书院学会章程》，它公布于光绪二十三年四月初一(1897年5月2日)出版的《湘学新报》第二册，是湖南第一个涉及具体实施外语教学的文件，兹将有关条款抄录如下：

一、学会分列三门，曰算学，曰舆地，曰方言。算学务求浅近实用之法，舆地须知测量绘图之法，方言专习英文，所有详细章程由学长自行酌定，送学院批准。

一、学会分调三学长，各专一门。学额每类四十名，报名逾限即分作前后两班课习。

一、学课时候：方言每日早八点钟起，至十一点钟止；算学十二点钟起，二点钟止；舆地三点钟起，五点钟止。凡各学肄习时，学长必在学堂，届时即无一人来学，亦不得退归私室。（下略三条）

一、学长三人，除例调入书院内课，每月膏火银八两外，另送膳金，

① 叶德辉：《觉迷要录》卷2《湖南巡抚俞廉三奏设求实书院折》，光绪三十一年刊本。

每月银六两，照一年膏火例，支送十个月。

一、学长教学不勤，或不足为诸生表率，可由公绅随时函商学院更换，不论何时，皆可另行选充。

一、学生不论生童及年岁大小，曾经肄业书院及非肄业书院，皆可报名入会学习。

一、入会肄业之生，伙食自备，会中只能终年预备茶水。将来如能公费充裕，再由公绅察核添备伙食。

一、报名入会之生，皆准给予上楼看书凭据一纸，以便到学之时过早，可先上楼看书等候，及课毕后准其上楼看书歇息。

一、凡愿入会学习者，先令自备钱二拾千文，交司理转交公绅经收作订，方准报名入会。其学习之期定以三年为满，期满之日，仍由公绅将钱如数发还。如有不遵学规，滋生事端者，由学长、司理、总理会同计议，告之公绅，除将该生扣名出院外，并将所存之钱一并充公，以示惩责。唯有因事故造退，查属实在者，不在斯例。

一、凡报名入会者，先赴司理人处交清钱数，取有回条，再至总理处报名，缮写三代籍贯年岁名条，登簿编号，给予凭单，方准入会学习。以外不收分文。如有容情先付凭单者，由总理加倍出，每名四十千文，收入公费，即将学生出会，以肃规章。（下略一条）

一、报名时，每人给予三十页日记一本，不取分文。学生领回，须逐日将自己学课及可疑不解之处写入记中，到学即呈学长批点。每月由学长详察勤惰，评定等次，封交总理，由总理转交公绅公同阅看，秉公加阅，亦准重定次序，即写案实贴学会东廊，优给前列奖赏，以示鼓励。每月发案不得逾十日（日记每月给发）。

一、正在学习课之时，有非学会肄业之人擅自入室者，责成司理人告知情由，令其退出。因而羞怒争论者，准肄业诸生同声正告，毋许迁延停留片刻。如来人系学生之亲友，学生出为阻护者，准学长将该生肄业凭据扣留，候公绅、总理秉公令其一并出院。如有愿看学会规矩及会中功课者，准其预先告明司理或公绅处，给予凭纸，司理人方准领入，以资博览，以杜混淆。如有要事须见学长、学生者，由阍人通知，引至厅事立谈数语。

擅入被斥者自误。

一、每季公绅另请专门之人到堂查课一日，即将优奖评定，发案给奖。

一、每年由学院到堂大课一日，发案后，超、特前列诸名，公绅按名制赠学会奖赏小银牌，上刻学生姓名、年月、等第，并给予超、特等凭单，预备将来保送总理各国事务衙门及南北大学堂等处。三等皆无给奖。

一、学生屡列前名，由公绅、总理将其姓名记存，以备续充学长。

一、总理衙门奏准新例，如有学业优长者，总理、公绅同名公举，由学院会同抚院列名奏保。（下略十条）

以上各条谈到了外语语种，课程表，教师的聘请、辞退、待遇，学习期限，招生事项，课堂纪律，学生作业、考核、奖惩及出路等问题，但全是方言、算学、舆地三者混合而谈，我们只能知道当年外语教学的大概情形。

第二个谈到外语教学的文件是上引附于岳麓书院王先谦院长改章手谕之后的六条章程，内容较为粗略，除了规定译学招生四十名、算学招生五十名，与具体的教学工作关系不大。

最能具体反映湖南早期外语教育情况的是《岳麓书院新定译学会课程》，公布于光绪二十三年六月二十一日（1897 年 7 月 20 日）出版的《湘学新报》第十册，由岳麓书院的译学教习制订，共十四条，实为难得一见的百余年前的外语教学原始文献，兹全文转录如下，以供参考：

一、书课

一、今年下半年（自上学之日算起），英文入门、拼法、写字，并学杂语、杂字。明年上半年，第一本英文、拼法、写字、作句，并学杂语、杂字。下半年，第二本文法入门、拼法、口述、笔录、作论、写字，并学杂语、杂字。后年上半年，第三本英文文法，上半本作论、翻译、口述、笔录、拼法、写字。下半年，第四本英文，一半文法，下半本作论、翻译、口述、笔录、拼法、写字、写信。再后年上半年，第四本英文，下半本作论、翻译、写字、写信，温文法，全本拼法、口述、笔录。

一、考试

每七天先生自行考试一次，每半年大考一次，小考两次，以五十日为一期。

一、分数

大考以五十分为足数，小试以二十五分为足数，每半年底总算其分数，过七十五分者为上等，五十至七十五分为中等，五十分以内为下等。

一、时候

今年下半年，每日上午三下钟，明年以后，上午三下钟，下午三下钟。

一、班数

今年下半年作一班，至明年上半年，将其中资质之智愚并学问之优劣，一一分清，智而学优者选为头班，愚而学劣者与新来学生合成一班。

一、塾中读西书规矩

先生入塾，诸生皆立，待先生坐后再坐。背书亦立，问字立，不许私语。出入时师生各宜问安。

一、解馆

每逢虚、昂、星、望日停课，逢端午、中秋大节停课三天。十二月初解年馆，二月初开馆，以两足月为限。

一、请假

学生在塾请假，须向先生请假票，票上须写明日期、事故。至期不到，须再发假票。

一、补书

开馆迟到并请假时所少读之书，晚间补读，或正课毕后再行补读。

一、英语

塾中师生问答均用西语，塾外相遇亦然。初学时随便。

一、额数

以四十人为限，额内随时补足，额外不得增加一人。

一、黜退

凡新来学生，试读二月，可学者收，不可学者退。学生学问虽优，不遵约束，或品行不端者，斥退。

一、新来学生

自明年起始，新来学生从未学习英文者，入二班，已学者即就其学问而分派入班。明年下半年以后，或有新来学生，未曾学习英文者不收。

一、客人游玩

学生课时，亲友来院探望，不能入塾，须待其课完后，始可到斋相见。①

以上这个《课程》是当年的外语教育工作者制定的，可谓出自行家，颇能反映当时外语教学规律的认识水平。这里至少有五点应该引起注意，一是英语和英文的区别，说明当时已将语言和文字进行了区分；二是课程的设置，所谓拼法、写字、杂字、杂语、作句、作论、写信、文法、口述、笔录、翻译，共计有十一门之多，涉及语音、语法、词汇、写作、口语、听说、翻译等差不多现代外语教学的各个方面，其起点程度之高令人惊讶；三是对语言教学循序渐进规律的认识，这从第一条“书课”所设计的三年课程中可以明显地看出；四是不论课堂内外，师生问答都要用“西语”，强调语言环境的营造；五是限额招生，每班只许四十人，这相对算学每班五十人来讲，可以说是小班教学，而且从其“额外不得增加一人”的规定中，我们可以认定，百余年以前的外语老师已经意识到了必须让学生在课堂上获得尽量多的练习机会，这是符合语言教学，尤其是非母语教学的规律的。

岳麓书院实施外国语言文字教学的意义，因限于资料还不能做比较全面而审慎地评说，但至少有三点是可以肯定的：第一，在中国“称名最古”的书院中授受外语，本身就是书院开始近代化的标志，是中西文化交流的产物，同时又为这种交流的深入，尤其是中国人了解世界、走向世界作出了贡献；第二，引入了诸如分科分班、百分制、按钟点上下课、交费上学、学习限期、毕业文凭等一些西方教育的概念与办法，有功于书院乃至中国教育的近代化进程。而这些则从一个侧面再次证明，书院凭着其千余年发展的根基，得以拥有因循时代、融通中外的博大胸怀，可以满足中国士人不断变化发展的文化需求；第三，作为千年学府湖南大学的第一源头的岳麓书院，其外语教育是她从古代走向近代的坚实轨迹，那种无视书院教育转型，而人为地割断中国教育历史，尤其是中国高等教育发展历史的做法，是有违客观事实的作法，是不可取的。

---

① 邓洪波主编：《中国书院学规集成》（第2卷），中西书局2011年版，第1062—1063页。

二、数学教育活动

“算学”与“方言”一样，是一个古老的词汇，当它和“译学”并用时，则更多的指向从西方引进的数学。一般认为，算学为“西学根本”，“所有格致诸学，皆从算学入手”①，因而改革书院教学内容，引入算学比引入译学更容易。晚清湖南地区开书院算学教育风气之先的，仍是湘乡的东山精舍（书院）。按光绪二十一年（1895年）十二月发布的章程规定，“精舍算学、格致、方言、商务虽分四斋，而每人止专一门，盖业精于勤，必专而后精。所有格致诸学，皆从算学入手者。不专心致志，则不能得其要耳”②，将算学视作最主要的教学内容。二十四条章程中有八条专讲算学，兹引录如下：

一、入舍肄业者，算学为先。目前经费不敷，只能先聘算学山长。盖三角、八线、几何、代数实为西学根本，不独制造须采源于算术也。将来经费既足，可为推广，如格致、商务、方言皆各有专门。专而后可以精益求精。但中西当会其通，诸生于四书五经宜仍专一经以为根底，矫除章句小儒之习，庶几蔚成经济有用之材。

一、河图寓加减之源，洛书肇乘除之祖，《周髀》九数，畴人命官，唐制六科，明算取士，所从来久矣。国朝《钦定数理精蕴》《仪象考成》诸书，尤为万世学算之准绳。故定制于国子监，额设算学肄业生，满汉蒙各若干人，分年教授，比年各省提学亦加试算学，是算法固人人所当童而习之者也。而俗人或目算学为西学，又谓习算法为效法西人，孤陋寡闻，贻讥大雅。愿有志者，毋固毋必，博学审问，讲明其理而切究之。

一、算学当循序精进，初学一年习几何、代数、平三角、少广，第二年则习曲线、微分、积分，第三年则习弧三角及微积分之深义、立体之几何。

一、学算法代数者，先学乘除加减四小数，及命分立方诸学之变。既精，乃讨论对数表之用，算尺之法，及代数第一级之理。

---

①《湘乡东山精舍章程》，见邓洪波主编《中国书院学规集成》（第2卷），中西书局2011年版，第1173页。

②《湘乡东山精舍章程》，见邓洪波主编《中国书院学规集成》（第2卷），中西书局2011年版，第1173—1174页。

一、学勾股者，先学画直线及各种角于地，并按验直线，及各种角命度与否之法。既精，乃学三角形、多角形与匀分直线为数段之法，遂及比例线、诸平方形，各种立方质体质之理，参究泰西各勾股便捷之法。

一、学勾股画法者，诸生当于逐日所讨论画法之图汇成一帙。其所讨论者则为影立体诸形，于直平二向并来其本质之尺寸等事。

一、学宜崇实，俟经费充足，当于上海多购天、算、地、矿、医、律、声、光、重、化、电、汽学诸书，以供学徒观览讲习，并购泰西仪器及格致制造各学器具以资考验，裨明其理而开其智。

一、西学之精，莫非原本中国。其立教实源于《墨子》，尚同兼爱，事天明鬼，尤显然者。至通商练兵之法，大半本乎《管子》，而设官多类乎《周礼》，用法亦类乎申韩。重学、光学、汽学、化学、电学诸大端，散见于周秦各书，尤不可殚数。然则泰西格致之学未有能出吾书者也。今精舍方言、格致两斋，通其言语文字以造就译才，兼考求新理新物为制器利用之助，是乃昌明中国实学，将以西学化为中学，非弃其学而从西学也。山长平日宜讲明此理，以晓学者。①

上引章程有两点值得引起注意。一是视算学为西学之根本，其算学是天、算、地、矿、医、律、声、光、重、化、电、汽等整个西方科学知识体系中的算学，包括三角、几何、代数、曲线、微分、积分等现代西方数学知识；二是以西学源于中学来解释包括算学在内的西学，主张传统中国算学著作《钦定数理精蕴》《仪象考成》等为“万世算学之准绳”，批评“目算学为西学”“习算法为效法西人”者为孤陋寡闻。认为“西学之精，莫非原本中国”，强调要“以西学化为中学，非弃其学而从西学也”。这观点看似矛盾，有些保守，但代表湘军大本营的真实看法。

继东山精舍（书院）之后，开设或拟开设算学课程的有省城校经、岳麓、求忠，宁乡玉潭、云山，浏阳南台，宝庆鳌山、观澜、峡江，岳州岳阳，巴陵金鹗，平江天岳，常德德山，衡山雯峰、集贤、观湘，永明濂溪，沅州沅水，

① 《湘乡东山精舍章程》，见邓洪波主编《中国书院学规集成》（第2卷），中西书局2011年版，第1172—1173页。

黔阳宝山、安福道水等20余所书院，其中尤以求贤书院设算学山长、算学监院，德山书院制订学算章程最为典型。兹分述如下。

求贤书院设在省城长沙，光绪二十一年（1895年）由湖南巡抚吴大澂创建，岳麓、城南、求忠三书院院长举送贡生童肄业。设山长二人，一课经史、一课算学。陈宝箴接任湖南巡抚后，“选拔生徒二十人，专聘算学山长课习算学”。由于“算学一门，日有课程，钩深诣微，较为繁密，必须添设监院一员，始足以资助理”，于是又聘请张茂浞为“算学监院，专为帮同院长考验诸生学业，稽察勤惰等务”，每月薪水三十两。① 于是形成求贤书院两山长、一监院的组织形式。次年，陈宝箴结合课程改革，再作组织调整，设置帮办提调。在给提调的照会中，有如下记录：

> 照得求贤书院本聘山长二人，一课经史，一课算学。今岁稍改章程，专聘山长一人，归并教习，并添入格致、制造等学，功课较繁，亟须遴设帮办提调一员，住宿院内，以资经理。兹查贵部郎博学多能，谙习院事，堪以充当帮办提调。②

经此调整，求贤书院虽废算学山长一职，改为教习，但算学监院未撤，且新设帮办提调仍由监院张茂浞兼任，并增月薪四两，似可说明院中算学教育并未被削弱。而有关职事变动较大，③ 时废时立，也正是其事初设的正常反应。算学教育方兴未艾，书院的建设者正在努力寻找更好的运作方式。

德山书院在常德府。光绪十四年（1888年）由武陵知县李宗莲倡建。内有头门、仪门、讲堂、川堂、文昌阁、藏书楼、斋舍、客厅等，“其规模直与岳麓埒”④。光绪二十一年（1895年）十二月，主讲杨彝珍“痛抉以科目取士之弊”，戒诸生“不徒沾沾焉习为帖括”。⑤ 湖南新政时期，山长余蓉初聘近代著名数学

---

① 陈宝箴：《聘委张茂浞为求贤书院算学监院照会札稿》，见汪叔子、张求会编《陈宝箴集》（中册），中华书局2005年版，第1140—1141页。

② 陈宝箴：《照会张茂浞为求贤书院帮办提调稿》，见汪叔子、张求会编《陈宝箴集》（中册），中华书局2005年版，第1139页。

③ 汪叔子、张求会编：《陈宝箴集》卷29《求贤书院暂由算学监院督率课试牌示》，内中有算学山长“因事离馆，所有增加月课、随时面试事宜，应即由算学监院定立课程，认真督率举行”云云。中华书局2005年版，第1234页。时在光绪二十四年闰三月，则算学山长并未裁并，抑或裁而复设，待考。

④ 季啸风主编：《中国书院辞典》，浙江教育出版社1996年版，第226页。

⑤ 季啸风主编：《中国书院辞典》，浙江教育出版社1996年版，第226页。

家许奎元（垣）主讲算学，开新学之风。《湘学新报》在光绪二十三年四月二十一（1897年5月22日）刊载《常德德山书院许奎垣主讲兆魁新定学算生童课章》，并配发了编者按，对德山算学教学成效大加表彰，并号召各地仿行跟进。其称：

德山为常德武陵所立书院，原以经史、词章、时艺课士。岁历绵暧，于兹有年。近因屡奉部文改书院旧章，此邑绅董沈观世局，首议变通。深维隶首、椎轮、九章亦越衰周畴人四裔，收希腊之余波，扬商高之旧业。乃礼聘湖北许君主讲斯席，风雨鳞萃，昕夕濯磨，现从学者已二三百人。山长因材施教，不立门户，不涉空虚，言浅恉赅，斯风弥畅。俯诸天之微尘，储太仓之粒粟。起点斯域，吾道有邻，其诸任重君子或乐观于是欤！故特刊课章以饷同志，所期瞩远研几之士，各就书院量为扩充，刮垢磨光，争绵古学，庶我中国神智日宣。①

德山书院收学算生童达到二三百人，与算学主讲许奎垣专业素养有关，也与其教学方式方法有关，谨将其《学算生童课章》移录如下，以供研究参考：

一、书院改课算学，事属开创，虑学者不能周知，故于未开课前先行教习入门之法。

一、人数过多，一人讲授断难遍及。且学有浅深，性有远近，语上语下，必因材而施。窃取启奋发悱之意，变通教法，务期各尽其长，不致轩轻无分。

一、凡居院生童有志算学者，自行进见，面叩其所学，然后示以宜读何书，宜习何术，退而学之。如有疑义，于每日巳午未三时亲来面质，随问随答，必使涣然冰释而后已。

一、凡学算生童，人立日记一本，逐日记其所习所疑所悟之理与法。十日呈阅一次，以觇其学之进退与功之勤惰。

一、学算次第当以加、减、乘、除、开方为入门之始，已明者仍当习练，未明者急宜讲求，务使得数定位毫无错误，则算学之始基立矣。由是而

① 邓洪波主编：《中国书院学规集成》（第2卷），中西书局2011年版，第1203页。

继之以九章、几何、天元代数、微分、积分诸术，循序而及，自能日进不穷。

一、学者初读算书，每苦其文义艰深、字句生涩，几不知所作何语，遂致望而却步。不知算书命名用字，皆与经籍相通，必须涉猎小学诸书，究其训诂。字义既明，则理解自得，算书无难读矣。保氏教国子内则学书计，皆书数并习，职是故也。

一、格致以算学为体，算学以格致为用。学者于习算之余，可视其性之所近，旁览各种格致之书，书院虽无试验之器，亦可稍明其理。

一、测量高深广远，为勾股三角之实用，非身体力行不为功。有志学此者，必须携带仪器，由院长自定时日，随同出外测量书院左近地面，以资考验。

一、算学乃实事求是之学，其理法皆确凿可凭，与数术、占候及太乙、壬遁、符谶之流毫不相涉，学者必须步步蹈实，不得稍杂空疏、附会之见。

一、算学原有中法、西法之分，然法虽殊而理则一，学者取其所长，弃其所短，并习兼攻，毋庸歧视。

一、以上各条皆为初学说法，其有已通中西各法无须教习者不在此例。①

上引《课章》，涉及书院算学教学的上课时间、教材、作业、答疑，以及由加减乘除入门而至九章、几何、天元代数、微分、积分诸术等学习内容，强调因材施教、面质答疑。比之缠身时文的其他书院，这是一股清新之风，此其一；其二，主张学算而通经籍，甚至要涉猎小学训诂诸书，意在强调算学与中国传统文化的联系；其三，提出“格致以算学为体，算学以格致为用”，意在处理算学与以格致为代表的西方科学知识的关系，皆属平稳；其四，认为“算学原有中法、西法之分，然法虽殊而理则一，学者取其所长，弃其所短，并习兼攻，毋庸歧视”。这与东山书院相比，其处理中西关系的气度与胸襟似又等而上之，更上层楼了。

① 邓洪波主编：《中国书院学规集成》（第2卷），中西书局2011年版，第1202—1203页。

第六节 晚清书院的改革与改制活动

19 世纪后 40 年，即清代同治、光绪年间，书院以新增 1233 所的超高速发展，创造了其近 1300 年历史上从未有过的辉煌。而且，它追随时代的步伐，努力适应社会日益增长并激剧变化的文化教育需求，引入“新学”“西学”作为研究与教学的内容，快速改变、改造、改革自身，开始了其由古代走向近代、现代的历程。改革是多层次、多方位的，既源于对内部积弊的革除，也受外国教会书院的影响；既有涉及管理的改组，也有涉及制度的创新；既有教学方法的改章，也有教学内容的更新。然而，正当改革推进之时，朝廷下达了更为激进的改制诏令，全国书院被强令在短期内改为大、中、小三级学堂，匆忙中，古老而悠久的书院走向现代，在改制中获得了永生。

一、同光年间的书院改革活动

同治光绪年间的书院改革，实际上包含着改造传统的旧书院和创建新型书院这样两个层次。总的来讲，书院的改革既有西方列强瓜分中国而带来的国家、民族危亡的外部压力，也有积弊太深而不得不变的内在原因。书院的积弊是多方面的，论者或谓书院严重官学化，完全沦为科举的附庸。① 或指山长充数，不问学问；士风浮夸，动滋事端；多课帖括，无裨实用；注重膏奖，志趣卑陋。② 或称“所课皆八股试帖之业”，无裨实用；“所延多庸陋无用之师”，滥竽充数；生徒“贪微末之膏火”，志趣卑陋。③ 概而言之，就是当国家面临西方列强瓜分，而有亡国灭种的危险时，书院还在津津于八股时文，还在衰败沉沦，不能满足国家培养救亡图存人才的急切需求。“乃观中国一乡一邑，书院林立，所工者惟

① 田正平、朱宗顺：《传统教育资源的现代转化——晚清书院嬗变的历史考察》，载《厦门大学学报》（哲学社会科学版）2002 年第 5 期。

② 葛飞：《晚清书院制度的兴废》，载《史学月刊》1994 年第 1 期。

③ 李国钧主编：《中国书院史》，湖南教育出版社 1994 年版，第 917—927 页。

文章也，所求者乃科举也，而此外则别无所事……今日四邻日强，风气日变，泰西诸国各出奇技淫巧以赚我钱，而我之八股五言曾不足邀彼一盼，试问制艺能御彼之轮舰乎？曰不能也。能敌彼之枪炮乎？曰不能也。自知不能而尚不亟思变通，是犹讳病忌医，必至不可救药也。”① 这是社会底层的议论，来自光绪十九年（1893 年）所刊《格致书院课艺》，书院生徒的见识，似乎更可以代表当时的舆论。

（一）旧书院的改造活动

旧书院的改造，针对书院存在的弊端而来，究其内容，主要有二：

一是将无裨实用的科举之业，一变为经世致用之学，二变为新学、西学。二是重订规章，削减、限制官府权力，引进士绅等民间力量加入管理队伍，从制度上保证所聘山长为学行兼优之人，可以师范诸生。

经世致用原本是一个古老的传统。从研经治史、博习词章出发，阮元在嘉庆、道光年间创立诂经精舍、学海堂，就是以此为旗帜而号召学林的。它以去科举化为目标，以研究经史实学，通经致用为特点，因而也就成了清代书院的优良传统。到同光时期，很多地方沿用而光大这一新传统，并由此出发，继续着改革的历程。如同治初年，李鸿章修复毁于战火的苏州正谊书院，聘请冯桂芬为山长，“专课经古”②。光绪三年（1877 年）山阳县人顾云臣从湖南学政任上退休归家，修复乾隆年间创建的勺湖书院，月集生童课文，得士甚盛，设经学、算学两塾，课经解及算术、几何，一月一课，正课生童各十名，附课无定额，膏奖由漕督善后局拨给。③ 这种情况一直维持到光绪二十八年（1902 年）书院改学堂为止。光绪九年（1883 年），山东巡抚任道镕为历城尚志书院改定章程，“仿浙江诂经精舍，以经古课士”④。同样是光绪九年，由尚志书院西望陕西同州丰登书院，院中聘请固始蒋子潇主讲，“以朴学教关中人士，一时蒸蒸，成就甚众”⑤。而最能说明问题的要算长沙的湘水校经堂——校经书院。

---

① 潘克先：《中西书院文艺兼肄论》，见陈谷嘉、邓洪波主编《中国书院史资料》（下册），浙江教育出版社 1998 年版，第 1968—1969 页。

② 光绪《苏州府志》卷 25《学校》。

③ 见《续修山阳县志》，转引自柳诒征《江苏书院志初稿》，载《江苏省立国学图书馆年刊》第 4 年刊。

④ 民国《续修历城县志》卷 15《学校》。

⑤ 民国《续修陕西省通志稿》卷 36《学校》。

湘水校经堂，道光十一年（1831 年），湖南巡抚吴荣光仿其师阮元学海堂之制建于岳麓书院内。由岳麓、城南二书院山长欧阳厚均、贺熙龄主持，分经义、治事、词章三科试士，“一岁四课，一季分课一经，因人而授之课程”，教学汉宋并重，“奥衍总期探许郑，精微应并守朱张”。时“多士景从，咸知讲求实学”。① 十六年吴离任，课业遂废。咸丰末年，巡抚毛际可尝重开经史之课，不久即停。光绪五年（1879 年），湖南学政朱逌然迁建于城内天心阁城南书院旧址，正式设山长，下辖经、史、文、艺四学长及提调、监院各一人，定额招本省及商籍生徒 24 名肄业其中。对此事，著名学者黄以周曾经论及，其称：“今之书院，弊已积重，习亦难返。为之经营胜地、构造新馆，选绩学之士，讲论其中，若阮文达之课士，其最著也。然文达于浙曰诂经精舍，于粤曰学海堂，皆不曰书院，非有见其命名不典与？吾友朱肯夫视学湖南，欲迹文达之所为，有人来告以事。余谓之曰：‘其名取吾浙之精舍，其规则取学海堂，请以斯语达肯夫。’后肯夫颜之曰‘校经堂’，一取诸文达之治粤云。”② 校经首任山长成孺，刊《校经堂学议》，以经济之学训士，要诸生“寝馈于‘四书’‘六经’，探治平之本，然后遍读经世之书，以研究乎农桑、钱币、仓储、漕运、盐课、榷酤、水利、屯垦、兵法、马政之属，以征诸实用”。“一时造就人材”，“号称最盛”。

非常明显，从阮元、吴荣光到朱逌然（肯夫）、成孺，校经堂在光大学海堂的传统的同时，又开拓出“经济之学”的天地。等到光绪十六年（1890 年），在“通经致用”旗帜下，校经堂教学内容开始了质的变化，改革跃上新的台阶。这一年，学政张亨嘉到任，将院舍迁到湘春门，正式改定校经书院，生额扩到 44 名。书院学重通经致用，设经义、治事二斋，专课经史大义和当世之务，要求学生考究“古今天下治乱，中国强弱之故”，“举乎日所闻于经者，抒之为方略，成之为事功，一洗二百年穿凿之耻”，“养成有体有用之材”。这表明，通经致用的学术主张已经和治世救国的现实政治结合到了一起，反映出书院因应社会变化而调适自己改革方向的基本情况。

光绪二十年（1894 年），甲午战争失败，新任学政江标痛定思痛，以“变风

① 张寿镛：《皇朝掌故汇编内编》卷 41《兴复校经堂另设一书院折》。

② 黄以周：《论书院》，见陈谷嘉、邓洪波主编《中国书院史资料》（下册），浙江教育出版社 1998 年版，第 1956 页。

气，开辟新治为己任”，并“思以体用骇实之学导湘之士”。① 因此他加大了改革力度，先是新建书楼，以藏中西学书籍，又改革课程，以经学、史学、掌故、舆地、算学、词章6科课士，添置“天文、舆地、测量诸仪，光化矿电试验各器，俾诸生于考古之外，兼可知今”；别创算学、舆地、方言等学会，制订《校经学会章程》，“为士子群聚讲习，以期开拓心胸、研究求学、造成远大之器用”；聘请唐才常为主笔，定期出版《湘学报》，分史学、掌故、交涉、商学、舆地、算学6个栏目，发表师生研究成果，宣传维新变法思想。湘省风气为之巨变。② 这表明，经过几个梯次的递进式改革，主题已经由经世致用、通经致用，转变为西学、西艺等自然科学知识，这标志着校经书院已经由古代迈向近现代，基本完成了自身的蜕变。可惜，由于戊戌变法，书院一度改订章程，恢复科举旧学。及至光绪二十九年底，湖南巡抚赵尔巽将其改作成德校士馆，令诸生“改习科学，以储学堂之选”。从此，不断改革中的校经书院融入现代教育体制之中。

旧书院通过改订章程，规范管理，建立现代意义的教学制度，这也是晚清书院改革的重要内容。最初的设想是为了防止聘请山长过程中的弊端，兹举南北两例来作说明。南方广东韶关相江书院，创建于宋代，理宗皇帝赐院额，历元、明、清一直办学不断，在府属六县招生，属府级书院。到同治元年（1862年），知府史朴重整院规，订立《规条》，其中有两条涉及管理人员，兹引如下：

> 书院掌教，递年由绅士公同访定已登科第，品学兼优之先达，禀请本府查实，具关聘延。不由官荐，以致有名无实。掌教务须实在住院，改文讲书，认真训迪，每年修金银二百两，膳资银八十两，聘金、贽仪、端午、中秋、年节每次银四两。
>
> 监院一员，由府在各学教职内遴委兼管，月支饭食银二两。该监院务须常川在院约束生童，毋致旷废。③

---

① 刘琪、朱汉民：《湘水校经堂述评》，见《岳麓书院一千零一十周年纪念文集》，湖南人民出版社1986年版，第26—34页。

② 刘琪、朱汉民：《湘水校经堂述评》，见《岳麓书院一千零一十周年纪念文集》，湖南人民出版社1986年版，第26—34页。

③ 史朴：《相江书院规条》，见邓洪波编著《中国书院章程》，湖南大学出版社2000年版，第231页。

北方举辽宁义县聚星书院。书院为县级书院创建具体年代不详，以经营不善而致废弛。光绪年间，知县、学正率众整修院舍，增加经费。光绪八年（1882年），同知胡玉章、刑部主事李光琛、附贡邓锡侯等人公议章程，对书院教学、考课、组织管理以及经费管理等都做了明确规定，兹引有关山长的两条如下：

山长有衡文之责，如请同邑人氏，恐蹈徇私情弊，难服士子之心，须由异地聘请，择其经明行修、素有名望者，绅士秉公荐引，再由地方官择取采访取裁，以昭慎重，乃有实济。不由地方官举者，以防徒资游士；必由地方官取裁者，恐绅士阿于所好，互为斟酌，庶免于私。

山长有训课之责，必品学端优，堪为士林矩矱。考课不可间辍，文卷细加批改，随时讲贯，俾学者奉为圭臬，庶不至有名无实。①

非常明显，上引南北两所书院的规章，其核心是将山长聘请之权分置于官、绅手中，“不由官荐，以致有名无实”，将“经明行修素有名望”者聘为山长的任务交由绅士来“秉公荐引”。而为了防止绅士像官府一样出现弊端，又将山长的最后聘用权交由官府执掌。这样，官民互动互制，从制度上保证了程序的公正无私，可以从源头上防止弊端的产生。此则正是“不由地方官举者，以防徒资游士；必由地方官取裁者，恐绅士阿于所好，互为斟酌，庶免于私”的意义所在，其中蕴含着现代化管理制度的民主精神，值得标榜、称赞。因此，我们将这种制度改革视作书院走向近代化的重要标志。需要指出的是，这种制度在新型书院中表现得更为突出，显示出改革在向纵深领域发展。

以上旧书院的改革表明，依凭传统的经世致用旗帜，适应时代前进的步伐，书院有一种调整自己教学内容、管理制度的能力，能够从古代走向近现代。

（二）新型书院的创立活动

同治光绪之际号为“中兴”，在充满希望的形势下，先辈们创造性地推出了很多新型书院。新型书院之新，主要体现在其研究与教学的内容中出现了前所未有的“西学”成分。以创建者来分，新型书院有中国有识之士办的，有外国人办的，也有中外人士合办的，有关情况，我们将分述如下。

---

① 胡玉章等：《聚星书院条规》，见邓洪波编著《中国书院章程》，湖南大学出版社2000年版，第39—40页。

外国人主要是外国传教士，他们创办了百余所教会书院，这里我们所要说明的是，同光时期，尤其是光绪年间，教会书院的宗教色彩有淡化倾向，声光化电等近现代科学技术知识的内容有所增加。如著名传教士林乐知创建的上海中西书院，就强调“意在中西并重，特为造就人才之举”，自称“中国各省各府各县均设书院，于劝学之心不可谓不切，兴学之法不可谓不勤，惜未有中西两学并行之耳”。因而创建中西书院，“栽培中国子弟”，设有数学启蒙、代数学、勾股法则、平三角、弧三角、化学、重学、航海测量、天文测量、地学、金石类考、琴韵、西语、万国公法等课程。为了迎合中国学生，甚至标榜“习西学以达时务，尤宜兼习中学以博科名，科名既成，西学因之出色”等。[①] 还有一点值得注意的是，教会书院基本上是西式的学校，采用西式教学方法，教授西方文化与科技知识，对改革中的中国书院而言是一种异质参照物，而对其发展方向更具有一定的榜样性引领作用。

中国人创办的新型书院，其始和旧书院的改革同步，同样是以经世致用、通经致用为旗帜，以旧的优良传统注入新鲜而有时代特色的内容，在发扬光大中前进。当时，这样的书院有很多，如上海就有龙门、求志、正蒙诸书院。同治三年（1864 年），巡道丁日昌倡建龙门书院，顾广誉、刘熙载、孙锵鸣、吴大瀓、汤寿潜等先后掌教，推行严格的行事、读书日记制度，课程以经史性理为主，旁通时务，辅以词章。[②] 光绪二年（1876 年），巡道冯焌光创建的求志书院落成，“分经学、史学、掌故、算学、舆地、词章六斋，按季命题课士”，士人不分年龄，不限地域，皆可备卷应考。[③] 四年，上海邑绅张焕纶等推本古人小学遗意，略参泰西教育之法，创办正蒙书院，以国文、舆地、经史、时务、格致、数学、诗歌等为课程，请姚天来为校董事，时人目为洋学堂。八年，获兵备道邵友濂支持。十一年，改名梅溪书院，扩建洋人书馆，添课英文、法文，“聘士之通西学者，官为饩廪而分肄之”，旁及洒扫应对进退礼仪，以及体育练身习武之术。以和厚、肃静、勤奋、精熟、敏捷、整洁为院训，“制歌四章，俾学生以时讽诵”，实为今日之校训与校歌。书院规制，效法宋儒胡安定经义、治事两斋

① 林乐知：《中西书院课程规条》，见邓洪波主编《中国书院学规集成》（第 1 卷），中西书局 2011 年版，第 131 页。

② 同治《上海县志》卷 9《学校》。

③ 光绪《松江府续志》卷 17《学校志》。

办法，分学生为数班，班置班长，斋置斋长，督之以学长，统之以教习，而其最大的特点是张焕纶“举德、智、体三育而兼之，与东西洋教授之法意多暗合者”，已大不同于传统书院，人称中国最先改良之小学校。光绪二十八年（1902年），改为梅溪学堂。①

在陕西，有味经、崇实书院。同治十二年（1873年），学政许振祎建味经书院于泾阳，初期在陕西、甘肃两省招生，后改为陕西专有。其规模与关中、宏道两所省会书院相等，但“其定章有不同于他书院者三”：不课时文，以实学为主；改师生不常接见之习，山长登堂讲说，逐条讲贯，察其课程，阅其札记，别其勤惰，严其出入；改由官负责为由山长负责，使一方之望专理一方之学。史梦轩为第一任山长，以城固训导姚邵诚、澄城教谕王贤辅协理讲席。史氏品端学粹，教学有方，制订教约，其中严戒者四、定约者三，另有功课定格等，从其学者多所成就。十三年，督学吴大澄筹置膏火费。光绪二年（1876年），监院寇守信于西寝前增建监院署。九年，督学慕容干筹营田银3000两。时柏子俊任山长，订立以“八禁四读”为主要内容的教约。十一年，邑绅吴建勋捐地增膏火。山长刘光蕡立求友斋，以天文、地舆、经史、掌故、理学、算学课士，开一代新风，并刻梅氏《筹算》及《平三角举要》，令诸生习之。又令筑“通儒台”，以实地测验。立“白蜡局”，创“复豳馆”，仿造轧花机。又立“时务斋”，其大旨欲沟通中西，以救时局，“不以空谈为学，不以空谈为教”。别订教法三则及《读书法》。十五年，监院周斯忆增建藏书楼于讲堂东。十七年，督学柯逢时奏立刊书处，筹银万两拟岁刻经史各1部，选院内高才生20人司校勘，仿阮元《十三经校勘札记》之法，附札记于书后。院长刘光蕡总领刊书处，制订《办法章程》11条，述刊书有关事宜、管理办法以及经费使用等，刊书由院长总负责，下有30董事，轮流负责，分初校、二校，以求保证质量。每书刊印52部，1部交院长，1部存书院日常应用。戊戌变法后味经书院圮坏。②

崇实书院也在泾阳。先是，学政赵惟熙会同巡抚张汝梅在光绪二十二年（1896年），奏请设立“格致实学书院”，原奏分四斋：曰“致道斋”，《周易》、

① 陈谷嘉、邓洪波主编：《中国书院史资料》（下册），浙江教育出版社1998年版，第2150—2155页。

② 陈谷嘉、邓洪波主编：《中国书院史资料》（下册），浙江教育出版社1998年版，第2244—2248页。

“四书”、《孝经》为本，儒先性理诸书附之，兼考外国教务、风俗、人情，以致力于格致各学，以储明体达用之材；曰“学古斋”，以《书经》《春秋》三传为本，历代史鉴、纪事附之，兼考外国政治、刑律、公法、条约，以备奉使之选；曰“求志斋”，以三礼为本，正续《通考》附之，习外国水陆兵法、农林矿务，以培经世之才；曰“兴艺斋”，以《诗经》《尔雅》为本，周秦诸子及训诂考据之书附之，兼习外国语言文字，并推算测量以及声光各学，以裕制器尚象之源云云。① 二十三年（1897 年）建成时，改名崇实书院，分成政事、工艺二斋，设院长一人，分教二人，与各书院略别其课程，注重格致、英文、算术、制造。其最大的特点是在书院内“添设制造一区，专备诸生考求艺事，仿制品具之所”，也就是为书院诸生提供机械制造的实习场所。赵惟熙、张汝梅当初提出机器制造与书院并行，本身就是一种创意。其称：“书院之必期久远始能多所造就，而经费一项筹划颇难为力，兹复据举人邢廷荚等呈请，拟设机器织布局资其利息，以供膏火，即借其机器讲求制造。据陕西产棉极多，而杼轴之利未兴，衣被所资，专取给于湖北之广布，合陕甘两省计之，每岁费银至四五百万之多。近者洋布盛行，广布亦为所夺。现拟绅商自行鸠股创设织布机器局于格致实学书院之侧，购置机器，招募外洋名匠以董其事，则既可以收利权而资民用，而士子等学习制造汽机各事即可借此为入门之径。是机局为书院本根，书院即机局之羽翼，并行不悖，实相得益彰。”② 这种缘于筹集经费并依据当地产棉极多而来的主意，当初或许是出于无奈，但极富创意，值得鼓掌称赞。而更可喜的是，到光绪二十四年三月，院中诸生已经成功地“仿造日本人工轧花机器”，其生产效率很高，“可抵十工之用”。为此，新任学政叶尔恺上奏报喜，其称：“致用之学，大旨不越政艺两端，诸生习语言算学者，均令读政艺各书”，并令“亲躬试验”，因此可以制成轧花机。“以后逐渐研求，或能于西人制造之学渐窥蕴奥”，因而决定“再添购格致各器，庶几学有实获，不尚空谈”，将书院改革的成果实实在在地扩大。③ 崇实首开中国书院机器制造之先河，在近 1300 年书院

---

① 民国《续修陕西通志稿》卷 36《学校》。

② 张汝梅、赵惟熙：《陕西创设格致实学书院折》，见陈谷嘉、邓洪波主编《中国书院史资料》（下册），浙江教育出版社 1998 年版，第 2250—2251 页。

③《陕西学政叶尔恺片》，见陈谷嘉、邓洪波主编《中国书院史资料》（下册），浙江教育出版社 1998 年版，第 2252—2253 页。

发展史上是划时代的进步，标志着经过改革的书院完全可以海纳近现代科学技术与知识，挺立于新的教育体制之中。可惜缘于“一刀切”的改制诏令，光绪二十八年（1902 年），它与宏道书院合并改为宏道高等工业学堂。

在湖北武昌，由张之洞以湖北学政、湖广总督身份所办的经心、两湖书院，其创建之初以重经史，分算学、经济等六门而区别于传统书院的情况已备述于前。光绪二十四年（1898 年）闰三月，张之洞依照学堂办法对书院改革，其办法如下：

> 两湖书院分习经学、史学、地舆学、算学四门，图学附于地舆。每门各设分教，诸生于四门皆须兼通，四门分日轮习。另设院长，总司整饬学规、考核品行、讲明经济。用宋太学积分之法，每月终核其所业分数之多寡，以为进退之等差。经心书院分习外政、天文、格致、制造四门，每门亦各设分教，诸生于四门皆须兼通，四门分年轮习。无论所习何门，均兼算学。分教中即有通晓西文者，诸生若自愿兼习西文，亦听其便。另设院长，总司整饬学规，专讲四书义理、中国政治，其考分数而不仅取空文，亦与两湖书院同。两书院所习八门，皆系学人必应讲求通晓之事。因专门分教一时难得多人，故于两书院分习之大旨，皆以中学为体，西学为用，既免迂陋无用之讥，亦杜离经叛道之弊。①

光绪二十五年（1899 年）正月，遵照慈禧太后省城大书院分天文、地理、兵法、算学四门讲授的懿旨，张之洞再改武昌两湖、经心、江汉三书院课程，办法更为周详：

> 查两湖书院，现课经学、史学、天文、舆地、地图、算学六门，兹除经学、史学原系书院所当讲求外，查测绘、地图本系兵法中最要之务，该书院所分门类正与此次所奉懿旨适相符合，应即将地图一门改称兵法。惟兵法之学，体大思精，应于兵法一门中又分为三类：一曰兵法史略学，讲求历代史鉴、兵事方略；一曰兵法测绘学，讲求测量山川海道形势、远近

---

① 张之洞：《两湖、经心两书院改照学堂办法片》，见陈谷嘉、邓洪波主编《中国书院史资料》（下册），浙江教育出版社 1998 年版，第 2170—2171 页。

营垒、炮台体式、绘画成图；一曰兵法制造学，讲求制造枪炮船雷、行军电报、行军铁路等事。每门各设分教一人。又体操一事为习兵事者之初基，即与旧传八段锦、易筋经诸法相类，所以强固身体，增长精神，必不可少。国朝定制，凡八旗文生员、举人、进士，皆须兼习骑射，不能骑射者不得入乡会场，俱见造就人才文事武备兼重之至意，自可仿照办理。应于该书院后余地，建设兵法体操棚，于功课毕后习之。先习简易诸式，如空手体操及运动、木椎、铅椎、擎枪、托枪、推枪、超乘诸法，并先制备木质枪炮式，以资目验考究。即派武备学堂优等诸生为领班，以资教导。又经心书院新定章程，除四书大义、中国内政，本系由监督训课讲习外，若天文、算学本系章程所有，其外政，即系讲求舆地之学，格致制造，即系讲求兵法之学，此后亦定名为天文、舆地、兵法、算学四门。其经史词章即由监督随宜训课，惟监督院事过烦，应专设经史一门，添请分教一人，每月课以经史一次，或解说，或策论，由分教核定分数，开单送交监督，与各门统计合定等第。该书院经费较少，故经史合设一分数，兵法亦只设一分数，其添习兵法、体操亦与两湖书院同。①

值得注意的是，在自身改革的同时，张之洞还分期派遣书院学生到日本学习陆军、实业、制造、师范等专业，到比利时学铁路、政治，赴法国学数学，将西方当时最新的知识引入国内，以期推动书院改革向纵深发展。②

其他如广东嘉应州（今广东梅州梅县），光绪五年（1879 年）邑绅倡建崇实书院，“课士章程仿省城学海堂、菊坡精舍成规，课分四季，题别六门，考古之学曰经、曰史、曰词章，通今之学曰舆地，曰掌故，曰天文算法”③。又如四川巴县（今属重庆）川东道道立东川书院，因为讲求经世致用之学，于光绪二十三年（1897 年）分立出专门的致用书院。二十七年，致用书院因为讲习算学甚盛，再分立出专门的算学书院。而因为算学的分出，致用书院也改名经学

① 张之洞：《札两湖、经心、江汉三书院改定课程》，见陈谷嘉、邓洪波主编《中国书院史资料》（下册），浙江教育出版社 1998 年版，第 2171—2172 页。

② 黄新宪：《张之洞与中国近代教育》，福建教育出版社 1991 年版，第 35 页。

③ 光绪《嘉应州志》卷 16《学校》。

书院。①

从上述情形中可知，中国人所办的新型书院，以光绪二十年（1894年）甲午中日战争为分隔点，前后有些区别。在此之前，与传统书院的联系较为紧密，大体上是在旧式书院中添加西学课程，以中学为主，西学为辅，但总的趋势与旧传统渐行渐远，旧面貌愈来愈少。在此之后，西学成分愈来愈重，即便大倡“中学为体，西学为用”者如张之洞，也改变不了经史两门传统学科的地位在经心、两湖等书院中日益下降的事实。中学日少，西学日多，日益成为书院朝向近现代化迈进的大潮流。

中外人士合办的书院不是很多，著名的只有上海的格致书院、厦门的博闻书院。博闻书院是厦门泰西各国仕商受上海格致书院的鼓舞而倡议成立的，意在“使厦地人士风气日开，西学日进”，使“中西仕商得以时相联络，永敦和好”。因为经费有限，实际上只有书楼收藏有关西学的书籍、报刊、机器样图，并有天球、地球、五金、矿石、气炉、电箱等器具实物陈列，向社会发行类似读者证的“博闻书院执照”，提供阅览服务。②

格致书院是同治十三年（1874年）由英国驻上海领事麦华陀（Walter Henry Medhurst）倡议，③ 英国传教士傅兰雅（John Fryer）、中国绅士徐寿等发起，禀准北洋大臣李鸿章，邀集中西绅商仕官捐建，光绪元年（1875年）落成于英租界北海路。书院以“令中国人明晓西洋各种学问与工艺与造成之物”为目标。倡建之初，徐寿即明文规定，书院“系专考格致，毫不涉其传教”，其宗旨是“意欲中国士商深悉西国之事，彼此更敦和好”④。院内设讲堂、藏书楼及博物铁室，收藏西方各国生产的机器、日用生活品、地图等物。由中西董事各4人共同经理院事，实由徐寿主之。光绪二年六月廿二日（1876年8月12日）正式开院。先后邀请中外人士如华蘅芳、狄考文等公开演讲电学、化学、解剖学

---

① 胡昭曦：《四川书院史》，巴蜀书社2000年版，第154页。

②《厦门泰西各国仕商创建博闻书院启事》，见陈谷嘉、邓洪波主编《中国书院史资料》（下册），浙江教育出版社1998年版，第2030—2033页。

③ 前此一年，麦华陀曾倡议在上海设宏文书院，事载《申报》1873年3月25日第2版《宏文书院》，但未成功。熊月之先生认为此即格致书院的前身，似待考证。

④ 见陈谷嘉、邓洪波主编：《中国书院史资料》（下册），浙江教育出版社1998年版，第2124—2150页所载之徐寿《上李鸿章书》、林乐知《上海格致书院记》《格致书院董事会记录》《上海格致书院发往各国之条陈》，以及有关报道评论等。

等，并做实验，任人进院参观、听讲和讨论，不收分文，为中国近代以讲习西方自然科学技术为主、中西合办的新型书院。徐寿、傅兰雅等译辑《格致汇编》，以便初学。五年，发招生启事，学西洋语言文字者须交纳学食费，学格致实学者须交银300两，待3年后方可领回。十一年起，王韬出任山长十余年，始设季课，后又增设南北洋大臣命题之春秋两季特课。季课、特课试题以时事洋务居多，西学次之，亦有史论，优者给奖。连续9年编辑《格致书院课艺》，宣传改良维新思想，介绍西学，“四方风动，群彦云起”，与广方言馆、江南制造局翻译馆并称为清末上海三大“输入西洋学术机关”。二十一年，傅兰雅主持院务，制订《格致书院会讲西学章程》《格致书院西学课程纲目》，设会主讲西学之法，定每周六晚讲课，凡有志考求者，皆许其肄业，定矿务、电务、测绘、工程、汽机、制造六门课程，每学有全课、专课，每月考试中式者发给课凭。后只开算学、化学两门。二十八年后，各地书院应诏改制为学堂，书院渐致废弛，1914年正式停办。

格致书院前后存在40余年(1874—1914)，在徐寿、王韬、傅兰雅等人经营下，致力于中西文化的友好交流，成绩卓然，概而言之，有如下几点：一是设置并开放博物馆，陈列西方各种军、工设备和仪器，向公众演示科学实验，以开士民眼界；二是每月刊印《格致汇编》，“将西国格致之学与工艺之法，择其要者译成华文”，发行到全国各地，使人“能知天下所有强国利民之事理”。同时又刊登中西人士对“中华之物理”的问答，以利交流；三是招收学生，分矿务、电务、测绘、工程、汽机、制造六个专业，实施比较全面的科技教育。四是刊布《格致书院课艺》，向公众传播书院诸生的学习心得，启发近代之新思潮。①

晚清上海格致书院

① 参见王尔敏：《上海格致书院志略》第3、4、5节，香港中文大学出版社1980年版；熊月之：《西学东渐与晚清社会》，上海人民出版社1995年版，第351—391页。但熊先生认为《格致汇编》与格致书院无关。

《格致汇编》由西儒傅兰雅主编，格致书院发行。光绪二年正月（1876年2月）创刊，英文译名为 *The Chinese Scientific Magazine*，次年改译成 *The Chinese Scientific and Industrial Magazine*，原定为月刊，后则时断时续，至十八年停刊，共出60期。在新加坡、香港、台湾淡水、北京、天津、保定、太原、济南、登州、烟台、青州、重庆、长沙、湘潭、益阳、武昌、汉口、宜昌、沙市、南昌、九江、安庆、南京、镇江、苏州、扬州、上海、杭州、宁波、温州、福州、厦门、广州、汕头、牛庄、桂林等地设有销售点，每期发行3000册。其宗旨为“欲将西国格致之学广行于中华，令中土之人不无裨益”。内容广博，凡西方科学知识与科技工艺无所不包。以科学知识而言，则广泛介绍科学理论、科学方法、科学仪器、天文、自然现象、物理、化学、数学、计算机、动物学、植物学、昆虫学、地质学、地理学、地形学、水力学、潮汐、医学、药物学、生理学、电学、机械学等。以工艺技术而言，则广泛介绍蒸汽机、炮船、开矿技术、钻地机、纺织机、制糖、打米、制陶、造砖、造玻璃、弹棉花机、制皮革、制冰机、造啤酒、造汽水机、造扣子机、造针机、火车、铁路、农业机器、打字机、印刷机、造纸、炼钢铁、造水泥、造桥梁、榨油机、造火柴、照相机、幻灯机、潜水技术、电灯、电报、电话、渔获养殖、制图等，涉及科学理论、科学方法与科学仪器和设备等各个方面，间载西方人物传记。另辟“读者通信问答栏”，共刊问答322件。其于推介新知，开启心智之功甚巨。而其择要译介“西国格致之学与工艺之法”，“便于中国各处之人得其益处，即不出户庭，能知天下所有强国利民之事理”①，使它实际上成为中国近代最早的科技杂志。

王韬主持时的季课、特课，由盛宣怀、李鸿章、吴引孙、刘坤一、薛福成、曾国荃、郑观应、胡燏棻等中国官绅及傅兰雅、裴式模（M. B. Bredon）两位外国人士命题，所问皆当时国家急切问题，即所谓“时务”，从中我们可以看到其诱导士人认清当前局势，以近代新思想启迪后辈之良苦用心。《格致书院课艺》有光绪十九、二十年所刊两种版本传世，前者13册，收77题，后者15册，收86题。王尔敏先生据光绪十九年版所作《上海格致书院特课、季课题称表》，兹据以将各类题目列作下表。

① 傅兰雅：《格致汇编启示》，见《格致汇编》第1期第6卷，光绪二年刊。

上海格致书院特课季课试题统计表

格致类								语文类	教育类	人才类	富强治术类						农产水利类	社会救济类	国际现势类	边防类	其他类			
格致总说	天文历算	气象	物理	化学	医学	测量	地学				富强总说	工业	轮船铁路	商贸利权	海军	邮政					议院	刑律	捐输	教会事务
3	3	2	4	2	3	2	3	2	4	4	2	3	3	14	2	1	4	2	3	6	1	2	1	1

表中所列试题共77道，按性质分别，科学知识（即格致类）为22题，占总数的28.57%，充分反映出对科学知识的需要与重视。富国强民类题最多，有25道，占总数的32.46%，超过三分之一，更表明当年求富强希望之强烈，其他人才、教育、国际现势、边防等皆与富强有关，若合计到一起则为42题，占总数的54.54%。这说明，实现国家富强是当时中国官绅最关切的问题。当然，就此设问，更体现了寄希望于书院后学的良苦用心，是为时代的期望。① 熊月之先生的统计更为全面，有86题，其中时务42题，科学23题，经济13题，人才2题，史论2题，历史1题，其他3题，② 其结论大致相同。

需要提出的是，格致书院的这些课试题中，有4道涉及书院，可见其对书院本身的关心，兹将其抄录如下：

书院之设，即古党庠术序之遗意。宋时鹅湖、鹿洞，讲学著闻。胡安定先生以经学、治世，分斋设课，得人为盛。中国一乡一邑，皆有书院，大率工文章以求科举。而泰西艺学，亦各有书院。自京师有同文馆以肄算学，天津、江南有水师学堂以习海军，上海设立格致书院专论时务，踵事日增。中西书院不同，其为育才一也。或谓纲常政教，中国自有常经，惟兵、商二途，宜集思而广益。第中西之载籍极繁，一人之才力有限，果何道而使兼综条贯、各尽所长欤？试互证而详论之。

外国之富，在讲求技艺，日新月异，所以制造多，商务盛，藉养穷民无算。未悉泰西技艺书院分几门，学几年乃可成？我中土何以尚未设技艺书院？各省所设西学馆、制造局，多且久矣，未识有精通技艺机器之华人

① 王尔敏：《上海格致书院志略》，香港中文大学出版社1980年版，第69页。

② 熊月之：《西学东渐与晚清社会》，上海人民出版社1995年版，第373—385页。

能独出心裁自造一新奇之物否？必如何振兴其事，斯不借材异域，请剖析论之。

文字肇兴，历数千载，藏书之富，今倍于古。近日泰西亦重文字，据闻各国书院有藏书至数十万卷、数百万卷者，不知所藏何书？中国书籍固有流传外洋者，而西士著作日盛，除已译西书外，其未入中国者尚多，凡谙习各国文字之士，应留心及之。尚能详征博考，撮举大要，录为书目否？

三代以上，党庠学校，以教以养，统隶于官，故人才之盛衰，关国家之兴废。自秦始皇焚书坑儒，以愚黔首。汉初崇尚黄老，私家传习，各守专经。东汉以迄唐宋，虽设学官，有同流赘。朝廷以科目取士，士亦竭毕生精力沉溺于诗赋时文帖括之中。书院介乎官私之间，虽宜能作养人才，而其所传习，亦不离乎三者。近是泰西诸国，学校林立，无人不学，无事非学，大学小学，教无躐等，绰有三古遗风。其经费皆出于官欤，抑多由私家捐办欤？其章程之不同者安在？中国将统古今合中外，使积习丕变，而民听不疑，设学将以何地为先，取法当于何国最善？科考与取士于学校之法孰优，可详悉言之欤？昔年资遣出洋学生，所费颇巨，中途而废，说者谓年岁太小，中学未通，故为人所诟病。不知日本历派出洋肄业诸生，有无成效，应如何变通尽利，使之事半功倍欤？其悉抒谠论毋隐。①

以上第一题为两江总督刘坤一所拟，第二、四题为招商局总办郑观应所拟，第三题为宁绍道台吴引孙所拟。时间上第一、第二题在光绪十九年（1893 年），第三、第四题在光绪二十年。从中我们可以感知到他们对书院改革的重视，而其援泰西书院（实即西方学校制度、图书馆制度）而补中国书院不足的倾向也十分明显，实有引导院中师生注意书院改革方向之意蕴在。

二、甲午后书院的改制活动

鸦片战争以来，西方列强以其坚船利炮步步进逼，清政府一败再败，国家主权日渐丧失，诚所谓“五十年来，创不谓不巨也，痛不谓不深也”②，但士林

① 转引自熊月之：《西学东渐与晚清社会》，上海人民出版社 1995 年版，第 381—384 页。

② 汤震：《书院》，见陈谷嘉、邓洪波主编《中国书院史资料》（下册），浙江教育出版社 1998 年版，第 1962 页。

或许已经习惯、麻木，残喘于天朝大国之梦，还没有普遍感受到亡国灭种的危机。直到光绪二十年（1894 年），甲午海战，中国败于学习西方的东邻小国日本，人们才黄粱惊梦，在幻灭中开始面对残酷的现实，效仿明治维新，急忙间推出了戊戌变法运动。于是，起始于同治年间的书院改革进入高潮。

(一) 甲午战争以后的书院改革热潮

甲午战争之后，人们普遍认为，“时局日急，只有兴学育才为救危之法”，而“整顿书院，尤刻不容缓，此省先变，则较他省先占便利，此府先变，则较他府先占便利”。① 在这种心理指导下，书院改革在光绪二十二年至二十四年（1896—1898）形成了一个高潮。当时朝野齐动，提出了好几套改革方案，而且每套方案都指导书院进行了改革实践，使得全国新旧书院都加入了改革的队伍。从某种意义上说，正是改革的蓬勃生气，促成了晚清书院的高速发展。

甲午战争之后提出的书院改革方案，大体上可以归纳为三种，即变通章程整顿书院、创建新型实学书院、改书院为学堂。兹按时间先后分述如下。

第一种方案是改书院为学堂，这是最先上报朝廷的一个方案，由顺天府尹胡燏棻提出，时在光绪二十一年（1895 年）闰五月，见其《变法自强疏》。此疏十条，其中第十条为《设立学堂以储人才》，其称：泰西各国人才辈出，其本其源皆在于广设学堂，不仅商、工、医、农桑、矿务、格致、水师、陆师皆有学堂，而且女子、聋哑也受教育，“以故国无弃民，地无废材，富强之基，由斯而立”②。反观中国，虽然各省也设立书院、义塾，制亦大备，但于八股、试帖、词赋、经义之外，一无讲求，又明知其无用，只因法令所在，相沿不改，“人材消耗，实由于此”。因此，他建议：“特旨通饬各直省督抚，务必破除成见，设法变更，弃章句小儒之习，求经济匡世之材，应先举省会书院，归并裁改，创立各项学堂……数年以后，民智渐开，然后由省而府而县，递为推广。将大小各书院，一律裁改，开设各项学堂。”③ 这是一个在省会先行试点，再由省而府而县，自上而下，渐次推广的方案。或许，朝廷忙于割地赔款，此议当时并没

---

① 林增平、周秋光编：《熊希龄集》（上册），湖南人民出版社 1985 年版，第 49 页。

②《顺天府府尹胡燏棻条陈变法自强疏》，见朱有瓛主编《中国近代学制史料》（第 1 辑 下册），华东师范大学出版社 1986 年版，第 473 页。

③ 胡燏棻：《变法自强疏》，见朱有瓛主编《中国近代学制史料》（第 1 辑 下册），华东师范大学出版社 1986 年版，第 473—485 页。

有引起重视。

光绪二十二年（1896年）五月初二日，刑部左侍郎李端棻上奏《推广学校以励人才折》，重提改书院为学堂，其称：

> 惟育才之法匪限于一途，作人之风当遍于率土。臣请推广此意，自京师以及各省府州县皆设学堂。府州县学，选民间俊秀子弟年十二至二十者入学，其诸生以上欲学者听之。学中课程诵《四书》《通鉴》《小学》等书，而辅之以各国语言文字，及算学、天文、地理之粗浅者，万国古史近事之简明者，格致理之平易者，以三年为期。省学选诸生年二十五以下者入学，其举人以上欲学者听之。学中课程，诵经史子及国朝掌故诸书，而辅之以天文、舆地、算学、格致、制造、农桑、兵、矿、时事、交涉等书，以三年为期。京师大学，选举贡监生年三十以下者入学，其京官愿学者听之。学中课程，一如省学，惟益加专精，各执一门，不迁其业，以三年为期。其省学大学所课，门目繁多，可仿宋胡瑗经义、治事之例，分斋讲习，等其荣途，一归科第，予以出身，一如常官。如此，则人争濯磨，士知向往，风气自开，技能自成，才不可胜用矣。
>
> 或疑似此兴作，所费必多。今国家正值患贫，何处筹此巨款？臣查各省及府州县率有书院，岁调生徒入院肄业，聘师讲授，意美法良。惟奉行既久，积习日深，多课帖括，难育异才。今可令每省每县各改其一院，增广功课，变通章程，以为学堂。书院旧有公款，其有不足，始拨官款补之。因旧增广，则事顺而易行；就近分筹，则需少而易集。①

为了保证改书院为学堂的成功，他又提出了设藏书楼、创仪器院、开译书局、广立报馆、造派游历等五条“与学校之益相须而成”的办法。这个方案受到重视，上报当天就由皇帝批给总理衙门讨论。总理衙门认为：“外间各省书院，亦多有斟酌时宜，于肄业经古之外，增加算学制造诸课者。”“如内地各府县绅耆闻风，自可由督抚酌拟办法，或就原有书院量加课程，或另建书院肄业

① 陈谷嘉、邓洪波主编：《中国书院史资料》（下册），浙江教育出版社1998年版，第1982页。

专门。”① 这表明，总理衙门不支持这个方案，但仍然通报各省讨论。

改书院为学堂的方案实际上就是改制，改书院之制为学校之制，是三个方案中最激进的。虽然总理衙门不支持，但在地方得到了某种程度的响应。如光绪二十四年（1898 年）二月，谭嗣同在家乡浏阳就有将城乡六书院及新设的算学馆合而为一，改建学堂于县城之议。② 但议而未决、未行，谭嗣同即死难于北京。五月十六日，贵州巡抚王毓藻奏称：他已将省城贵阳学古书院改为经世学堂，“延算学一人教习，择娴习西文西语一人副之”，由贵阳府知府选生监 40 人肄业其中。但“其聘山长，委监院管理如故”。③ 学堂设山长、监院、教习、副教习，虽然教算学、西文西语，但与书院无异。可见，王巡抚所改之学堂，实非李侍郎设计之学堂。因此，就实际情况来说，在戊戌改制之前，改书院为学堂的方案基本上处于一种无人问津的状况。

第二种方案是设置新型实学书院，光绪二十二年（1896 年）四月十二日，由陕西巡抚张汝梅、学政赵惟熙共同提出，其称：

> 世运之升降，视乎人材；人材之振兴，资于学校。书院者，所以辅学校之不逮也。陕西为文献旧邦，名臣大儒史不绝书，我朝教泽涵濡二百余年，尤称极盛。近经兵燹之余，元气未复，而关中宏道、味经各书院肄业诸生，多能讲求实学，研精典籍。盖陕人心质直而气果毅，贫不废读，故易于有成。惟其所服习者，经史之外，制艺、诗赋而已；明体或不能达用，考古或未必通今。迩来时局多艰，需材尤急，自非储其用于平日，万难收其效于临时。
>
> 兹据书院肄业举人邢延荚、成安，生员孙澄海，张象咏等联名呈恳自筹款项，创建格致实学书院，延聘名师，广购古今致用诸书，分门研习，按日程功，不必限定中学西学，但期有裨实用，如天文、地舆、吏治、兵法、格致、制造等类，互相讲求，久之自能洞彻源流，以上备国家之采择

① 《总理衙门议复左侍郎推广学校折》，见陈谷嘉、邓洪波主编《中国书院史资料》（下册），浙江教育出版社 1998 年版，第 1985—1986 页。

② 谭嗣同：《改并浏阳城乡各书院公启》，见陈谷嘉、邓洪波主编《中国书院史资料》（下册），浙江教育出版社 1998 年版，第 2001—2002 页。

③ 陈谷嘉、邓洪波主编：《中国书院史资料》（下册），浙江教育出版社 1998 年版，第 2469 页。

……臣等商酌办理，敦请博通今古，体用兼备之儒主讲其中，分科学习，严订章程，总期不事空谈，专求实获，庶仰副圣主崇尚实学之至意。①

与改学堂和变章程不同，这是一个比较稳妥的方案。次年七月，浙江杭州亦在敷文、崇文、紫阳、学海、诂经、东城六书院之外，另设求是书院，兼课中西实学,② 成为一个成功的范例。历经演变，求是书院发展成今日之浙江大学。

第三种方案是变通章程整顿书院，由山西巡抚胡聘之、翰林院侍讲学士秦绶章相继提出，时在光绪二十二年（1896年）六至八月。胡聘之在六月上《请变通书院章程折》，明确反对裁改书院为学堂，认为此举“眩于新法，标以西学之名，督以西士之教，势必举中国圣人数千年递传之道术而尽弃之，变本加厉，流弊何所底止”。但书院不整顿也不能适应社会需要，因此，他提出了自己的方案，其称：

方今外患迭起，创巨痛深，固宜有穷变通久之方，以因时而立政，但能不悖于正道，无妨兼取乎新法。顾深诋新学者，既滞于通今，未能一发其扃钥；过尊西学者，又轻于蔑古，不惮自决其藩篱。欲救二者之偏失，则惟有善变书院之法而已。

查近日书院之弊，或空谈讲学，或溺志词章，既皆无裨实用，其下者专摹帖括，注意膏奖，志趣卑陋，安望有所成就。宜将原设之额，大加裁汰，每月诗文等课，酌量并减，然后综核经费，更定章程，延硕学通儒，为之教授。研究经义，以穷其理，博综史事，以观其变。由是参考时务，兼习算学，凡天文、地舆、农务、兵事，与夫一切有用之学，统归格致之中，分门探讨，务臻其奥。此外，水师、武备、船炮、器械，及工技制造等类，尽可另立学堂，交资互益。以儒学书院会众理以挈其纲维，而以各项学堂操众事以效其职业，必贯通有所宰属，然后本末不嫌于倒置，体用

① 张汝梅等：《陕西创设格致实学书院折》，见陈谷嘉、邓洪波主编《中国书院史资料》（下册），浙江教育出版社1998年版，第2249—2250页。

② 廖寿丰：《请专设书院兼课中西实学折》，见陈谷嘉、邓洪波主编《中国书院史资料》（下册），浙江教育出版社1998年版，第2157—2158页。

不至于乖违。①

按照这一整顿方案，胡聘之对晋省省城令德书院进行了包括另订条规、添设算学、广购新学西学书籍等内容的变通性改革。他认为这种变通章程的做法，“不惟其名惟其实，不务其侈务其精，收礼失求野之近效，峻用夷变夏之大防，学术愈纯，人才日众，庶几自强之道，无在外求矣”，比胡燏棻等人的改制方案要好，请旨饬下各省详议推行。

八月二十四日，秦绶章所上整顿书院方案，包括课程、师资、经费等内容，更为详尽，兹引如下：

国势之强弱视乎人才，人才之盛衰系乎学校。欲补学校所不逮而切实可行者，莫如整顿书院之一法。各省书院之设，每府州县多或三四所，少亦一二所；其陶成后进为最多，其转移风气亦甚捷。整顿书院约有三端：

一曰定课程。宋胡瑗教授湖州，以经义、治事分为两斋，法最称善。宜仿其意，分类为六：曰经学，经说、讲义、训诂附焉；曰史学，时务附焉；曰掌故之学，洋务、条约、税则附焉；曰舆地之学，测量、图绘附焉；曰算学，格致、制造附焉；曰译学，各国语言文字附焉。士之肄业者，或专攻一艺，或兼习数艺，各从其便。制艺试帖未能尽革，每处留一书院课之已足。

一曰重师道。书院山长必由公举，不论爵位年岁，惟取品行端方、学问渊博，为众望所推服者；其算学、译学，目前或非山长所能兼，则公举诸生中之通晓者各一人，立为斋长分课之，而仍秉成于山长。省会书院规模较广，山长而下兼设六斋之长，分厘列舍，与诸生讲习其中。

一曰核经费。各属书院，或田亩，或公款生息，或官长捐廉，或绅富乐助，皆有常年经费，即或僻陋之区容有不足，就本地公款酌拨，亦属为费无多。此整顿书院之大概章程也。

盖经学为纲常名教之防，史学为古今得失之鉴。掌故之学，自以本朝会典、律例为大宗，而附以各国条约等，则折冲樽俎亦于是储其选焉。舆

① 胡聘之：《请变通书院章程折》，见陈谷嘉、邓洪波主编《中国书院史资料》（下册），浙江教育出版社1998年版，第1987—1989页。

地尤为今日之亟务，地球图说实综大要。其次各府州县，以土著之人随时考订其边界、要隘、水道、土宜，言之必能加详，再授以计里开方之法、绘图之说，选成善本，尤能补官书所未备。算学一门，凡天文、地理、格致、制造，无不以此为权舆。译学不独为通事传言，其平日并可翻译西学书籍，以资考证。若夫武备、水师、机器、矿务等学堂，则必于江海冲要之地，都会繁盛之区，统筹大局，以次振兴，固非书院之所能该，而其端实基于此。①

这个方案当天就经军机大臣交礼部复议。到九月，礼部认为所议各条“实事求是起见，应请一并通行各省督抚学政，参酌采取，以扩旧规而收实效”。

变通章程、整顿书院的方案下发各地后，各地纷纷响应，如光绪二十二年(1896 年) 八月，江西巡抚德寿就依胡聘之之制，裁减南昌友教书院童生课卷名额，移设算科，延请算学教习二人，招算学生徒 18 人肄业。② 次年六月，长沙岳麓书院山长王先谦根据礼部议复的秦绶章方案，发布《月课改章手谕》，设立算学斋长、译学教习，定额招算学 50 名，译学 40 名肄业，开展数学与外语教学。③ 其他如云南昆明经正书院设算学馆，云南各州县旧有书院添课算学；江苏金陵惜阴、文正两书院改考西学，议定课程条规；苏州正谊、平江两书院改订课章，添设西学一课；广西桂林经古书院添设算学一门，课以四季，每季由书院监院禀请抚宪命题考试，问以算数、算理、天文、时务四项。④ 凡此种种，都是各地书院响应改章之举。由此可见，其影响甚大。

对于以上三种方案，朝廷一并通行各省督抚学政，参酌办理。于是，各地根据自己的实际情况执行，在光绪二十三年 (1897 年) 掀起了一个改革高潮。以湖南为例，省城校经书院改章，推广新学，添置光电化矿仪器，设置算学、舆地、方言三个学会，刊印《湘学新报》。岳麓书院订购《时务报》，月课改章，

① 陈谷嘉、邓洪波主编：《中国书院史资料》（下册），浙江教育出版社 1998 年版，第 1989—1990 页。

② 德寿：《奏酌裁友教书院童卷移设算科折》，见陈谷嘉、邓洪波主编《中国书院史资料》（下册），浙江教育出版社 1998 年版，第 1992—1993 页。

③《岳麓书院院长王先谦月课改章手谕》，见陈谷嘉、邓洪波主编《中国书院史资料》（下册），浙江教育出版社 1998 年版，第 2014—2016 页。

④ 陈谷嘉、邓洪波主编：《中国书院史资料》（下册），浙江教育出版社 1998 年版，第 2016—2019 页。

加课算学、译学。新设时务学堂，中文总教习梁启超创造性地提出，“兼学堂书院二者之长，兼学西文者为内课，用学堂之法教之，专学中学不学西学者为外课，用书院之法行之”①，功课则分中学、西学两门，全盛时有学生 200 余人，湖南省风气为之巨变。受省城书院改革的影响，湘省各地书院纷纷改章，如宁乡玉潭、云山书院仿岳麓新章，以方言、算学课士。常德德山书院，新定《学算生童课章》，改课算学。其他如浏阳县南台、狮山、洞溪、浏西、文华、文光六书院，沅州沅水校经书院，岳州府岳阳、慎修两书院，武冈州鳌山、观澜、峡江、青云四书院以及希贤精舍，衡山县雯峰、集贤、观湘、研经四书院，平江县天岳书院，永明县濂溪书院，皆以经义、史学、时务、舆地、算学、方言六门课程变通讲学，设立讲会，风起云涌。人称新学之兴，于斯为盛，② 书院改革作为新政的主要部分，在湖南形成高潮。

(二) 戊戌书院改制活动及其失败

各地书院改革进入高潮之时，朝廷推出了戊戌维新运动，而实施书院改制是运动的主要内容之一。戊戌书院改制的设计者是康有为，纵观其《请饬各省改书院淫祠为学堂折》，要点有三：一是“愚而无学，坐受凌辱”，中国“欲富强之自立，必广建学校，由国而遍及于乡”，普及教育，由士而“下逮于民”；二是改书院为学堂是其快速变法求强方略之一。所谓“泰西变法三百年而强，日本变法三十年而强，我中国之地大民众，若能大变法，三年而立。欲使三年而立，必使全国四万万之民皆出于学，而后智开而才足”。而“兴学至速之法”，“莫若因省府州县乡邑公私现有之书院、义学、社学、学塾，皆改为兼习中西之学校”。三是“上法三代，旁采泰西”，以“省会之大书院为高等学，府州县之书院为中等学，义学、社学为小学”，“饬下各直省督抚施行，严课地方官”，“限两月报明”办理，“违者劾其一二”，意在快速建立高、中、小三级近代学校体系，实现“人人知学，学堂遍地，非独教化易成，士人之才众多，亦且风气

①《梁启超致陈之立、熊希龄函》，见朱有瓛主编《中国近代学制史料》（第 1 辑 下册），华东师范大学出版社 1986 版，第 271 页。

② 以上湖南各书院改制，参见陈谷嘉、邓洪波主编《中国书院史资料》（下册），浙江教育出版社 1998 年版，第 1993—2016 页。

遍开，农工商兵之学亦盛”的理想局面。①

光绪二十四年（1898 年）五月二十二日，光绪皇帝完全采用康有为七天前在《请饬各省改书院淫祠为学堂折》中提出的激进办法，发布上谕，限令两个月之内，将全国大小书院改为兼习中学、西学之学校，上谕称：

> 前经降旨开办京师大学堂，入学肄业者由中学、小学以次而升，必有成效可睹。惟各省中学、小学尚未一律开办，总计各直省省会及府厅州县无不各有书院，着各该督抚督饬地方官各将所属书院处所、经费数目，限两个月详复具奏，即将各省府厅州县现有之大小书院，一律改为兼习中学、西学之学校。至于学校阶级，自应以省会之大书院为高等学，郡城之书院为中等学，州县之书院为小学，皆颁给京师大学堂章程，令其仿照办理。②

改制令下，各地奉旨执行，如山西通令将全省 109 所书院一律改为学堂，湖北也曾议将全省 11 府 67 州县各书院通令改为学堂，此为戊戌书院改制。唯其时维新政令日出，应接不暇，地方或以书院为不急之务而多有视为具文者，而朝廷也似乎忘记限令二月之约，再加改制不及百日，即随西太后政变（八月初六日）而告停止，改制成效甚微，全国各省书院改为学堂者仅能辑录 20 余所。兹将各地所改书院辑录成下表。

戊戌书院改制一览表

院名	院址	改革学校名	奏报时间	备注
学古书院	贵州贵阳	经世学堂	五月十六日	时在戊戌改制之前
南菁书院	江苏江阴	高等学堂	七月十一日	
江汉书院	湖北武昌	高等学堂	七月十八日	湖北 11 府 67 州县书院通令改学堂
求贤书院	湖南长沙	武备学堂		

① 引文见陈谷嘉、邓洪波主编：《中国书院史资料》（下册），浙江教育出版社 1998 年版，第 2466—2468 页。

② 陈谷嘉、邓洪波主编：《中国书院史资料》（下册），浙江教育出版社 1998 年版，第 2470 页。

续表

院名	院址	改革学校名	奏报时间	备注
金江书院	湖南浏阳	金江小学堂		
桃溪书院	湖南永明	高等小学堂		
尊经书院	湖南凤凰	资治学堂		
令德书院	山西太原	省会学堂	七月二十日	山西109所书院一律改为学堂
莲池书院	直隶保定	省会高等学堂	七月二十一日	
集贤书院	天津	北洋高等学堂	七月二十一日	
会文书院 三取书院 稽古书院	天津 天津 天津	天津府中学堂 天津县小学堂	七月二十一日	会文、稽古、三取合并改作天津府中学堂、县小学堂
问津书院	天津		七月二十一日	
辅仁书院	天津		七月二十一日	
友教书院	江西南昌	算学堂	七月二十八日	
崇实书院	江苏清河县	中西学堂	七月三十日	
金台书院	京师	顺天府中学堂	八月初四日	
钟山书院	江苏江宁	××学堂		以下六所由两江总督刘坤一改为府、县各学堂
尊经书院	江苏江宁	××学堂		
惜阴书院	江苏江宁	××学堂		
文正书院	江苏江宁	××学堂		
凤池书院	江苏江宁	××学堂		
奎光书院	江苏江宁	××学堂		

事实上，反对改制的声音从未停止过。在改制令推行的六月份，曾廉应召上封事时就说："学堂之与书院，犹多之与夥，小之与鲜，名殊而实一也。夫果征事实，何必尽改学堂？如果属虚名，何必尽废书院？"① 戊戌维新失败之后，反对之声日高。八月二十九日，黄仁济就提出："即京师新建大学堂亦宜改为京都大书院以为倡，率凡各省府厅州县已有书院训课者，扩充而推广之，未有书院训课者，速筹赀增设之。"其意在"不必再立学堂名目"，而要将已有学堂一

① 陈谷嘉、邓洪波主编：《中国书院史资料》（下册），浙江教育出版社1998年版，第2485页。

律改为书院。[①] 到九月份，礼部奏请恢复八股取士旧制的同时，又“另片奏各省书院请照旧办理，停罢学堂”。[②] 九月三十日，西太后准其所奏，下达《申明旧制懿旨》，其称：

> 书院之设，原以讲求实学，并非专尚训诂词章，凡天文、舆地、兵法、算学等经世之务，皆儒生分内之事，学堂所学亦不外乎此，是书院之与学堂，名异实同，本不必定须更改。现在时势艰难，尤应切实讲求，不得谓一切有用之学非书院所当有事也。将此通谕知之。[③]

至此，戊戌书院改制之举被彻底否定。值得注意的是，否定的理由锁定在书院与学堂的名实之间，以其“名异实同，本不必定须更改”[④]。如此从技术层面解说，似乎过于牵强，它既掩盖了代表圣人之道的“正学”与乱圣人之道的“西学”之间的学术矛盾与斗争，更淡化了政治权力争斗的残酷与血腥。实际上，我们从曾廉的反对声中就明显地感知到，书院改制已经由文化教育改革脱轨变成了政治斗争，其称：“书院不废，学堂不行，不足以标异新政，且非移易耳目，恐不能以西学鼓簧天下也。臣愚以为今天下之患，莫大于以西学乱圣人之道，隳忠孝之常经，趋功利之小得，骎骎乎为西人导其先路，而率中国以迎之，此臣所尤夙夜怵心者也。”[⑤] 而所谓“君子不齿”“此辈辄敢大言”，“杂取老、墨、释、耶之支说，非尧舜，薄汤武，陋周孔，肆其雄谈以惊庸众”等，充满了火药味，已然尽是斗争哲学的政治语言。[⑥]

为了防止书院改制脱轨于政治，倾向革新的实力派人物两江总督刘坤一于当年十月初三日（1898 年 11 月 16 日）上《书院学堂并行以广造就折》，认为礼部之所以奏请恢复旧制，是“因前议将书院改为学堂，故请书院照旧办理，停罢学堂，非谓书院之外不应另有学堂也”。虽然“书院与学堂诚如懿旨名异实

① 《黄仁济拟治平万言奏》，见陈谷嘉、邓洪波主编《中国书院史资料》（下册），浙江教育出版社 1998 年版，第 2485—2486 页。

② 刘坤一：《刘坤一集》（第 2 册），岳麓书社 2018 年版，第 593 页。

③ 陈谷嘉、邓洪波主编：《中国书院史资料》（下册），浙江教育出版社 1998 年版，第 2486 页。

④ 陈谷嘉、邓洪波主编：《中国书院史资料》（下册），浙江教育出版社 1998 年版，第 2486 页。

⑤ 《曾廉应诏上封事》，见陈谷嘉、邓洪波主编《中国书院史资料》（下册），浙江教育出版社 1998 年版，第 2485 页。

⑥ 《曾廉应诏上封事》，见陈谷嘉、邓洪波主编《中国书院史资料》（下册），浙江教育出版社 1998 年版，第 2485 页。

同”，但“若有学堂以相观摩，可辅书院之所不逮，未始非补偏救弊之道”。因此，他主张“书院不必改，学堂不必停，兼收并蓄，以广造就而育真才”，试图停息政治争论，力保学制改革成果。然而，政论一旦开启，要想平息则非易事，时务学堂改为求实书院一事，即为典型例证。

时务学堂兼学堂、书院二者之长，本身就是改革的产物。光绪二十三年（1897年）一月，由岳麓书院山长王先谦领衔呈报巡抚陈宝箴批准立案，旋由熊希龄等请两江总督刘坤一拨盐厘加价银7000两为经费，遂建于小东街（今中山西路）。八月陈宝箴发《招考新设时务学堂学生示》，定总额为120名。十一月公布《湖南开办时务学堂大概章程》11条，始招头班学生40名正式开学。时总理熊希龄、监督杨自超主持行政；中文总教习梁启超、分教习韩文举、叶觉迈（次年三月梁以事离湘，增聘欧榘甲、唐才常为教习），西文总教习李维格、分教习王史，数学教习许奎垣等主持教务。十二月梁启超制订《湖南时务学堂学约十章》，以立志、养心、治身、读书、穷理、学义、乐群、摄生、经世、传教劝戒诸生。又厘定《时务学堂功课详细章程》，编撰《读书分月课程表》，规定其办学方针为“兼学堂、书院二者之长”。学生“兼学西文者为内课，用学堂之法教之，专学中文不学西文者为外课，用书院之法行之”。教学内容分溥通学、专门学。溥通含经学、诸子学、公理学、中外史志及格致算学等类；专门学有法学、掌故学。为学之序先溥通，后专门，读书亦分专精、涉猎两类。堂上设一“待问匭”，诸生读书疑义，得用“待问格纸”抄好纳入，教习书堂批答榜示；每月“月课”一次，每次命二题，亦分等记分；每季“大考”一次，请官绅到堂汇考请生札记册、待问格、课卷三项，统计分数，列表公布并登《湘学报》《湘报》以示鼓励。札记、问格、课卷之优者每季刊刻一次。时梁启超等“醉心民权革命论，日夕以此相鼓吹”，诸生本《孟子》《公羊》大义及康有为改制之说，宣传西方民权、平等思想，大造改良政治之舆论，谭嗣同等则在《湘报》撰文大肆宣扬，湘省风气为之一变。时至二十四年（1898年）春夏之际，以岳麓书院山长王先谦和时务学堂中文总教习梁启超为代表的两派士绅卷入民权、平等问题的论争，教育让位于政治，改革处于停顿。政治斗争的结果是，平等、民权沦为惑世乱心的异学，王院长成了卫道救世的英雄，被祭上神坛；陈宝箴、江标、熊希龄等主持湖南新政的高官被革职，永不叙用，并交地方官严加管束；而时务学堂尽管是湖南第一所近代意义的学校，也逃脱不了先被裁撤，并最终被湖南巡抚俞廉三奏请改为求实书院的命运，时在光绪二十五年正月十九日（1899 年 2 月 28 日）。至此，戊戌书院改制算是在一个表示“政治正确”的节点画上了失败的句号。

（三）20 世纪初的书院改制活动

19 世纪末的戊戌书院改制，其设计者康有为太多理想主义的色彩，而且限令两个月内要将实行了近 1300 年的书院改制为学堂，又犯了冒进剧变的错误，因而其败已是题中之义，而其速败于戊戌维新运动之中，则突显出书院改制与政治改制相结合的时代特性，似乎也预示着晚清“新政”大潮中书院再度改制的不可避免。

20 世纪的开年，即光绪二十六年（1900 年），义和团兴，英、法、德、俄、美、意、日、奥八国联军入侵，占领北京，朝廷逃迁西安。为了自保，十二月初十日（1901 年 1 月 29 日），慈禧太后被迫宣布变法，要求文武百官、驻外使臣各提建议，再行“新政”。

光绪二十七年（1901 年）五月，权重一时的湖广总督张之洞、两江总督刘坤一，联名上奏“江楚会奏变法三折”中的第一折《变通政治人才为先遵旨筹议折》，“参酌中外情形，酌以今日设学堂办法”，主张建立包括文武农工商矿各类各级学堂的近代学制体系。考其设计方案，分为“明宗旨、标门类、分等级、计年限、筹出路、除妨碍”六个方面，主旨有四：一是取法日本学校章程，迅速建立西式的大中小三级学校制度；二是“参酌东西学制”，强调教学内容“经史词章仍设专门”，经学与史学、格致、政治、兵学、农学、工学并列为七门之学，而且经学冠于七门之首；三是用“层递考取录用”之法，将学堂和科举合一，各学堂学生修学期满，考试毕业，可以分别给予附生、廪生、举人、进士出身。生员、举人、进士录取名额，则以原有岁科、乡试、会试名额为准，从科举递减给学堂，“十年三科之后，旧额减尽，生员、举人、进士皆出于学堂矣”。四是改书院为学堂，以期快速实现学制从古代到近现代的转型。凡此四者，“看似无事非新，实则无法非旧”①，其中改书院为学堂是手段，仿效日本建

① 张之洞、刘坤一：《变通政治人才为先遵旨筹议折》，见朱有瓛主编《中国近代学制史料》（第 1 辑 下册），华东师范大学出版社 1986 年版，第 772—776 页。

立西式三级学校体系是目的，而以传统经学等七门之学作为教学内容、学堂与科举合一这两点最能体现其“中体西用”的核心价值，值得特别注意。

需要指出的是，学堂与科举合一的主张，来源于湖广总督张之洞的属官湖北巡抚谭继洵，见于其光绪二十四年五月二十七日（1898 年 7 月 15 日）所上回复废八股上谕的奏折，其核心是“以学校立科举之体，以科举成学校之用”，办法分两条：“曰立学校之规模，曰筹科举即出于学校。”学校规模由设学部立法总管、改书院为学堂、设师范学堂培养师资三者达成。“学校既已林立”，则人才“所以用之之道”，“以科举考试之法求之”即可。规定县学堂学生由知县会同该学堂教习考试，汇送学政面试，合格即作为生员，“准入府学堂肄习稍深之学”。“府学堂肄业期满功课及格者”，由知府与该学堂教习考评，汇送省城由督抚面试，合格即作为举人，“准入省学堂肄习精深之学”。“省学堂肄业期满功课及格者”，汇送学部大臣面试，合格即作为进士，“准入京师大学堂肄业，以待皇上临轩而策之”。于是，“科举无倖进而学校不虚设矣，所谓筹科举即出于学校者此也”。而要做到“学校科举合一之制，又必视学部为转移”，并且强调“变法自强莫先于变通学校，变通学校又莫先于设立学部也”。① 此法虽未实行于戊戌书院改制之时，但延展三年即现身于江楚会奏变法方案之中，并得以实施，由设想变成了现实。

至于为什么要改书院为学堂，仍然是从两者的名实入手，其称：

> 成事必先正名，三代皆名学校，宋人始有书院之名。宋大儒胡瑗在湖州设学，分经义、治事两斋，人称为湖学，并未尝名为书院。今日书院积习过深，假借姓名希图膏奖，不守规矩动滋事端，必须正其名曰学，乃可鼓舞人心，涤除习气。如谓学堂之名不古，似可即名曰各种学校，既合古制，且亦名实相符。②

值得指出的是，这次与申明旧制不同，不再主张书院与学堂名异而实同，而认为名实皆殊，书院“必须正其名曰学”，才能“名实相符”。时间相距不到

---

①《湖北巡抚谭继洵折》，见朱有瓛主编《中国近代学制史料》（第 1 辑 下册），华东师范大学出版社 1986 年版，第 691—694 页。

② 朱有瓛主编：《中国近代学制史料》（第 1 辑 下册），华东师范大学出版社 1986 年版，第 775—776 页。

三年，评价相差悬殊，几乎完全倒置，正所谓成也萧何，败也萧何，如此改也“正名”，不改也“正名”，在百年后的今天，我们不得不对书院改制的严肃性、正当性提出质疑，更遑论其所谓必然性了。但真实的历史却是，在庚子巨变的当时，迫于亡国之虞的真切，人们对此“救时首务”已经不再质疑，而是期望朝廷“乾断施行，收人心以固国基”。

于是，清政府采用张、刘二人建议，在光绪二十七年八月初二日（1901 年 9 月 14 日）正式下达书院改制上谕，其称：

> 人才为政事之本，作育人才，端在修明学术。历代以来学校之隆，皆以躬行道艺为重，故其时体用兼备，人才众多。近日士子，或空疏无用，或浮薄不实，如欲革除此弊，自非敬教劝学，无由感发兴起。除京师已设大学堂，应行切实整顿外，着各省所有书院，于省城均改设大学堂，各府及直隶州均改设中学堂，各州县均改设小学堂，并多设蒙养学堂。其教法当以四书五经纲常大义为主，以历代史鉴及中外政治艺学为辅，务使心术纯正，文行交修，博通时务，讲求实学，庶几植基立本，成德达材，用副朕图治作人之至意。着各该督抚学政，切实通饬，认真兴办。所有礼延师长，妥定教规，及学生毕业，应如何选举鼓励，一切详细章程，着政务处咨行各省悉心酌议，会同礼部复核具奏。将此通谕知之。①

新世纪的书院改制诏令，其前既有名正言顺的借口和台阶，其后又有壬寅学制（1902 年）、癸卯学制（1903 年）相配套，因而推行较为顺利。到清末，各省书院基本改制成学堂，古老而传统的书院跨向近现代，接通中国文化教育发展的血脉，在改制中获得了永生。

全国书院改制绝大部分在清末完成，也有极少数延至民国初年，由于资料限制，整体情况目前还难以准确把握。笔者近年主持《清史·书院学校表》，对此有所涉及，据不完全统计，全国至少有 1606 余所书院改为各级各类学堂，兹将改制时间及所改学堂类别统计如下：

---

① 陈谷嘉、邓洪波主编：《中国书院史资料》（下册），浙江教育出版社 1998 年版，第 2489 页。

全国书院改制时间一览表

时间	光绪廿四年	光绪廿七年	光绪廿八年	光绪廿九年	光绪三十年	光绪卅一年	光绪卅二年	光绪卅三年
数量	11	40	209	256	178	247	229	69
百分比	0.68	2.49	13.01	15.94	11.08	15.37	14.25	4.29
时间	光绪卅四年	光绪末	宣统年间	清末民初	民国初年	未详	合计	
数量	39	25	62	165	60	16	1606	
百分比	2.42	1.55	3.86	10.27	3.73	0.99		

全国书院改学堂分类统计表

类别	大学堂、高等学堂	中学堂	小学堂	学堂	蒙学堂	师范学堂	校士馆	存古学堂	女子学堂	实业学堂	其他学校	合计
数量	34	180	1103	110	4	53	34	4	8	14	33	1577

全国数据很难采集，以上统计并不全备，仅供参考。以下缩小范围，以湖南省为例，作一个相对完整的统计。湖南至少有152所书院被改为各级各类学堂、学校，具体情况参见下表。

湖南书院改制一览表

行政区	院名	改制时间	学堂、学校名称	备注
长沙府	求贤书院	光绪二十四年（1898年）	武备学堂	
	求实书院	光绪二十八年（1902年）	湖南大学堂	1903年改高等学堂
	岳麓书院	光绪二十九年（1903年）	湖南高等学堂	1926年改名湖南大学
	城南书院	光绪二十九年（1903年）	湖南师范学堂	今为湖南第一师范
	孝廉书院	光绪二十九年（1903年）	达材校士馆	
长沙县	湘水校经书院	光绪二十九年（1903年）	成德校士馆	
	求忠书院	光绪二十九年（1903年）	忠裔学堂	民国时改为兑泽中学
浏阳县	金江书院	光绪二十四年（1898年）	金江小学堂	
	南台书院	光绪二十八年（1902年）	小学堂	今为浏阳一中
	洞溪书院	光绪二十九年（1903年）	小学堂	
	围山书院	光绪三十一年（1905年）	上东围山高等小学堂	

续表

行政区	院名	改制时间	学堂、学校名称	备注
浏阳县	文华书院	光绪三十三年（1907 年）	文华公立高等小学堂	民国改里仁学校
	狮山书院	光绪三十三年（1907 年）	狮山公立高等小学堂	
	文光书院	光绪三十四年（1908 年）	文光高等小学堂	
湘潭县	昭潭书院	光绪二十八年（1902 年）	县立昭潭高等小学堂	
	龙潭书院	民国	龙潭乡立高等小学堂	
醴陵县	渌江书院	光绪二十七年（1901 年）	高等小学堂	1903 年改为高等小学堂，今为醴陵教师进修学校
	近思书院	清末	朱子祠小学	
湘乡县	东皋书院	光绪二十九年（1903 年）	中学堂	
	涟滨书院	光绪二十九年（1903 年）	师范馆	今为湘乡市第三中学
	东山书院	光绪二十八年（1902 年）	校士馆	今为东山学校
	涟壁书院	光绪二十八年（1902 年）	校士馆	今为娄底市第二小学
	双峰书院	光绪二十八年（1902 年）	校士馆	今为双峰一中
茶陵县	洣江书院	光绪二十八年（1902 年）	小学堂	
宁乡县	玉潭书院	光绪二十八年（1902 年）	高等小学堂	
	云山书院	光绪二十八年（1902 年）	高等小学堂	今为云山学校
益阳县	龙洲书院	光绪三十二年（1906 年）	益阳学堂	今为益阳市二中
	箴言书院	光绪三十年（1904 年）	校士馆	今为益阳县一中
	路德书院	清末		教会书院。民国并入华中大学
安化县	滨资书院	光绪二十八年（1902 年）	后乡小学堂	
	崇文书院	光绪二十八年（1902 年）	高等小学堂	今为安化县第一中学
衡阳	石鼓书院	光绪二十八年（1902 年）	中学堂	后改为南路师范学堂
	西湖书院	光绪三十三年（1907 年）	衡清中学	
	莲湖书院	光绪二十八年（1902 年）	小学堂	
清泉县	岳屏书院	光绪二十八年（1902 年）	小学堂	
	船山书院	光绪三十一年（1905 年）	存古学堂	后改为船山中学、衡阳市第一中学

续表

行政区	院名	改制时间	学堂、学校名称	备注
衡山县	集贤书院	光绪二十九年（1903年）		
	观湘书院	光绪二十九年（1903年）		
	雯峰书院	光绪二十九年（1903年）	以上三院经费入校士馆	民国改为高等小学校
	白山书院	光绪二十九年（1903年）	民立小学堂	
	爱莲书院	宣统三年（1911年）	向氏尚德小学	今为白莲中学
	景贤书院	民国	景贤高等小学	
	研经书院	光绪三十年（1904年）	小学堂	今为城关镇中学
	中洲书院	民国	小学校	
	文炳书院	民国	文炳高等小学校	
	文定书堂	民国	胡氏文定小学	
安仁县	宜溪书院	光绪二十八年（1902年）	小学堂	旋改为校士馆
常宁县	双蹲书院	光绪二十八年（1902年）	小学堂	
酃县	洣泉书院	光绪三十四年（1908年）	洣泉一高	
耒阳县	杜陵书院	光绪末	县立高等小学堂	
巴陵县	岳阳书院	光绪二十八年（1902年）		
	慎修书院	光绪二十八年（1902年）	中学堂	
	湖滨书院	光绪三十三年（1907年）		教会书院。民国并入华中大学
临湘县	莼湖书院	光绪二十八年（1902年）	小学堂	
平江县	天岳书院	光绪二十九年（1903年）	高等小学堂	今为平江起义纪念馆
武陵县	德山书院	光绪二十八年（1902年）	小学堂	
	朗江书院	清末	校士馆	
桃源县	漳江书院	光绪三十年（1904年）	速成师范学堂	旋改为第一高等小学堂
	桃溪书院	光绪二十八年（1902年）	小学堂	
龙阳县	龙池书院	光绪二十八年（1902年）	小学堂	
沅江	琼湖书院	光绪二十八年（1902年）	小学堂	

续表

行政区	院名	改制时间	学堂、学校名称	备注
澧州	澧阳书院	光绪二十八年（1902年）	中学堂	次年改为小学堂
	深柳书院	光绪二十九年（1903年）	小学堂	
	澹津书院	民国元年（1912年）	澹津	
慈利县	渔浦书院	光绪三十三年（1907年）	渔浦高等小学校	
	两溪书院	光绪三十二年（1906年）	两溪高等小学校	
安福县	道水书院	光绪二十八年（1902年）	小学堂	
永定县	崧梁书院	光绪二十八年（1902年）	小学堂	后改为官立高等小学堂
永州府	濂溪书院	光绪二十八年（1902年）	中学堂	
零陵县	萍洲书院	光绪二十九年（1903年）	中学堂兼师范馆	经费与廉溪合并
	群玉书院	光绪三十二年（1906年）	高等小学堂	今为永州市第三中学
道州	濂溪书院	光绪二十八年（1902年）	校士馆	今为永州三中
	玉城书院	光绪二十八年（1902年）	小学堂	
	四乡书院	光绪二十八年（1902年）	校士馆	
东安县	紫溪书院	光绪二十八年（1902年）	小学堂	
宁远县	崇正书院	光绪二十八年（1902年）	小学堂	
	泠南书院	光绪三十三年（1907年）	师范馆	
永明县	桃溪书院	光绪二十四年（1898年）	官立高等小学堂	
江华县	三宿书院	民国	洞尾小学	
祁阳县	永昌书院	光绪二十八年（1902年）	小学堂	今为祁阳师范学校
	浯溪书院	民国	经馆	
郴州直隶州	东山书院	光绪三十二年（1904年）	郴州官立中学堂	今为郴州一中
兴宁县	汉宁书院	光绪二十九年（1903年）	汉宁高等学堂	今为资兴一中
	文昌书院	民国	高小	今为青市中学
	兰溪书院	光绪三十一年（1905年）	高等小学堂	今为兰市中学
	崇义书院	光绪末	凤凰高等小学堂	
	程水书院	光绪三十一年（1905年）	程水高等小学堂	
	郴侯书院	光绪三十二年（1904年）	郴侯高等小学堂	今为蓼市中学
	乐城书院	光绪二十九年（1903年）	乐城高等小学堂	
	崇正书院	光绪三十二年（1906年）	二都高等小学堂	

续表

行政区	院名	改制时间	学堂、学校名称	备注
兴宁县	成城书院	民国	成城高小	今为香花中学
	辰冈书院	光绪三十一年（1905年）	程水高等小学堂	
宜章县	养正书院	光绪二十八年（1902年）	小学堂	
	西山书院	民国二年（1913年）	高小	今为巴力中学
	栗源书院	民国三年（1914年）	高小	今为栗源完小
	谦岩书院	光绪三十二年（1906年）	初等小学堂	
	承启书院	清末	高等小学堂	今为承启学校
	白沙书院	宣统元年（1909年）	高小	今为白沙完小
	沙城书院	光绪三十二年（1906年）	初小	今为黄沙堡完小
桂阳县	朝阳书院	光绪二十八年（1902年）	小学堂	今为县一中
	云朝书院	光绪二十八年（1902年）	小学堂	
	云头书院	民国	第一乡高小	
	濂溪书院	光绪三十三年（1907年）	濂溪高等小学堂	
	鉴湖书院	宣统元年（1909年）	高等小学堂	今为余田鉴湖初级中学
桂阳州	鹿峰书院	光绪二十九年（1903年）	小学堂	
	龙潭书院	光绪二十九年（1903年）	中学堂	
临武县	双溪书院	光绪二十八年（1902年）	官立小学堂	今为县一中
	清漪书院	民国八年（1919年）	东区高小	
	渊泉书院	民国八年（1919年）	西区高小	
蓝山县	梧冈书院	光绪二十九年（1903年）	凤感乡立高等小学堂	
	鳌山书院	光绪三十一年（1905年）	小学堂	
	南平书院	光绪三十一年（1905年）	南平乡立高等小学堂	
嘉禾县	珠泉书院	光绪二十九年（1903年）	小学堂	今为县一中
	金鳌书院	民国元年（1912年）	四乡联合高小	今为普满中心小学
新化县	资江书院	光绪二十八年（1902年）	小学堂	今为城关镇第三小学
	求实学堂	光绪二十八年（1902年）	求实小学堂	
武冈州	峡江书院	光绪二十八年（1902年）	乡间小学堂	
	双江书院	光绪二十八年（1902年）	乡间小学堂	
	希贤精舍	光绪二十八年（1902年）	官立小学堂	

续表

行政区	院名	改制时间	学堂、学校名称	备注
城步县	青云书院	光绪二十八年（1902 年）	小学堂	
新宁县	求忠书院	光绪二十八年（1902 年）		
	金城书院	光绪二十八年（1902 年）		二院合改为小学堂
靖州	鹤山书院	光绪二十八年（1902 年）	校士馆	旋改为高等小学堂
	渠水校经堂	光绪二十八年（1902 年）	靖州中学堂	
会同县	三江书院	光绪二十八年（1902 年）	小学堂	
通道县	恭城书院	光绪二十八年（1902 年）	小学堂	
沅州	明山书院	光绪二十八年（1902 年）	校士馆	
	沅水校经书院	光绪二十八年（1902 年）	沅州中学堂	
芷江县	秀水书院	清末	官立高等小学堂	
黔阳县	龙标书院	光绪二十八年（1902 年）	小学堂	今为黔阳县第三中学
	宝山书院	光绪二十八年（1902 年）	小学堂	
凤凰厅	三潭书院	民国三年（1914 年）	存诚学校	
	敬修书院	不详		苗疆六书院改制为学堂
	尊经书院	光绪二十四年（1898 年）	资治学堂	
乾州厅	立诚书院	光绪二十八年（1902 年）	小学堂	
永绥厅	绥阳书院	光绪二十八年（1902 年）	中学堂	
	绥吉书院		不详	
永顺府	灵溪书院	光绪二十八年（1902 年）	永顺中学堂	
永顺县	大乡书院	光绪二十八年（1902 年）	小学堂	今为永顺民族师范
保靖县	雅丽书院	光绪二十八年（1902 年）	小学堂	
龙山县	白岩书院	光绪二十八年（1902 年）	高等小学堂	
桑植县	澧源书院	光绪二十八年（1902 年）	小学堂	今为桑植县一中
辰州府	虎溪书院	光绪二十九年（1903 年）	中学堂	
泸溪县	南溪书院	光绪二十八年（1902 年）	小学堂	今为县一中
	浦阳书院	光绪二十九年（1903 年）	官立高等小学堂	
沅陵县	鹤鸣书院	清末	沅陵高等小学堂	

续表

行政区	院名	改制时间	学堂、学校名称	备注
辰溪县	大酉书院	光绪二十八年（1902 年）	校士馆	
溆浦县	卢峰书院	光绪二十九年（1903 年）	县立高等小学堂	
	正趋书院	宣统元年（1909 年）	初等小学堂	
	郿梁书院	民国	二区区校	
	三都书院	光绪三十一年（1905 年）	三区区校	
	凤翔书院	民国	四区区校	

合计湖南 152 所书院先后改为大学堂、高等学堂、中学堂、小学堂、师范学堂、校士馆、存古学堂、武备学堂、女子学堂等，各学堂类别，可以列为下表。

湖南书院改学堂类别一览表

学堂类别	高等学堂	中学堂	小学堂	师范学堂	校士馆	存古学堂	经馆	女子学堂	武备学堂	不详	合计
数量	3	17	103	4	15	1	1	1	1	6	152

合观以上四表，我们可以大致将 20 世纪初的书院改制以光绪三十一年（1905 年）为断，划分为两个阶段。

第一个阶段，在改制令下的光绪二十七年（1901 年），人们惩于三年前戊戌书院改制的教训，观望不前，害怕再来一次改而又复旧制，落下一个“政治不正确”甚或像湖南巡抚陈宝箴等革职永不叙用的结果，故而改书院为学堂者寥寥无几。光绪二十八年、二十九年，壬寅、癸卯学制先后颁布，朝廷几无再复旧制之虞，各地始认真推行，反映在统计数据上就是湖南在二十八年有 62 所书院转型为近代学堂，占总数的 41.33%；全国在光绪二十九年有 256 所书院改制，占到总数的 15.94%，形成第一个高峰期。

第二个阶段，以光绪三十一年八月初四日（1905 年 9 月 2 日）上谕废除科举为开始标志。书院育才，科举取士，自唐宋以来，它们互为依托，成为构筑中华文化最重要也最有特色的两种创造性制度。以理学化育科举，强调德业、举业二业合一，是历代读书人不断追求的理想，而书院沦为科举的附庸也一直是困扰士人的最大难题。及至清末，书院与科举缠绕而弊窦丛生，成为舆论批评的主要对象。先是指书院积习过深“必须正其名曰学”，因有改书院为学堂之举。书院改制进行之时，又认定科举是学堂发展的最大阻力。如光绪二十八年(1902年)就有人怀疑书院改制时科举与学堂合一的设计，其称“去年谕旨令各省以书院改设学堂后，复优予出身作为举人、贡生，其由大学堂考取者作为进士，一体殿试，量加擢用，不拘庶吉士、部属中书等项成例，其鼓舞学堂者亦可谓不遗余力矣”。但国人以学堂求功名难而科举求功名易，对学堂“于创办则因循焉，于筹款则推诿焉”，心念科举，“舍学堂而趋之”，因而发出了“为学堂之大阻力，孰有如科举之甚者乎”的议论，矛头直指科举。①

光绪二十九年(1903年)二月，晚清重臣袁世凯、张之洞也发现了士人“谓入学堂亦不过为得科举地耳。今不入学堂，而亦能得科举，且入学堂反不能如此之骤得科举”，因而“群情注重科举”，“不独不肯倡建学堂，且并向来宾兴、公车等费，亦不能移作学堂之用，其为阻碍何可胜言”。于是联名上《奏请递减科举折》，内中虽有“科举一日不废，即学校一日不能大兴；将士子永远无实在之学问，国家永远无救时之人才；中国永远不能进于富强，即永远不能争衡于各国”之语，但仍然维护科举学堂合一的设计方案，认为“以科场递减之额酌量移作学堂取中之额，俾天下士子舍学堂一途别无进身之阶，则学堂指顾而可以普兴，人才接踵而不可胜用”。② 到这年的十一月二十六日(1904年1月13日)，张之洞与张百熙、荣庆联名再上《奏请递减科举注重学堂折》，虽一再申辩三科尽减科额于学堂之举，“并非废置科举，实乃将科举学堂合并为一而已”，实则认定：“就事理而论，必须科举立时停罢，学堂办学方有起色，学堂经费方可设筹。”③

延至光绪三十一年(1905年)八月，累于观望科举，经费难筹，“各省学堂仍未能多设”，张之洞、袁世凯、赵尔巽等联名《会奏请立停科举推广学校折》，其称：“科举之阻碍学堂，妨误人才”，“无烦缕述”，现在列强瓜分中国，“危迫情形，更甚曩日，竭力振作，实同一刻千金”，“而科举一日不停”，“学堂决无大兴之望”，“强邻环伺，岂能我待”，过去十年三科尽减而入于学堂的办法已不

① 甘韩：《皇朝经世文新编续集》卷5《学堂论》。

② 陈学恂主编：《中国近代教育史教学参考资料》(上册)，人民教育出版社1986年版，第571—572页。

③ 陈学恂主编：《中国近代教育史教学参考资料》(上册)，人民教育出版社1986年版，第573—574页。

适用，必得“宸衷独断，雷厉风行，立沛纶音，停罢科举”，方可“内定国势，外服强邻，转危为安”。①

疏入，八月初四日（1905 年 9 月 2 日）发布上谕：自次年“丙午科为始，所有乡会试一律停止，各省岁科考试亦即停止。”② 至此，实行 1300 余年的科举制度被废除。科举被废，扫除了学堂发展的最大阻力，势必推进书院改制运动，反映在统计数据上，就是全国在光绪三十一年有 247 所书院改成学堂，占到总数的 15.37%，形成第二个高峰期。

统计数据表明，改书院为学堂的工作在清代已经基本结束，但有少数书院要延至民国初年才被改作各级各类学校。因此，改书院为学堂，还可表述为改书院为学校。这种状况的存在，说明晚清最后十年是书院与学堂并存杂处的时期，也即一个从书院到学堂的时期，古代书院已经基本转制成近代学堂，但又尚未全部完成，要跨越清民的代际边界才能完整解读书院改制的全部意义，此其一。其二，1606 所书院改制成学堂、学校，揭示出古代书院借近代学堂、学校得以永生的事实。同时也说明，中国古代与近现代学制之间并无不可逾越的鸿沟，二者因书院改制而血脉贯通，实现成功对接。尤其是从湖南、四川等分省统计资料来看，晚清所存书院几乎全部转型为学堂、学校，古代与近代的对接是整体性的，书院既是中国近现代教育的起点，也是其基点，从书院到学堂，实则成了近代学制最坚实的基础，中国教育正是在这个基础之上逐步发展完善，从而形成今日这样的样式。

（四）书院改制活动的评价

书院改革是历史发展的必然，而改书院为学堂和改造传统书院、创建新型书院并列为晚清书院改革的三个方案。传统书院改造、新型书院创建的成功实践表明，书院有实现自身从形式到内容的实质性转变的能力，也即书院依靠自己的力量，可以在名称不变的情况下，实现从古代到近现代的转型。虽然历史的现实并非三个方案齐头并进，最终是改制取代改造、新创，书院被强令改为学堂乃至学校，但我们主张要慎言书院改制是历史发展的必然，认为它更多的

---

① 陈学恂主编：《中国近代教育史教学参考资料》（上册），人民教育出版社 1986 年版，第579 页。

② 陈学恂主编：《中国近代教育史教学参考资料》（上册），人民教育出版社 1986 年版，第 576—577 页。

是晚清社会这一特殊背景下的一种无可奈何的政治选择，属于救亡图存的非常之举，未必定然符合教育发展的规律。考其理由，大致有如下三点。

第一，书院是在超高速的发展之中被强令改制的，属于非正常死亡，与惯常的衰败而亡的想象截然不同。统计数据显示，同治、光绪两朝 50 年间(1862—1911)，书院以新增 1233 所的神速发展，约占清代新建书院总数的四分之一强；而建复书院数分别为 468 所、820 所，位居清代第五、第三名，年平均数分别是 36 所、24.118 所，分居清代第一、第三名。这在清代书院 260 余年历史中属于奇迹，更是中国书院近 1300 年历史上从未有过的辉煌，呈现的是浩然盛大之势，并无半点衰竭濒死之迹。光绪二十七年（1901 年）的书院改制令，犹如一把利刃，活活斩杀了生龙活虎大发展中的书院，人为地制造了中国制度史上罕见的落幕于辉煌的悲剧。如此被改制、被死亡，实属非常之举，难称历史发展的必然规律。

第二，追随时代步伐，努力适应社会日益增长并急剧变化的文化教育需求，引入新学、西学作为研究与教学的内容，快速改变、改造、改革自身，是晚清 40 年书院发展的主旋律，也是其超高速发展最主要的原因之一。改革最核心的内容有二：一是将无裨实用的科举之业，一变为经世致用之学，二变为新学、西学；二是重订规章，削减、限制官府权力，引进士绅等民间力量加入管理队伍，从制度上保证所聘山长为学行兼优之人，可以师范诸生。书院改革的实践表明，依凭传统的经世致用旗帜，适应时代前进的步伐，书院完全有能力调整自己的教学内容、管理制度，能够从古代走向近现代。

第三，改书院为学堂并不是书院改革的唯一选择，还有改造旧书院、创建新型书院这另外两种选择，都有达成防止变为科举附庸，引入西学、新学为代表的科学技术知识，甚至实施民主管理机制等成功的范例。由此可知，书院并不是天生与新学、西学为敌，凡一切有用之学皆书院分内之事，书院与学堂之间的关系也并非你死我活、不共戴天、非此即彼，二者在传授新知以满足人们日益增长的文化教育需求上有很多共同点，殊途同归，完全可以并行共存。从这种意义上讲，我们就不得不承认慈禧太后以下的说法基本能够成立，其称："书院之设，原以讲求实学，并非专尚训诂词章，凡天文、舆地、兵法、算学等经世之务，皆儒生分内之事，学堂所学亦不外乎此，是书院之与学堂，名异实同，本不必定须更改。现在时势艰难，尤应切实讲求，不得谓一切有用之学非书院所当有事也。”① 事实上，书院改革的代表人物张之洞在《劝学篇·设学第三》中就有“书院即学堂也”的说法，胡聘之也主张：“学堂之与书院，名异而实用，均为造就人才之地，但期实力振兴，不在更新营建。”② 刘坤一也说：“书院与学堂，诚如懿旨，名异实同”，“书院不必改，学堂不必停，兼收并蓄，以广造就，而育其才”。③ 既然如此，那么我们就有理由认为，书院与学堂差别并非不可逾越，通过人为的干预与调节，能够实现两者之间的彼此变通与切换，也就是说，书院可以在名称不变的情况下，实现其实质内容从古代到近现代的转变，书院改学堂并非不可避免，也即书院改制并非历史发展的必然。④

20 世纪初，张之洞等设计书院改制方案，其立意是改书院为学堂，以中体西用的原则处理传统与近现代、中学与西学之间的关系。在当时的历史条件下，走向近现代，引入西学知识体系与西方学校制度是大势所趋，是必须实行而又不言自明的事情，几近于常识，除特别保守者外都会这样做。难能可贵的是，他在拥抱西学奔向近现代的时候，并没有抛弃中学，没有在近现代与古代之间挖掘不可逾越的鸿沟，而是以清醒的文化自觉、自主与担当，主张以我为主，以中为体，在努力吸取西方知识与学制长处的同时，又以学堂与科举合一、经学与其他学科并列且冠于其首这两条，保证传统与近现代的联系，使得古代与近现代之间气血可以贯通，没有断裂。壬寅、癸卯（1902—1903）学制的设计与其书院改制的思路基本一致，两者相得益彰，原本是可以达至预定目标的。但随着光绪三十一年（1905 年）科举制度的废除，使得学堂科举合一基本落空，改书院为学堂就开始滑向废书院兴学堂了。因此，张之洞推动清廷于宣统元年（1909 年）颁令建存古学堂，以挽其势，但其时已晚。而当强调革命的民国政府颁行壬子、癸丑（1912—1913）学制，废除读经，大学只设文、理、法、商、医、农、工七科，将经学完全排挤出学校教育体系之外，改书院为学校，实际上就变成毁书院为学校了，此即青年毛泽东所谓“书院废而为学校，世人便争

① 陈谷嘉、邓洪波主编：《中国书院史资料》（下册），浙江教育出版社 1998 年版，第 2486 页。

② 陈谷嘉、邓洪波主编：《中国书院史资料》（下册），浙江教育出版社 1998 年版，第 2474 页。

③ 刘坤一：《书院学堂并行以广造就折》，见高时良、黄仁贤编《中国近代教育史资料汇编　洋务运动时期教育》，上海教育出版社 1992 年版，第 702 页。

④ 参见刘少雪《书院改制与中国高等教育近代化》，上海交通大学出版社 2004 年版，第 9—11 页。

毁书院，争誉学校”①。因此我们认为，20 世纪前 20 年，当科举被废、经学被排斥出学校教学科目之时，改书院为学堂也就失去了赓续传统的两大支柱。于是，改书院就变成废书院，甚至是毁书院了。

改与废、毁之间，虽是一字之差，但其文化内涵、对传统的态度却有天壤之别。当改书院变成废书院或者毁书院之后，对传统守护的蔑视渐成历史虚无主义的气候，而投奔西方的急切也化作趋新、西化、崇洋的强大势力。于是，一方面，1600 余所书院从此被人间蒸发，中国教育断了来路，只能去，不能回，古代与近现代之间的联系被人为斩断，气血不通，形成难以逾越的鸿沟与断层。这就是“为什么五千年历史的中国不能有几百年历史的大学、百余年历史的中学”这种臆说变得天经地义的理论依据。反之，两百余年历史的美国可以有三百余年历史的大学就变得理所当然，哪怕中间隔着黑暗的中世纪，巴黎、牛津、剑桥等欧洲大学的历史也能跨越古史与近史的代沟，写成八九百年连续不断的辉煌；另一方面，中国近现代学校制度从此就沿着不断与传统决裂、不断西化的方向奔跑，强烈的反传统意识与几乎连续不断的否定和革命也就成了中国近现代教育最鲜明的印记。但是，中国毕竟不同于西方，有自己的根基和自己的问题，必须独自面对，而且，再怎么西化也无法成为西方。这就是中国现代教育在取得辉煌的同时，沦陷于“既隔绝于中国文化历史传统，也隔绝于西方文化历史传统”这一困境的原因所在，也是自废武功、抄袭别人制度所必须付出的代价。而要摆脱困境，只能将希望寄托于长期被虚化的书院制度及其精神的回归。②

书院精神，除了学术独立、自动研究、人性修养、学行并重、尊严师道、师生情笃等，我们还要特别强调两点：一是文化的自觉、自信与担当。我们要有传斯道以济斯民的襟怀，以发扬光大民族优秀文化为己任，在新的形势下，再次践行宋儒的伟大抱负：为天地立心，为生民立命，为往圣继绝学，为万世开太平；二是保持开放之势的同时，善待传统，既吐故纳新，又温故知新。我们应坚持传统与现代并重，既取欧美西学之长处，又重视传统经典，善用中学

① 毛泽东：《湖南自修大学创立宣言》，见陈谷嘉、邓洪波主编《中国书院史资料》（下册），浙江教育出版社 1998 年版，第 2590 页。

② 于述胜等：《从教育学史到教育学术史》，载《教育研究》2005 年第 12 期。

之精华。与时俱进，由古开新，此则正是书院弦歌千年的精神所在。如此，始能传承书院积累、研究、创新与传播文化的永续活力，建立起新的文化自信，屹立于世界民族文化之林。

书院是读书人的精神家园。只要书和有理想的读书人还在，书院就有存在的可能，就有生长的空间，就有重回社会再创辉煌的无限希望。我们憧憬与期待，书院必将随着中华民族文化的伟大复兴而复兴。

第七节　教会书院的活动

教会书院是晚清中国社会中的一种特殊书院形式。教会书院以在中国培植信徒，传播基督教为目的，为了取得中国社会的认同，教会书院通过文化上贴近、舆论上宣传、利益上引诱等方式积极融入中国社会，客观上取得了一定成效。但是由于文化上的隔膜、情感上的冲突和目的上的差异，教会书院和中国社会在表面上的结合掩盖不了他们在本质上分离的事实。虽然教会书院未能真正根植中国社会，但其在立足西方现代教育体制的同时，兼顾中国传统教育的发展，使得它的教育具有“中西结合”和“传统与现代并存”的特点，这在其历史课程设置上表现得尤为明显。

一、教会书院进入中国社会的过程

教会书院是近代伴随着外国传教士来华传教和西方列强侵华而出现在中国社会的一种特殊书院形式。晚清时期教会书院的历史可追溯到 1807 年英国伦敦会教士马礼逊的来华传教活动，由于是时清政府仍坚持闭关锁国政策，国家的门户尚未对西方列国开放，故嘉庆十六年（1811 年）在清政府重申禁止外国传教士传教的情况下，马礼逊等传教士无法在中国社会立足，只得另寻他处以待伺机向华拓展。马氏等起先本欲以澳门为立足点，可是由于澳门天主教势力强大并对新教加以仇视而作罢，故此时南洋群岛和马来半岛众多的华人聚居区，便成为西方教士向华人传教和培养华人传教士的理想之地。在这一目的下，

1818年马礼逊和另一名传教士米怜在马六甲创建了英华书院，1823年新加坡的传教士在新加坡创立了新加坡书院，1839年巴达维亚的传教士在当地创立了中国书院。1840年西方列强凭借鸦片战争的胜利打开了中国的大门，教会书院开始在中国开放的沿海地区出现，如1842年在香港建立的马礼逊书院，1843年迁往香港的马六甲英华书院等。维时虽中国的门户已开，可是清政府限制外国教士传教的禁令依然有效，故此时教会书院在中国社会只能缓慢发展。

1858年清政府在第二次鸦片战争中战败，随着《天津条约》和《北京条约》的签订，外国传教士获得了在华内地自由传教和建造教堂的权利，同时由于中国更多通商口岸的开放，此时的教会书院在中国较前一时期无论在数量和质量上都得到了迅速发展。也就是从此时开始，教会书院与中国社会有了更为广泛和深入的接触。

据不完全统计，从鸦片战争开始到民国时期，西方传教士在中国社会至少设立了九十七所书院。① 就西方传教士而言，其在中国设立书院的主要目的是在中国传播基督教并培植信徒，上海中西书院监院林乐知就曾直言，“在我们学校读书，不仅要学习我们先进的文明，而且特别要学习基督真理”②。为了取得中国社会的认同，教会书院在形式上采取了大量与中国本土化接轨的措施，客观上取得了一定成效，但中国社会总体上对于这一切只是被动接受而非积极响应，只是期望借助教会书院以实现自身的某些利益需求。虽然形式上的贴近使教会书院和中国社会暂时走在了一起，可是由于各自的目的指向并不相同，故形式上的结合并不能改变两者在实质上最终分离的趋向。

二、教会书院与中国社会各群体间的交往活动

晚清教会书院争取中国社会认同的活动是全方位、多层次的，涉及书院建筑、课程设置、师资聘用、舆论宣传、伦理道德等多个方面。由于地域上的差异、文化上的隔膜以及教会书院本身的殖民主义色彩和侵略烙印，中国社会一开始对其的抵触情绪是很大的，一个明显的特征就是教会书院招生困难。1851

---

① 邓洪波：《中国书院史》（增订版），武汉大学出版社2012年版，第599页。

② 林乐知：《中西书院报告（1890—1891年）》，见王国平、张菊兰、钱万里、张燕等编《东吴大学史料选辑》（历程），苏州大学出版社2010年版，第12页。

年，上海圣玛利亚女书院因就学者少，只得开出免除学费并给予钱、衣的优惠条件以吸引学生，可来报名者仍寥寥无几。① 1860 年上海清心书院于沪南初办时，召集生徒颇为不易，以致无人过问，在增加中国经史课程弱化其宗教色彩后，求进者始稍有其人。② 1863 年美国耶稣教长老会教士狄考文在山东登州创办登州书院时，人多怀疑，仅招到了六名生徒。③ 由于此时传教士对中国社会还没有广泛的了解，故此时教会书院只能通过提供物质上的优惠以吸引学生。1860 年苏沪杭地区遭受太平天国军队的进攻，当地流民塞途，饿殍遍野，清心书院看到了招收生源的契机，乃规定凡来就学者，供其衣食。圣玛利亚女书院也是靠年荒时节招得女士多人，登州书院起初的六名学生则是寒素难以维持生计的贫苦子弟。教会书院用这种方式招来的学生对于书院所教课程并无太大兴趣，只是借入学以暂时挨过生计上的困难，一旦后顾之忧解除，他们便不愿在教会书院立足，纷纷四散离去。教会书院以物质引诱得来的生源，一方面极不稳定，难以维持书院的正常运转，另一方面大多为下层子弟，资质较差，文化程度不高，也难以塑造为其所急需的传教人才。随着踏入中国社会日久，教会书院对中国社会渐渐地有了一个更为广泛和深入的了解，他们也更为清楚地认识到，只有努力融入中国社会才能取得中国社会各阶层的信任，从而为其在华传播基督教培养更多优质的人才。在这样的背景下，教会书院开始在外在物质和内在精神方面积极向中国社会靠拢，以博得中国社会的好感。

教会书院与中国书院在办学体制、课程设置和文化精神方面可以说是大相径庭，但外国传教士所办的学堂之所以不取西方的大学之名而称之以书院，自始就包含着争取中国社会认同的意图。随着对中国社会的了解日益深入，教会书院在形式上加大了向中国社会贴近的程度。1901 年青岛礼贤书院的校舍便不采用欧式楼房，而是采用中国传统的黑瓦、黑墙平房，院落则是中国格调，教学院、宿舍院安装中国木窗和带木插管的木门，希望借此给中国学生提供一种

① 《圣玛利亚女书院校史》，见陈谷嘉、邓洪波主编《中国书院史资料》（下册），浙江教育出版社 1998 年版，第 2061 页。

② 范约翰：《上海清心书院滥觞记》，见陈谷嘉、邓洪波主编《中国书院史资料》（下册），浙江教育出版社 1998 年版，第 2028 页。

③ 王元德等：《登州书院（文会馆）的创立及其规章（节选）》，见陈谷嘉、邓洪波主编《中国书院史资料》（下册），浙江教育出版社 1998 年版，第 2089 页。

本土文化的归属感。① 其次在课程设置上，教会书院强调中西并重，把中国的经史课程引入教会书院并给予相当多的课时，以使中学西学无畸重畸轻之弊。另外，教会书院在舆论上也加大了对中国社会的攻势，开始收敛其明显的宗教传播色彩，而标榜为中国育才。

同时教会书院还清楚地看到了社会贤达和官僚士绅在中国社会的强大号召力，因此积极借助这两类人士为自己扩大舆论，制造影响。林乐知在上海创办中西书院时，乃聘请人品端方，学问渊博，为世人所推重，有门生千余人的沈寿康先生为其掌教，借以招揽人才。② 卫礼贤在青岛创办礼贤书院时，则聘请平度籍举人邢克昌为其书院汉文教习，为学生讲授儒家经籍。③ 教会书院聘请学者大儒为其主持教学或加以宣传，可争取外界对其教学水平的信任，同时著名学者自身的影响力也是招揽生源的一个重要筹码。而借助官僚士绅则可以表明中国官方对其的认可，并借此以增强所办书院的合法性。1875 年，美国传教士那夏理在广州真光书院新校舍落成之际，通过美国领事请南海县正堂到校参加典礼，致使“仪从拥塞，博挤巷内，头锣执事，挤满道中，交通几断”④。汇文书院的负责人福开森则与江苏地方官员关系密切，每年学生毕业典礼时都邀请当地官员参加，以致典礼时戴大红顶子、水红顶子、蓝顶子、水晶顶子以及铜顶子的官员布满礼堂，师生对此都感到荣耀。⑤

中国社会自古强调男女有别，尤其是对男女之间的接触交往限制尤多，教会书院中的一些规定也体现并照顾到了中国社会传统的礼防观念，如上海清心书院规定“校中男女学生分堂教授，以重礼节”⑥。广州真光书院规定院中女学生“除父兄外，不见男客”，“进礼拜堂做礼拜，男女分别进入，男女座位亦分开，中间隔着高屏风，互相只闻其声不见其形”。⑦ 教会书院对中国社会传统伦

---

① 石阳：《山东教会书院研究》，载《河北师范大学学报》（教育科学版）2010 年第 1 期。

② 海滨隐士：《上海中西书院记》，载《万国公报》1892 年第 60 期。

③ 蒋锐：《卫礼贤的汉学生涯》，载《德国研究》2004 年第 1 期。

④ 刘心慈：《真光光荣简史》，何阴棠私人印行 1972 年版，第 16 页。

⑤ 黄新宪：《教会书院演变的阶段性特征》，载《湘潭大学学报》（哲学社会科学版）1996 年第 6 期。

⑥ 范约翰：《上海清心书院滥觞记》，见陈谷嘉、邓洪波主编《中国书院史资料》（下册），浙江教育出版社 1998 年版，第 2028 页。

⑦ 夏泉、孟育东：《教会教育家那夏理与真光书院》，载《暨南学报》（哲学社会科学版）2006 年第 3 期。

理道德的重视，是其对中国社会文化深入了解的结果，这些活动的进行使外界减少了对它的非议，对教会书院在中国社会的顺利生存与发展起了很大作用。

第二次鸦片战争后的19世纪60年代，清政府发起洋务运动，开始大规模地学习西方的军事和工业科学技术，此时清政府需要大量翻译、外交、军事和理工方面的人才。可晚清之际，一方面清政府国库空虚，财政拮据，拿不出充足的资金来培养人才，另一方面在安土重迁思想下，中国社会各阶层子弟也不愿远涉重洋，异地就学。加之清政府对派遣幼童出国留学也怀有戒心等原因，此时教会书院便极大地发挥了用场。针对上述情况，结合中国社会的实际需要，上海中西书院广泛地开设了习学西语、翻译书信、万国公法、航海测量、各国地理、化学、重学、地学、代数学和微积分等课程，以为中国社会欲研习西学者提供就学的门径。① 天津中西书院则开设建筑学理论、土木工程、电力工程、机械理论、地质学、水力学、汽机、热机等课程，以为中国社会培养振兴实业的人才。② 由于清政府需要延揽西学人才以推行洋务和教会书院与外国人把持下的海关、洋行等关系密切的原因，此时进入教会书院学习，就业前景是十分广阔的，这充分地调动了中国学生进入教会书院学习的积极性。1882年林乐知的中西书院两个分院开塾时，报名者踊跃而来，竟有400余人，因书院狭小，不足以容众，遂限制招生数额，每分院选改120人。③ 天津中西书院的学生则由起初的75名陆续增至150名，最后达到250名。④

晚清时期教会书院通过各种形式和手段积极向中国社会靠拢，力图通过文化上的贴近减少地域上的隔膜，通过舆论上的宣传扩大办学上的影响，通过利益上的引诱调动求学上的热潮，从而欲牢牢扎根于中国社会，以期藉此在华培养众多的基督教士，为他日能为基督教统治中国而服务。但这只是外国传教士的一厢情愿，与亚非拉的其他殖民地半殖民地国家不同，中国社会有着本土几千年深厚的民族传统文化积淀，这本身就天然地对外域的基督教文化形成了一

---

① 林乐知：《中西书院课程规条》，载《申报》1881年11月19日，第2版。

②《天津中西书院的沿革》，见陈谷嘉、邓洪波主编《中国书院史资料》（下册），浙江教育出版社1998年版，第2059页。

③ 林乐知：《中西书院规条》，载《万国公报》1875年第18期。

④《天津中西书院的沿革》，见陈谷嘉、邓洪波主编《中国书院史资料》（下册），浙江教育出版社1998年版，第2056页。

种抵抗力，同时在晚清“中学为体，西学为用”的社会思潮下，人们关心的只是西方文化最表面的设备和器物，无意也不愿意全面深入地皈依西方的基督教文化精神。换句话说，教会书院和中国社会是怀着不同的目的走到一起各取所需，但由于教会书院在这个过程中是积极靠拢，中国社会是被动接受，那么教会书院肯定是要折本而归了。

晚清时期中国社会不同群体对教会书院的态度是不同的，这在其与教会书院的交往活动中有着充分的体现。从总体上来看，信教群体和非信教群体的态度差异较为明显，这是由对基督教的感情决定的。由于信教群体在中国社会人数较少，故其内部差异不大。非信教群体由于数量庞大，其不同职业和阶层的人对教会书院的态度又有些许差异。

信教群体和教会书院的关系是由共同的信仰维系的，因此比较牢固，教徒对教会书院的建设和发展也比较积极。福州英华书院在筹建之时，信奉基督教的厦门商人张鹤龄即捐款一万银元购买有利银行行址作为英华书院的校舍。① 1896 年，英国循道会牧师李修善在汉阳西街北城巷 18 号设立训女书院招生时，信徒的女儿也比其他群体报名更为积极。② 信徒由于真心信仰基督教，所以他们对教会书院没有太多利益上的诉求，感情是比较真挚的。相比之下，中国社会的非信教群体对教会书院的目的指向就包含有较多的功利色彩，而在这一点上下层社会又比上层社会强烈得多。

在政治上居统治地位的上层人士与西方社会的交往较多，长期的交往使得他们对西方的认识比下层社会要深刻得多，因此在对待西方的问题上，他们比较开明。由于推进洋务、发展教育以及促进中外交流等原因，他们给予了教会书院一定的支持。1881 年，林乐知的中西书院开办时，中国的官僚上至宫保太傅李鸿章、邵小村，下至观察唐景星、方伯王锦堂等为其设法劝募营缮之资和脩脯之用，出力甚多。③ 袁世凯对于天津中西书院不但深相资助，还遣长子执贽

① 陈怀桢：《福州鹤龄英华书院概况》，见陈谷嘉、邓洪波主编《中国书院史资料》（下册），浙江教育出版社 1998 年版，第 2048 页。

② 刘军：《近代武汉教会书院述论》，载《广西社会科学》2007 年第 4 期。

③ 林乐知：《中西书院肄业诸生当自期远大说》，载《申报》1882 年 12 月 17 日，第 1 版。

于其校长赫立德，引得当地高级官吏一时闻风兴起，争遣其子弟入校肄业。[①] 此时显宦贵卿对教会书院的支持帮助，一方面在于他们要通过交好外国传教士的方式以增进与西方列强的感情，另一方面也想通过鼓励教会办学对推进新学起到示范引领作用，总的来说有一定的目的性，但没有太多的功利性。与之相较，下层社会对教会书院的态度则比较灵活和复杂。中国的商人对教会书院的态度总体上比较消极，但买办商人是个例外。买办商人群体如洋行账房、栈房代理等人由于投身沟通中西方贸易获利颇丰，都希望其子弟能够继承他们的职业，要想成为买办，较强的外语能力是必不可少的，由于教会书院有大量的外语课程教授，他们便纷纷遣送其子弟入教会书院学习，并给予书院较多的物质支持。但买办阶层并不要求他们的子弟“兼通中西方学问”，只求学懂“西言”“西文”而已，更不用说对基督教的发扬光大了，这往往使教会书院的创办者颇为失望。

晚清时期，无论是清政府新设的总理各国事务衙门、驻外领事馆、电报局、新式学堂、洋务工厂，还是洋人所办的盐务稽核所、医院、洋行以及海关、邮政、教会等机构，都需要在中国社会招募大量的西学人才，由于这些职业待遇丰厚，它们对下层平民的吸引力很大，故而父母大都喜欢把子女送入教会书院就读。但下层平民进入教会书院学习只是为了学得一种糊口的本事以谋得一份好差事，希图略通西国语言文字，略习西方器物技巧，并无远大理想，在急切的功利心下，他们狃于眼前利益，只求速成。但西方科学远非一朝一夕可以学成，故因嫌西学迟缓而中途退学的学生比比皆是。山东登州书院自 1864 年至 1872 年九年间共收生徒八十五名，而学满六年者仅四人。[②] 1890 年，福州鹤龄英华书院举行第一届毕业生典礼时，毕业生只有陈孟仁一人。[③] 1900 年，圣玛利亚女书院举行第一次正式毕业礼时，毕业者也仅有朱静贞一人。[④] 本来教会书

①《天津中西书院的沿革》，见陈谷嘉、邓洪波主编《中国书院史资料》（下册），浙江教育出版社 1998 年版，第 2057 页。

② 王元德等：《登州书院（文会馆）的创立及其规章（节选）》，见陈谷嘉、邓洪波主编《中国书院史资料》（下册），浙江教育出版社 1998 年版，第 2090—2091 页。

③ 陈怀桢：《福州鹤龄英华书院概况》，见陈谷嘉、邓洪波主编《中国书院史资料》（下册），浙江教育出版社 1998 年版，第 2049 页。

④《圣玛利亚女书院校史》，见陈谷嘉、邓洪波主编《中国书院史资料》（下册），浙江教育出版社 1998 年版，第 2061 页。

院在中国社会招生就比较困难，由于办学经费多靠自筹，财力有限，加上急切需要培养传教人才等原因，教会书院希望有更多的学生能在其中完成学业，以致教会书院在后来一度规定进书院学习的学生，或要有保人作保督促学习，或要与书院订立完成学业的契约，否则要在经济上施以重罚。

福州鹤龄英华书院

从一开始的招生困难到最后的毕业人数少，说明教会书院自始至终没有真正融入中国社会。这里面最重要的原因在于其没有清醒地认识到其办学宗旨和当时中国社会需求之间的矛盾。自古以来，中国人读书应试的目的不外乎求取功名，带有明显的功利性质，是一种典型的应试教育，这就决定了中国社会对于与自身生计无关的教学内容不可能给予太多的关注。教会书院由一开始受中国社会冷落到后来愿入其中就学者络绎不绝，主要在于书院开设的西方语言和科学技术等课程对于学生谋得一份较好的差事有莫大的帮助作用，而不是教会书院的办学宗旨逐渐得到了中国社会的认可。教会书院标榜“中西并重 ”，认为在课程设置上给予中学一席之地正可减少其在中国社会生存下去的阻力，这在教会书院发展的前期确实起到了一定的作用。但随着中国社会对教会书院了解的日渐深入，在“功利”思想下，教会书院的中学课程不但失去了往日的作用，在中国学生及家长心中，反而成了占据教学课时的累赘。在中学都已不受学生关注的情况下，许多教会书院还把艺术及宗教课程纳入培养计划，这无疑超出了中国社会当时的历史阶段和教育水平。教会书院不能从本质上弄清中国社会的现实情况和民众心理，所以其教学宗旨和追求与中国社会始终不能接轨，这是他们在中国失败的重要原因。

教会书院进入中国，不是中国社会主动学习西方文化教育体制并加以引进的结果，而是随着西方殖民者的坚船利炮强势地涌入了中国社会。在此情况下，西方传教士在主观上大多只是把创立书院作为传教的一种工具，并非致力于改善中国落后的教育状况，这也决定了教会书院不可能真正地根植于中国社会。在晚清政府无力构建新的教育体制之时，教会书院通过弥补中国近代教育的不足，暂时与渴望学习西方科学技术的中国社会找到了一种合拍共鸣因素，可是就中国社会而言，这并非一种认同而是一种借用。随着 1901 年 9 月 14 日清政府改书院为学堂诏令的下达，中国教育开始逐步融入世界教育发展的大潮之中，教会书院也完成了它的历史使命，逐步退出了中国的历史舞台。

三、教会书院的历史教育活动

教会书院在主观上虽是为了在华传播基督教和发展信徒，但客观上也在促进中西文化交流和引入西方现代课程体系方面发挥了重要作用。虽然未能真正扎根中国社会，但教会书院在立足西方现代教育体制的基础上兼顾中国传统教育的发展，使得它的教育活动具有“中西结合”和“传统与现代并存”的特点，这在其历史课程教育中尤为明显。具体表现为，教会书院既有以中国古代史籍为主的传统史学课程，也有按照西方课程标准编排设置的新式中国历史课程，同时还有西洋史课程。

（一）中国传统史学教育

教会书院虽然由西方传教士创办，但其在课程设置上，既有西方的自然科学和语言课程，也有中国传统的经史课程，这与西方传教士为方便在华传教的现实考量不无关系。教会书院由于是伴随着西方殖民者的坚船利炮强势地涌入了中国社会，所以“当时的中国社会很难对教会书院有一种情感上的认同和心理上的归属”①，咸丰八年（1858 年）清政府在中俄《天津条约》里对西方传教禁令的解除，并未使西方教士在华的传教活动一帆风顺。起初，教会书院是通过提供衣食等举措来吸引学员和发展教众，但这并不能淡化其强烈的外来文化色彩。在几番实验后，教会书院发现只有在文化精神上向中国的传统靠近，才能取得中国社会的信任。于是，增加中国经史课程，倡导“中西并重”便成为

① 宗尧、邓洪波：《积极靠拢与灵活应对——晚清教会书院与中国社会关系探微》，载《南昌师范学院学报》（社会科学版）2017 年第 4 期。

教会书院在华生存的一种策略。

自汉代以来，儒家经典便对中国人的思维观念和行为方式起着规范和指导作用，尤其是在隋唐实行科举制后，儒家的思想学说更是深入人心，成为中国人“修身、齐家、治国”的行动指南，在对中国的思想文化有所领悟后，教会书院开始重视对中国经史课程的教育。1882 年，上海中西书院在创院伊始即规定：“书院章程，舍西法而专重中法不可，舍中法而专重西法亦不可。本书院中西并重，毋稍偏枯。”① 在中西并重的办学宗旨下，中西书院对院中资质较好的第一、二两班学生，除授之以西学、洋文外，还强调其对五经的温习。书院认为在学习西学通达时务以外，“尤宜兼习中学以博科名”②，科名若成，西学亦会因之而出色，这体现了中西书院对科举应试和中国经史课程的重视。同一时期，上海的圣约翰书院分西学斋和中学斋，两斋在学级上又有正馆和备馆之分，备馆是正馆的预备班，在中学斋的备馆和正馆中，都有中国传统经学和史学课程的设置。圣约翰书院中学斋备馆的学生除要在第二年和第三年学习《孟子》和《礼记》外，还要在第四年学习《尚书》，其中第三、四年还要选读中国近世名人传记、文论和书札，第四年要开始练习作策论。正馆中传统经史教育的强度更大，学生在第一年要学习《论语》《周礼政要》，第二年要学习《御批通鉴辑览》上半部，第三年要学习《御批通鉴辑览》下半部和春秋三传，三年中都要做策论。③ 晚清时期福州的鹤龄英华书院分侯进班和书院班，侯进班中又分为习英文班和习译文班，其中英文班学生在学习四年拿到文凭后，可升入书院班。习英文班虽以“英文”名之，但是英文课程和汉文课程各占半日，在汉文课程中，史学教育很受重视。习英文班的史学教育共分五级，其中次级有《左传》，三级有《左传》和《国策》选读，四级有《国策》选读、《左传》和《史》《汉》选读，五级为《史》《汉》选读，其中三级以上的课程要求作策论。④ 鹤龄英华

---

① 林乐知：《中西书院课规》，见邓洪波主编《中国书院学规集成》（第 1 卷），中西书局 2011 年版，第 133 页。

② 林乐知：《中西书院规例》，见邓洪波主编《中国书院学规集成》（第 1 卷），中西书局 2011 年版，第 135 页。

③《圣约翰书院章程》（节选），见邓洪波主编《中国书院学规集成》（第 1 卷），中西书局 2011 年版，第 139 页。

④《鹤龄英华书院肄业总章程》，见邓洪波主编《中国书院学规集成》（第 1 卷），中西书局 2011 年版，第 559 页。

书院规定汉文课程除按日上班讲解、默写外，还要于夏、冬两季进行考试，考试成绩不满七十分者为不及格，无论英文成绩如何，都要进行降班留级处理。考虑到习英文班作为书院班后备力量的特殊地位，由此足可以看出鹤龄英华书院对汉文课程和中国传统史学教育的重视。

由于受传统“男尊女卑”思想的影响，中国古代的书院是不招收女生的，西方传教士来到中国后，把西方的女子学校也引入中国，其中一些学校也自称“书院”。在这些“女书院”中，中国传统史学教育同样受到重视。晚清时期上海的圣玛利亚女书院专课女生，书院虽然也分西学斋和中学斋，但是学生入院必须兼习中西两学。书院课程有初级、备级和正级之分，其中正级课程共分四年，在第一、二年有三传选读，第三年有《诗》《书》选读，第四年为三礼选读，第二年到第四年均要作策论。① 清末福州的南省华英女书院分为中学部、师范科和正科，其中中学课程共分四年，第一年的传统史学课程有《左传》句解和《国语》，第二年为《左传》句解、《列女传》和《国语》，第三年有《列女传》《书经》，第四年为《书经》。② 作为一所女书院，南省华英女书院把《列女传》列入课程，在对学生进行传统史学教育的同时，也对其进行了中国传统女子道德教育，这在一定程度上体现了华英女书院对中国传统文化和习俗的认知。

（二）新式中国历史课程教育

晚清教会书院在进行中国传统史学教育的同时，也把西方近代的历史课程教育模式引入中国史的教育之中，通过分年级循序教学的方式，使用新编专用历史教材来进行中国史的教学，而这些中国历史教材大都为教会书院自行编著。晚清时期，上海圣约翰书院中学斋备馆的学生在第一年要学习国史启蒙问答，第二年要学习中国历史教科书和高等小学国史教科书，第三年要学习中国通史，第四年则学习中国近世史，而西学斋备馆在第二学年要学习《中国史略》，此书由书院监院卜舫济撰著，同时身为圣约翰书院创建者的卜舫济也是该院西学斋

---

①《圣玛利亚女书院章程》（节选），见邓洪波主编《中国书院学规集成》（第1卷），中西书局2011年版，第149页。

②《南省华英女书院章程》，见邓洪波主编《中国书院学规集成》（第1卷），中西书局2011年版，第567页。

正馆的历史教员。① 同一时期，上海圣玛利亚女书院在备级的四个学年中，从第一学年到第四学年，分别要学习高等中国历史教科书的第一至四册，在正级课程的第二学年要学习编印中国皇统史第一至三册，第三学年和第四学年则学习第四至六册和七、八两册。② 在清末的福州地区，鹤龄英华书院要求侯进班中的习译文班在第二学年要教授中国史略，③ 南省华英女书院在中学课程的设置上，第一学年安排了中国历史卷一、二，第二学年安排了中国历史卷三、四，同时还把历史列为书院招生考试的必考科目，其中中学部、师范科的入学考试要考高等小学历史，正科入学考试要考中学历史。④

就中国史的教育而言，上述书院都做到了新旧并存，既有中国传统史学教育，也有新式中国历史课程教育，而此二者在不同书院中的角色和地位是不同的。就圣约翰书院而言，其在中学斋的备馆主要进行新式中国历史课程教育，而在中学斋的正馆主要进行中国传统史学教育，这显然是把新式中国历史课程教育作为了中国传统史学教育的入门阶段。圣玛利亚女书院虽亦把新式中国史学教育列入备级课程，但是其正级课程中既有新式中国历史课程教育，也有中国传统史学教育课程，因此在正级课程中，传统史学教育课程被赋予了更多的中国文化课程色彩。在南省华英女书院的中学课程中，历史课仅指新式中国历史课程教育，中国传统史学教育被划入文学课程。以上这些反映了在近代新旧史学交替的过程中，教会书院对中国历史课程定义的探索与思考。

(三) 西洋史教育

晚清教会书院既倡导中西并重，那么其在进行中国史学教育的同时也势必要开设一些西方历史课程，这些课程多设于书院的西学斋，在传播西方文明和开阔学生视野方面发挥了重要作用。

晚清上海圣约翰书院在西学斋备馆的第三学年要教授本内尔撰著的《希腊

---

①《圣约翰书院章程》(节选)，见邓洪波主编《中国书院学规集成》(第 1 卷)，中西书局 2011 年版，第 137—139 页。

②《圣玛利亚女书院章程》(节选)，见邓洪波主编《中国书院学规集成》(第 1 卷)，中西书局 2011 年版，第 149 页。

③《鹤龄英华书院肄业总章程》，见邓洪波主编《中国书院学规集成》(第 1 卷)，中西书局 2011 年版，第 560 页。

④《南省华英女书院章程》，见邓洪波主编《中国书院学规集成》(第 1 卷)，中西书局 2011 年版，第 567—568 页。

史》和格拉等所著的《罗马史》，第四学年要教授庞晤史的《欧洲（中古、近世）史》，在西学斋正馆普通科的第一学年则要教授麦悬西的《泰西新史揽要》上半部，[①] 所有这些西方历史教材都是外文原版。鹤龄英华书院在其习英文班的第四学年开设各国史记课程，在习译文班的第三和第四学年开设各国史略课程，第五学年开设十九国史记课程，在书院班的前三个学年中，学生依次要学习西国古史、西国中史和泰西新史，书院班西史课程均以英语教授。[②] 同一时期，南省华英女书院在其中学部的第三、四学年中要教授美国人迈尔的《迈尔通史》，此书主要分为东方各国记、希腊记、罗马记、黑暗时代记、中兴时代记、宗教改革时代记、国政改革时代记和美国史略，是一部从上古到 19 世纪的世界通史，其内容以欧美历史为主。除此之外，华英女书院正科中的学生还要学习（欧美）古史、中古史和近世史，正科中的所有课程均用英文教授。[③]

教会书院进行西方史学教育，是中国学校进行世界历史课程教育的开始，在中国近现代史学教育史上具有重要意义。但就主观目的而言，传教士们进行西洋史学教育，亦有通过传播西方历史文化来进行宗教渗透的意图。故在西方历史课程外，晚清教会书院还开设了诸如《圣经》《基督本记》《天国振兴记》和《备立天国记》等众多的宗教课程，西方历史课程与西方宗教课程同时进行，都旨在通过普及西方的价值观念以实现传播耶教的目的。

晚清时期教会书院历史教育活动的最大特点是中西并重和传统与现代并存，为了贴近中国社会，教会书院重视对中国传统史学的教育，为了传播西方科学和文明，教会书院又重视对西方历史的教育，而新式中国历史课程的设置则体现了教会书院以西方近代教育模式对中国传统史学教育的改造。教会书院的新式中国历史课程和西洋历史课程，是中国境内教育机构以西方现代教育制度和方法进行历史学科教育的开始，从此中国的史学教育开始有了专门的教材，在范围上也不仅局限于中国本土的历史，这在中国近现代教育史上的影响是划时

---

①《圣约翰书院章程》（节选），见邓洪波主编《中国书院学规集成》（第 1 卷），中西书局 2011 年版，第 138—139 页。

②《鹤龄英华书院肄业总章程》，见邓洪波主编《中国书院学规集成》（第 1 卷），中西书局 2011 年版，第 559—561 页。

③《南省华英女书院章程》，见邓洪波主编《中国书院学规集成》（第 1 卷），中西书局 2011 年版，第 567—569 页。

代的。其后无论是1898年康有为的《请开学校折》，还是清政府在1904颁布的《奏定学堂章程》，都把历史作为独立的科目设置于各级学校之中，由此中国的史学教育开始改变与文学教育、哲学教育混合进行的状态，逐渐以独立学科的姿态出现于中国各级各类学校之中，这一切不能说没有受到教会书院历史教育的影响。无论教会书院在其历史教育活动背后隐藏的目的是什么，其对中国历史课程教育近代化所产生的客观积极影响都是不容否定的。

第八节　清代书院的刻书活动

清代是书院刻书活动最繁荣的时期，也是整个书院刻书历史的终结期。清代书院刻书事业变化之多，成就之大，无有出其右者。在二百六十余年的刻书历史中，清代书院一方面刊印了大量与书院教学相关的文献，涉及书院课艺、学规、讲义、藏书目录等，其中“课艺”乃今日“学报”的前身，其刊刻活动最具特色。另一方面，由于自宋代以后，书院便成为中国学术的研究、生成组织之一，以康熙后期福州鳌峰书院刊刻《正谊堂丛书》、道光初年广州学海堂刊印《皇清经解》、光绪年间上海格致书院出版《格致汇编》为代表，清代书院也刊刻了大量反映清代学术发展的著作。同时，书院刊书局的设立和藏板章程的制订，则说明刻书活动在清代书院中已形成了相当完备的规制。

一、课艺与学术类书籍的刊刻活动

（一）课艺的刊刻活动

清代书院凡有条件者，皆出版课艺、文集、试牍、课集、会艺、课士录、日记、学报等诸多名目的书籍。这类书籍的出版，有人认为肇自阮元创办的诂经精舍、学海堂，① 其实不然。远在康熙年间，岳麓书院就出版过试牍、课文，《岳麓文抄》还保存了丁思孔《岳麓书院课文序》、赵宁《岳麓会课序》、郭金台《岳麓试牍序》。据赵宁记载，康熙二十三年（1684年），丁思孔任湖南巡抚，“于

① 严佐之：《书院藏书、刻书与书院教育》，见李国钧《中国书院史》，湖南教育出版社1994年版，第951—979页。

附摩凋瘵之余，留心学校，以振兴鼓舞之。是秋，湖南获隽者竟得一十七人。嗣后复集所部弟子员，拔其尤纳之书院，使卒其业，命其司董戒之役。其不揣谫陋，从公鞭弭，得与诸缝掖相周旋者两年于兹，月辄一试，糊名而进。公目览手衡，随置甲乙，与牒书平署俱下，不言疲，务使有思必见，有才必收。凡先后所试文，裒而梓之者，贾林已得收高值矣。由是，远方学者闻风向往，虽远如江南闽浙，亦不惮重茧而至，其鼓箧操觚极一时人文之盛”。①由此可见，岳麓书院作为天下四大书院之首，早在康熙二十四、二十五年间（1685—1686）就已整理出版自己的学生课卷，而且梓人获得了“高值”，书院亦得以名扬江南、闽浙等文化素称发达的地区。比《岳麓试牍》更早的课艺是安徽怀宁的《培原书院会艺》，康熙十年（1671 年）由巡抚靳辅刊印，这比嘉庆七年（1802 年）阮元刊印《诂经精舍文集》要早 130 余年。

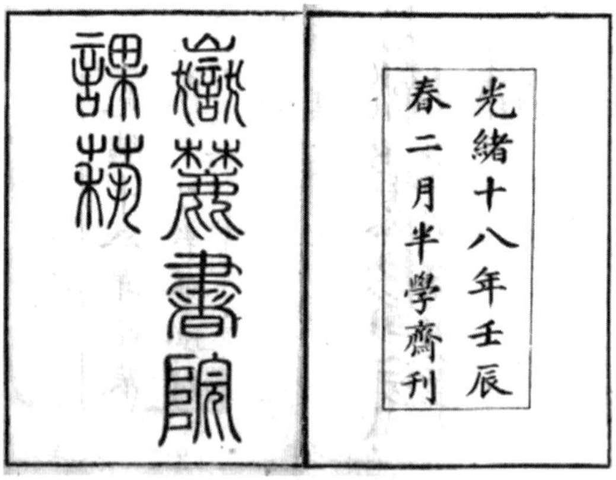

光绪十八年（1892 年）岳麓书院所刊课艺

书院课卷绝大多数是学生的习作，亦间有教师的范文或研究成果。乾隆十七年（1752 年）全祖望主讲于广东肇庆端溪书院时所刻的《端溪书院帖经小课集》分见道、经世、词章、场屋、科举四大类，据赵敬襄《端溪书院志》称，“集中多羽翼经传之文，然皆自先生一手之作，而托名诸生，加以评语”。云南寻甸凤梧书院道光二十九年（1849 年）刊《凤梧书院课艺初编》二卷，收课艺六十九篇，其中四篇是范文，次年编刻《课艺续编》二卷，收课艺一百五十八篇（首），其中范文（诗）十三篇（首）。课艺的内容有准备科举考试的制义、

① 欧阳厚均：《岳麓文抄》卷 11《岳麓会课序》。

试贴，有考证经史的文章，有研究理学的心得，有对新学、西学的推介与评论，有经世治国的策论等，因各个时期各个书院各个山长的不同而呈现差别，但皆代表书院的学术研究或应试备考水平的高下。因此，这类出版物颇能反映书院的社会地位。

诚如岳麓书院著名山长欧阳厚均在《岳麓书院课艺序》中所称，书院出版课艺的目的是“示及门而公同好”，“亦欲以管见所及而与当世文人学士质证”，宣示自己的学术主张，展示自己的研究成就，大家都比较重视，刻意经营。但在早期，相对来讲是偶然之举，多依山长的兴趣而定，出版是不定期、不连续的。自嘉庆、道光以来，一些有名望的大书院则有意识的连续出版课艺，以向世人展示其最新成果。如杭州诂经精舍出版《诂经精舍文集》，《初集》八卷(后收入《文选楼丛书》时增为十四卷)，嘉庆七年（1802 年）刊；《二集》二卷，道光二十二年（1842 年）刊，《三集》六卷，同治刊本；《四集》十六卷，光绪五年（1879 年）刊；《五集》八卷，光绪九年（1883 年）刊；《六集》十二卷，光绪十一年（1885 年）刊；《七集》十二卷，光绪二十一年（1895 年）刊；《八集》十二卷，光绪二十三年（1897 年）刊，合计共发表经史论文及词赋 2000 余篇（首）。又如苏州紫阳书院，分别于同治十二年（1873 年）、十三年（1874 年）、光绪二年（1876 年）、三年（1877 年）、四年（1878 年）、五年（1879 年）、六年（1880 年）、七年（1881 年）、八年（1882 年）、九年（1883 年）、十年(1884 年)、十一年（1885 年）、十二年（1886 年）、十三年（1887 年）、十四年（1888 年）、十七年（1891 年)、十八年（1892 年）出版课艺 17 集，其名始称《紫阳书院课艺》，随后即以续编、三编、四编、五编、六编、七编、八编、九编、十编、十一编、十二编、十三编、十四编、十五编、十六编、十七编名目连续发表。以上所举虽不定期，但连续发表，且名称也有连续性，近代“学报”的端倪已现。至光绪二年（1876 年），中西人士合办的上海格致书院拟定每月出版《格致汇编》，以及后来（1886—1893）院长王韬每年出版《格致书院课艺》一集。虽然由于客观原因，《格致汇编》的出版

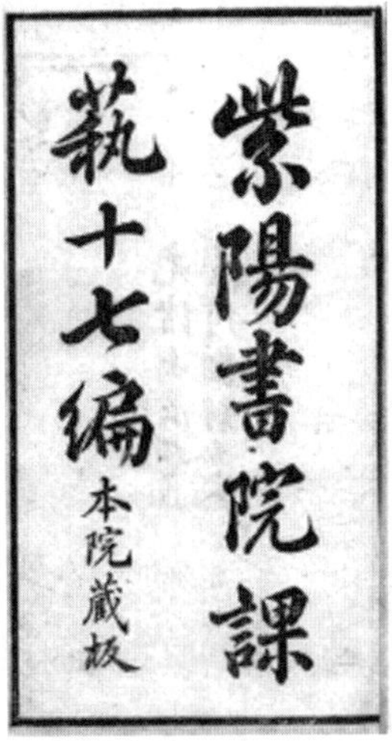

《紫阳书院课艺十七编》书影

时有断续，但主观上讲，格致书院的主持者们是想出版定名定期、连续性的读物的，因此格致书院当可视作中国近代史上正式出版学报的学术机关。

当然，真正完全意义上的学报还是长沙校经书院的《湘学报》、成都尊经书院的《蜀学报》等。《湘学报》原名《湘学新报》，旬刊，光绪二十三年三月二十一日（1897 年 4 月 22 日）创刊，主笔（即主编）唐才常，自二十一册起改名《湘学报》。学报分史学、掌故、舆地、算学、商学、交涉六个固定栏目外，还辟奏折诏令、各报近事节要等栏反映时事。所登文章皆院中师生“粗有所得之卮言”，多为介绍西方政治、经济、文化、自然科学知识、日本明治维新，以及主张维新、变法，推动新政的文章。除在湖南各地发行外，又在江西、上海、武汉等地设有分售处，影响很大。后因顽固势力所阻，于光绪二十四年六月二十一日（1898 年 8 月 8 日）出至第四十五册后停刊。

从以上的叙述中，我们可以看到从书院课艺到书院学报的轨迹，明了今日学术机关学报之所自，而书院出版地于文化事业之贡献也得以特显。有清一代，各地书院出版了很多这一类的图书，以笔者之所见，至少有 53 种。①

（二）学术类书籍的刊刻活动

除刊刻反映自身教学成果的课艺外，清代书院还承担总结一代学术的任务，出版了一系列大部头的学术著作。清代学术凡经宋学、汉学、新学三变。第一阶段书院虽未能出版《明儒学案》《宋元学案》《理学宗传》《理学备考》《广理学备考》《性理精义》等重要的理学著作，但康熙后期鳌峰书院出版的《正谊堂全书》则是集大成之作。康熙四十七年（1708 年），宋学大师张伯行为福建巡抚，创建鳌峰书院于福州，颜其堂曰正谊，集诸生讲学其中，又搜访先儒遗著，分立德、立功、立言、气节、名儒粹语、名儒文集六个部分，精心校刊，得书五十五种，因号《正谊堂全书》。同治五年（1866 年）左宗棠从太平天国手中夺得福州，首访是书，得四十四种，因设正谊堂书局，重加厘定增补，得书六十八种，凡五百二十五卷。不仅“宋儒理学之著作，此为渊海已”②，清代理学家陆世仪、陆陇其、李光地及张伯行等人的著作也多收入其中，这就使得《全书》成为名副其实的宋明理学文库，可以视作清代理学的一个总结。从此以后，清

① 详见陈谷嘉、邓洪波主编：《中国书院制度研究》，浙江教育出版社 1997 年版，第 291—296 页。
②《丛书集成初编目录·丛书百部提要》，中华书局 1983 年版，第 23 页。

代学术进入考证训访的汉学时代。

清代的汉学家和宋明时期的理学家有相同之处，那就是都以书院为大本营，开展学术研究、交流活动，培养学术传人，以壮大其队伍；但也有不同之处，那就是汉学家的著作大多由书院刊印传播，而宋明理学家当年则做不到这一点。如皖派大师卢文弨，乾隆年间主讲江宁钟山、常州龙城、江阴暨阳等书院前后数十年，在钟山书院时，刊刻其著作或校勘之作《声音发源图解》《续汉书律历志补注》《逸周书》《荀子》《群书拾补》《西京杂记》《钟山札记》等书，在龙城书院则有《龙城札记》出版，而其暨阳弟子李兆洛四十年后亦至暨阳讲席，亦刻《说文述谊》《地理韵编》《天球铭》等。① 嘉庆以降，书院刻书的规模日渐扩大，多有数百卷之大部头著作面世，其中最著名的有《皇清经解》《续皇清经解》。《南菁书院丛书》《经苑》《通志堂经解》《古经解汇函》《小学汇函》《惜阴轩丛书》《聚珍版丛书》《史学丛书》等，兹将各书择要介绍如下：

《通志堂经解》一千八百六十卷。清纳兰性德（纳喇性德）辑。实出于徐乾学、顾湄之手。此书又名《九经解》，首刊于康熙年间，辑唐宋元明人解《易》《书》《诗》《春秋》《三礼》《孝经》《论语》《孟子》《四书》之书一百四十六种、一千八百六十卷，清代以前学者说经之书，传本罕见者大多收入其中。广州菊坡精舍曾翻刻过此书，订作四百八十册。

《经苑》二百五十卷。清钱仪吉辑。因刻于开封大梁书院，故又名《大梁书院经解》。仪吉道光二十一年（1841 年）主讲大梁，日以温经为事。后以黄河水灾，院中藏书大多散失，乃思集刊古书，以“广六艺之教”，辑得清代以前说经著作四十一种，亲为校刊。始于二十五年，至二十九年仪吉病逝院中，刻竣者几二十五种，计二百五十卷。所刻除唐陆淳《春秋集传纂例》《春秋微旨》外，其余皆为宋元明人训释儒家经典之作，可以补充《通志堂经解》之柳诒征《江苏书院志初稿》之不足。两者合璧，则可视为前清时代解经之大成。

《皇清经解》一千四百一十二卷。清阮元辑。因刻于广州学海堂，故又名《学海堂经解》。道光六年（1826 年），阮元以两广总督身份创建学海堂于广州，以经古之学课士。以当时治经者苦于不能备观各书之故，乃搜得清初至乾隆、

① 柳诒征：《江苏书院志初稿》，载《江苏省立国学图书馆年刊》第 4 年刊。

嘉庆年间经学著作，得七十四家，一百八十三（一作一百八十八）种，由学海堂刊印，分装成三百六十册，凡一千四百十二卷（一作一千四百六十八卷），乾嘉经学研究成果尽收其中。此书道光九年（1829 年）刻竣，书版一百零九架，藏于堂中文澜阁，订有《藏版章程》，允许师生及书坊借版刷印。咸丰七年（1857 年）毁于兵火，残者十之五六。九年，两广总督劳崇光集资修补，至十一年始成。故有道光、咸丰两种版本传世。

《皇清经解续编》一千四百三十卷。清王先谦辑。因刻于江阴南菁书院，又名《南著书院经解》。光绪十一年（1885 年），先谦以江苏学政讲学于南菁，仿阮元《皇清经解》体例，收其遗漏及乾嘉以后经学著作，得一百十一家，凡二百零九种，计一千四百三十卷，至十四年告竣，得与阮氏所刻合称《皇清经解正续编》，是为清代经学集大成之作。

《南菁书院丛书》一百四十四卷。清王先谦、廖荃孙辑。光绪十四年（1888 年）刊印。共八集，专收有清一代考订之作，其中第四、五集则选院中高材生的撰述。谢国桢先生称："多士观览兴起，尚益覃精术业，偕登于作者之林，此南著书院所尤长者也。"

《古经解汇函》一百二十六卷。清钟谦钧辑。同治十二年（1873 年），谦钧以两广盐运使身份刻印，藏板于广州菊坡精舍。所收之书皆为《四库全书总目》著录而未被《通志堂经解》收刻者（除去伪书），凡二十三种一百二十六卷，皆唐代以前训释儒家经典之作。

《小学汇函》一百三十六卷。清钟谦钧辑。谦钧既辑《古经解汇函》，复收罗汉魏六朝唐宋诸家小学之书刊印，凡十三种，其中训治四种、字书八种、韵书一种，计一百三十六卷，尽皆"言小学者必读之书"。

《聚珍版丛书》二千四百一十一卷。清乾隆敕刊。乾隆三十八年（1773 年）诏令儒臣汇辑《永乐大典》中的罕见之书，先以木板刻印四种，后以木活字排印一百三十四种，计一百三十八种，其中经部书三十二种、支部书二十九种、子部书三十四种、集部书四十三种，共二千四百十一卷。其后江苏、江西、浙江等省先后翻刻，而以福建所刻增为一百四十八种。光绪年间，广州广雅书院广雅书局重刻，亦作一百四十八种，分订成八百册。四部秘籍得以传布于世。

《史学丛书》一千七百七十一卷。清陶福祥（春海）总校，广州广雅书局刊印。光绪十三年（1887年），两广总督张之洞创建广雅书院，山长以下设经学、史学、理学、文学四分校，率诸生读书治学。又附设广雅书局，校刊群籍以广师生阅读。时令福祥任总校（1887—1896），在院长梁鼎芬、朱一新、廖延相、邓蓉镜指导下，前后刊书凡一百七十八种，五千七百四十六卷，二千零九十六册。① 光绪末年，书局停办，书板散乱。入民国徐绍架清厘版本，择其一律者一百五十五种，汇为《广雅丛书》，分订成五百六十二册，其中属于史部书者九十三种，一千七百七十一卷，别为《史学丛书》。其书有就一史或总集诸史而为之考证、辨说、注疏、校勘者，有作补志、补表者，亦有少数别史、载记、礼书、编年之属，多为广雅师生及清代学人之研究成果，人称“治史学者，诚不可不读也”。②

《惜阴轩丛书》三百一十六卷。清李锡龄辑。道光二十至二十六年（1840—1846），陕西三原宏道书院刊印。锡龄家富藏书，主讲书院，手披口吟，几无虚日，又择其罕见者重加校勘、刊印，以广诸生见闻。全书共有旧籍四十种，三百十六卷。刻至三十七种凡二百九十八卷时，锡龄速逝，其表弟张澎续成其志。民国年间收入《丛书集成》，其提要称“书仿四库例，分经史子集，合前后刻编第之。有四库未收，展转送录，为人间所未见者；亦有名登四库，而其本不同，且有所增益者；又有世俗通行，讹谬迭出，沿袭已久，特加订正者。其乡人路德跋叙述甚详。梓行既久，为世推重，至光绪中叶，长沙复为之重刊”③，评价甚高。

以上这些书，只是这个时期所刻诸多书籍中有代表性的几部，以自成经史系列，尤其是集成汉魏以至清代千余年之经学著作而著称于世，表明书院已自觉承担起总成国家学术的重任。

同治以降，西学东渐，及至光绪年间，新学大兴，新思潮迭起，大部头著作难以反映快速多变的情况，于是课艺、文集、学报等就以刊印周期短、信息量大、传播快等优点而成为书院首选的出版物。因此，这个时期的学术变化、

① 此数据刘伯骥：《广东书院制度·广雅书院刻书表目》统计，实际远不止此数。
②《丛书集成初编目录·丛书百部提要》，中华书局1983年版，第44页。
③《丛书集成初编目录·丛书百部提要》，中华书局1983年版，第34页。

研究成果等皆可在这类书刊中得到反映。如江阴南菁书院创建之时倡导经史之学，中日甲午战争前所刊《南菁文钞》一、二集，即多考据典籍之作，而战后所出第三集，一反前此旧规，刊出了《论日本变法》《西国听讼用律师论》《各国产煤铁考略》《问抵制洋盐进口之法若何》《东三省疆界变迁考》《沿海形势今昔异同论》《外国理财不主节流而主畅流论》等紧扣时代脉搏的课卷，这说明南菁学风已由王先谦时期的总结清代经学转而变为关心国家命运，讨论西学、新学了。一些在这个时期新创建的书院，更是借这种出版物来宣示自己的主张，这方面最典型的例证是上海格致书院。

上海格致书院由徐寿、傅兰雅（John Fryer）等中西人士于同治末年创办，以传播西学新知为已任，光绪年间出版《格致汇编》（月刊）、《格致书院课艺》（年刊），"《汇编》出所知以诏人，《课艺》集众长以问世，其间诱掖奖励，独具苦心"。[①]《格致书院课艺》前后八集，收入八十六人之优秀课卷二百九十六篇，涉及内容以西学新知为主，包括格致总说、天文历算、气象、物理、化学、医学、测量、地理、教育、人才、富强总说、工业、轮船、铁路、商贸权利、邮政、海军、农产、水利、救济灾荒、国际势态、边防、议院政治、刑律、传教等。王尔敏先生曾对课卷的命题进行过统计分析，其称：全部七十七道命题，"按性质分别，格致类亦即科学知识有二十二题，约占全部三分之一，充分反映出对于科学知识之需要与重视。富强治术类最多，有二十五题，实占全部三分之一，亦充分反映当时谋求富强希望之强烈。事实上全部重点尤其在于富强之想望。其人才类四题，教育类四题，均在于求富强目标下产生之直接需要。其国际形势类三题，边防类六题，亦并与富强密切相关。故而命题题旨所反映中国官绅对于当前问题所严肃考虑之重点，即实以求富强之想望最为热切。在官绅大吏命题之中，当已充分反映对于后学之期望，重大问题之提示，以至于时代思潮之传布与推广"[②]。至于学生课卷本身，对于以上命题所作阐发，更能反映格致书院对于当年最新学术、社会等问题的看法，更具鲜明的时代特色，则自不必赘述。

---

① 王韬：《丙戌格致书院课艺》，光绪十三年刻本。

② 王尔敏：《上海格致书院志略》，香港中文大学 1980 年版，第 69 页。

二、书院刊书局的设立及刻书活动

清代书院刻书活动成熟的重要标志之一，就是创办了刊书局（或称刊书处）这一承担刻书职能的专门机构。自道光以来，清政府内外交困，作为国家出版机构的武英殿、内府、国子监等日渐衰落，不能胜任其职，于是同治“中兴”以降，地方书局逐渐兴起，并起而代之，承担起总结国家学术和文化之任务。书院在其中所起的作用已简述如前。这里所要指出的是，地方书局多有借助书院的图书资源、学术力量、校勘人才等诸多优势者，并形成了在全国或某一个较大区域内颇具影响力的专门书局、刊书处等机构。如浙江书局创办时，即规定以省城杭州紫阳书院、崇文书院院长兼书局总办主持其事，总校、分校之职也聘请院中师生担任，其办公之所亦设在紫阳院中。四川成都书局创办时，由总督丁宝桢聘省城尊经书院山长王闿运兼掌，而后来尊经书院、存古书院附设的刊书局则取代了成都书局，成为川省最有影响的出版机构。陕甘味经书院刊书处，也是以院长总其事，以监院为局董事，司财用出入及一切刊刷之事，以肄业生任校雠。当时的舆论普遍认为，以书院师儒主持书局可兼取“存书籍”“教士子”之“古意”，比之“领于官吏”的官书局更有优势，更值得提倡。①正是在这种风气影响之下，全国出现了一些有名的书院书局，如福州正谊书局，广州文澜阁—启秀山房、广雅书局、菊坡精舍刊书局，桂林桂垣书局，泾阳味经书院刊书处，成都尊经书局，江阴南菁书院书局等，出版的图书成千上万，远远超过唐宋元明历代书院刻书的总和，② 承担起了地方文化建设的重任。它们以高学术水平见称，实可视为今日之大学出版社。兹将分居长江上、下游的尊经书局、南菁书院书局的情况择要介绍如下：

文澜阁—启秀山房，在广州学海堂。道光四年（1824 年）两广总督阮元创建学海堂，取举、贡、生、监课试经解诗赋。又设书局刊印《皇清经解》等书，书板藏于文澜阁，订立《藏板章程》《文澜阁守门条规》等，对堂内外师生、书贾等刷印书籍事宜进行制度性规定。同治以降，书板多藏于启秀山房，故学海

---

① 刘光蕡：《味经书院志・刊书第六》，《关中丛书》本。

② 各书局刻书并服务于地方文化建设的情况，见陈谷嘉、邓洪波主编《中国书院制度研究》，浙江教育出版社 1997 年版，第 305—319 页。

堂后期所刊各书，有称“启秀山房刊本”者。前后合计，学海堂刊书有名可辑者为三十六种、一千二百五十四册，凡三千三百三十四卷。兹将其书目开列如下：

学海堂刻书书目一览表

书名	著者	册数	卷数
《皇清经解一百八十三种》	阮元辑	360	1400（续八卷）
《揅经室集》	阮元	24	62
《学海堂集》（四集）	阮元等	40	90
《学海堂丛刻》（二函）	阮元等	14	27
《剑光楼集》	仪克中	2	5
《三国志裴志述》	林国赞	1	2
《国朝岭南文钞》	陈在谦	6	18
《南海百泳》	宋方信儒	1	1
《南海百泳续编》	樊封		4
《史目表》	洪贻孙	1	1
《广博物志》	明查斯张	18	50
《通典》	唐杜佑	40	200
《续通典》	乾隆敕编	40	144
《皇朝通典》	乾隆敕编	32	100
《四库总目提要及附存简明目录》		126	230
《前汉纪》	汉荀悦	7	30
《后汉纪》	晋袁宏	7	30
《两汉会要》	来徐天麟	18	70
《北溪字义》	宋陈淳	2	2
《数学精详》	屈曾发	5	12
《岭南集》	杭世骏	2	8
《纪文达集》	纪昀	12	32
《知足斋诗文集》	朱珪	14	32
《广骈体文钞》	陈均	5	17
《经典释文》	唐陆德明	12	30
《史论一篇》	明张博		4

续表

书名	著者	册数	卷数
《孙吴司马兵法》		1	3
《顾亭林日知录集释》		16	34
《广东图志》		24	
《学海堂志》	林伯桐	且	1
《十三经注疏》		120	416
《古经解汇函小学汇函》		68	200
《春秋繁露》	董仲舒	4	17
《近思录》	朱子	5	14
《韩昌黎集》	韩愈	8	40
《姜白石四种》	宋姜夔	2	
总 计		1254	3334

正谊书局在福州，同治五年（1866 年）闽浙总督左宗棠从太平天国手中收复福州时，首访康熙年间鳌峰书院所刊《正谊堂全书》，得书四十四种，而旧藏书板则蠹蛀无遗，遂设正谊书局于新美里，厘定增补，再刊《正谊堂全书》，凡六十八种、五百二十五卷，是为清代理学巨著。除此之外，七年尚刻有《福建通志》二百七十八卷（图一卷首六卷附一卷）。同治九年（1870 年），杨庆琛、沈葆桢等改书局为书院，专课全省举人、贡生。光绪末年，改为学堂。其址今为福建省图书馆，清人郑世恭所书“正谊书院”石额尚存。

尊经书局，在成都尊经书院。光绪元年（1875 年），四川学政张之洞创建尊经书院，“以通经学古课蜀士”，刊布《尊经书院记》《輶轩语》等以为规章，撰《书目问答》以指导学生读书，并附设书局刊印经史著作、学生课卷等。据记载，尊经所刻之书有一百余种，书板数万片，其名至今可辑者为：清王闿运《古文尚书》《尔雅注疏》，清王代丰《春秋例表》（光绪七年），清张澍《蜀典》十二卷（光绪二年），清刘岳云《测园海镜通释》四卷、《算学丛话》一卷、《喻利算法》一卷、《食旧德斋杂著》（光绪二十二年）等八种。

南菁书院书局，在江阴。光绪八年（1882 年）江苏学政黄体芳倡建，专以经古之学课士。十一年学政王先谦奏设书局，仿阮元汇刻经解之例，刊印《皇清经解续编》，凡一千四百三十卷，一万七千三百六十二板，收书二百零九种。

又刊《南菁书院丛书》八集一百四十四卷、《南菁札记》二十一卷、《南菁讲舍集》六卷等书。人称其“刊刻经解，纂辑丛书，以示读书之门径，传古人之著述，励士子之传习”，实大有功于文化建设。①

广雅书局，在广州。光绪十三年（1887 年），两广总督张之洞倡建广雅书院，山长之下设经学、史学、理学、文学四分校教学，招广东、广西两省士人肄业，设两监院管理。又设广雅书局，令陶福祥任总校，刊印经史典籍和学术研究著作，迄至光绪末年，共出版图书一百七十八种，共二千零九十六册，计八千一百五十七卷以上。② 民国年间，原广雅学生徐绍棨清厘书板，择其一律者一百五十五种，以《广雅丛书》之名刊印，其中史部书九十三种，又别为《史学丛书》，流传甚广。广雅之书历来评价甚高，谢国恢先生在《近代书院学校制度变迁考》即称，“粤中人文，赖以蔚成，其流风余韵，至今未派也”。此言诚是。兹据刘伯骏先生《广东书院制度》统计，将其刊印书目开列如下，以供参考。

广雅书院广雅书局刻书书目一览表

书名	著者	册数	卷数
《周易解故》	山阳丁晏	1	1
《易释》	定海黄式三	1	4
《易纬略义》	武进张惠言	1	3
《易学象数论》	黄宗羲	2	4
《易》	山阳丁晏	1	2
《尚书伸孔篇》	江都焦廷琥	1	1
《禹贡班义述》	宝应成孺	1	3
《书蔡传附释》	山阳丁晏	1	1
《毛诗传笺通释》	桐城马瑞辰	12	32
《毛诗后笺》	任县胡承pun	12	30

① 谢国帧：《近代书院学校制度变迁考》，见《张菊生先生七十生日纪念论文集》，1937 年版。

② 据刘伯骥《广东书院制度》统计卷数为 5746 卷，但有刘台拱《刘氏遗书》，陈澧《东塾遗书》《朱子语类日抄》，蒋大始《人范》，钱大昭《三国志辨疑》，方恺《晋书地理志校补》，王邦采《屈子集文》《离骚汇订》，乾隆敕刊《聚珍版丛书》等九部无卷数。据记载，《聚珍版丛书源本》收有 138 种书 2411 卷，而广雅重刊增为 148 种，卷数更多，故卷数当为 8157 卷以上。

续表

书名	著者	册数	卷数
《毛诗天文考》	阳湖洪亮吉	12	1
《诗集传附释》	山阳丁晏	1	1
《礼书纲目》	婺源江永	20	85
《仪礼古今异同》	德清徐养源	1	5
《仪礼私笺》	遵义郑珍	2	8
《轮舆私笺》	遵义郑珍	1	2
《大戴礼记》	南城王聘珍	3	14
《礼记天算释》	曲阜孔广牧	1	1
《春秋规过考信》	义乌陈熙晋	3	9
《春秋述义拾遗》	义乌陈熙晋	2	8
《公羊注疏质疑》	番禺何若瑶	1	2
《国语翼解》	嘉定陈瑑	2	6
《孟子赵注补正》	长洲宋翔凤	2	6
《孟子刘熙注》	长洲安翔凤	1	1
《尔雅匡名》	归安严元照	4	20
《尔雅补注残本》	宝应刘玉麐	1	1
《尔雅注疏正误》	甘泉张宗泰	1	5
《小尔雅训纂》	长洲宋翔凤	1	6
《说文引经证例》	江阴承培元	1	6
《说文答问疏证》	甘泉薛传均	1	1
《广说文答问》	江阴承培元	1	6
《说文本经答问》	遵义郑知同	1	2
《方言笺疏》	嘉定钱绎	4	13
《释名疏注》	镇洋毕沅	2	8
《释谷》	宝应刘宝楠	1	4
《急就章考异》	青浦庄世骥	1	1
《汗简笺正》	遵义郑珍	4	8
《汉碑徵经》	宝应朱百度	1	1
《吴氏遗著》	嘉定吴凌云	2	5
《刘氏遗书》	宝应刘台拱	2	

续表

书名	著者	册数	卷数
《愈愚录》	宝应刘宝楠	2	6
《句溪杂著》	句容陈立	2	6
《学诂斋文集》	江都薛寿	1	2
《广经室文钞》	宝应刘恭冕	1	1
《幼学堂文稿》	吴县沈钦韩	3	1
《白田草堂存稿》	宝应王懋竑	2	8
《陈司业遗书》	海虞陈祖虞	2	3
《东塾遗书》	番禹陈澧	2	
《无邪堂答问》	义乌朱一新	5	5
《亲属记》	遵义郑珍	1	2
《先圣生卒年月日考》	曲阜孔广牧	1	2
《朱子语类日抄》	番禹陈增	1	
《人范》	平湖蒋大始	2	
《小学集解》	仪封张伯行	4	6
《史记索隐》	河内司马贞	4	30
《史记志疑》	仁和梁主绳	14	36
《史记三书正伪》	嘉兴王元启	1	3
《史记月表正伪》	嘉兴工元启	1	1
《史记功比说》	仪徵张锡瑜	1	1
《史记天官书补目》	阳湖孙星衍	1	1
《楚汉诸侯疆域志》	仪徵刘文淇	1	3
《史记注补正》	桐城方苞	1	1
《史记毛本正误》	山阳丁晏	1	1
《史汉骈枝》	宝应成孺	1	1
《汉书辨疑》	嘉定钱大昭	5	22
《汉书注校补》	长沙周寿昌	10	56
《汉志水道疏证》	临海洪颐煊	1	4
《汉志西域传补注》	大兴徐松	1	2
《汉书人表考》	仁和梁玉绳	4	9
《汉书人表考校补》	仁和蔡云	1	1

续表

书名	著者	册数	卷数
《后汉书补表》	嘉定钱大昭	3	8
《续补汉书艺文志》	嘉定钱大昭	1	1
《补后汉书艺文志》	番禺侯康	1	4
《后汉郡国令长考》	嘉定钱大昭	1	1
《后汉书三公年表》	金匮华湛恩	1	1
《后汉书补注》	元和惠栋	2	24
《后汉书辨疑》	嘉定钱大昭	2	11
《续汉书辨疑》	嘉定钱大昭	1	9
《后汉书注补正》	长沙周寿昌	2	8
《后汉书注又补》	嘉兴沈铭彝	1	1
《后汉书补注续》	番禺侯康	1	1
《前后汉书注考证》	番禺何若瑶	1	2
《补三国疆域志》	阳湖洪亮吉	1	2
《补三国艺文志》	番禺侯康	1	4
《三国纪年表》	钱塘周家猷	1	1
《三国职官表》	阳湖洪贻孙	3	3
《三国志辨疑》	嘉定钱大昭	1	
《三国志考证》	吴江潘眉	2	8
《三国志旁证》	闽县梁章钜	10	30
《三国志补注续》	番禺侯康	1	1
《三国志证遗》	长沙周寿昌	1	4
《晋太康地志》	镇洋毕沅	1	1
《晋书地道记》	镇洋毕沅	1	1
《晋地理志新补正》	镇洋毕沅	1	5
《晋书地理志校补》	阳湖方恺	1	
《补晋兵志》	嘉兴钱仪吉	1	1
《补晋书艺文志》	常熟丁国钧	2	4
《晋书校勘记》	海门周家禄	1	5
《晋书校勘记》	仁和劳格	1	3
《九家旧晋书辑本》	黟县汤球		37

续表

书名	著者	册数	卷数
《晋纪辑本》	黟县汤球		5
《晋春秋辑本》	黟县汤球		5
《汉晋春秋辑本》	黟县汤球		4
《三十国春秋辑本》	黟县汤球	以上五种合并十册	18
《晋宋书故》	栖霞郝懿行	1	1
《东晋疆域志》	阳湖洪亮吉	2	4
《补宋书刑法食货志》	栖霞郝懿行	1	1
《宋州郡志校勘记》	宝应成孺	1	1
《补梁疆域志》	阳湖洪齮孙	2	4
《东晋南北朝地舆表》	嘉定徐文范	10	12
《南北史表》	钱塘周家献	4	7
《十六国疆域志》	阳湖洪亮吉	4	16
《十六国春秋辑补》	黔县汤球	10	100
《十六国春秋纂录校本》	黔县汤球	2	10
《魏书校勘记》	长沙王先谦	1	1
《四魏书》	南康谢启眼	6	24
《新旧唐书互证》	径县赵绍祖	6	20
《续唐书》	海昌陈鳣	4	70
《五代纪年表》	钱塘周家猷	1	1
《续五代史艺文志》	江宁顾怀三	1	1
《宋史艺文志补》	上元倪灿	1	1
《宋辽金元四史朔闰考》	嘉定钱大昕	1	2
《补辽金元三文艺文志》	上元倪烂	1	1
《补辽金元三史艺文志》	江都金门诏	1	1
《金史详校》	乌程施国祁	10	10
《大金集礼》		4	40
《辽史拾遗补遗》	钱塘厉鄂	8	26
《中兴小纪》	宋建阳熊克	6	40
《元史艺文志》	嘉定钱大昕	2	4
《元史氏族表》	嘉定钱大昕	2	3

续表

书名	著者	册数	卷数
《元史译文证补》	吴县洪钧	4	30
《历代史表》	鄞县万斯同	6	59
《历代地理沿革表》	古虞陈芳绩	15	47
《历代职官表》	纪阳陆锡熊等	22	71
《十七史商榷》	东吴王鸣盛	14	100
《二十二考异》	嘉定钱大昕	18	100
《二十二史札记补遗》	阳湖赵翼	10	361
《诸史拾遗》	嘉定钱大昕	1	2
《二十一史四谱》	归安沈炳震	16	54
《九史同姓名略及补遗》	萧山汪家禧	12	82
《辽金元三史同名录》	萧山汪家禧	6	40
《诸史考异》	临海洪颐煊	4	18
《战国策释地》	阳湖张琦		2
《吉林外记》	长白萨英额	2	10
《黑龙江外记》	长白西清	2	8
《建炎以来系年要录》	宋李心传	48	200
《太常因革礼及校识》	宋苏洵	8	101
《屈原赋注》	休宁戴震	1	1
《屈子集文》	王邦采	1	
《楚辞天问笺》	山阳丁晏	1	1
《离骚汇订》	王邦采	2	
《韩集注补》	吴县沈钦韩	1	1
《苏诗查注补正》	吴县沈钦韩	2	4
《范石湖诗注》	吴县沈钦韩	1	3
《少室山房集》	明东越胡应麟	10	64
《左传纪事本末》	钱塘高士奇	12	53
《通鉴纪事本末》	宋建安袁枢	48	239
《通鉴长编纪事本末》	宋杨仲良	24	150
《宋史纪事本末》	明高安陈邦瞻	16	109
《辽史纪事本末》	萍乡李有棠	4	40

续表

书名	著者	册数	卷数
《元史纪事本末》	明高安陈邦瞻	3	27
《明史纪事本末》	谷应泰	16	80
《金史纪事本末》	萍乡李有棠	6	52
《西汉会要》	宋徐天麟	10	70
《东汉会要》	宋徐天麟	8	40
《五代会要及校勘记》	宋王博	6	31
《唐会要》	宋王博	28	100
《明会要》	永新龙文彬	20	80
《读史方舆纪要》	昆山顾祖禹	74	134
《天下郡国利病书》	昆山顾炎武	52	120
《弇山堂别集》	明王世贞	20	100
《水经注》	后魏郦道元	12	40
《元和郡县志》	唐李吉甫	12	40
《元丰九域志》	宋王存	6	10
《舆地广记及校勘记》	宋欧阳忞	6	40
《聚珍版丛书》		800	
《全唐文》		200	1000
《聚珍丛书集部抽印》		181	1031
总计		2095	5746

端溪书院刊书局在肇庆，为明代旧院，至清代扩建为省城书院，隶属两广总督，招广东、广西之士肄业。光绪十三至十四年（1887—1888），梁鼎芬任院长，以历年积余经费设局刊书，得二十种，计书板五百九十六片，分订成十八册，以《端溪丛书》为名发行。初印书本贮存院中书库，并分发院中诸生，人皆一部。书板藏于书库，由掌书生看管，凡愿印刷者，自备工墨，每册仅收“板费银”六钱。《丛书》子目如下：

端溪书院刊书局刻书书目一览表

书名	著者	册数	卷数
《孟子字义疏证》	戴震		3
《弟子职集解》	庄述祖		1
《汉官答问》	陈树镛		5
《招捕总录》			1
《墨子刊误》	苏时学		2
《近思录》	朱子		5
《亭林文集》	顾炎武		6
《钱氏艺文志略》	钱师璟		3
《全谢山遗诗》	全祖望		1
《啸剑山房诗钞》	文星瑞		4
《孝经注》	杨起元		1
《说文双声叠韵谱》	刘熙载		2
《土鲁番侵掠哈密事迹》			1
《练勇刍言》	王室		5
《司马氏书仪》	司马光		10
《天算捷表》	蔡家驹		1
《亭林遗集》	顾炎武		1
《怡志堂文钞》	朱琦		1
《天问阁外集》	彭泰来		1
《虚白山房诗集》	朱凤毛		4
总计		18	58

菊坡精舍刊书局，在广州。同治六年（1867 年）广东巡抚蒋益法创建精舍，在广东全省招生肄业，陈渣、廖延相等先后主持，设局刊印图书十一种，即《通志堂经解》一千八百六十卷，《古经解汇函》一百二十六卷，《小学解汇函》一百三十六卷，《十三经注疏》三百四十八卷，宋陈旸《礼书》一百五十卷、《乐书》二百卷，凌曙注《春秋繁露》十七卷、《孙吴司马兵法》八卷，陈澧《东塾集》附《申范》七卷，陈澧、廖廷相《菊坡精舍集》二十卷，宋姜夔《白石道人四种》，合计二千八百六十四卷以上。

桂垣书局（亦作广西书局），在桂林秀峰书院。秀峰书院为广西省城书院，招全省诸生肄业。历经太平天国之役，院中书籍散失殆尽。光绪十六年（1890年），巡抚马丕瑶“以粤学荒歇，奏于天子倡之，乃閎树峻宇，翼以楼，度书若干部，不备，又以上闻，旁征于湘、于鄂、于蜀、于吴越、于粤之东”，“随募乎民，镌古善本，颜曰桂垣书局”。① 桂垣书局又名广西书局，笔者虽不能辑其刻书书目，但其利用院中藏书之古本、善本进行翻刻，以广其传，以解书荒的特点，从上引文献中一眼即可看出。

味经书院刊书处，在泾阳县。书院创建于同治末年，课以经史，故名“味经”，在陕西、甘肃两省招生，全称陕甘味经书院。光绪十七年（1891年）学政柯逢时奏设刊书处。院长刘光蕡总领其事，以下以监院为董事，“司财用出入及一切刊刷之事”，选院中高才生为校勘。当时订有《办法章程》十一条，对校勘、刻印、校对、经费、管理各事皆有规定，时院长之下有司事三十人、校勘二十人，设初校、二校，以保证图书质量。刊书以十三经、计四史为主，旁及《资治通鉴》《通典》《通志》《通考》及一切子集掌故有用之书。每书皆印五十二部，一部交院长，一部存放院中藏书楼，五十部出售到陕甘两省。在刊书处设立之前，味经曾于求友斋刻《诗义折中》《春秋大事表》《易经读本》《诗经读本》《梅氏筹算》《平三角举要》《人养正遗规》《教女遗规》《由风广义》《书经读本》等十余种。刊书处成立之后，所刻良多，孙殿起先生《贩书偶记》所载即有光绪十七年刊《五代史校勘札记》七十四卷、二十三年刊《前汉书校勘札记》一百卷两种。

以上是书院书局刊印图书的简况，从中我们可以看到清代后期书院刊书专业化、规模化、制度化的特点，反映出其出版事业的繁荣盛大。

三、书院刻书的制度化建设活动

书院刻书的制度化是伴随其事业的专业化、规模化而来的。它的作用在于规范其行为，使之正规化。它要解决的问题大致有四：一是筹措经费，这是刻书中的根本问题。经费不足则事业无以为继，谈不上发展壮大。因此在订立制

① 光绪《临桂县志·逊业堂记》，1963年石印本。

度时，除了保证开办费用外，主要考虑的是如何筹措运营经费。一般来讲，经费出自官、吏、士、绅、商等五途，而陕甘味经书院得咸宁孀妇赵刘氏家财刊书，则表明中国古代妇女亦致力于书院的出版事业，实属难能可贵；二是搭建管理班子，明确各自职责。刊书班子大体由两个部分组成，一个部分是由院长、学长、总校、分校、校勘等构成，对所出图书的学术质量、印刷质量等负责。另一部分则由董事、司事、看守之类构成，主要负责经费筹措、管理，印刷事务，以及书板的保管等。班子的组建与运作以保证图书的顺利出版和图书的质量及学术水平为起码原则；三是书板保管、修补事宜及技术问题，以保证其书板能长久保存、多次印刷为目的；四是板租收入的管理与使用问题，主要关心的仍是修补板片，保证再印。总之，制度的订立与完善，是为了促进刻书业的不断发展，而它本身也成了整个事业进步、繁荣的标志。

至于每个书院的刻书制度，由于受图书资料、学术水平、经济状况、刊书规模大小、地方文化需求等不同因素的影响，呈现各自不同的特色，兹以肇庆端溪书院、广州学海堂、径阳味经书院为例，将其情况分述如下。

端溪书院虽属两广总督所辖，但其刊印《端溪丛书》时，广州已另议建广雅书院取而代之，其省城书院地位已然将去，因此刻书规模也小，其管理制度亦较粗略，可作小型刻书者之代表。有关情况，刘伯级先生在《广东书院制度》中曾有介绍，谨备记于此，以供参考：

> 端溪书院于光绪十三年，以书院每年余款发刊《端溪丛书》二十种，计板五百九十六片，藏度书库，交掌书生兼管，如有毁失，责令赔偿。计书分装十八册，除已印出存院暨分给诸生外，有欲印书者自备工墨，由掌书生报明院长发印，掌书生监视，不许携版出院，每册收回版费银六厘，给掌书生以资整理。

学海堂与诂经精舍一起，是清代考据学派的最高学府，地位高，其出版图书以总结学术的成就甚大，管理水平也精到完善，堪称上乘，当可视作南方的代表。兹据《学海堂志》，将其道光年间所订制度及其咸丰以后的变化情况开列如下：

> 自创厥肇启，载籍方滋，其间切要者亦可指数。毋昭裔少时，欲借

《文选》竟不可得，及后贵显，锌以流传，至今称美。至于经训蕾畬，不特浩如烟海；而搜罗甄录，非有精深卓绝之识，博厚悠久之志，亦未必克底于成也。我朝经学极盛，一家之书，辄轶前载，闻声相思，欲购无所；而前代空谈流弊，士或溺于所闻，冥行踟蹰，去道逾远。仪征公审定师承，启发鸿宾，爰刊《皇清经解》一千四百卷，存板于堂，将使山陬海澨皆得问海内大师之绪言，而寒酸有志无难快睹其阐扬古训。是为山渊，衣被士林，岂徒广厦乎哉？志经板。

仪征公初发章程，有云："将来于堂侧添建小阁，庋藏书板。"迨《经解》将次刊竣，堂中召工估计，以书板既多且重，阁内必须宽展，木料必须长大，而堂侧地面亦须培高，乃便于因势加筑，工费浩繁。公议：附近有文澜阁，系本处绅士奉公命特建，以奉文昌祀事者，阁下三楼，地方干洁，暂于两旁设架藏板，亦不偪仄，遂详议章程，庋藏于此。俟经费渐有余裕，再议请领在堂侧筑阁也。

藏板章程

一、《经解》板共一百零九架，每架编列字号，标明板片若干。

一、两架叠陈，两叠互倚，使房中仍有余地，以便通行，随时查核。

一、每架脚俱用厚瓷碗盛之，碗中贮石灰以防蚁蛀，碗下用厚红砖垫之，以避潮气。

一、藏板房门锁钥，由值课学长收管，按季流交。

一、书坊有愿刷印者。先具领，到堂交纳板租，然后定期开工。其板片甚多，不能搬运，该匠人等每早到文澜阁下刷印，薄暮散归，不作夜工，以昭慎重。

一、每次刷印《经解》，多则一纲（六十部），少亦半纲（三十部）。每刷一部，纳板租银壹两（以备每次修补板片及小修藏书房舍，随时整理书架各杂费），另自交守阁、守堂茶资，每一部贰钱肆分（每次发板、收板及每日工匠往来，俱要守阁等照料一切也）。

一、每逢刷印。守阁等到学长处领出钥匙。每发板片不过十架。收回旧板再发新板，每次照字号点明板数，不得有误。

一、印书之时，学长中偶欲印一部者，亦照纳板租，照给茶资，以归画一（即在该书坊匠人刷印）。至堂中并无刷印《经解》发出外者，其守阁、守堂等既得书坊茶资，不许私雇匠人，与书坊并刷。

一、所收板租，设立总簿，注明某年月日某书坊刷印《经解》若于部，纳板租若干，某学长收入存贮。每次印书毕，即要雇匠将各书板逐片洗刷晾干，然后收藏。每次俱有应修补之板片，即时修补；或房门窗板竹帘及各书架有当修理者，随时雇人修理。如有工费稍大不能即办者，必须存记，俟冬月公集商办。凡有关经版之费用及一切无著之款，俱于板租内支出，至年底通计。支销之外，或偶有所存，亦要酌定买有用之书，藏于山堂。其经手收支者，自列清款目，俾得周知可也。

咸丰七年，夷寇据粤秀山。学长等以山堂多藏书板，募有能取出者厚赏之；有通事某甲取出，然缺失者大半矣。乃以舟载至城西之泌冲，度于邹氏祠堂。劳制府闻之，捐银七百两补刻《皇清经解》，诸官绅亦捐资助成之，共银七千两。未及两年而工毕。时文澜阁已圮，度板于惠济仓。先是山堂外门之内有藏书之屋，夷寇毁其书，屋亦摧坏；乃即其址拓而大之，增筑山坡与旧址平，高其外垣，为室三间，以藏《经解》板。《揅经室集》《学海堂初集、二集》板亦有缺。皆补完之。《三集》选定未刻，其稿在督署内，乱后有得之者，以归‘于山堂，遂并刻而藏之。①

关于文澜阁的管理，也订有《守门条规》十七条，其中有三条涉及刻书之事，一并摘录如下，于此则可见其周详。

一、阁下贮《经解》及各书板，最为紧要，守护照料系守阁者专责，每月必要领钥匙开房门，周围巡看，拂去虫丝蛛网，扫地洁净，即时锁门，不得有名无实。

一、阁中印书之时，守阁者必要留心照料。其工匠人等俱在南边廊房，早来晚去，不作夜工，不得住宿，不许吃鸦片、赌博、争斗等事，其阁下正厅亦不得任工匠等杂处。倘借贮纸料，亦要谆属安置妥帖，不得随便杂陈。其正厅既开门，则台椅常要拂拭整洁，以肃观瞻。

① 林伯桐、陈澧：《学海堂志·经板》，同治丙寅年续刊本。

一、每印《经解》各书，某日发板，某日收板，俱要依期，不得随便多发，亦不得过期不收，以昭慎重。①

味经书院是同治十二年（1873 年）由陕甘督学许振祎创建的。其时全国倡导经史实学之风甚炽，而西北历时十余年的回民及太平军、捻军起义刚刚镇压不久，“孑遗之民，疮质未复，人尠知学，家无藏书”。② 正是为了改变这种落后的面貌，才有书院之建及“味经”之名。光绪初年，味经求友斋曾刻儒家经书读本及数学、几何、社会教化等方面的书籍，但远远满足不了日渐增长的社会需要，遂于十七年（1891 年）设立刊书处（包括一个刻字工房、二个刻字处、三个印刷处）、售书处，从事大规模的出版发行工作。比较而言，味经刊书为“后起”者，全国各书院及地方书局的经验教训都得以借鉴，因此其制度更为严密、更有特色，具体情况皆备载于《味经书院志·刊书第六》中。兹将全文抄录如下，以供参考。

光绪十七年，岁在辛卯，秋八月，陕西提督学政武昌柯创立刊书处于味经书院之东。以院长总其事，以监院为局董事，司事财用出入及一切刊刷之事，以肄业生任校徽。其刊书以十三经、廿四史为主，旁及《通鉴》《通典》《通志》《通考》一切子集掌故有用之书。其赀则公出千金以倡之，得自泾阳者五千金，得自三原者一千金，得自各县者若干金，柯公又捐廉千（金）以益之，临漳同知衔傅万积承父志刻十一经读本，咸宁孀妇赵刘氏承夫志欲刊书籍，咸输资附之。其财用出入则主之绅士，岁用其子，留其母，不足则各院司又岁拨五百金以助之。其会计则岁终上于学院，他衙门不与闻，其日行事学院亦不与闻也。其司事之人则公举三十人，上其名于学院，岁更一人，三十年则遍，有缺则举之。此书局之规制也。

始，柏先生主讲味经，知士之多病空疏也，立求友斋课以振之。士知向学矣，而苦无书，则集资以刻之。移主关中，则举所藏板刻印行之。又商于上宪，转运他省书籍以实之。无源之水易竭其流，有限之薪莫增其焰，于是求友斋仅刻《诗义折中》《春秋大事表》《易经读本》《诗经读本》《梅

① 林伯桐：《学海堂志·文澜阁附》，道光戊戌年刊本。
②《味经书院志·经始第一》，民国《关中丛书》本。

氏筹算》《平三角举要》《养正遗规》《教女遗规》《训俗遗规》《豳风广义》，库金钱不及两千，《书经读本》《九章翼》工犹未竣，而赀不继矣。

是时，武昌柯公莅关中，其造士也，合汉宋而一之，朱子《小学》必兼训诂，心性之说必实之以经史。尤加意于书院，择陕西英俊者数十人养之，月有课，日有记，公亲评阅，觉陕士非使之沈潜于经史之中不能救其弊，而刊书之意决矣。往复商酌于省中院司，殷勤务告于各属州县，经营二年有余，始克有成。公乃议之曰："刊书为陕省千百年未有之举，千百士取益之资，所关甚钜，故首择人；得人而理。各任其勤，故专责成次之，校雠之善为有益于古书，校雠之精实足觇士所学，故严校雠次之；镌刻之初经史为急，镌刻之势积渐始成，故限镌刻次之；鸠工居肆，良莠不齐，漫无纪纲，弊生内债，故立条规次之；雕成善本，藏直名山，日积月增，阁架林簇，故建房屋次之；嘉惠士林，势成纸贵，楬而书价，无致居奇，故便售卖次之；一切事务不钤束以官法则势涣而不聚，尽用官法又恐分隔而弊生，故慎报销次之；用人不可不养，故议薪水次之；仗义输赀，名不可没，筹之维艰，守之不敢或易也，故以筹经费终焉。"规模初定，而公亦将报政入都矣。

版印书籍盛行于宋，其事多领于书院，所谓"院本"也。中兴以来，各直省多设书局，然领于官吏不领于师儒，则存书籍之意多而教士子之意少。陕独后起，制乃合于古，则独后者安知不独久也。昔阮文达设诂经精舍于浙，浙之古学大兴，他日陕士辈出，此举殆为之兆矣。

论曰：古者工聚于官，《周礼》可考也。至后世，财用主以官，吏必侵蚀；器用主以官，吏必窳败，运会降与，何古道不可复也。今刊书不任吏任士，意因在造士，然其虑深远矣。任其事者，乌敢不兢兢，致负柯公也。

以上引文中可以看到，其事不领于官吏而领于师儒，即由学者主持刊书，是味经书院所一再强调并引以为荣的地方，实可视为其管理制度的特色，亦可为今日之出版事业提供良多借鉴。至于具体的操作程序及注意事项，则订有《办法章程》十一条，① 主要是为了落实以上提出的原则精神，将其程式化。

① 宣统《泾阳县志》卷6。

结语

千年书院的近代实践与当代复兴活动

书院源出于唐代私人治学的书斋和官府整理典籍的衙门，是中国古代士人享受新的印刷技术，在儒、佛、道融合的文化背景之下，围绕着书开展包括藏书、读书、教书、讲书、修书、著书、刻书等各种活动，进行文化积累、研究、创造与传播的文化教育组织。由唐而历五代、宋、元、明、清，经过近1300年的发展，书院得以遍布除今西藏之外的全国所有省区，数量至少有7500所之多，成为读书人文化教育生活不可或缺的组成部分。它为中国教育、学术、文化、出版、藏书等事业的发展，对学风士气、民俗风情的培植，国民思维习惯、伦常观念的养成等都作出了重大贡献。

20世纪初光绪皇帝改书院为学堂的上谕，并未真正终结书院发展的历史，其后的百余年是书院发展的低谷期，21世纪初书院再现复兴迹象。大致而言，书院在这110年的命运，可以用“二落二起”来做概括，试分述如下。

书院“一落”于20世纪初期前20年。在经历改书院为学堂、废书院为学校、争毁书院争誉学校几个阶段之后，天下无复有书院，作为一种制度，书院被迫退出教育、学术舞台，这是现实大势，是事情的一方面。而另一方面，也有人认为，“毁书院，兴学校，遂令千年来学术机关一旦销灭，迹近鲁莽，似觉未善”①。因此，在光绪二十七年（1901年）之后直至宣统年间，仍有零星创建书院者，其数虽少，但其不顾政令之举，正可给人以书院仍能满足部分人士文化教育需求的想象空间，应该引起重视，而不得以忽略不计而予抹杀。

书院“一起”于20世纪20年代。人们鉴于学堂、学校的缺失与短处，回望书院的长处与优点，揭去“落后”“守旧”等贴在书院身上的浮签，发掘其自动研究、自由独立等种种精神，进而发起了20世纪第一次书院研究与书院实践的运动。运动起于20世纪20年代，在三四十年代达到高潮。其时，“不断地有人谈到书院，想研究书院制度，甚至有主张恢复书院的”②。研究者队伍中，不乏胡适、陈东原、柳诒征、盛朗西、班书阁、杨家骆、钱穆、张君劢、容肇祖、邓之诚、谢国桢等教育、文化、学术界名流的身影。研究成果灿然可观，其最典型的观点莫过于胡适所说：“一千年以来，书院实在占教育上一个重要位置，国内的最高学府和思想渊源，惟书院是赖。盖书院为我国古时最高的教育机关。所可惜的，就是光绪变政，把一千年来书院制完全推翻，而以形式一律的学堂代替教育……书院之废，实在是吾中国一大不幸事。一千年来学者自动的研究精神，将不复现于今日了。”③

书院实践活动有两个指向：第一个指向是借鉴书院经验，以“药今世教育之病”④，尤其是改造大学。最有名的例证是“取古代书院与现代学校二者之长”的湖南自修大学。青年毛泽东在《湖南自修大学创立宣言》中，指出现代学校“师生间没有感情”、“用一处划一的机械的教授法和管理法去戕贼人性”，“钟点过多，课程过繁”。而书院的好处，“一来是师生的感情甚笃。二来没有教授管理，但为精神往来，自由研究。三来课程简而研讨周，可以优游暇豫，玩索有得”。自修大学“就是取古代书院的形式，纳入现代学校的内容”，它是一种

① 周书舲：《书院制度之研究》，载《师大月刊》1932年第1期。

② 陈东原：《书院史略》，载《学风》1931年第1卷第9期。

③ 胡适：《书院制史略》，见陈谷嘉、邓洪波主编《中国书院史资料》（下册），浙江教育出版社1998年版，第2593页。

④ 杨家骆：《书院制之缘起及其优点》，载《东方杂志》1940年第37卷第15号。

"适合人性，便利研究"的新制。① 这一实践活动得到了教育家蔡元培的赏识，他在《湖南自修大学介绍与说明》中，称之为"合吾国书院与西洋研究所之长而活用之"的典范。② 借鉴书院最成功影响最大的实践活动是"略仿旧日书院及英国大学制度"建立的清华国学研究院，而国学院的设计蓝图则出自对书院情有独钟的胡适，③ 在吴宓主任的主持下，四大导师各显神通，以国学为书院正名，在静悄悄的革命中，仅仅用四年时间，就培养出一批杰出人才，创造了一个现代教育的神话。④ 其情形已为学术界所熟知，此不赘言。

书院实践的活动第二个指向就是创建新的书院，复兴书院制度。⑤ 马一浮的复性书院，梁漱溟、熊十力的勉仁书院，张君劢的学海书院，钱穆的新亚书院等，皆属名家名院，史家已将其归于现代新儒家的书院复兴之举。这批书院中以复性书院声名最大，新亚书院的生命力最强。新亚书院至今仍在香港中文大学的体制之下运作，且为今日内地一些高校所仿效。其大背景是"近次教部有奖设私人讲学机关之政"，在当时被看作是"间断已将四十载之书院制度，将改进以复现于斯世"⑥。而"书院之所以应设，因为除研究学术，增进智识外，修养亦为教育上之一大事。此事为现时专讲知识之大学所未顾到，故唯有另设书院以实现此目的"⑦。由此可见，这个时期，在教育部奖设私人讲学机关的政策背景下，书院已现重返教育体制的苗头。若再加当年一些军政名人所办书院，如张学良的萃升书院、黄绍竑的天目书院、宋哲元的莲池书院，以及民间云南昆明五华书院⑧、江西安福县洲湖镇王屯厚俗书院⑨等，则书院在民国时期确实已然是"复现于斯世"了。

书院"二落"于20世纪50年代，历约30年时间（1950—1979）。其时大陆

---

① 毛泽东：《湖南自修大学创立宣言》，见陈谷嘉、邓洪波主编《中国书院史资料》（下册），浙江教育出版社1998年版，第2590—2591页。

② 高平叔编：《蔡元培全集 第4卷 1921—1924》，中华书局1984年版，第247页。

③ 陈平原：《大学之道：传统书院与20世纪中国高等教育》，见《大学何为》，北京大学出版社2006年版，第11—12页。

④ 罗志田：《一次宁静的革命：清华国学院的独特追求》，载《清华大学学报》2011年第2期。

⑤ 但焘：《复书院议》，载《华国月刊》1924年第1卷第10期。

⑥ 杨家骆：《书院制之缘起及其优点》，载《东方杂志》1940年第37卷第15号。

⑦ 张君劢：《书院制度之精神与学海书院之设立》，见陈谷嘉、邓洪波主编《中国书院史资料》（下册），浙江教育出版社1998年版，第2602页。

⑧ 于乃仁：《五华书院创立之宗趣与实践》，载《五华》1947年第4期。

⑨ 王仁熙：《厚俗书院志》，民国十年序刊本。

照搬苏联的教育模式，书院受到不应有的冷落。到 1966 年，除各地《文史资料》刊登 17 篇书院资料之外，只发表了三篇论文。“文革”十年，则完全是一段空白，书院再次从人们的视野中消失。这一情况，到 1979 年《华南师院学报》第一期发表杨荣春《中国古代书院的学风》，始得结束。

值得庆幸的是，港台地区的书院尚存一线生机，新亚书院在 20 世纪五六十年代成就甚大，它将宋明书院传统和新的亚洲建设联系到一起，将人格教育、知识教育、文化教育融为一体，是现代社会实践儒家教育理念的典范，广为社会注意。而在中国台湾地区，建于清代的书院多有为人所修复者。至于书院研究，30 年间至少有 42 篇文章发表，最重要的成果是孙彦民的专著《宋代书院制度之研究》①，曾被港台及大陆学者广泛引用。陈道生《中国书院教育新论》②、《书院建设之源流》③，张胜彦《清代台湾书院制度初探（上、下）》④，王镇华《台湾的书院建筑（上、中、下）》⑤，何佑森《元代书院之地理分布》⑥，严耕望《唐人读书山林寺院之风尚——兼论书院制度起源》⑦，丁肇怡《书院制度及其精神》⑧ 等，是这一时期的代表之作，说明港台研究不仅仍沿袭了 20 世纪三四十年代大陆的传统，而且开拓了不少新的领域，而教育史学家王凤喈指导韩国留学生金相根完成的硕士学位论文《韩国书院制度之研究》⑨，更将书院研究领域拓展至海外。此所谓书院坠而不绝，可以视作这 30 年的真实写照。

书院“二起”于 20 世纪 80 年代，至今也是 30 年。这个时期以 2000 年为界，大致可以分为两个阶段。20 世纪最后 20 年与最初 20 年对应，但冰火两重天，书院一改被改、被废、被毁的命运，进入再次复兴的准备时期。21 世纪前 10 年，则可视作书院复兴的开始期。论其表现，仍从书院研究与书院实践两方面来作叙述。

---

① 孙彦民：《宋代书院制度之研究》，“国立”政治大学教育研究所 1963 年版。
② 陈道生：《中国书院教育新论》，载《师大教育研究所集刊》1958 年第 6 期。
③ 陈道生：《书院建设之源流》，载《思与言》1962 年第 2 期。
④ 张胜彦：《清代台湾书院制度初探（上、下）》，载《食货月刊》1976 年第 3—4 期。
⑤ 王镇华：《台湾的书院建筑（上、中、下）》，载《建筑师》1978 年第 6—8 期。
⑥ 何佑森：《元代书院之地理分布》，载《新亚学报》1956 年第 1 期。
⑦ 严耕望：《唐人读书山林寺院之风尚——兼论书院制度起源》，载《民主评论》1954 年第 12 期。
⑧ 丁肇怡：《书院制度及其精神》，载《民主评论》1959 年第 10 期。
⑨ 金相根：《韩国书院制度之研究》，嘉新水泥公司文化基金会 1966 年版。

1981年，陈元晖、尹德新、王炳照《中国古代的书院制度》①、章柳泉《中国书院史话——宋元明清书院的演变及其内容》②、张正藩《中国书院制度考略》③ 三本著作在上海、北京、台北分别出版，这预示着中国书院研究第二个高潮的到来。1985年全国发表书院论文60篇，首次超过20世纪20年代以来任何一个十年的总和。这是一个标志性的数据，从此中国书院研究进入一个持续高涨期。之所以如此，与80年代的文化热不无关系。受其影响，文化史、教育史、思想史、学术史、社会史的学者皆涉足书院文化，使其研究的进一步深化、细化、系统化，取得了长足进步。跨世纪、新千年的热情也体现在书院研究上。2000年就发表论文85篇，出版著作10本④，表现强劲。随后持续走高，在2002年突破百篇大关，2005年再破二百篇大关，至今仍然居高不下。

书院能在长达30年的时间中成为学术界关心的热点问题，本身就是其重返社会文化教育生活的一个重要标志，而修复传统书院、创建新型书院更是其复兴的重要体现。传统书院修复活动以岳麓、白鹿洞、石鼓、嵩阳、应天府、东林、东坡书院等天下名院为代表，时有所闻，全国以数百计，其中最典型的代表是素号天下四大书院之首的千年学府岳麓书院。它不仅全面修复，初列为全国重点文物保护单位，还在1986年、1991年、2004年分别开招专科生、硕士生、博士生，在现代大学体制以内，全面恢复书院教育与学术研究等文化功能，又招收国外留学生、访问学者，成立中国书院研究中心，创建中国书院博物馆，以书院教育、研究、资料、陈列展示中心，成为书院服务于当今社会最成功的范例。

新型书院的创建，也不时见诸媒体，20世纪80年代最著名的是以北大教授汤一介先生为院长的中国文化书院。它1984年受到时任中共中央总书记胡耀邦

① 陈元晖、尹德新、王炳照编著：《中国古代的书院制度》，上海教育出版社1981年版。

② 章柳泉：《中国书院史话——宋元明清书院的演变及其内容》，教育科学出版社1981年版。

③ 张正藩：《中国书院制度考略》，台北中华书局1981年版。

④ 胡昭曦：《四川书院史》，巴蜀书社2000年版；徐梓：《元代书院研究》，社会科学文献出版社2000年版；方彦寿：《朱熹书院与门人考》，华东师范大学出版社2000年版；邓洪波编著《中国书院学规》《中国书院章程》，邓洪波、彭爱学主编：《中国书院揽胜》，湖南大学出版社2000年版；樊克政：《书院史话》，社会科学文献出版社2012年版；［日］沪友会编，杨华等译：《上海东亚同文书院大旅行记录》，商务印书馆2000年版；朱汉民、李弘祺、邓洪波：《中国书院》（第3辑），湖南教育出版社2000年版；闵正国主编：《中国书院论坛》（第1辑），中国文联出版社2000年版。

的关注，但最终走了民间办学之路。书院以弘扬中国传统文化、大力推行中国文化教学与研究工作、让中国文化走向世界与让世界文化走向中国并重为三项宗旨，组成院务、学术、基金等委员会，聘请冯友兰、梁漱溟、张岱年、季羡林、任继愈、杜维明等数十位名家为书院导师，编写系列教材 30 余种，举行文化系列讲习班、函授班，其中仅中外文化比较研究函授班就有注册学生 12754 人。集中授课时听者云集，常常风动数省，其影响甚大，成为八九十年代“文化热”最重要的推手之一。①

进入 21 世纪，新建书院至少在 500 所以上，且呈现多样性文化指向，国内主流媒体有“书院复兴”之称。② 其发展情形大致可以分述如下：

首先，在体制以内，贵州大学中国文化书院，承担学校本科教学任务，培养研究生与从事科研活动并重；而仿效香港中文大学新亚书院模式者，如复旦大学、苏州大学、西安交大等高校，创办各种名目的书院，以为教学和学生管理服务，与此相关，实行书院制，更成为朱清时校长在南方科技大学进行学制创新的焦点。

其次，在民间，更有各式各样的书院出现，如西安白鹿书院、山东龙口市万松浦书院、天津北洋书院，分别由陈忠实、张炜、冯骥才先生创办主持，他们以省市作协主席或茅盾文学奖得主的身份投身书院，代表了当代文学家对书院的见解，赋予现代书院更深厚的文学情怀、更灵敏的社会关怀与更急切的文化责任。又如北京海淀区的四海孔子书院，创基于十年儿童经典诵读之上，中西兼顾，教材偏重东西方经典，以培养向世界说明中国文化的未来人才为指归；顺义的七宝阁书院，由补充学校教育不足入手，注重幼儿班与小学生，已开始自编系列特色教材；后海边的苇杭书院，仿行明代书院讲会之制，并无弟子，只定期邀约京城高校学生与年轻教师研习《四书》《孝经》等儒家经典，培养读书种子，以增文化元气；台北的德简书院，也以成人为学员，倡导儒家文明于现代都市；武汉的云深书院，则以传统礼仪为主攻，在习礼的庄严与程式中倡

---

① 常华：《中国文化书院大事系年》，见张岱年、季羡林、周一良、汤一介等著，李中华、王守常编《文化的回顾与展望》，北京大学出版社 1994 年版，第 53—67 页。

② 贾宇：《走在复兴路上的中国书院》，载《光明日报》2011 年 8 月 22 日；柴爱新：《书院复兴》，载《瞭望东方周刊》2009 年第 27 期；柴爱新：《书院兴起：在文化复兴的路上》，载《人民日报（海外版）》2009 年 9 月 8 日。

导文化传统的复兴；而大兴安岭的长白书院，虽然也接待各地高校师生研习，但日常则以个人研修为主，清苦之中，更倾向于人的心灵安顿与行为修炼。

再次，还有民办官助或官办民助等形式的书院出现。典型之一是山东泗水县的圣源尼山书院，实行“民办公助，书院所有，独立运作，世代传承”的机制，团结海内外有志儒学事业的学者，在当地政府支持下，成功举办高端国际学术论坛——尼山世界文明论坛，推动儒学与基督教、伊斯兰教等对话。典型之二是福州厦门筼筜书院，以“政府支持、企业投资、公益性经营”的方式运营，坚持“旧学商量，新知培养”的理念，定期开办海峡两岸国学论坛，长年开展国学经典教育。

更值得注意的是，除了实体书院，在网上这一虚拟空间，尚有百余所书院在开展各种文化学术活动。北京什刹海书院的创办，更宣示了新形势下儒佛相融的文化选择。

凡此种种，不胜枚举，表明当代新书院由古开新，正在努力适应与满足全球化背景下快速转型社会中各种不同类型、不同层次读书人的文化教育需求，开拓新的发展方向与空间。

参考文献

一、古籍

[1] [唐] 李林甫等. 唐六典. 北京：中华书局，2014.

[2] [后晋] 刘昫等. 旧唐书. 北京：中华书局，1975.

[3] [宋] 真德秀. 西山先生真文忠公读书记. 清同治三年刻本.

[4] [宋] 朱熹. 朱子文集. 上海：商务印书馆，1937.

[5] [宋] 欧阳修，宋祁. 新唐书. 北京：中华书局，1975.

[6] [宋] 范仲淹. 范文正公文集. 北京：中华书局，1985.

[7] [宋] 王应麟. 玉海. 上海：上海书店出版社，1990.

[8] [宋] 王溥. 唐会要. 上海：上海古籍出版社，2006.

[9] [宋] 周应合. 南京稀见文献丛刊 景定建康志. 南京：南京出版社，2009.

[10] [元] 黄裳，胡师安，等. 元西湖书院重整书目. 民国六年松邻斋丛书本.

[11] [元] 孛兰肹，等撰. 元一统志. 北京：中华书局，1966.

[12] [元] 脱脱，等. 宋史. 北京：中华书局，1977.

[13] [明] 宋濂，等. 元史. 北京：中华书局，1976.

[14] [明] 李梦阳. 白鹿洞书院新志. 明嘉靖刊本.

[15] [明] 马书林，等. 百泉书院志（四卷），明嘉靖二年刊本.

[16] [明] 聂良杞. 百泉书院志（三卷），明万历六年刊本.

[17] [明] 李安仁，等. 重修石鼓书院志. 明万历十七年刊本.

[18] [明] 陈论，吴道行. 重修岳麓书院图志（十卷），明万历二十年刊本.

[19] [明] 程美，等. 明经书院录（六卷），明嘉靖、隆庆增补本.
[20] [明] 何载图. 关中书院志（九卷），明万历三十七年刊本.
[21] [明] 岳和声. 共学书院志（三卷），明万历刊本.
[22] [明] 岳和声. 仁文书院志（十一卷），明万历刊本.
[23] [明] 孙慎行，张鼐，等. 虞山书院志. 明万历刊本.
[24] [明] 翟台. 惜阴书院绪言. 泾川丛书本，清嘉庆刊本.
[25] [明] 查铎. 楚中会条. 泾川丛书本，清嘉庆刊本.
[26] [明] 萧雍. 赤山会约. 泾川丛书本，清嘉庆刊本.
[27] [明] 萧雍. 赤山会语. 泾川丛书本，清嘉庆刊本.
[28] [明] 翟台. 水西问答. 泾川丛书本，清嘉庆刊本.
[29] [明] 查铎. 水西会条. 泾川丛书本，清嘉庆刊本.
[30] [明] 萧良榦. 稽山会约. 泾川丛书本，清嘉庆刊本.
[31] [明] 来时熙. 弘道书院志. 明弘治刊本.
[32] [明] 张文化. 二张先生书院录. 明万历十七年刊本.
[33] [明] 马书林，等. 百泉书院志. 明嘉靖十二年刊本.
[34] [明] 聂良杞. 百泉书院志. 明万历六年刊本.
[35] [明] 张廷玉，等. 明史. 北京：中华书局，1974.
[36] [清] 彭定求，等. 全唐诗. 北京：中华书局，1960.
[37] [清] 黄宗羲. 宋元学案. 北京：中华书局，1986.
[38] [清] 王昶. 天下书院总志. 清抄写本.
[39] [清] 张伯行. 学规类编. 清康熙四十六年刊正谊堂全书本.
[40] [清] 袁枚. 随园随笔. 广陵书社 1991.
[41] [清] 黄舒昺. 国朝先正学规汇抄. 清光绪十九年开封重刊本.
[42] [清] 尹继美. 士乡书院志. 清同治十一年黄县志附刻本.
[43] [清] 汤椿年. 钟山书院志. 清刊本.
[44] [清] 赵佑宸. 重修宝晋书院志. 清光绪六年刊本.
[45] [清] 薛时雨. 惜阴书院西斋课艺. 清光绪四年刊本.
[46] [清] 傅兰雅. 格致书院西学课程. 清光绪二十一年刊本.
[47] [清] 施璜，等. 还古书院志. 清乾隆六年刊本.
[48] [清] 吴瞻泰. 紫阳书院志. 清康熙刊本.
[49] [清] 洪亮吉. 毓文书院志. 清嘉庆九年刊本.

[50] [清] 姚鼐. 敬敷书院课读四书文. 清道光十三年重刊本.

[51] [清] 廖文英. 白鹿洞书院志. 清康熙十二年增补本.

[52] [清] 王岐瑞. 朱子白鹿洞讲学录. 清同治四年重刊本.

[53] [清] 刘绎. 白鹭洲书院志. 清同治十年刊本.

[54] [清] 王吉. 复真书院志. 清康熙二十三年刊本.

[55] [清] 陶成. 豫章书院四书讲习录. 清雍正三年吾庐藏板刊印本.

[56] [清] 郑之侨. 鹅湖讲学会编. 清道光二十九年重刊本.

[57] [清] 吴嵩梁. 鹅湖书田志. 清刻吴氏香苏山馆全集本.

[58] [清] 钟世桢. 信江书院志. 清同治六年刊本.

[59] [清] 陈鸿猷. 秀水书院志. 清道光十三年刊本.

[60] [清] 龚凤书. 培元书院志. 清光绪元年刊本.

[61] [清] 朱点易. 凤巘书院志. 清光绪刊本.

[62] [清] 方季和. 五刻瀛山书院志. 清道光十六年刊本.

[63] [清] 邵廷采. 姚江书院志略. 清乾隆五十九年刊本.

[64] [清] 张振珂. 忠清书院志. 清光绪九年刊本.

[65] [清] 杨毓健, 等. 重修南溪书院志. 清康熙五十六年刊本.

[66] [清] 游光绎. 鳌峰书院志. 清道光十年正谊堂增补本.

[67] [清] 来锡蕃, 等. 鳌峰书院纪略. 清道光十八年刊本.

[68] [清] 叶大焯. 正谊书院课艺. 清同治刊本.

[69] [清] 杨学曾. 龙津书院志. 清光绪八年刊本.

[70] [清] 孟殿荣. 西山书院学范. 清光绪二十一年刊本.

[71] [清] 戴凤仪. 诗山书院志. 清光绪三十一年刊本.

[72] [清] 陈以培. 乐亭县新建遵道书院录. 清光绪二年刊本.

[73] [清] 黄彭年. 莲池书院肄业日记. 清光绪五年刊本.

[74] [清] 耿介. 嵩阳书院志. 清康熙二十三年刊本.

[75] [清] 李来章. 南阳书院学规. 清康熙三十二年刊本.

[76] [清] 李来章. 敕赐紫云书院志. 清刻李氏礼山园全集本.

[77] [清] 窦克勤. 朱阳书院志. 清康熙四十七年刊本.

[78] [清] 顾璜. 大梁书院藏书总目. 清光绪二十四年刊本.

[79] [清] 顾璜. 大梁书院续藏书目录. 清光绪三十年刊本.

[80] [清] 史致昌. 彝山书院志. 清道光二十三年刊本.

[81] [清] 朱寿镛. 创建豫南书院存略. 清光绪二十一年刊本.
[82] [清] 黄舒昺. 明道书院约言. 长沙求实书院清光绪重刊本.
[83] [清] 吕永辉. 明道书院志附明道书院日程. 清光绪二十六年刊本.
[84] [清] 王会厘. 问津院志. 清光绪三十一年刊本.
[85] [清] 董桂敷. 汉口紫阳书院志略. 清嘉庆十一年刊本.
[86] [清] 余雅祥序刊. 麻城书院学宫田亩汇册. 清光绪八年刊本.
[87] [清] 经心书院辑刊. 经心书院舆地课程. 清光绪二十九年刊印本.
[88] [清] 赵宁. 新修长沙府岳麓书院志. 清康熙二十六年刊本, 清咸丰十一年重刊本.
[89] [清] 丁善庆. 续修岳麓书院志. 清同治六年刊本.
[90] [清] 周玉麒. 岳麓书院续志补编. 清同治十二年刊本.
[91] [清] 周玉麒. 岳麓书院课艺. 清同治十一年周氏自序手写本.
[92] [清] 罗典. 岳麓书院课艺. 清嘉庆五年贵阳刊本.
[93] [清] 欧阳厚均. 岳麓诗文钞. 清道光十年刊本.
[94] [清] 陈应纶, 等. 濂溪书院惠政录. 1931 年民智石印局据同治刊本石印.
[95] [清] 陈应纶, 等. 濂溪书院田丘. 1931 年民智石印局据同治刊本石印.
[96] [清] 周在炽. 玉潭书院志. 清乾隆三十二年刊本.
[97] [清] 张思炯. 重修玉潭书院志略. 清嘉庆五年刊本.
[98] [清] 陈三恪. 群玉书院志. 清嘉庆十七年补刊本.
[99] [清] 左辅. 城南书院新置官书条款目录. 清道光三年刊本.
[100] [清] 余正焕. 城南书院志. 清道光五年刊本.
[101] [清] 陈本钦. 城南书院课艺. 清咸丰四年刊本.
[102] [清] 曹维精. 郴侯书院志. 清同治三年刊本.
[103] [清] 周瑞松. 宁乡云山书院志. 清同治十三年刊本.
[104] [清] 胡林翼. 益阳箴言书院志. 清同治五年刊本.
[105] [清] 文蔚起. 渌江书院志. 清光绪三年刊本.
[106] [清] 萧振声. 浏东狮山书院志. 清光绪四年刊本.
[107] [清] 罗汝廉. 浏东洞溪书院志. 清光绪二十五年刊本.
[108] [清] 张颂卿, 等. 石山书院汇纪. 清光绪十年刊本.
[109] [清] 张作霖. 巴陵县金鹗书院志略. 清光绪刊本.
[110] [清] 曹广祺. 岳阳慎修两书院合志. 清光绪二十二年刊本.

[111] [清] 张亨嘉. 校经书院志略. 清光绪十七年湖南学政署刊本.

[112] [清] 胡元玉. 东山书院课集. 清光绪十八年长沙益智书局刊本.

[113] [清] 胡元玉. 研经书院课集. 清光绪二十一年长沙益智书局刊印本.

[114] [清] 胡元玉. 沅水校经堂课集. 清光绪二十三年长沙益智书局刊印本.

[115] [清] 赵敬襄. 端溪书院志附端溪课艺. 清道光竹风斋九种本.

[116] [清] 梁廷楠. 粤秀书院志. 清道光二十七年刊本.

[117] [清] 梁鼎芬. 丰湖藏书捐书编目. 清光绪刊本.

[118] [清] 梁鼎芬. 丰湖书藏四约. 清光绪刊本.

[119] [清] 林伯桐. 学海堂志. 清道光十八年首刊本，陈澧咸丰续补本.

[120] [清] 李来章. 连山书院志. 清刻李氏礼山园全集本.

[121] [清] 廖廷相. 广雅书院同舍录. 清光绪二十三年刊本.

[122] [清] 朱一新，廖廷相. 广雅书院藏书目录. 清光绪二十七年刊本.

[123] [清] 林邦辉. 蔚文书院全志. 清嘉庆二十四年刊本.

[124] [清] 张之洞. 四川尊经书院记. 1932 年沔阳庐氏慎始斋刊本.

[125] [清] 王闿运. 尊经书院初集. 清光绪十一年刊本.

[126] [清] 伍肇龄. 尊经书院二集. 清光绪十七年尊经书局刊本.

[127] [清] 阮元. 学海堂初集. 清道光五年刊本.

[128] [清] 钱仪吉，吴兰修. 学海堂二集. 清道光十八年刊本.

[129] [清] 张维屏. 学海堂三集. 清咸丰九年刊本.

[130] [清] 陈澧、金锡龄. 学海堂四集. 清光绪十二年刊.

[131] [清] 阮元. 诂经精舍文集. 清嘉庆六年刊本.

[132] [清] 俞樾. 诂经精舍文三至八集. 清同治至光绪年间刊本.

[133] [清] 刘岳云. 尊经书院讲义. 清光绪二十二年刊本.

[134] [清] 杨名扬. 彩云书院条规. 清道光十九年刊本.

[135] [清] 潘楷. 凤梧课艺全集. 清道光刊本.

[136] [清] 陈灿. 经正书院条规. 清光绪十八年滇南盐署刊本.

[137] [清] 陈荣昌. 经正书院课艺. 初至四集，清光绪二十三年至二十六年刊本.

[138] [清] 黎培敬，等. 三书院条规. 清同治刊本.

[139] [清] 李元春. 潼川书院志. 清道光刊本.

[140] [清] 刘光蕡. 味经书院志. 1936 年关中丛书本.

[141] [清] 许献等. 东林书院志. 北京：中华书局 2004.

[142] [民国] 赵尔巽，等. 清史稿. 北京：中华书局 1977.
[143] [民国] 魏颂唐. 敷文书院志略. 1936 年浙江财政学校铅印本.
[144] 赵所生，薛正兴. 中国历代书院志（全十六册），南京：江苏教育出版社，1995.
[145] 陈连生. 鹅湖书院志. 合肥：黄山书社，1994.
[146] 朱瑞熙，孙家骅. 白鹿洞书院古志五种. 北京：中华书局，1995.

二、 专著

[1] 季啸风，等. 中国书院辞典. 杭州：浙江教育出版社，1996.
[2] 陈谷嘉，邓洪波. 中国书院史资料（全三册）. 杭州：浙江教育出版社，1998.
[3] 邓洪波. 中国书院楹联. 长沙：湖南大学出版社，1999.
[4] 邓洪波. 中国书院学规. 长沙：湖南大学出版社，2000.
[5] 邓洪波. 中国书院章程. 长沙：湖南大学出版社，2000.
[6] 邓洪波，彭爱学. 中国书院揽胜. 长沙：湖南大学出版社，2000.
[7] 邓洪波. 中国书院诗词. 长沙：湖南大学出版社，2002.
[8] 邓洪波. 中国书院学规集成（全三卷）. 上海：中西书局，2011.
[9] 李才栋，熊庆年. 白鹿洞书院碑记集. 南昌：江西教育出版社，1995.
[10] 孙家骅，李科友. 白鹿洞书院碑刻摩崖选集. 北京：北京燕山出版社，1994.
[11] 盛朗西. 中国书院制度. 北京：中华书局，1934.
[12] 陈元晖，王炳照，尹德新. 中国古代的书院制度. 上海：上海教育出版社，1981.
[13] 章柳泉. 中国书院史话. 北京：教育科学出版社，1981.
[14] 陈谷嘉，邓洪波. 中国书院制度研究. 杭州：浙江教育出版社，1997.
[15] 李国钧，等. 中国书院史. 长沙：湖南教育出版社，1994.
[16] 白新良. 中国古代书院发展史. 天津：天津大学出版社，1995.
[17] 朱汉民. 中国的书院. 北京：商务印书馆，1993.
[18] 刘伯骥. 广东书院制度. 台北："台湾编译馆"中华丛书编审委员会，1978.
[19] 李才栋. 江西古代书院研究. 南昌：江西教育出版社，1993.
[20] 刘卫东，高尚刚. 河南书院教育史. 郑州：中州古籍出版社，1991.
[21] 胡昭曦. 四川书院史. 成都：四川大学出版社，2006.
[22] 杨慎初，朱汉民，邓洪波. 岳麓书院史略. 长沙：岳麓书社，1986.

[23] 李才栋. 白鹿洞书院史略. 北京：教育科学出版社，1989.

[24] 陈美健，孙待林，郭铮. 莲池书院. 北京：方志出版社，1998.

[25] 朱文杰. 东林书院与东林党. 北京：中央编译出版社，1996.

[26] 朱汉民. 湖湘学派与岳麓书院. 北京：教育科学出版社，1991.

[27] 吴万居. 宋代书院与宋代学术之关系. 台北：文史哲出版社，1991.

[28] 丁刚，刘琪. 书院与中国文化. 上海：上海教育出版社，1992.

[29] 杨布生，等. 中国书院与传统文化. 长沙：湖南教育出版社，1992.

[30] 周汉光. 张之洞与广雅书院. 台北：中国文化大学出版部，1983.

[31] 湖南省书院研究会. 书院研究（第一辑）. 长沙：湖南大学出版社，1988.

[32] 湖南省书院研究会. 书院研究（第二辑），1989 年编印.

[33] 李邦国. 朱熹和白鹿洞书院. 武汉：湖北教育出版社，1989.

[34] 张正藩. 中国书院制度考略. 南京：江苏教育出版社，1985.

[35] 郝万章. 程颢与大程书院. 郑州：中州古籍出版社，1993.

[36] 杨布生. 岳麓书院山长考. 上海：华东师范大学出版社，1986.

[37] 杨金鑫. 朱熹与岳麓书院. 上海：华东师范大学出版社，1986.

[38] 王尔敏. 上海格致书院志略. 香港：香港中文大学出版社，1980.

[39] 胡青. 书院的社会功能及其文化特色. 武汉：湖北教育出版社，1996.

[40] 徐梓. 元代书院研究. 北京：社会科学文献出版社，2000.

[41] 方彦寿. 朱熹书院与门人考. 上海：华东师范大学出版社，2000.

[42] 朱文杰. 东林党史话. 上海：华东师范大学出版社，1989.

[43] 陈美健，孙待林，郭铮. 莲池书院. 北京：方志出版社，1998.

[44] 孙彦民. 宋代书院制度之研究. 台北：台湾“政治大学”教育研究所，1963.

[45] 王镇华. 书院教育与建筑——台湾书院实例之研究. 台北：故乡出版社，1986.

[46] 王启宗. 台湾的书院. 台北：文建会文字影音出版品展售中心，1999.

[47] 林文龙. 台湾的书院与科举. 台北：常民文化事业股份有限公司，1999.

[48] 黄新宪. 台湾的书院与乡学. 北京：九州出版社，2002.

[49] 王欣欣. 山西书院. 太原：三晋出版社，2009.

三、 论文

[1] 但焘. 复书院议. 华国月刊，1924 (1).

[2] 柳诒征. 江苏书院志初稿. 江苏省立国学图书馆年刊，1931 年刊.

[3] 陈东原. 书院史略. 学风, 1931 (1).

[4] 周书舲. 书院制度之研究. 师大月刊, 1932 (1).

[5] 班书阁. 书院掌教考. 女师学院期刊, 1933 (1).

[6] 杨家骆. 书院制之缘起及其优点. 东方杂志, 1940 (37).

[7] 于乃仁. 五华书院创立之宗趣与实践. 五华, 1947 (4).

[8] 严耕望. 唐人读书山林寺院之风尚——兼论书院制度起源. 民主评论, 1954 (12).

[9] 何佑森. 元代书院之地理分布. 新亚学报, 1956 (1).

[10] 陈道生. 中国书院教育新论. 师大教育研究所集刊, 1958 (6).

[11] 丁肇怡. 书院制度及其精神. 民主评论, 1959 (10).

[12] 陈道生. 书院建设之源流. 思与言, 1962 (2).

[13] 张胜彦. 清代台湾书院制度初探 (上、下). 食货月刊, 1976 (3—4).

[14] 王镇华. 台湾的书院建筑 (上、中、下). 建筑师, 1978 (6—8).

[15] 刘实. 漫谈书院的教学与刻书. 浙江师范学院学报, 1982 (1).

[16] 杨进廉, 等. 从儒林书院的创建谈古代城步教育的发达. 岳麓书院通讯, 1986 (2).

[17] 刘海峰. 唐代集贤书院有教学活动. 上海高教研究, 1991 (2).

[18] 许梦瀛, 孙顺霖. 嵩阳书院理学教育窥探. 河南师范大学学报, 1997 (4).

[19] 李才栋. 北宋时期白鹿洞书院历史问题刍议. 江西教育学院学报, 1998 (1).

[20] 安国楼. 嵩阳书院与二程理学. 郑州大学学报, 2000 (5).

[21] 罗志田. 一次宁静的革命: 清华国学院的独特追求. 清华大学学报, 2011 (2).

[22] 宗尧, 邓洪波. 积极靠拢与灵活应对——晚清教会书院与中国社会关系探微. 南昌师范学院学报 (社会科学版), 2017 (4).

[23] 邓洪波, 宗尧. 明代书院教育及其对现代大学的启示. 大学教育科学, 2018 (5).

[24] 宗尧. 晚清书院史学教育研究. 湖南大学硕士学位论文, 2019.

[25] 宗尧, 邓洪波. 书院学规与清代学术变趋. 南昌师范学院学报 (社会科学版), 2019 (2).

后记

我带领学生长年致力于书院历史与教育研究，在此过程中与周洪宇教授为首的中国教育活动史研究团队结缘颇深。上世纪八十年代，因楚国史、湖湘文化、辛亥革命等学缘，我得以认识周老师及华中师大历史系的一些老师与同仁，受惠良多。2001 年春，在美国访学期间，我与周老师在曼哈顿哥伦比亚大学东亚图书馆巧遇畅谈，那是对中国近现代教育影响很大的杜威教育思想的策源地，印象深刻，记忆犹新。周老师是历史学出身，学术起点是扎实的史学训练，而工作则在华中师大教科所、教育科学研究院、长江教育学院，研究领域一直是教育学尤其是教育史，得益于教育学、历史学交叉激荡的复合优越，倡导整体史学观，古今中外通畅，取得了教育思潮与流派、教育实验史、学位与研究生教育史、教育史学理论方法、文庙与庙学、教育活动史等等诸多标志性成果。洪波在千年学府岳麓书院，因有“惟楚有材，于斯为盛”的加持，也在书院研究这一亩三分田中长守，而长沙北望，深知无论是楚国都会，抑或湖广行省、湖广总督的首府皆非武汉莫属，心生敬仰，时有请益。申国昌老师，认识稍晚，但二十余年时有交往，获益不少。赵国权老兄，初识于 1986 年岳麓书院 1010 周年庆典的学术会议，数十年鸿雁时飞，交流互学。如今，当年的毛头小伙，皆过花甲，仍在大河大湖之南耕作于各自深爱的教育史园地。

由于以上的因缘，当周老师以书院为题邀约参与《中国教育活动史研究丛书》的写作时，我们理当应约。而之所以应约，更在于彼此的学术研究领域在

"活动"这一点上形成的交集。我们认为，书院源出于唐代私人治学的书斋和官府整理典籍的衙门，是中国士人享受新的印刷技术，在儒、佛、道融合的文化背景之下，围绕着书，开展包括藏书、读书、教书、讲书、修书、著书、刻书等各种活动，进行文化积累、研究、创造与传播的文化教育组织。由唐而历五代、宋、元、明、清，以迄如今，经过千余年的发展，书院得以遍布全国，移植东亚儒家汉字文化圈，成为东方读书人文化教育生活不可或缺的组成部分，为中国乃至东亚教育、学术、文化、出版、藏书等事业的发展，对学风士气、民俗风情的培植，国民思维习惯、伦常观念的养成等都作出了重大贡献。在这里，强调读书人在书院围绕着书开展的各种文化、教育与学术活动就成了我们的共同点。因此，书院史，也可以表述为记载书院师生围绕书开展各种活动之历史。于是，就有了本书的撰写。

当我们转换学术视角，调整思维方式，以"活动"来重新梳理书院的千年发展历程时，有不少重新发现的惊喜、启发、思考与收获。于是，让书院师生作为书院主体回归现场，并回归书院具体的日常活动，以及活动的具体过程，即突显书院师生围绕着书而进行的微观、日常、具体的藏书、读书、教书、讲书、校书、修书、著书、刻书、诗文唱和、科举之会、学术之会、讲会、会讲、家族之会、师门之会、乡会、邑会，以及联邑、联州、联府、联省之会、聘师授徒、升堂讲学等等形形色色的各种活动，并试图探寻所有这些活动的表征与特色，探索这些活动发生、发展的规律及作用，就成了我们的努力方向与追求目标。现在读者看到的文字，是我们努力尝试的结果，但愿它符合"活动史"回归活动、回归主体、回归过程的基本要求，有了纵通、横通、理通的基本品格，达到了将有特点、特色的各式各样的书院日常活动，活灵活现地呈现出来的基本标准。

需要交代的是，本书撰写的时限与我们攻关国家社科基金重大项目《中国书院文献整理与研究》并冲刺结题的时间几乎重叠，因分身乏术，故难以做到全力写作，在征得总主编同意后，我请博士生宗尧同学合作完成书稿。这是一次以"活动"为视角梳理书院历史的学术性尝试活动，虽然书稿主体是已有成果的"活动史"范式处理，但对我们而言，这是一次新的学习、挑战与突破。新的视野，新的方法，让我们获益良多，而整理与研究书院文献中发现的各种新史料，又使得书院的活动更加生动、具体、鲜活，让本书更有“活动史”的味道。

诚然，我们深知，本书只是一次有益的学术尝试，缺点、错误在所难免，不足之处，还祈各位专家与读者批评指正，以便日后继续修订完善。

本书之成，得益于各方面的支持。感谢丛书编委会的学术指导，让我们得以入门“活动史”这一充满活力的学术园地，享受进步成长的快乐。感谢山东教育出版社领导的大力支持，尤其是责任编辑苏文静、齐爽的细心加工，使得本书如此体面问世。

邓洪波

2020年10月12日于长沙尖山拓斋

爱蓮亭